Informatik aktuell

Herausgeber: W. Brauer
im Auftrag der Gesellschaft für Informatik (GI)

Frank Puppe Andreas Günter (Hrsg.)

Expertensysteme 93

2. Deutsche Tagung Expertensysteme (XPS-93)
Hamburg, 17.–19. Februar 1993

Springer-Verlag
Berlin Heidelberg New York
London Paris Tokyo
Hong Kong Barcelona
Budapest

Herausgeber

Frank Puppe
Universität Würzburg, Institut für Informatik
Lehrstuhl für Künstliche Intelligenz
Am Hubland, W-8700 Würzburg

Andreas Günter
Universität Hamburg, Fachbereich Informatik
Bodenstedtstr. 16, W-2000 Hamburg 50

Unterstützende Gesellschaften:

Veranstaltet vom Fachausschuß „Expertensysteme" der GI mit Unterstützung des German Chapter of the ACM, der GMDS, der VDI/VDE-GMA und der Universität Hamburg.

CR Subject Classification (1992): I.2.1, I.2.5, I.2.6

ISBN-13:978-3-540-56464-5 e-ISBN-13:978-3-642-78073-8
DOI: 10.1007/978-3-642-78073-8

Satz: Reproduktionsfertige Vorlage vom Autor/Herausgeber

33/3140-543210 – Gedruckt auf säurefreiem Papier

Vorwort

Willkommen zur 2. Deutschen Expertensystemtagung in Hamburg! Seit der ersten Tagung 1987 in Nürnberg haben sich Expertensysteme sowohl in der Industrie als auch in der Forschung weitgehend etabliert und in verschiedenen Richtungen weiterentwickelt. So kristallisieren sich z.B. schon einige wohlverstandene Problemklassen für wissensbasierte Syteme heraus, für die eine weitgehende theoretische und praktische Unterstützung beim Aufbau konkreter Systeme möglich ist.

Die wachsende Bedeutung reflektiert sich auch in organisatorischen Strukturen. So hat sich innerhalb der Gesellschaft für Informatik inzwischen ein Fachausschuß "Expertensysteme" mit z.Z. drei recht aktiven Fachgruppen "Diagnostik und Klassifikation", "Planen und Konfigurieren" und "Knowledge Engineering" etabliert. Da erschien es ganz natürlich, neben den jährlichen Fachgruppen-Workshops eine größere gemeinsame Konferenz zu veranstalten, die mit benachbarten Gesellschaften abgestimmt wurde: dem Initiator der ersten Expertensystemtagung, dem German Chapter of the ACM, dem VDI/VDE-GMA und der GMDS.

Insgesamt wurden 44 Fachbeiträge eingereicht und davon 18 Langpapiere und 3 Kurzpapiere angenommen, wobei jeder Beitrag von drei Programmkomiteemitgliedern begutachtet wurde. Weiterhin sind die beiden eingeladenen Vorträge im Tagungsband enthalten. Die Fachbeiträge verteilen sich auf die Kategorien: Diagnostik (4), Konfigurieren (4), Wissensakquisition (4), Anwendungen (5), Übersicht über Anwendungsgebiete (2), und Techniken (2), wobei die Aufteilung in die Kategorien teilweise etwas willkürlich ist, da die meisten Beiträge einen Anwendungsbezug haben. Insgesamt zeigt sich, was auch in anderen Untersuchungen über Expertensysteme zum Ausdruck kommt, daß Diagnostik und Konfigurieren die z.Z. erfolgreichsten Problemklassen sind.

Die Tatsache, daß Expertensysteme inzwischen in der Industrie weit verbreitet sind, zeigt sich auch darin, daß ca. 1/3 der angenommenen Beiträge aus der Industrie stammen. Im Rahmen einer Ausstellung und Leistungsschau werden einige der in den Beiträgen vorgestellten und andere laufende Expertensysteme vorgeführt. Sieben Workshops über Planen und Konfigurieren, Fallbasierte Expertensystemshells, Fälle in der Diagnostik, Knowledge Engineering und Software Engineering, Expertensystemanwendungen im Umweltbereich, Wissensbasen in der Medizin sowie Modellierung für wissensbasierte Systeme in technischen Anwendungen und eine Panel-Diskussion über den Ergebnistransfer wissenschaftlicher (Grundlagen)Forschung in der KI ergänzen das Programm.

Schließlich möchten wir allen danken, die an dem Gelingen dieser Konferenz im Programmkomitee, als externe Gutachter, in der Organisation, beim Springer-Verlag, bei den unterstützenden Gesellschaften oder als Autor eines eingereichten Papieres mitgewirkt haben.

15. Dezember 1992 — *Frank Puppe* und *Andreas Günter*

Inhaltsverzeichnis

Eingeladene Vorträge

Diagnose

Konfigurieren

Wissensakquisition

Anwendungen

Anwendungsgebiete

Techniken

Expertensysteme im industriellen Einsatz

Hartmut Weule
Daimler-Benz AG
Forschung und Technik
Postfach 80 02 30
7000 Stuttgart 80

Inhalt. Im Rahmen dieses Beitrages wird der Stand von Expertensystemen in der Industrie dargestellt und der Versuch einer Bewertung vorgenommen. Ziel ist es, aufgrund der bisherigen Erfahrungen mit dem Einsatz von Expertensystemen in der Industrie, Potentiale und zukünftige Anwendungsgebiete aufzuzeigen sowie auf die Notwendigkeiten bei der Einführung wissensbasierter Technologien in die betriebliche Praxis hinzuweisen.

Die Hälfte von dem, was man über KI hört, ist nicht wahr; die andere Hälfte ist nicht möglich.

Derek Patridge

1. Einleitung

30 Jahre ist es her, seit Newell und Simon 1963 mit dem General Problem Solver (GPS) einen Meilenstein auf dem Gebiet der maschinellen Wissensverarbeitung setzten. Eine ganze Generation von Wissenschaftlern, Philosophen und Ingenieuren hat sich seitdem mit wachsendem Interesse auf dieses Wissensgebiet gestürzt. Die ungeheure, fast inflationär zu nennende Flut von theoretischen Arbeiten und Systementwürfen auf diesem Feld sucht ihresgleichen. Im Bereich der zwischenzeitlich entstandenen und fest etablierten Disziplin der Informatik nimmt das breite Feld der Wissensverarbeitung eine herausragende Stellung ein.

Wie spiegelt sich das enorme Interesse der Wissenschaft an diesem Thema in seiner Breite und Tiefe in der realen Anwendung wieder ?

Wissensbasierte Technologien sind - zumindest vom Alter her - längst erwachsen geworden. Sollte man nach dieser langen Zeit nicht erwarten können, daß dem "technology push" der längst überfällige "market pull" gefolgt ist ?

Die Beantwortung dieser fast rhetorischen Frage kann meines Erachtens nur vor dem Hintergrund der evolutionären Weiterentwicklung des Bedarfes der industriellen Anwender erfolgen, denn nur erfolgversprechende Ansätze setzen sich langfristig am Markt durch.

2. Industrieller Einsatz von Expertensystemen

2.1 Strategische Zielsetzung der Industrie

Bereits seit längerem hat sich in der Industrie die Erkenntnis durchgesetzt, daß die Beherrschung des Produktionsfaktors Information neben den klassischen Faktoren wie Material und Arbeitskraft eine zentrale, ja unverzichtbare Position beim wirtschaftlichen Betrieb von Unternehmen einnimmt. Sicherung und Steigerung der Wettbewerbsfähigkeit durch Rentabilität ist dabei aber nur ein Aspekt. Zunehmend an Wichtigkeit gewinnt heute angesichts eines an Härte zunehmenden, globalen Wettbewerbsdrucks der strategische Nutzen der Informationstechnik. Die damit erreichbare Optimierung von Kosten und Zeit muß dazu beitragen, einerseits vorhandene Potentiale effizienter zu nutzen, andererseits bei hoher Produktqualität die Umsetzung von Innovationen am Markt schneller voranzutreiben.

Zur Erreichung dieser strategischen Ziele ist die Integration von Daten und Fakten, wie sie in der klassischen Datenverarbeitung[1] Verwendung finden mit menschlichem Anwendungs-, Problemlösungs- und Hintergrundwissen eine große und sicherlich in weiten Bereichen noch ungelöste Herausforderung auf dem Wege zu einer leistungsfähigen Informationsverarbeitung.

2.2 Stand des Einsatzes

Eine umfangreiche Übersicht des betrieblichen Einsatzes von Expertensystemen gibt Mertens [Mertens 90]. Im Jahre 1990 waren seinen Angaben zufolge über 2000 Expertensystemprojekte in verschiedenen Entwicklungsstadien identifizierbar, davon im deutschsprachigen Raum 141 im praktischen Einsatz. Die Analyse von Mertens ergab weiter, daß der überwiegende Anteil der Projekte in eine der vier Kategorien

- Diagnosesysteme
- Beratungssysteme
- Konfigurationssysteme
- Planungssysteme

fällt.

Als auffällig konstatiert Mertens, daß speziell bei den im Einsatz befindlichen Systemen offensichtlich die Konfiguratoren einen Spitzenplatz einnehmen. Betrachtet man dagegen die Gesamtheit aller Projekte, so überwiegen Diagnose- und Beratungssysteme.

Eine andere Analyse, durchgeführt im Bereich der traditionell anwendungsnah ausgerichteten, deutschen Produktionstechnik-Institute (WGP) ergab 1991 eine Zahl von 143 Expertensystemprojekten, davon 93 im Entwicklungs- bzw. Prototypstadium, sowie je 23 in Einsatz/Erprobung bzw. in der Konzeptphase [wbk 92].

---

[1] Diese Aussage erfolgt im Bewußtsein eines seit langem und oftmals fast dogmatisch geführten Streits in der Informatik-Fachwelt über Begrifflichkeit, Natur und Abgrenzung von wissensverarbeitenden Systemen (siehe z.B. [Christaller 91]).

Christaller zitiert eine im Auftrag der Zeitschrift KI 1990 durchgeführte Fragebogenaktion zu Eigenentwicklungen von Expertensystemen bei 58 deutschen Großunternehmen [Christaller 91], die allerdings eine außerordentlich geringe Rücklaufquote von nur 22% aufweist. Interessant sind die durchschnittlichen Aufwandsabschätzungen hinsichtlich Soft- und Hardwarekosten, Entwicklungs- und Wartungsaufwand sowie Zeitinvestition bei den betrachteten 14 Systemen. Demnach werden im Mittel 2 Jahre Entwicklungszeit von einem Entwickler benötigt. Die Hard- und Softwarekosten deuten darauf hin, daß jeder Entwickler einen hochwertigen Arbeitsplatzrechner und eine spezielle Entwicklungsumgebung benötigte. Die eigentlichen Entwicklungskosten liegen bei ca. 0,5 Mio DM pro System. Interessant sind auch die Angaben zur Wartung, die bis zu 5 Tagen pro Monat betragen.

Eine im Daimler-Benz-Konzern intern durchgeführte Erhebung weist mit Stand Oktober 1992 die Zahl von 54[2] Expertensystemprojekten in den verschiedenen Unternehmensbereichen aus, von denen immerhin 46 Systeme bis heute zum Einsatz kamen[3].

Die Statistik der Anwendungen ergibt dabei folgendes Bild:

Beratung	39%
Diagnose und Überwachung	30%
Planungsunterstützung	15%
Konfiguration / Konfigurationsprüfung	9%

2.3 Bewertung

Angesichts der beeindruckenden Anzahl von geplanten bzw. durchgeführten Expertensystemprojekten allein im deutschsprachigen Raum nehmen sich die tatsächlichen Einsatzzahlen, mit deutlich unter 10% immer noch überraschend gering aus. Welches sind die Hauptursachen für dieses offensichtliche Problem ?

Eine Vielzahl von Gründen wird für das Scheitern von Projekten angeführt. Bullinger führt dies im wesentlichen auf das nicht oder nur schlecht funktionierende Zusammenspiel von Mensch, Organisation und Technik zurück [Bullinger 90].

Wichtig erscheint mir der Hinweis, daß eine Ursachenforschung vor allem im Bereich der Anwendung und deren betrieblichem Umfeld beginnen muß.

---

2 Diese Zahl beinhaltet allerdings Doppelnennungen, da konzernintern einige der Partner Lieferanten der anderen Unternehmensbereiche sind.

3 Hier existiert allerdings eine Dunkelziffer von Projekten, die aus verschiedenen Gründen nicht in die offizielle Statistik Eingang gefunden haben.

Drei Gründe scheinen mir aus der Sicht des Anwenders im Vordergrund zu stehen:

- Das System erfüllt seine Aufgabe nicht oder nicht zufriedenstellend
- Das System wird nicht richtig oder nicht mehr eingesetzt
- Der Nutzen der Investition ist fraglich

Im folgenden sollen - ohne Anspruch auf Vollständigkeit - diese Aspekte an einigen wichtigen Unterpunkten vertieft werden.

Grunddimensionen der Probleme	Teilaspekte
Fehlende oder mangelnde Aufgabenerfüllung	• Benutzerzufriedenheit • Leistungsfähigkeit • Benutzerschnittstellen • Qualitätssicherung / Validierung • Prototyping
Falscher oder abgebrochener Systemeinsatz	• Wissensakquisition und Pflege • Verantwortlichkeit • Komplexität der Aufgabenstellung
Wirtschaftlicher Nutzen	• Ratiopotentiale • Einsparung von Experten • Nutzenmultiplikation • Integration in betriebliche IV-Umgebung

Benutzerzufriedenheit

Zufriedenheit der Kunden ist in der Industrie ein Hauptmaßstab für den Erfolg eines Produktes. Übertragen auf Expertensystemanwendungen steht die Benutzerzufriedenheit im Umgang mit dem System im Vordergrund. Die oben zitierte Fragebogenaktion der Zeitschrift KI lieferte als ein Ergebnis eine "Schulnote" 2,5 als Grad der Zufriedenheit der Anwender mit dem System. Dies sollte insbesondere den Entwicklern zu denken geben. In vielen größeren Unternehmen, wie auch dem unseren, haben sich aufgrund der negativen Erfahrungen Arbeitskreise etabliert, um diesen Dingen auf den Grund zu gehen. Eine Vielzahl von Gründen trägt zu diesem Problemkreis bei.

Leistungsfähigkeit der Systemlösung

Häufigste Gründe für eine Nichtzufriedenheit mit den Systemen sind unter anderem unbefriedigende Antwortzeiten, oftmals resultierend aus einer Unterschätzung der Komplexität realer Problemstellungen beim Systemdesign oder einem nicht hinreichend durchdachten Strukturierungsansatz bei der Konzeptfestlegung. Auch stellt man leider immer wieder fest, daß Lösungen mit nicht problemadäquaten oder gar den falschen Hilfsmitteln konzipiert werden. Für den weniger vertieften Anwender nicht trivial ist außerdem die leidvolle Erfahrung, daß verschiedene Schulen der Informatik oder eifrige Marketingstrategen in Softwarehäusern ihren Lösungsansatz als Allheilmittel propagieren.

Benutzerschnittstellen
Häufig erschweren nicht problemangepaßte Benutzerschnittstellen den Umgang mit den Werkzeugen und Anwendungen. Das Problem der Überforderung des Anwenders gilt in besonderer Weise für den Umgang mit speziellen "KI-Fachsprachen" oder die Bedienung spezieller "KI-Maschinen". Insbesondere die teilweise erforderliche Durchdringung spezieller Paradigmen war für den oftmals "nicht eingeweihten" Anwenderkreis eine Hemmschwelle. Hier ist erst in den letzten Jahren ein neuer Trend von Seiten der Software-Ergonomie zu verspüren, die Beschreibungsebene stark von der Bedienungsebene zu trennen, um damit auf die Qualifikation des Bedienpersonals und die besonderen Belange des Anwendungsumfeldes zugeschnittene Lösungen bereitzustellen.

Qualitätssicherung und Systemvalidierung
Für einen Einsatz in der Praxis müssen Softwaresysteme besonderen Anforderungen hinsichtlich Verfügbarkeit und Verläßlichkeit liefern, ganz abgesehen von den Problemen, die sich aus den verschärften Bedingungen der Herstellerhaftung ergeben. Dies gilt für Systeme zur Entwurfsunterstützung in gleicher Weise wie für die in Fertigung, Montage oder Qualitätesicherung eingesetzen Systeme. Häufig - und hierauf verweist eine Vielzahl von Autoren - werden Expertensysteme, entgegen den etablierten Ansätzen für die "herkömmliche" Softwareentwicklung aus einem Prototypen heraus entwickelt. Dies führt in der Praxis immer wieder zu erheblichen Problemen, da grundlegende Konzepte für die Qualitätssicherung bzw. Validierung von wissensbasierten Systemen nach wie vor fehlen.

Prototyping
Selten wird ein Expertensystem von Grund auf entwickelt. Insbesondere die unter Hochschulbeteiligung in die Praxis überführten Systeme basieren fast ausnahmslos auf früheren Forschungsprototypen. Meist fehlt hier der bei einer klassischen Systementwicklung notwendige und bewährte Schritt einer sauberen Spezifikation von Produkteigenschaften mit darauf aufbauendem Design. Es entsteht auch mitunter der Eindruck, daß manche Anwendungen von KI-Technologen vorangetrieben werden, d.h. man sucht nach Problemen bei vorhandenen Lösungen.

Wissensakquisition und Wissenspflege
So viel ist über die Bedeutung des sogenannten "Knowledge-Engineers" inzwischen geschrieben worden, daß ich diesen Punkt nur am Rande streifen möchte. Nach wie vor existieren Probleme im Wissenakquisitionsbereich; nach wie vor ist die "Knowledge-Engineering-Lücke" vorhanden, die das Umsetzungsproblem vom "Wissen im Kopf des Experten" und "Wissen in Datenbanken/auf Papier" zur "Wissensrepräsentation in Wissensbasen" adressiert.

Häufig wird der Aufwand zur Pflege und Weiterentwicklung einer Wissensbasis weit unterschätzt. Dabei wird die Sicherung der Konsistenz einer Wissensbasis ein mit Zunahme der Anzahl von Fakten und Regeln immer gravierenderes Problem durch den exponentiell ansteigenden Aufwand. Dies führt in manchen Fällen in der Tat zur Aufgabe des Projektes, insbesondere wenn die Fülle von Regeln in einer Regelbasis keine fachliche Konsistenzprüfung mehr erlaubt oder durch technische Veränderungen einer Maschine oder Anlage bzw. eines Prozesses ganze Teile einer Wissensbasis obsolet werden. Nicht selten überholt der Fortschritt der Technik auch die Realisierung eines Projekts.

Verantwortlichkeit

Ein in diesem Zusammenhang ebenfalls zu beobachtendes Phänomen liegt in der Person des Wissenspflegers begründet. Diese oft einzelne und mit Recht schon früh in der Projektphase involvierte Person wird nach Abschluß der Entwicklungsphase zur Schlüsselfigur einer Expertensystemanwendung. Die oft über Monate vertiefte Auseinandersetzung mit der Anwendungsproblematik hat auch durchaus eine erzieherische und persönlichkeitsbildende Komponente. Sehr häufig wird der Wissenspfleger in Folge seines Engagements "weiterbefördert", gegebenenfalls versetzt nicht aber adäquat ersetzt. Wurde vorher versäumt ein Team zu bilden, ist damit der Nährboden für eine positive Weiterentwicklung des Systems entzogen.

Komplexität der Aufgabenstellung

Eine andere Problematik liegt in der Komplexität der Aufgabenstellung verborgen. Häufig sind Expertensysteme nur in der Anfangsphase ihres Einsatzes einem menschlichen Experten überlegen. Erfahrungen zeigen, daß entweder die modellierten Umfänge zu trivial waren, um einen echten Zusatznutzen gegenüber dem menschlichen Experten zu rechtfertigen oder aber, daß die Anwender nach einiger Zeit die Antworten des Systems antizipierten, welches dann in Folge nicht mehr genutzt wurde.

Ratiopotentiale

Der Nutzen einer Investition wird in der Betriebswirtschaft gerne an Zahlen und Ratiopotentialen gemessen. Wie eine kürzlich durchgeführte Industrieuntersuchung belegt, ist eine betriebswirtschaftliche Transparenz des Nutzens betrieblicher Informationsverarbeitung aber nicht gegeben [Weule 92]. Zahlen aus der oben zitierten KI-Studie zeigen zwar eine mittlere Amortisationszeit der Entwicklungskosten innerhalb der ersten zwei Jahre des Systemeinsatzes auf. Die grundlegende Annahme einer durchschnittlichen Nutzungszeit von acht Jahren erscheint mir aber wesentlich zu hoch gegriffen. Meines Wissens existiert derzeit keinerlei fundiertes Zahlenmaterial, welches die tatsächliche Lebenszeit von Systemen im Einsatz statistisch signifikant belegt.

Einsparung von Experten

Weitere Schwierigkeiten entstehen, wenn der Nachweis der Wirtschaftlichkeit über reale Einsparungen geführt werden soll. Das Argument der möglichen Einsparung von Experten wird ziemlich häufig im Vorfeld von Projekten diskutiert. Ein im eigenen Hause auf dem Gebiet der Mustererkennung durchgeführtes, sehr ehrgeiziges Projekt, hatte beispielsweise die Zielsetzung, langfristig Experten in Fragen der Signalverarbeitung zu ersetzen, indem einem "Laienanwender" wissensbasiert plausible Ansätze zur Filterung von Signalen vorgeschlagen wurden. Der Ansatz scheiterte neben Fragen der Performanz schlichtweg daran, daß den "Laienanwendern" das Verständnis für die Probleme der Anwendung fehlte. Den untauglichen Versuch, "einen Blinden ein Bild malen zu lassen", sollten wir sicher nicht unternehmen!

Meines Wissens ist durch die Einführung eines Expertensystems noch kein Experte eingespart worden !

Nutzenmultiplikation

Wichtiger erscheint mir der Aspekt einer Nutzenmultiplikation d.h. die Frage der Wirtschaftlichkeit in Verbindung mit der möglichen Mehrfachnutzung von Systemen. Im Zuge einer internen Untersuchung möglicher Anwendungen von Diagnose- und Überwachungssystemen in einem Industrieunternehmen ergab sich, daß die Erstellung und Pflege einer Wissensbasis trotz vorhandener XPS-Basissysteme im Einzelfall nicht wirtschaftlich war [wbk 90]. In Fällen, bei denen aber ein Maschinenpark mit mehreren identischen Maschinen ausgestattet war, wurden hohe positive Potentiale erzielt. Dieser Mehrfachnutzen wird manchmal aber auch erst nach einer Pilotinstallation ersichtlich, dann aber konsequent genutzt [Steuer 91].

Integration in die betriebliche IV-Umgebung

Gerade in der Frühzeit der Entwicklung wissensbasierter Systeme waren oftmals exotische Shells, Tools und eine dedizierte Spezialhardware (z.B. Lisp-Maschinen) erforderlich, um eine den Anforderungen entsprechende Systemleistung zu erzielen. Dies bedingte die Einführung neuer, singulärer Systeme in ein betriebliches Umfeld oft im stand-alone Betrieb mit allen damit verbundenen Problemen hinsichtlich Installation, Wartung, Pflege und nicht zuletzt dem Argwohn der etablierten DV/Org-Bereiche, die gelegentlich ihre zentrale Welt gefährdet sahen. Auch die Durchführung der Expertensystemprojekte wurde oftmals durch eine zur klassischen, zentral planenden und verantwortlichen Anwendungsentwicklung parallel arbeitende Projektorganisation aus den Bereichen heraus gesteuert. Es hat sich gezeigt, daß ohne ein klares Konzept zur Integration von Expertensystemen in das vorhandene IV-Umfeld, die Nutzenpotentiale und damit die Zukunftschancen solcher Systeme sehr begrenzt sind. Diese Problematik muß in der Frühphase eines Projektes bei der Festlegung der Anforderungsspezifikation bereits berücksichtigt werden.

In der Summe kann man also feststellen, daß im Zusammenhang mit Expertensystemprojekten Fehler gemacht wurden,

- die sicher in starkem Maße mit den speziellen Gegebenheiten der Einführung wissensbasierter Technologien in das betriebliche Umfeld zusammenhängen *(Wissenserwerb, Wissenspflege, Adäquatheit der Problemlösung etc.)*
- die sicher teilweise auch noch auf einer in Bewegung befindlichen Technologie hinsichtlich der grundlegenden Paradigmen sowie der verfügbaren Hard- und Softwarelösungen beruhen
- die aus einer "getrübten Sicht" - einerseits aus Unkenntnis der tatsächlichen Machbarkeit, häufig aber auch aus Prestigegründen - zu einer Fehleinschätzung des Erreichbaren führten
- weil von grundlegenden Aspekten der "klassischen Vorgehensweise" bei einer Systementwicklung abgewichen wurde.

Keiner dieser Punkte spricht jedoch dagegen, daß bei richtiger Vorgehensweise und weitsichtigem Einsatz dieser leistungsfähigen Technologie den wissensbasierten Systemen nicht ein bedeutender Beitrag zur Zukunftssicherung unserer Unternehmen zugesprochen werden kann.

3. Weitere Entwicklung

3.1 Potentiale wissensbasierter Technologien

Aus der Analyse der Einsatzzahlen, die eigentlich eine Negativstatistik darstellt, stellt sich aber auch die Frage, welche Arten von Problemen heute (besonders) gut mit Expertensystemen lösbar sind.

Es existiert eine Vielzahl von Ansätzen, unterschiedliche Typen von Expertensystemen zu klassifizieren. In der realen Anwendung tauchen in der Regel zwei grundlegende Dimensionen von Problemen entweder in Reinform oder miteinander verknüpft auf, das *Analyseproblem* und das *Syntheseproblem*.

Historisch gesehen hat man die Analyseproblematik früher angegangen, was auch die Übersichten über Projekte bestätigen. Daraus läßt sich auf ein vertieftes Verstehen der zugrundeliegenden Probleme schließen. Vieles deutet darauf hin, daß man Diagnose- und Überwachungsaufgaben im konkreten Anwendungsfall mit vertretbarem Aufwand modellieren kann.

Das Syntheseproblem dagegen beschäftigt nach wie vor die Wissenschaft. Es liegt hier der Schluß nahe, daß noch Grundlagenarbeit zu leisten ist, die ein vertieftes Verständnis der menschlichen Vorgehensweise bei der Problemlösung erschließt. Dies bedeutet aber nicht, daß nicht eine große Klasse von Syntheseproblemen in Anwendungen erschlossen werden können, wie im Falle der Konfigurationssysteme. Hier sind bereits leistungsfähige Systeme vorhanden und, wie die oben genannte Untersuchung belegt, mit guten Ergebnissen in der Praxis umgesetzt worden [Mertens 90]. Dies mag damit zusammenhängen, daß einerseits gegenüber Planungsproblemen in der Regel keine Zeitrestriktionen bestehen und vielleicht auch an einer besser beherrschten Formulierung von klaren Randbedingungen für die Anwendungen .

3.2 Notwendigkeiten und Kriterien für eine erfolgreiche Einführung

Mit Sicherheit sind alle oben aufgeführten Gründe für das Scheitern von Expertensystemprojekten umgekehrt auch Voraussetzungen für einen Projekterfolg. Aus industrieller Sicht sowie langjähriger Erfahrung mit diesem Thema stehen für mich die folgenden Punkte im Vordergrund:

- Eine geplante Anwendung muß "expertensystemwürdig" sein. Dazu sind Analyseinstrumente zu entwickeln, die den Begriff der Expertensystemwürdigkeit einer Anwendung anhand geeigneter Kriterien operationalisieren. Sicher werden wir uns zukünftig keine Fälle mehr leisten können, wo vordergründiges Prestigedenken oder ein "Gehen mit der Mode" den Einsatz von Expertensystemen begünstigen.

- Projekte müssen leidenschaftslos angegangen werden. Zu Projektbeginn muß der erwartete und zu realisierende Nutzen diskutiert und eindeutig nachvollziehbar festgelegt werden. Klare Übersicht über die Problemstellung gepaart mit gesundem Menschenverstand auf seiten der Anwender muß sich mit der technologischen Vision des Entwicklers in einem gesunden Maß die Waage halten.
- Die Auswahl der Softwaretechnologie und -werkzeuge muß in sinnvoller Weise den Erfordernissen der Anwendung entsprechen. Es dürfen keine zu trivialen aber auch keine zu komplexen Probleme mit den falschen Werkzeugen angegangen werden. Wenn man ein Problem grundlegend analysiert hat, stellt sich heraus, welche der möglichen Software-Technologien für eine Lösung die optimalen Voraussetzungen bietet. Nur wenn dies die Expertensystemtechnik ist sollte man sie einsetzen - aus genau diesem und keinem anderen Grund.
- Die Verantwortlichkeiten für Wissenserwerb, Wissenspflege und Fortbestand auf seiten der Anwender sind sehr klar und mit Weitsicht in Hinblick auf das Weiterleben des Systems in der betrieblichen Praxis zu definieren.
- Die Notwendigkeit grundlegender und weitreichender Maßnahmen zur Qualitätssicherung wissensverarbeitender Systemen steht bei mir von allen technischen Fragen am weitesten im Vordergrund. Dazu zähle ich vor allem Möglichkeiten der Validierung von Systemen, des automatischen Testens von Wissensbasen und der fachlichen Konsistenzprüfung von Fakten und Regeln.
- Ein weiterer, in Hinblick auf zukünftig zu tätigende Investitionen sehr wichtiger Aspekt ist die Zukunftsorientiertheit des Systemdesigns. Wir werden die enormen Aufwendungen für Systemanalyse und Erstellung umfangreicher Wissenbasen nicht rechtfertigen können, wenn es uns nicht gelingt, Wissen wiederzuverwenden. Voraussetzung für eine Wiederverwendung ist aber eine Standardisierung von Wissensrepräsentationsformen und von Möglichkeiten zur Wissenstransformation.
- Der zentrale Punkt für einen Projekterfolg liegt für mich jedoch aus den bislang gemachten Erfahrungen im Bereich der Menschen, die an einem Projekt gemeinsam arbeiten. Etwas überspitzt formuliert, wird der informatikorientierte "Wissensverarbeiter" nicht umhin kommen, seine "Gedankengebäude" zu verlassen und sich "in die Niederungen der Anwendung" zu begeben. Erst wenn der Wissens-Ingenieur vom späteren Anwender als ernstzunehmender Gesprächspartner akzeptiert wird, ist der Grundstein zu einem Projekterfolg gelegt.

3.3 Zukünftige Anwendungsgebiete

Wie könnte eine Vision für die zukünftigen Anwendungsgebiete wissensbasierter Systeme in der Industrie aussehen ?

Ich glaube, daß die Sicherung und Steigerung der Wettbewerbsfähigkeit und damit die Zukunft unserer Unternehmen davon abhängt, wie gut es gelingt, die betrieblichen Prozesse und Abläufe entlang von *Prozeßketten* auszurichten.

Das rechnerunterstützte Konstruieren ist beispielsweise nur ein kleiner Ausschnitt aus dem weiten Bereich der rechnerunterstützten Produkterstellung und die Erstellung wiederum nur ein kleiner Ausschnitt aus dem Produktlebenszyklus. Trotzdem liegt der Schwerpunkt der Rechnerunterstützung des gesamten Konstruktionsprozesses nach wie vor im Bereich des Zeichnens, Berechnens und Variierens. Die vor- und nachgelagerten Bereiche wie Planen, Konzipieren, Entwerfen und Dokumentieren werden dagegen nur unzureichend unterstützt. Langfristig geht aber die Entwicklung hin zur gesamtheitlichen, rechnerunterstützten Produktentwicklung, wobei wissensbasierten Systemen als Bindeglied oder "Entwicklungs-Leitsystem" besondere Bedeutung zukommen wird [Krause 92].

Eine Analyse der heutigen Entwicklungswerkzeuge in der europäischen Automobil- und Luftfahrtindustrie wird in dieser Hinsicht viele Defizite aufzeigen. Größtes Problem sind derzeit die vielen Insellösungen in den Unternehmen aufgrund teils fehlender, teils noch nicht etablierter Standards zum Produkt- und Produktionsdatenaustausch. Mit den laufenden Arbeiten zur Definition von Standards wie STEP[4] wird die Einbindung weiterer Systeme in den Ablauf der Prozeßkette Produktentwicklung auf einfachere Weise möglich. Derzeit verfolgt eine gemeinsame Initiative von Automobil- und Luftfahrtindustrie in Europa zum Thema "Advanced Information Technology (AIT)" das Ziel, Anforderungen an die Systeme der Zukunft zu entwickeln, um der Vision einer Integration von Methoden, Verfahren und Wissen näher zu kommen.

Zur Sicherung unserer Wettbewerbsfähigkeit wird es aber nicht ausreichend sein, neue und innovative Produkte in sehr kurzer Zeit mit hoher Qualität zu entwickeln. Die Betrachtung des gesamten Produktlebenszyklus wird uns zwingen, bereits früh in der Phase der Produktentwicklung an die Schonung von Ressourcen und unserer Umwelt zu denken. In den Entwicklungsprozeß integrierte Expertensysteme, z.B. für eine recyclinggerechte Werkstoff- und Materialauswahl, werden diesen Prozeß ebenso unterstützen müssen, wie die optimierte Steuerung von Prozessen und Verfahren in der späteren Produktion oder intelligente Planungswerkzeuge für die nachfolgende Montage, die aber gleichzeitig wiederum die Notwendigkeit einer einfachen Demontage für ein sortenreines Recycling berücksichtigen.

Die zweite wesentliche Prozeßkette vom Auftrag bis zur Auslieferung eines Produktes verdient ebenso eine verstärkte Beachtung. Hier werden intelligente Planungs- und Konfigurationshilfsmittel benötigt, um sehr schnell - idealerweise sofort - auf einen Kundenwunsch mit einem

---

[4] STEP = Standard for the Exchange of Product Model Data

maßgeschneiderten Angebot und mit einer genauestmöglichen Kosten- und Lieferterminvorhersage reagieren zu können. Diese Planungskontinuität muß sich fortsetzen in einer intelligenten Infrastruktur zur optimalen Steuerung von Logistik, Produktion und Auslieferung.

Die dritte und meines Erachtens wichtigste Komponente im zukünftigen Produktions- und Arbeitsprozeß ist der Mensch. Hier sehe ich eine evolutionäre Entwicklung neuer Arbeitsformen auf uns zukommen, die eine starke Abkehr von der lange gepflegten Arbeitsteiligkeit bewirken wird. Teamarbeit in kooperierenden Gruppen wird in Zukunft stark zunehmen. Dabei öffnet sich ein weites und lohnendes Feld für die Entwicklung und Einführung von wissensbasierten Systemen, die in der Lage sind, Gruppenarbeit zu unterstützen bzw. kooperierende Prozesse zu koordinieren. Daß hierbei auch das Individuum von intelligenten, adaptiven und damit kooperativen Benutzerschnittstellen unterstützt werden wird, ist für mich selbstverständlich.

4. Ausblick

Meine abschließende Botschaft ist damit eigentlich sehr einfach.

Nur eine sich gegenseitig befruchtende, interdisziplinäre Zusammenarbeit mit hoher Kreativität wird für uns Schlüssel zum Erfolg sein. Informatik-Grundlagenforscher, anwendungsorientierte Informatiker, "Wissens-Ingenieure" und nicht zuletzt "wissende Ingenieure" aus den Anwendungsbereichen müssen sich gegenseitig ergänzen und neue, weitreichende Anwendungsgebiete erschließen. Effizienz, Effektivität und Qualität in der Projektarbeit wird sich gegenüber einer eher "spielerischen Suche" nach neuen Lösungen durchsetzen.

Wir werden uns im industriellen Umfeld zunehmend von singulären, isolierten Expertensystemanwendungen wegbewegen. Die Zukunft liegt in der Vernetzung von Systemen, die miteinander kommunizieren und kooperieren. Auch der Mensch wird in diese Systeme integriert sein. Information in beliebiger Form - Daten, Fakten und Wissen werden eins - und müssen beliebig transformiert und miteinander kombiniert werden können. Wir werden uns Gedanken machen müssen, wie unternehmensweite "Wissenspools" strukturiert und abgebildet werden können, um dem eigentlichen Ziel und uralten Traum der beliebigen Wiederverwendbarkeit von Wissen näher zu kommen. Wenn wir uns eines in Zukunft nicht mehr leisten können, dann ist es eine Situation wie nach dem "Turmbau von Babylon": eine Sprachverwirrung und damit die Unfähigkeit zu kommunizieren.

30 Jahre intensiver Beschäftigung mit den Grundlagen der Wissensverarbeitung sind eine lange Zeit. Die Zeit ist aber reif, diese Potentiale nun in verstärktem Maße in die Anwendung zu überführen, um den Herausforderungen, denen unsere Unternehmen im internationalen Umfeld ausgesetzt sind, zu begegnen.

In einer Sache bin ich mir aber ganz sicher: die sich im Kontakt mit dem "realen Leben" ergebenden Herausforderungen werden für die Informatik nicht minder interessant sein wie die vertiefte Suche nach der "reinen Lehre" !

Literatur

[Bullinger 90] Bullinger, H.J.:
Integrationspotentiale von Expertensystemen in der Produktion.
Technische Rundschau 31 (1990), S. 14-28

[Christaller 91] Christaller, T.:
Expertensysteme in der Praxis - Was leisten sie und welche Zukunft haben sie ?
In: ZwF 86 (1991) 11, S. 555-558

[Krause 92] Krause, F.-L. et al.:
Wissensbasierte Systeme für Konstruktion und Arbeitsplanung.
Herausgeber: VDI-Gesellschaft Entwicklung-Konstruktion-Vertrieb und Gesellschaft für Informatik
VDI Verlag Düsseldorf, 1992

[Mertens 90] Mertens, P.; Borkowsky, V.; Geis, W.:
Betriebliche Expertensystem-Anwendungen.
Springer Verlag, 1990

[Patridge 89] Patridge, D.:
KI und das Software-Engineering der Zukunft
Hamburg: McGraw-Hill, 1989

[Steuer 91] Steuer, M.:
Entwicklung von Softwarewerkzeugen zur wissensbasierten Inbetriebnahme von komplexen Serienmaschinen.
Dissertation, Fakultät für Maschinenbau, Universität Karlsruhe, 1991

[Weule 88] Weule, H.:
Expertensysteme in der Produktionstechnik
FTK '88 - Tagungsband des Fertigungstechnischen Kolloquiums 1988, Springer Verlag 1988

[Weule 92] Weule, H.:
Information als Produktionsfaktor
in: Görke, W.; Rininsland, H.; Syrbe, M. (Hrsg.): Information als Produktionsfaktor
22. GI-Jahrestagung in Karlsruhe 1992, Springer Verlag, 1992

[wbk 90] N.N.:
Expertensystemwürdige Anwendungen in einem Produktionsbetrieb.
Unveröffentlichte Projektstudie des Instituts für Werkzeugmaschinen und Betriebstechnik Karlsruhe (wbk), 1990

[wbk 92] N.N.:
Expertensystementwicklungen und -anwendungen im Rahmen der Wissenschaftlichen Gesellschaft für Produktionstechnik (WGP)
unveröffentlichte Analyse des Instituts für Werkzeugmaschinen und Betriebstechnik Karlsruhe (wbk), 1992

Der Weg der Expertensystemtechnik zur Ingenieurwissenschaft: Neue Methoden und Architekturen

Bernd Neumann
Labor für Künstliche Intelligenz
Fachbereich Informatik / Universität Hamburg
Bodenstedtstr. 16, D-2000 Hamburg 50, FRG

Zusammenfassung:

Zentrale Ziele bei der Weiterentwicklung der Expertensystemtechnik sind die Unterstützung des Entwicklungsprozesses und die Sicherung des wirtschaftlichen Einsatzes von Expertensystemen. In diesem Vortrag werden die Forschungsergebnisse der letzten Jahre daraufhin analysiert, inwieweit sie zu diesen Zielen beitragen. Fortschritte bei der Entwicklungsmethodologie betreffen vor allem die Bereiche, wo bisher Erfahrung und Intuition eine entscheidende (und häufig wenig erfolgreiche) Rolle spielen, insbesondere die Phasen Wissensakquisition und Grobentwurf. Durch Systematisierung kann offenbar ein Teil des Entwicklungsrisikos gemindert werden.

Eine andere Gruppe von Forschungsergebnissen betrifft neue Expertensystem-Architekturen und -Bausteine. Modellbasiertes Schließen, aufgabenspezifische Kontrollstrukturen und generische Wissensbasen sind einige der Ansätze, aus denen neue, generische Grundstrukturen für Expertensysteme abgeleitet werden können. Es zeigt sich allerdings, daß Ansätze zur Systematisierung des Entwicklungsprozesses nicht ohne weiteres mit Zielvorstellungen über generische Expertensystemkomponenten verträglich sind. Eine einseitige Orientierung von Entwurfsentscheidungen an der Problemsicht eines menschlichen Experten kann am Einsatz vorhandener Bausteine vorbeiführen. Der Entwicklung generischer Problemlösungsbausteine muß deshalb Priorität gegeben werden.

Die Anwendung modellbasierten Schließens bei der Diagnose schiffstechnischer Anlagen

Sabine Kockskämper, Bernd Neumann
Labor für Künstliche Intelligenz
Fachbereich Informatik/Universität Hamburg
Bodenstedtstr. 16, D-2000 Hamburg 50, FRG

Alexander Josub, Herbert Müller
STN Systemtechnik Nord
Behringstr. 120
D-2000 Hamburg 50, FRG

Zusammenfassung: Dieser Beitrag beschreibt unsere bisherigen Erfahrungen bei der Entwicklung eines Expertensystems zur Diagnose schiffstechnischer Anlagen im Rahmen des Projekts SHOPSY.[1] *Maritime Einrichtungen sind komplexe, sicherheitsrelevante Anlagen, die im Falle einer Störung ein hohes Risikopotential in sich bergen, von dem erhebliche Gefahren nicht nur für Menschen und Material, sondern auch für die gesamte Umwelt ausgehen. Aus diesem Grund ist es erforderlich, intelligente, entscheidungsunterstützende Systeme in bestehende Leitsysteme zu integrieren, die in der Lage sind, Gefahrensituationen korrekt einzuschätzen und die Vollständigkeit bei der Fehlersuche zu garantieren.*

Unser Ansatz sieht eine modellbasierte Vorgehensweise vor, die, wie wir zeigen werden, zur Störfallanalyse in derartigen Anlagen geeignet ist. Auf der Basis einer tiefen Modellierung der Anlagen kann erreicht werden, daß das Diagnoseverfahren auf objektivierbaren physikalisch-technischen Zusammenhängen beruht. Dadurch werden Verifizierbarkeit und Erweiterbarkeit entscheidend unterstützt. Zur Anlagenmodellierung werden qualitative Beschreibungstechniken verwendet, die die Vorteile einer vereinfachten Systemsicht bieten, ohne die Nachteile einer nicht-deterministischen Verhaltensanalyse zur Folge zu haben. Auf Grundlage einer taxonomisch fundierten, objektorientierten Wissensrepräsentation kann eine klar konzipierte, generische Lösung für Diagnoseprobleme angeboten werden.

1. Einleitung und Motivation

Die Weiterentwicklung schiffstechnischer Systeme führt in verstärktem Maße zum Entwurf von Anlagen erheblicher Komplexität. Um das Bedienpersonal bei der Überwachung solcher Anlagen zu unterstützen und es in die Lage zu versetzen, die Anlage auch bei Störfällen sicher zu bedienen, ist es erforderlich, entscheidungsunterstützende Systeme in das bestehende Anlagenkonzept zu integrieren. Bisherige Zusatzeinrichtungen dieser Art, wie z.B. (situationsunabhängige) Grenzwertüberwachungen, bieten nur in sehr eingeschränktem Umfang Unterstützung. Sie sind keinesfalls in der Lage, die Gesamtsituation korrekt einzuschätzen. Die praktische Bedeutung und der wirtschaftliche Nutzen *intelligenter* Diagnosewerkzeuge in Leitsystemen sind angesichts dieser Tatsachen unumstritten.

Existierende Ansätze auf dem Gebiet der technischen Diagnose sind wesentlich durch das regelbasierte Paradigma geprägt, das auf einer rechnerinternen Modellierung empirischer Symptom-Diagnose-Assoziationen beruht [1]. Die Grenzen dieses Ansatzes sind in den letzten Jahren zunehmend deutlich geworden: Schwierigkeiten bei der Wartung, mangelnde Adaptierbarkeit, Beschränkung auf Einfach-Fehler, um nur einige der Probleme zu nennen [2,3].

Der vorliegende Beitrag diskutiert die Anwendung modellbasierten Schließens bei der Diagnose schiffstechnischer Anlagen. Bei diesem Ansatz beruht das Diagnoseverfahren auf objektivierbaren physika-

[1]Das diesem Beitrag zugrundeliegende Vorhaben wird mit den Mitteln des Bundesministers für Forschung und Technologie gefördert.

lisch-technischen Zusammenhängen auf der Basis einer tiefen Modellierung der betrachteten Anlagen, genauer: auf dem Verhalten ihrer einzelnen Bestandteile und deren Konnektivität. Zwei Aspekte haben unsere Entscheidung für den modellbasierten Ansatz wesentlich beeinflußt: einerseits die Charakteristika der vorliegenden Domäne (vgl. Abschnitt 2.) und andererseits die zentrale Anforderung nach einer weitgehend automatischen Generierbarkeit von Diagnosesystemen für spezifische schiffstechnische Anlagen. In welcher Weise unterstützt eine modellbasierte Vorgehensweise diese Anforderung? Ein wesentliches Prinzip des modellbasierten Ansatzes besteht darin, Systemverhalten auf der Basis von Komponentenverhalten zu beschreiben (Kompositionalität und Lokalität), also nicht z.B. mit einem umfassenden Differentialgleichungssystem. Aufgrund einer lokalen, weitestgehend kontextfreien Repräsentation der Komponenten ist es möglich, einmal spezifizierte Modelle zu neuen Systemen zu kombinieren. Stehen Strukturinformationen bzgl. des Aufbaus einer bestimmten Anlage zur Verfügung (z.B. Konstruktionszeichnungen in maschinenlesbarer Form), so können die benötigten Modelle in der Regel aus einer Modellbibliothek entnommen und entsprechend miteinander verknüpft werden. Auf diese Weise können spezifische Diagnosesysteme auf Basis einer vorbereiteten generischen Lösung (d.h. einem domänenunabhängigen Diagnoseverfahren) und entsprechenden Komponentenbibliotheken generiert werden.

Bislang herrscht verbreitet die Ansicht, daß sich derartige Methoden noch im Forschungsstadium befinden, d.h. noch nicht praxisrelevant sind. Wir möchten mit dem vorliegenden Beitrag zeigen, daß die in den letzten Jahren entwickelten Ansätze im Begriff sind, die Schwelle zur Anwendung zu überschreiten, mehr noch, daß sie in vielen Anwendungsbereichen unter ökonomischen Gesichtspunkten, wenn z.B. die automatische Generierbarkeit von spezifischen Diagnosesystemen - wie in unserem Falle - eine zentrale Anforderung darstellt, wesentlich besser zur Entwicklung wissensbasierter Systeme geeignet sind als "traditionelle" regelbasierte Verfahren.

Wir werden im weiteren Verlauf dieses Beitrags zunächst die vorliegende Domäne charakterisieren, anschließend die Architektur vorstellen und schließlich einzelne Systemkomponenten näher erläutern. Im letzten Teil wird der vorgestellte Ansatz hinsichtlich seiner Eignung für die vorliegende Domäne bewertet, es wird auf den Stand der Implementierung und zukünftige Arbeiten eingegangen.

2. Charakterisierung der Domäne

Als Leitbeispiel wurde die Brennstoffaufbereitungsanlage eines Schiffes gewählt, die dem Reinigen von Schweröl dient. Abbildung 7 zeigt einen Teilausschnitt dieser Anlage. Wir werden in diesem Abschnitt die Eigenschaften des vorliegenden Anwendungsbereiches anhand dieses Beispiels diskutieren, soweit sie für die Auswahl eines geeigneten Diagnosemechanismus eine Rolle spielen. Dabei werden die einzelnen Merkmale in Struktur-, Verhaltens- und Diagnosecharakteristika klassifiziert.

Strukturmerkmale:

- Der Anwendungsbereich ist durch eine Menge von Standard-Komponenten charakterisiert, d.h. Bausteinen, die sich in vielen schiffstechnischen Anlagen wiederfinden.
- Die untersuchten Anlagen zeichen sich durch eine hohe Komplexität aus: die Anzahl der in ihnen enthaltenen Komponenten ist sehr groß (viele Hunderte).
- Eine Anlage ist i.a. hierarchisch strukturiert (z.B. in Systeme, Subsysteme, Aggregate, Baugruppen, Komponenten).
- Eine Anlage kann in verschiedenen Betriebsarten[1] "gefahren" werden: Bei der Angabe von Funk-

[1] Das Wissen über die Betriebsart einer Anlage stellt eine teleologische Information dar. Man unterscheidet zwischen Funktionsketten und Funktionsmodi. Unter Funktionsketten versteht man die Verknüpfung von Funktionsketten-Elementen (Komponenten, Funktionsketten, etc.), die an der Erfüllung einer Funktion beteiligt sind bzw. sein können (Beispiel: "Aufbereiten Schweröl"). Bei einem Funktionsmodus handelt es sich um eine spezifische Schaltungsart innerhalb einer Funktionskette [4].

tionsmodi handelt es sich um eine zweckorientierte Information, die das intendierte Verhalten (Sollfunktion) der Anlage widerspiegelt, z.B. "Separieren Schweröl von Schweröl-Vorratstank1 oder -Vorratstank2 über Schweröl-Zubringerpumpe, Separator1 nach Schweröl-Tagestank.". Das Vorliegen einer bestimmten Betriebsart impliziert z.B., daß Wege in der Anlage freigeschaltet und andere gesperrt sind (z.B. über entsprechende Ventilstellungen).

- Es sind eine große Anzahl von Fehlern möglich. Viele Störungen basieren auf falschen Ventilstellungen, so daß es zu zusätzlichen bzw. fehlenden Verbindungen kommt (eine Art struktureller Fehler).

Verhaltensmerkmale:

- Aufgrund der hierarchischen Strukturierung von Anlagen spielen auch verschiedene Detaillierungsstufen bzgl. des Verhaltens eine große Rolle, insbesondere im Hinblick auf die Diagnose.
- Bei der Diagnose benutzen Experten keine exakten (mathematischen) Modelle, sie legen bei der Störungsanalyse eine eher vereinfachende Sichtweise auf die Komponenten zugrunde.
- Wir haben es im vorliegenden Anwendungsbereich im wesentlichen mit stationären Vorgängen zu tun, daher ist eine statische Betrachtungsweise oftmals möglich.

Diagnose:

- Aufgrund einer sehr begrenzten Anzahl von Meßpunkten, ist es dem menschlichen Experten häufig nicht möglich, direkt von den Meßdaten auf eine eindeutige Fehlerursache zu schließen. Standardsituationen werden relativ gut beherrscht, davon abweichende Fehlersituationen werden häufig nicht berücksichtigt.
- Zusätzliche Meßwerterhebungen sind sehr aufwendig, da sie lokal, d.h. direkt an der Anlage vorgenommen werden müssen.
- Erfahrungswissen über fehlerhaftes Komponentenverhalten ist in der Regel vorhanden. Mehrfachfehler sind möglich.
- Wissen über Ausfallwahrscheinlichkeiten der Komponenten ist i.a. vorhanden, zumindest, was die Standard-Fehlersituationen betrifft.
- Die Diagnose schiffstechnischer Systeme findet auf verschiedenen Detaillierungsebenen statt. Bei Defekt eines Aggregats wird häufig - falls vorhanden - auf ein redundantes System umgeschaltet, bevor die tatsächliche (tieferliegende) Fehlerursache ermittelt wird.

Bei der Abwägung verschiedener Verfahren (fall-, regel- und modellbasiert) sprechen viele der oben aufgeführten Merkmale für eine modellbasierte Lösung. Besonders fällt in diesem Zusammenhang die große Anzahl von Standardkomponenten, das begrenzte Erfahrungswissen und die Forderung nach einer umfassenden und zuverlässigen Fehlerdiagnose ins Gewicht. Auch die Bearbeitung zustandsabhängiger Probleme (für jeden Funktionsmodus ein Diagnoseproblem), d.h. die Ausnutzung der Struktur einer Aufgabe zum Zwecke der Diagnose, wird durch einem modellbasierten Ansatz besser geleistet als durch einen assoziativen Ansatz. Ein fallbasierter Ansatz würde hier allerdings auch in Frage kommen, denn im Unterschied zum assoziativen Ansatz liegen hier konkrete Situationsbeschreibungen vor und nicht abstrahierendes Erfahrungswissen. In der Domäne wurden jedoch bislang keine Falldaten gesammelt, daher scheidet auch dieses Vorgehen zunächst aus. Grundsätzlich ist der modellbasierte Ansatz dem fallbasierten in einem weiteren Punkt überlegen: wenn tiefergehendes technisches Wissen für die zu diagnostizierenden Anlagen verfügbar ist, dann kann die Anforderung nach der automatischen Generierbarkeit von spezifischen Diagnosesystemen durch eine modellbasierte Vorgehensweise leichter erfüllt werden. Für viele Anlagen liegt ein Teil des benötigten Wissens in Form von Schaltungsunterlagen, Maschinenzeichnungen etc. bereits vor. Wird dieses Wissen operationalisierbar gemacht, dann besteht die Möglichkeit der Fehleranalyse - mithilfe eines anwendungsunabhängigen Diagnosemechanismus - auch für Fälle, über die noch keine Expertise vorliegt.

3. Systemarchitektur

Bei der Entwicklung eines Architekturkonzepts für die modellbasierte Diagnose stellt sich zentral die Frage nach der Detailliertheit, mit der die Anlage computerintern repräsentiert werden muß. Besteht das Interesse, möglichst exakte Informationen über das betrachtete System abzuleiten, so müssen funktionale Zusammenhänge, Systemvariablen und -parameter quantitativ beschrieben werden. Dies erfordert jedoch die Bereitstellung eines reichhaltigen symbolischen Vokabulars und mächtige Inferenztechniken, deren Grenzen bei komplexen Beispielen schnell erreicht sind. Oft ist es auch nicht möglich, z.B. für komplexe Komponenten, exakte Verhaltensbeschreibungen anzugeben (siehe Abschnitt 2). Aufgrund der geschilderten Schwierigkeiten scheint es sinnvoll zu sein, die Komponenten qualitativ, durch grobe Wertebereiche, ungefähre Zusammenhänge, etc. zu beschreiben. Bei dieser Art der Vorgehensweise wird die Beschreibung des technischen Systems so weit vereinfacht, daß einfache algebraische Techniken benutzt werden können und trotzdem qualitativ wichtige Zusammenhänge herleitbar bleiben. Beziehungen zwischen den Parametern und Variablen (den Beschreibungsgrößen für Komponenten) werden nur qualitativ beschrieben. Der qualitative Ansatz vereinigt zwei Vorteile in sich. Er bietet sowohl die Möglichkeit der symbolischen Repräsentation von Quantitäten als auch die einfache Berechnung der Variablen. Die Vereinfachung der Beschreibung kann jedoch zu Mehrdeutigkeiten bei der Verhaltensanalyse führen. Dieser Nachteil kann durch gezieltes Einbeziehen von quantitativen Informationen eingeschränkt werden [5]. In dem hier vorgestellten Ansatz geschieht dies durch qualitative Werteskalen, die am quantitativ erfaßten Normalverhalten der Komponenten für alle Funktionsmodi orientiert sind. Wir werden, nachdem wir den grundlegenden Aufbau des Diagnosesystems vorgestellt haben (Abb.1), auf die qualitative Modellierung näher eingehen und die notwendigen Inferenztechniken vorstellen.

Ein Diagnoseauftrag (in Form von Fehlerbeobachtungen) sowie der aktuelle Funktionsmodus der techni-

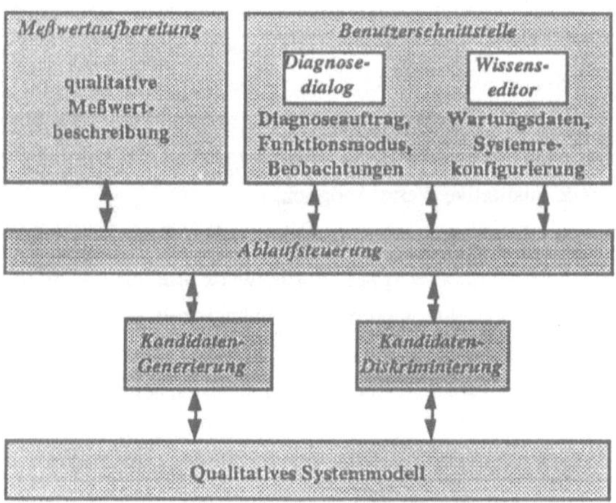

Abbildung 1: Die Systemarchitektur

schen Anlage werden dem Diagnosesystem vom Benutzer über die Dialog-Schnittstelle mitgeteilt (Diagnosedialog in Benutzerschnittstelle). Gleichzeitig stehen dem Diagnosesystem aktuelle Meßwerte (Meßwertaufbereitung) zu ausgewählten Betriebsgrößen der technischen Anlage zur Verfügung.

Das System verfügt, wie bereits erwähnt wurde, über eine zum Zwecke der Diagnose vergröberte (qualitative) Funktionsbeschreibung schiffstechnischer Anlagen ("Qualitatives Systemmodell").

Der Diagnoseablauf erfolgt in zwei Phasen. In der ersten Phase (Kandidaten-Generierung) werden anhand des qualitativen Systemmodells mögliche Ursachen für die Fehlersymptome ermittelt. In der zweiten Phase (Kandidaten-Diskriminierung) wird die Menge der Kandidaten durch zusätzliche Messungen oder Beobachtungen verkleinert bis ggf. nur noch eine Ursache übrig bleibt.

4. Beschreibung der Systemkomponenten

4.1 Das qualitative Systemmodell

Das konzeptuelle Domänenwissen wird in einer Komponentenhierarchie vorstrukturiert, die eine taxonomische und eine kompositionelle Hierarchie umfaßt. Wir unterscheiden entsprechend der Zerlegungshierarchie verschiedene Granularitätsstufen bzgl. der Repräsentation von Struktur und Verhalten. Als elementar werden solche Komponenten bezeichnet, die nicht weiter in Unterkomponenten zerlegt werden. Zur Reduzierung des Modellierungsaufwandes und auch aus Effizienzgesichtspunkten bietet es sich an, Komponenten, die bei einem Defekt ohnehin komplett ausgetauscht werden, nicht weiter zu zerlegen.

Komponentenbeschreibung

Eine schiffstechnische Anlage wird durch Komponenten und ihre Verbindungsstruktur beschrieben.
Eine Komponente (Abbildung 2 zeigt eine Komponenten-Instanz) wird beschrieben durch :

- eindeutig benannte, typisierte Ein-/ Ausgabeports, über die eine Komponente mit anderen Komponenten verbunden werden kann
- Portvariablen (Ein- und Ausgabevariablen), die jeweils einem Port zugeordnet sind und jeweils eine durch das Port weitergeleitete Komponenteneigenschaften beschreiben,
- Zustandsvariablen, die interne Komponenteneigenschaften beschreiben, sowie
- eine Verhaltensbeschreibung, die Zusammenhänge zwischen Ein-, Ausgabevariablen und Zustandsvariablen spezifiziert.

Das funktionale Verhalten der Komponenten ist gerichtet, wenn nur in einer Richtung von den Eingangsvariablen auf die Ausgangsvariablen geschlossen werden kann, ansonsten ist es ungerichtet. Portvariable enthalten als Werte qualitative Bezeichner, die eine Komponenteneigenschaft relativ zum Normalverhalten beschreiben. Fehlverhalten wird durch entsprechende Besetzung der Zustandsvariablen beschrieben. Portvariable und Zustandsvariable können Werte aufgrund von Messungen erhalten oder im Verlauf der Kandidaten-Generierung hypothetische Werte zugewiesen bekommen. Für kontinuierliche Variablen sind derzeit folgende qualitative Werte[1] möglich:

zu niedrig, normal, zu hoch und ? (unbekannt)

Diskrete Variablen behalten ihren Wertebereich bei. Normalwerte sind als quantitative Sollwertbereiche bei den Portbeschreibungen abgelegt. Sie werden in Abhängigkeit vom aktuellen Funktionsmodus angegeben. Für qualitative Zustandswerte, die eine Abweichung vom Normalverhalten beschreiben, können Wahrscheinlichkeitswerte angegeben werden. Sie erlauben es, bei einer Diagnose zuerst die wahrscheinlichsten Fehler zu prüfen.

Verhaltensbeschreibung:

Das konkrete Verhalten einer Komponente wird durch die Belegung der Portvariablen mit einem oder mehreren Werten beschrieben. Wertebelegungen entstehen durch Meßwerte, Propagierung entlang den Komponentenverbindungen und Auswerten der funktioanlen Zusammenhänge zwischen Port- und Zustandsvariablen (s.u.). Zeitliche Veränderungen werden in Form von Wert-Zeit-Paaren aufgezeichnet[2].

---

[1] Intern können die Wertemengen: {zu niedrig}, {normal}, {zu hoch}, {zu niedrig, normal}, {zu niedrig, zu hoch}, {normal, zu hoch} und ? (= {zu niedrig, normal, zu hoch}) repräsentiert werden. Aus Gründen der Übersichtlichkeit verzichten wir jedoch (außer bei ?) auf die Darstellung aller Möglichkeiten.

Komponente "Kraftstoffleitung"

Ports

Port-Name	Port-Typ	Port-Richtung	Port-Wert	quantitativer Normalbereich	verbundene Ports
Kraftstoff-Fluß-ein	Kraftstoff-Fluß	ein	normal	[...]	Ventil2: Kraftstoff-Fluß-aus
Druck-ein	Druck	ein	normal	[...]	Ventil2: Druck-aus
Temperatur-ein	Temperatur	ein	zu niedrig	[...]	Ventil2: Temperatur-aus
Kraftstoff-Fluß-aus	Kraftstoff-Fluß	aus	normal	[...]	Tank1: Kraftstoff-Fluß-ein
Druck-aus	Druck	aus	normal	[...]	Tank1: Druck-ein
Temperatur-aus	Temperatur	aus	zu niedrig	[...]	Tank1: Temperatur-aus

Interne Variable

Name	Typ	Wert
Kraftstoff-Fluß-leck	Kraftstoff-Fluß	normal
Reibungswiderstand	Widerstand	normal

Charakteristische Fehlerbelegungen	*Fehlerwahrscheinlichkeit*
Kraftstoff-Fluß-leck = zu-hoch -> Leitung undicht Widerstand = zu hoch -> Leitung verstopft (stark vereinfachte Darstellung: eigentlich stehen an dieser Stelle Fehlerobjekte, die wesentlich umfangreichere Informationen enthalten	gering mittel

Verhaltensbeschreibung
Kraftstoff-Fluß-aus = Kraftstoff-Fluß-ein ⊖ Kraftstoff-Fluß-leck Druck-aus = Druck-ein ⊖ Reibungswiderstand ⊗ Kraftstoff-Fluß-ein Temperatur-aus = Temperatur-ein

Abbildung 2: Komponentenbeschreibung (vereinfacht)

Neben der Betrachtung des korrekten Verhaltens einer Komponente ist es sinnvoll, auch Fehlverhalten in die Diagnose-Betrachtungen mit einzubeziehen, um so auf effektivere Weise zu einer Diagnose zu gelangen. Hier existieren zwei verschiedene Möglichkeiten, Fehlermodelle qualitativ darzustellen:

Bei der Verwendung von *absoluten Fehlermodellen* wird das Fehlverhalten einzelner Komponenten explizit und lokal beschrieben, in der gleichen Weise wie eine Beschreibung des korrekten Verhaltens. Es hat sich gezeigt, daß mit diesem Ansatz Diagnoseergebnisse erheblich verbessert werden können [6,7]. Fehlerfälle, die sich nicht durch drastische Abweichungen vom Normalverhalten äußern, lassen sich damit jedoch in der Regel nicht erfassen, weil die Grenzen der quantitativen Wertebereiche nicht am Normalverhalten orientiert sind. Bisher weniger beachtet sind dagegen *relative Fehlermodelle*. Das Fehlverhalten eines Systems oder einer Komponente wird hier in Relation zum korrekten Verhalten beschrieben, also relativ zum Normalverhalten [8,9,10,11]. Dadurch können im Prinzip beliebig kleine Abweichungen vom Normalverhalten qualitativ differenziert beschrieben und ausgewertet werden.

In der vorliegenden Domäne werden die meisten Fehler von den Experten in Bezug auf das Normalverhalten beschrieben [4,12]: "Es ist mehr Brennstoff im Tank als normal" oder "Die Druckdifferenz an der Pumpe ist zu niedrig". Auch die Aussagekraft vieler Alarme, die im Fehlerfall in einem Leitsystem ankommen, geht über derartige Feststellungen nicht hinaus. Die zugrundeliegenden Fehler können allerdings verschiedener Natur sein: Zum einen können differentielle Fehler [10] vorliegen, wie z.B. Leckagen

[2]Wir haben uns zwar in der vorliegenden Version des Prototypen zunächst auf die Diagnose stationärer Situationen beschränkt, da jedoch Erweiterungen in Richtung der Diagnose dynamischen Verhaltens notwendig und auch vorgesehen sind, sind entsprechenende Konzepte bereits bei der Modellierung der Komponenten eingeflossen.

der Leitungen, die sich nicht mit einer vom Normalfall unabhängigen Beschreibung, d.h. einer absoluten Unterteilung ihres Wertebereichs erfassen lassen. Zum anderen führen auch drastische Abweichungen, wie z.B. falsche Ventilstellungen, zu den erwähnten relativen Fehlerbeschreibungen durch Experten (oder Alarme). Sowohl ein unbeabsichtigterweise geschlossenes Ventil als auch eine Leckage können sich dadurch bemerkbar machen, daß in einem Tank weniger Brennstoff als normalerweise ist. Bemerkenswert ist, daß von den Experten automatisch eine Transformation der quantitativen Werte auf eine qualitative Skala, wie zu niedrig, normal oder zu hoch vorgenommen wird, und zwar immer relativ zum aktuellen Funktionsmodus der Anlage. Unter Ausnutzung dieser Tatsache sieht unser Ansatz relative Fehlermodelle als eine einheitliche Repräsentation vor, die sowohl mit differentiellen Fehlern als auch mit drastischen Abweichungen umgehen kann.Zur Beschreibung des Verhaltens von Komponenten werden die qualitativen Beziehungen: ⊕ (Addition), Θ (Subtraktion), ⊗ (Multiplikation), Deriv (Ableitung) und $M^{+,-}$(monotone Abhängigkeit) zur Verfügung gestellt. Als Beispiel geben wir hier die Definitionen der Addition und der Multiplikation mit den zur Verfügung stehenden qualitativen Werten wider:

(SUMME[s][x][y])[1]: s(t)]=[x(t)]⊕[y(t)] [s] ist qualitative Summe von [x] und [y]

(PRODUKT[p][x][y]): p(t)]=[x(t)]⊗[y(t)] [p] ist qualitatives Produkt von [x] und [y]

⊕ y / x	zu niedrig	normal	zu hoch
zu niedrig	zu niedrig	zu niedrig	?
normal	zu niedrig	normal	zu hoch
zu hoch	?	zu hoch	zu hoch

⊗ y / x	zu niedrig	normal	zu hoch
zu niedrig	zu niedrig	zu niedrig	?
normal	zu niedrig	normal	zu hoch
zu hoch	?	zu hoch	zu hoch

Abbildung 3: Definition der qualitativen Addition und der qualitativen Multiplikation

Unsere Definition der qualitativen Multiplikation weicht von der üblichen ab. Sie setzt voraus, daß Abweichungen vom Normalverhalten keine Vorzeichenumkehr zur Folge haben und gilt für die Beträge der quantitativen Werte. Die qualitativen Bezeichner zu hoch und zu niedrig entsprechen so auch im Ergebnis der qualitativen Multiplikation ihrem intuitiven Sinn. In einigen Fällen treten Kombinationen von diskreten und kontinuierlichen Variablen in Verhaltensgleichungen auf, z.B. bei der Modellierung des Verhaltens von Ventilen. Um die verschiedenen Operationsmodi eines Ventils zu beschreiben (z.B. offen und geschlossen), wird ein Verhaltensausdruck eingeführt, der eine Fallunterscheidung erlaubt:

kVar:= dVar = VarWert_1: $\text{Verhaltensgleichung}_1$
dVar = VarWert_2: $\text{Verhaltensgleichung}_2$ ...
dVar = VarWert_n: $\text{Verhaltensgleichung}_n$,

wobei kVar eine kontinuierliche und dVar eine diskrete Variable bezeichnet.

Beispiel: Ist ein Ventil geöffnet, gilt für den Druck die unten angegebene Gleichung. Ist das Ventil geschlossen, sind die Drücke am Ein- und Ausgang des Ventils unkorreliert, dieser Sachverhalt wird durch? ausgedrückt.

Verbindungsstruktur

Die Verbindungsstruktur von Komponenten wird dadurch beschrieben, daß jede Portspezifikation eine Liste der mit dem Port verbundenen anderen Ports enthält (vgl. Abbildung 2)

[1]Die in Klammern [] eingeschlossenen Variablen kennzeichnen qualitative Größen. (Aus Gründen der Übersichtlichkeit lassen wir jedoch im weiteren die eckigen Klammern bei qualitativen Variablen weg.)

Verhaltensbeschreibung für ein Ventil:

```
Kraftstoff-Fluß-aus =
   Kraftstoff-Fluß-ein
Druck-aus =
   Stellung = S1:
   Druck-ein Θ Widerstand ⊗
   Kraftstoff-Fluß-ein
   Stellung = S2: ?
```

y (=Stellung) x (= Druck-ein Θ Widerstand ⊗ Kraftstoff-Fluß-ein)	S1 auf	S2 zu
zu niedrig	zu niedrig	?
normal	normal	?
zu hoch	zu hoch	?

Abbildung 4: Verhaltensbeschreibung eines Ventils und Verhaltenstabelle für Druck-aus

4.2 Der Wirkungsgraph

Um die Performanz des Diagnosesystems zu erhöhen, wurde ein Verhaltenscompiler entwickelt. Er dient dazu, das qualitative Systemmodell (insbesondere die Verhaltensbeschreibungen der Komponenten) in einer effizient zugänglichen Weise abzulegen. Dies wird durch die Überführung der Verhaltensbeschreibungen in eine Tabellenform realisiert.

Im Anschluß an diesen Übersetzungsschritt werden die möglichen Wirkzusammenhänge der Komponenten in Form eines Wirkungsgraphen repräsentiert. Um den Ablauf der Diagnose möglichst effizient zu gestalten, wird der gesamte Wirkungsgraph vor Laufzeit der eigentlichen Diagnose generiert. Zum Aufbau des Netzes werden die oben beschriebenen Verhaltenstabellen, und die aufgrund der Komponenten-Verbindungsstruktur gegebenen Variablenidentifizierungen benutzt. Der Wirkungsgraph ist ein spezialisiertes Constraint-Netz. Zur Wertepropagierung durch den Graphen wird der Waltz-Algorithmus. verwendet.

Der aktuelle Systemzustand wird in zwei Schritten ermittelt. Zunächst erfolgt die Interpretation der Meßwerte relativ zum aktuellen Funktionsmodus. Durch Propagieren dieser Meßwerte werden die damit kompatiblen aktuellen Komponenteneigenschaften im Wirkungsgraphen ermittelt. Die Propagation wird intern durch das Streichen von Variablenbelegungen (aus den Verhaltenstabellen) realisiert, die aufgrund der aktuellen Meßwerte nicht mehr in Frage kommen. Der Wirkungsgraph enthält anschließend genau diejenigen qualitativen Zustände, die aufgrund der Meßwerte und des momentanen Funktionsmodus möglich sind.

Das Verfahren garantiert die Vollständigkeit des Wirkungsgraphen, indem aus einem anfänglich vollständigen Verhaltensmodell nur inkompatible Werte entfernt werden. Es ist allerdings nur eingeschränkt korrekt. Werte im Normalbereich führen durch Propagierung stets nur zu korrekten Werten im Normalbereich. Abweichungen können durch die Propagierung von disjunktiven Wertemengen auch zu physikalisch unmöglichen Belegungen führen.

4.3 Ablauf der Fehlersuche

Wie bereits in Abschnitt 3 erwähnt wurde, erfolgt der Prozeß der Fehlerfindung in einem zweistufigen Zyklus. Wir werden im folgenden die einzelnen Phasen näher erläutern. Abbildung 5 veranschaulicht den Problemlösungsprozeß.

Kandidatengenerierung:

In der ersten Phase werden aufgrund eines Diagnoseauftrags (der aus einer Liste von Symptomen besteht) mögliche Diagnosekandidaten ermittelt. Dabei handelt es sich um Komponenten der Anlage, die als Fehlerursache in Frage kommen. Die Kandidaten werden auf Basis einer Wirkungsanalyse lokalisiert, bei der im vorab generierten Wirkungsgraphen ein beobachtungsverträglicher Teilgraph ermittelt wird. Dazu wird der existierende Wirkungsgraph ausgehend von den eingegebenen Symptomen (= Meßwerte) beschnitten. Innerhalb einer Komponente bedeutet dies die Überprüfung und ggf. das Streichen von

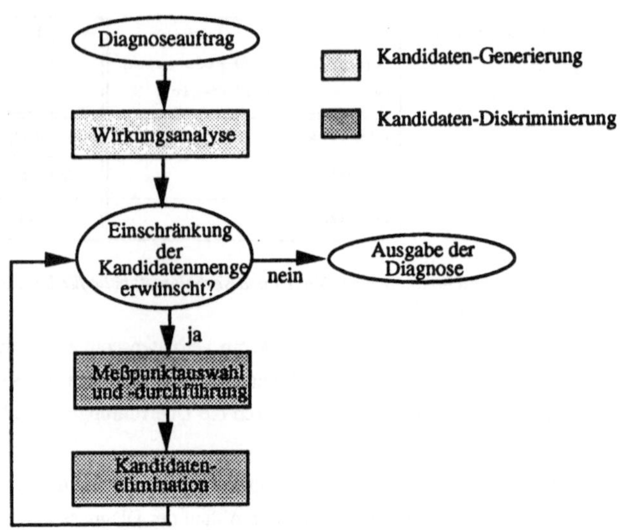

Abbildung 5: Der Diagnoseprozeß

möglichen Zuständen aus den unter 4.2 beschriebenen Tabellen.

Bei der Ermittlung des beobachtungsverträglichen Teilgraphen werden Fehlermöglichkeiten entsprechend ihren Wahrscheinlichkeiten und einem über die Ablaufsteuerung festgelegten Schwellwert (z.B. alle Fehler, deren Ausfallwahrscheinlichkeit über 50% liegt) berücksichtigt. Die Kandidaten-Generierung berücksichtigt nur Kandidaten, deren Ausfallwahrscheinlichkeit über diesem Schwellwert liegt.

Das Ergebnis dieser Phase ist ein beobachtungskonsistenter Wirkungsgraph, der alle Komponentenzustände enthält, die das Fehlersymptom durch Verursachung oder Weiterleitung erzeugt haben können (unter Berücksichtigung des Wahrscheinlichkeitsschwellwertes).

Kandidaten-Diskriminierung

Ausgehend vom Wirkungsgraphen wird bei der Kandidaten-Diskriminierung die Menge der möglichen Wirkungspfade mithilfe weiterer Messungen und Beobachtungen zusätzlich eingeschränkt. Dazu werden von der Kandidaten-Diskriminierung Vorschläge zur Durchführung weiterer Messungen oder Beobachtungen generiert. Bei der Generierung eines Vorschlags wird der erforderliche Aufwand gegen den möglichen Nutzen einer Messung (seine Diskriminierungserwartung) abgeschätzt. Hier wird insbesondere auch anwendungsspezifisches Erfahrungswissen darüber ausgenutzt, in welchen Situationen welche Messungen sinnvollerweise in einem Arbeitsschritt durchgeführt werden können. Nach Eingabe neuer Messungen oder Beobachtungen wird überprüft, welche Teile des Wirkungsgraphen damit verträglich sind. Unverträgliche Pfade des Graphen werden entfernt. Das Ergebnis dieser Phase ist ein reduzierter Wirkungsgraph und damit eine eingeschränkte Kandidatenmenge.

Ist eine zufriedenstellende[1] Diagnose gefunden, so ist die Bearbeitung des Diagnoseauftrags beendet. Ansonsten wird der Diagnoseprozeß mit weiterer Kandidatendiskriminierung fortgeführt.

4.4 Flexible Ablaufsteuerung

Eine flexible Ablaufsteuerung ist in der vorliegenden Domäne von besonderer Bedeutung, da nur sehr wenige Meßwerte zur Verfügung stehen und das Vorgehen der jeweiligen Situation angepaßt werden muß. Dazu können Benutzervorgaben berücksichtigt werden, die sich auf verschiedene Aspekte beziehen

[1] Der Benutzer entscheidet, ob eine Diagnose zufriedenstellend ist.

können:

- Fokussierung auf bestimmte Anlagenteile bei der Diagnose, dies schließt insbesondere auch den Verdacht auf Sensordefekte und Abweichungen der Anlage von ihrer Sollfunktion mit ein.
- Annahmen bzgl. der Korrektheit einer oder mehrerer Komponenten.
- Eingabe weiterer Messungen und Beobachtungen zu jedem Zeitpunkt des Diagnoseprozesses
- Fokussierung auf Einfach- oder Mehrfachfehler.

Die Ablaufsteuerung ermöglicht zusätzlich die iterative Verfeinerung der Kandidatenmenge durch Herabsetzen des Wahrscheinlichkeitsschwellwertes.

5. Beispiel

Wir werden in diesem Abschnitt das vorgestellte Verfahren anhand eines (stark) vereinfachten Beispiels illustrieren: die Diagnose eines Defekts im Dampfvorwärmer.

Wir gehen von folgenden Meßwerten aus (siehe Abbildungen 6 und 7):

- Meßwertgeber1 (vor Vorwärmer): normal
- Meßwertgeber2 (vor Separator): zu niedrig

Ausgehend von diesen Meßpunkten, wird der im Vorlauf aufgebaute Wirkungsgraph beschnitten. Abbildung 7 veranschaulicht einen Ausschnitt aus dem Wirkungsgraphen.

Wenn Meßwertgeber1 *normal* anzeigt und wir zunächst davon ausgehen, daß keine Sensordefekte auftreten (gekennzeichnet durch Verfälschung = *normal*)[1], d.h. daß der tatsächliche Wert der Temperatur (abgegriffen am Meßpunkt) auch angezeigt wird, dann liegt am Eingang des Dampfvorwärmers die Temperatur *normal* an. Aufgrund verschiedener möglicher Fehler des Dampfvorwärmers (gekennzeichnet durch Wärmeübertragung = *?*), läßt sich für die Temperatur am Ausgang des Vorwärmers kein eindeutiger Wert ermitteln. Das gleiche gilt für die restlichen Komponenten. Meßwertgeber2 zeigt den Wert *zu niedrig* an, auch hier gehen wir davon aus, daß der Meßwertgeber korrekt arbeitet. Die damit verbundene Leitung leitet die gemessene Temperatur weiter. Das Dampfvorwärmeraggregat hat folglich *zu niedrig* an demjenigen Ausgang, der mit dem Temperatur-Ausgang einer Komponente auf einer strukturell tiefergelegenen Ebene verbunden ist: Temperatur-aus-2 des Dampfvorwärmers, der nun aufgrund der Variablenidentifizierung auf *zu niedrig* eingeschränkt wird. Aufgrund dieser Einschränkung und den Abhängigkeiten zwischen Temperatur-ein, Wärmeübertragung und Temperatur-aus-2 wird für die Wärmeübertragung der Wert *zu niedrig* ermittelt. Weitere Einschränkungen finden anschließend nicht mehr statt.

Die Diagnosekomponente untersucht die verbleibenden Fehler des Dampfvorwärmers, die aufgrund des Wertes von Wärmeübertragung (= *zu niedrig*) aus der Liste aller möglichen Fehler dieser Komponente ermittelt werden können. Ist ein Diagnoseschwellwert gesetzt, so werden nur Fehler berücksichtigt, die über diesem liegen. Die ermittelten Fehlerursachen werden dem Benutzer angezeigt, falls von ihm keine weiteren Fokussierungen oder Eingaben erwünscht werden. Er könnte z.B. die Annahme, daß kein Sensordefekt vorliegt, wieder zurückziehen und sich die aufgrund dieser Tatsache möglichen Ableitungen anzeigen lassen. Auf die anschließende Generierung eines Meßvorschlag gehen wir an dieser Stelle nicht weiter ein, wir verweisen hierzu auf [13, 14].

6. Evaluierung des vorgestellten Ansatzes

6.1 Modellierung

Die Erfahrungen mit dem Prototypen haben gezeigt, daß die verwendete Repräsentation zur Modellierung schiffstechnischer Anlagen für modellbasierte Diagnose geeignet ist.

---

[1] Diese fokussierende Annahme muß dem Diagnosesystem natürlich explizit mitgeteilt werden.

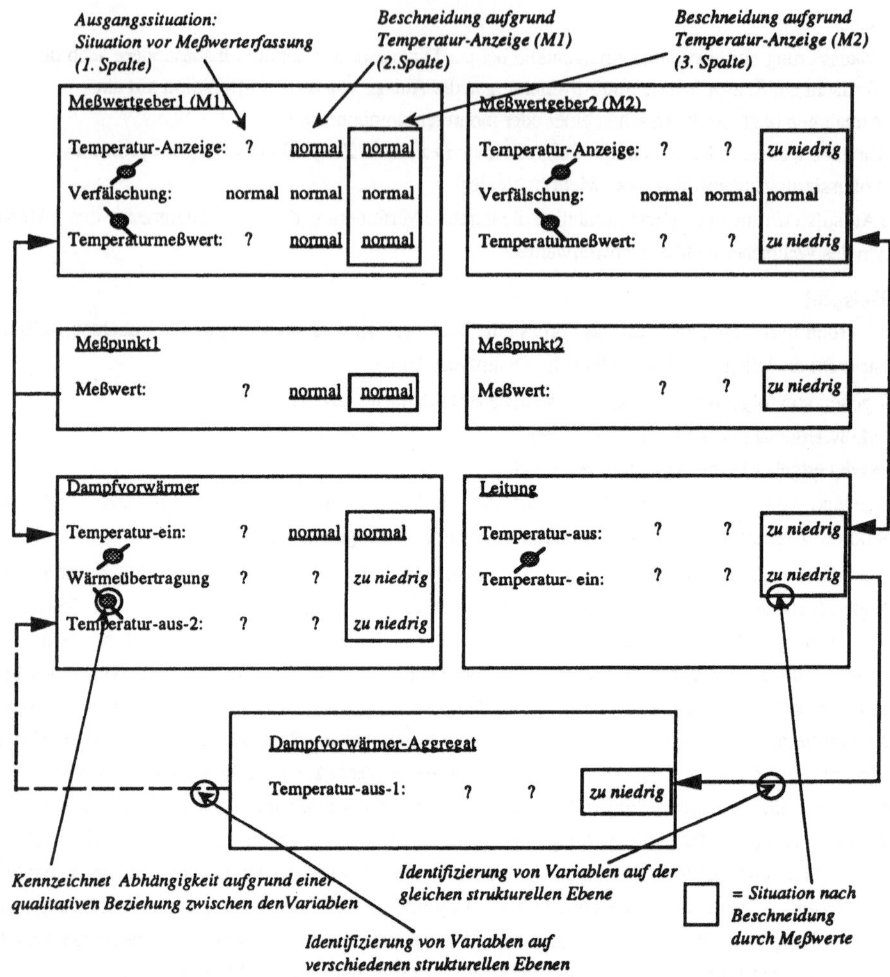

Abbildung 6: Beispiel: Beschneiden des Wirkungsnetzes durch Propagation von Meßwerten

Insgesamt bietet die vorgeschlagene Wissensrepräsention folgende günstige Eigenschaften:

- Den Aufbau von Modell-Bibliotheken: Die Wiederverwendbarkeit von Modellen kommt im vorliegenden Anwendungsbereich besonders zum Tragen, da eine große Anzahl von Komponenten existiert, die in verschiedenen Anlagen zum Einsatz kommen. Zusammen mit der entsprechenden Strukturinformation und dem vorgestellten domänenunabhängigen Diagnosemechanismus können auf diese Weise spezifische Diagnosesysteme für schiffstechnische Anlagen generiert werden.
- Die Repräsentation von korrektem und von Fehlverhalten.
- Die hierarchische Organisation komplexer Modelle in Teilmodelle lehnt sich in natürlicher Weise an die Vorgehensweise der Experten an. Zusätzlich wird ein Vorteil dadurch erzielt, daß sich immer nur eine begrenzte Anzahl der Komponenten im aktuellen Diagnosefokus befindet.
- Aufgrund verschiedener Detaillierungsstufen ist es möglich, verschiedene Granularitätsstufen bei der Diagnose vorzusehen, so kann z.B bei einem Fehler im Pumpenaggregat (bestehend aus mehreren Komponenten), direkt auf ein redundantes Pumpen-System umgeschaltet werden,

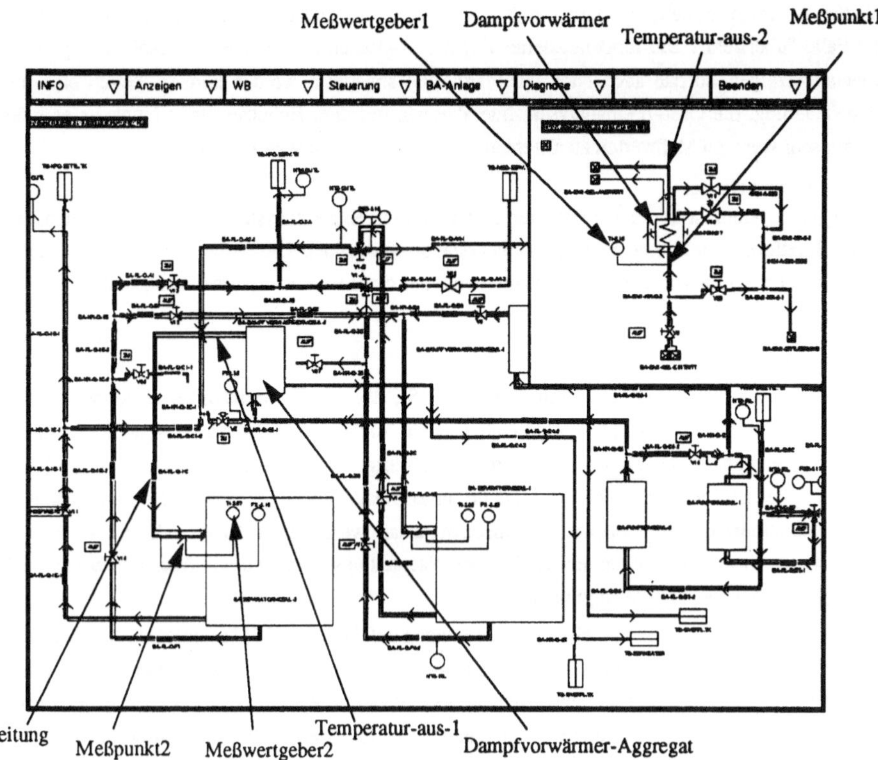

Abbildung 7: Großes Fenster: Ausschnitt aus der Brennstoffaufbereitungsanlage; kleines Fenster Aufbau des Dampfvorwärmer-Aggregats (Bildschirmabzug der Entwicklungsoberfläche)

bevor der Fehler genauer untersucht wird.

- Wartbarkeit und Verifizierbarkeit werden unterstützt, da die Modellierung auf physikalisch-technischer Gesetzmäßigkeiten beruht und nicht auf der subjektiven Sicht eines menschlichen Experten.

Es gibt jedoch einige sehr komplexe Komponenten, deren Verhalten (insbesondere Fehlverhalten) mit den vorhandenen Ausdrucksmitteln und technischen Daten nicht tief modelliert werden kann. Hier kommt eine eher assoziative Verhaltensbeschreibung in Frage, die sich in die tabellarische Verhaltensbeschreibung leicht integrieren läßt. Beispiel für eine solche komplexe Komponente ist der Separator, dessen interne Funktionen sehr schwierig exakt zu beschreiben sind. Es gibt für ihn allerdings eine Anzahl von Anzeigen, deren verschiedene Kombinationen mit bestimmtem Fehlern assoziiert werden können. Hier kann man diesen Anzeigen direkt die entsprechenden Fehlverhalten zuordnen.

Problematisch kann auch sein, daß die Sollwertbereiche von Variablen nicht immer eindeutig und präzise festgelegt werden können. Marginal normale Werte am Eingang einer Komponente können einen marginal zu hohen oder zu niedrigen Wert am Ausgang erzeugen. Man kann dem dadurch begegnen, daß marginales Fehlverhalten mit einer entsprechenden Wahrscheinlichkeit zugelassen wird.

6.2 Diagnose

Der modellbasierte Ansatz bietet nicht nur Vorteile im Hinblick auf die Wiederverwendbarkeit einmal spezifizierter Modelle, sondern es wird auch möglich, Anlagen oder Komponenten zu diagnostizieren, über die keine Expertise vorliegt. Dadurch, daß nur eine sehr begrenzte Anzahl von Sensoren zur Verfügung steht, ist es auch dem menschlichen Experten häufig nicht möglich, direkt auf eine Ursache zu schließen. Vielmehr besteht die Gefahr, daß er nur Standard-Defekte bedenkt, und weniger wahrscheinliche Fälle "übersieht". Die modellbasierte Vorgehensweise eröffnet die Möglichkeit, alle potentiellen Fehler aufzuzeigen, so daß auch Nicht-Standard-Fälle abgedeckt werden können. Durch eine flexible Ablaufsteuerung, die Grob-/Feinanalysen, Interaktionen mit dem Benutzer etc. erlaubt, ist es möglich, auch mit sehr wenigen Meßwerten zu akzeptablen Diagnoseergebnissen zu kommen.

6.3 Stand der Arbeiten

Das Diagnosesystem ist in der vorgestellten Form mit dem Expertensystem-Tool G2 implementiert. Als Rechner-Plattform wurde eine Sun Sparc-Workstation verwendet. Die aktuelle Version des modellbasierten Diagnosesystems beschreibt einen Ausschnitt aus einer Brennstoffaufbereitungsanlage mit ca. 200 Komponenten.

7. Verwandte Ansätze

Ähnlichkeiten bestehen zu dem System DEDALE [15], das zur Fehlerdiagnose analoger Schaltkreise entwickelt wurde. Dennoch gibt es einige Unterschiede. In der Modellierung verwendet DEDALE Größenordnungsrelationen. Das Diagnoseverfahren folgt weitgehend dem Standard-GDE-Ansatz [6]. Eine Erweiterung besteht darin, daß mehrere Modelle für korrektes Verhalten möglich sind, vergleichbar mit unseren Operationsmodi. Im Gegensatz zu unserem Ansatz werden in DEDALE jedoch keine Fehlermodelle verwendet, was wir als einen entscheidenden Nachteil ansehen, weil wir Wissen über das Fehlverhalten von Komponenten zur Verfügung haben.

Ein weiterer Ansatz, der sich mit Relativbeschreibungen befaßt, ist in [10] beschrieben. Im Gegensatz zu unserem System, liegt hier der Schwerpunkt nicht auf der Diagnose von Fehlverhalten, sondern auf der Analyse der Auswirkungen von Fehlverhalten. Der Vorteil dieses Ansatzes - die Möglichkeit des Vergleichs von Parameterwerten relativ zu anderen Parameterwerten - läßt sich in unserem Anwendungsfall nicht ausnutzen. Da wir nur sehr wenige Meßwerte zur Verfügung haben, hilft uns eine differenziertere Analyse dieser Art nicht weiter, sondern bedeutet einen zusätzlichen Aufwand. Wir haben daher Beschreibung und Analyseverfahren so gewählt, daß sie an die zur Verfügung stehenden Meßwerte angepaßt sind.

Das System von Friedrich et al [16] benutzt weder absolute noch relative Fehlermodelle. Es wird ein alternativer Ansatz beschrieben, der (physikalisch) unmögliche Diagnosen durch entsprechende Axiome ausschließt. Dieser Ansatz ist geeignet, wenn keine Fehlermodelle und Informationen bzgl. verschiedener Operationsmodi zur Verfügung stehen. Uns liegen liegen derartige Informationen jedoch vor. Ferner halten wir die Verwendung von Fehlermodellen für näher an der menschlichen Vorgehensweise und haben daher dieses Wissen auch für unseren Ansatz ausgenutzt.

Unser Diagnoseansatz ist an den allgemeinen GDE-Rahmen angelehnt. Er unterscheidet sich allerdings darin, daß bei der Ursachenanalyse, ausgehend von den *Symptomen*, auf mögliche fehlerhafte Komponenten geschlossen wird (abduktives Vorgehen). Auf diese Weise werden Komponenten, die diese Symptome nicht verursachen, direkt ausgeschlossen und gar nicht erst als Kandidaten betrachtet.

8. Ausblick

Es wurde mit dem vorliegenden Beitrag gezeigt, wie Techniken der modellbasierten Diagnose bei schiffstechnischen Anlagen eingesetzt werden können. Das Konzept, welches Daten aus einer realistischen Anwendungsdomäne verarbeitet, wurde in Kooperation mit Anwendern entwickelt und implementiert. Unser System geht damit weit über ein Laborbeispiel hinaus, jedoch ist der Weg zum praktischen Einsatz damit noch nicht vollständig bewältigt. Die Integration in die Schiffsumgebung ist z.B. ein Problembereich, der im Labor nur vorbereitet werden kann und noch einer empirischen Verifikation bedarf.

Durch das vorliegende Konzept ist die Diagnose stationärer Zustände abgedeckt. Erweiterungen sind in verschiedenen Richtungen denkbar und sinnvoll:

Diagnose dynamischer Prozesse: Die Einbeziehung zeitlichen Verhaltens in Modellierung und Diagnose erfordert eine beträchtliche Erweiterung der Komponentenbeschreibungen. Insbesondere muß es möglich sein, zeitliche Ableitungen explizit zu machen und mit der Historie der korrespondierenden Basisgröße konsistent zu halten. Die qualitative Berücksichtigung dynamischen Verhaltens kann begrenzte Simulations- und Prädiktionsmöglichkeiten eröffnen, die für ein Diagnosesystem von beträchtlicher Bedeutung sind. Durch Trendanalysen können korrektive Maßnahmen rechtzeitig eingeleitet werden, bevor der Prozeß in einen kritischen Zustand übergeht.

Hybride Diagnosemechanismen: Sieht man die Möglichkeiten einer dynamischen Betrachtung der Systeme vor, so kann dies unter Umständen zu Effizienzproblemen führen. Ein hybrider Ansatz, der neben modellbasierten Techniken weitere Möglichkeiten der Diagnose vorsieht, wie z.B. eine assoziative oder fallbasierte Diagnose kann hier Abhilfe schaffen, in dem Standard-Fehlerfälle durch diese Techniken abgedeckt werden und der modellbasierte Ansatz die "schwierigeren" Fälle behandelt.

9. Danksagung

Unser Dank geht an alle, die an der Entwicklung der beschriebenen Version des Diagnosesystems maßgeblich beteiligt waren: die Anwendungsexperten E. Hecht (VEBA Poseidon Schiffahrt GmbH) und H. Gätjens (Howaldtswerke Deutsche Werft AG); J. Lopez (TU Hamburg-Harburg), der das Wissen über die Domäne akquiriert und aufbereitet hat; Lothar Hotz, Ulf Sauerland und Matthias Schulte, die große Teile des Systems implementiert und durch zahlreiche Anregungen und Diskussionen wesentlich zum Gelingen beigetragen haben. Desweiteren danken wir der Howaldtswerke-Deutsche Werft, die uns die Konstruktionszeichnungen für die Brennstoffaufbereitungsanlage zur Verfügung gestellt hat. Unser Dank geht auch an Peter Struß für wertvolle Anregungen und Diskussionen, an Andreas Günter und Matthias Schick, für Kritik und Anregungen zu früheren Versionen dieses Papiers.

10. Literatur

[1] F. Puppe: Einführung in Expertensysteme; Springer; Studienreihe Informatik, 1988

[2] P. Struß: Model-Based Diagnosis - Progress and Problems; in: Proc. 3. Internationaler GI-Kongreß Wissensbasierte Systeme, München, S.320-331, Oktober 1989

[3] A. Bäcker, S. Kockskämper, B. Neumann, H. Reetmeyer, G. Nicklas: Modellbasierte Diagnose in der Schiffsleittechnik, in: VDI-Berichte Nr. 855, 1990

[4] Projektinterne Unterlagen

[5] B. Kuipers, D. Berleant: Using Incomplete Quantitative Knowledge in Qualitative Reasoning; in: Proc. AAAI-88, S. 324-329, 1988

[6] J. de Kleer, B.C.Williams: Diagnosis With Behavioral Modes, in: Proc. IJCAI '89, S. 1324-1330

[7] P. Struß, O. Dressler: 'Physical Negation' - Integrating Fault Models into the General Diagnostic Engine; in: Proc. IJCAI '89, S. 1318-1324

[8] K.L. Downing: Diagnostic Improvement Through Qualiative Sensitivity Analysis; in: Proc. AAAi-87, Seattle, 1987

[9] J. de Kleer: Causal and Teleological Reasoning in Circuit Recognition; in: TR-529, AI-Lab., MIT, Cambridge, 1979

[10] M. Neitzke: Modeling Physical Systems with Relative Descriptions of Parameters; in: Proc. ECAI '92, Wien 1992

[11] D.S. Weld: Theories of Comparative Analysis, the MIT Press, Cambridge, 1990

[12] Projektinterne Kommunikation

[13] J. de Kleer, B.C.Williams: Diagnosing Multiple Faults; in: Artificial Intelligence 32 (1987) S. 97-130

[14] R. Rehbold: Integration modellbasierten Wissens in technische Diagnostik-Expertensysteme, Dissertation, Universität Kaiserslautern/FB Informatik, 1991

[15] Ph.Dague, O.Raiman, Ph.Devès: Troubleshooting: When Modeling is the Trouble; in: Proc. AAAI-87, S. 590-595

[16] G.Friedrich, G.Gottlob, W.Nejdl.: Physical Impossiblity Instead of Fault Models, Proc. AAAI-90, S.331-336

Diagnose von modularen technischen Systemen hoher Variantenvielfalt mit FACTEDIS

Klaus Dieter Meyer-Gramann und Ernst-Werner Jüngst

Daimler-Benz AG, Forschungsgruppe Systemtechnik
Alt-Moabit 91b, W-1000 Berlin 21

Zusammenfassung

Der klassische Weg der Expertensystem-Erstellung ist sehr unwirtschaftlich, wenn die zu diagnostizierenden technischen Systeme in hoher Variantenvielfalt vorliegen. Eine erfolgversprechende Alternative wird vorgestellt und diskutiert: Beim Wissenserwerb werden Wissens-Module erstellt, nämlich ein Wissens-Modul für jeden Typ von realem Modul, das in mindestens einer Variante des technischen Systems auftritt. Das zur Diagnose einer Variante benötigte Wissen wird dann automatisch erzeugt, indem Wissens-Module anhand der aktuellen Konfiguration der Variante zusammengefügt werden. Das Grundkonzept und die Diagnosestrategie von FACTEDIS (Fault tree based Acquisition and Compilation Tool for Embedded DIagnostic Systems) werden beschrieben. Die Anforderungen an die Wissensrepräsentation werden skizziert. Ausgehend von der Anforderung eines effizienten Wissenserwerbs auch bei hoher Variantenvielfalt unter den technischen Modulen wird die Struktur der Wissens-Module dargelegt und skizziert, wie die Wissens-Module automatisch zusammengefügt werden. Die Vorteile des hier beschrieben Ansatzes werden diskutiert. Das Konzept soll bis Ende 1993 prototypisch implementiert sein und dann zunächst im Daimler-Benz-Konzern erprobt werden.

0. Einleitung

Um technische Systeme an die Wünsche des Kunden anzupassen, werden sie typischerweise aus Modulen zusammengesetzt. Alternative oder optionale Module werden so ausgewählt, daß ihr Zusammenwirken die gewünschte Funktionalität erbringt. Dabei hat man schon bei einer verhältnismäßig kleinen Zahl von Optionen und Alternativen eine gewaltige Zahl möglicher Varianten des technischen Systems: Bei 10 Modulen mit je 3 Alternativen gibt es bereits 3^10 = 59.049 Kombinationsmöglichkeiten.

Für die Instandsetzung von komplexen technischen Systemen werden heute zunehmend Diagnose-Expertensysteme gewünscht. Für kundenspezifisch anpaßbare technische Systeme verbietet sich der klassische Weg der Expertensystem-Erstellung wegen der hohen Anzahl vorhandener Varianten fast von selbst, da man für jede Variante erneut Wissen erwerben und validieren müßte. Der Variantenreichtum wird noch dadurch erhöht, daß oft nach einem Stichtag ein alter Modul-Typ durch einen neu entwickelten ersetzt wird, der sich vom ersten diagnoserelevant unterscheidet. Auch wird die Ausstattung eines Exemplars eines technische Systems oft während seiner Lebensdauer diagnoserelevant verändert, da etwa bei einer Reparatur oder aufgrund eines Kundenwunsches Module ausgetauscht oder ergänzt werden. In beiden Fällen erfordert der klassische Weg der Expertensystem-Technik erneut Wissenserwerb und Wissensvalidierung.

Das erste Sachgebiet, das uns mit dem Problem konfrontierte, wie man Expertensysteme für hochgradig variante technische Systeme bereitstellt, sind die Briefverteil-Anlagen der AEG Electrocom GmbH, einem Unternehmen des Daimler-Benz-Konzerns. Diese Briefverteil-Anlagen, die aus mehreren zehntausend kleinsten austauschbaren Einheiten bestehen können, sind kundenspezifisch anpaßbar und werden weltweit eingesetzt.

1. Szenario: Diagnose von technischen Systemen hoher Variantenvielfalt

Der einzig erfolgversprechende Weg zur Lösung des Variantenproblems ist, das Wissen des Fachexperten in einer solchen Weise modular zu organisieren, daß die zur Diagnose einer bestimmten Variante benötigte Wissensbasis sich automatisch aus Wissens-Modulen erzeugen läßt. Für jedes reale Modul gibt es dann ein derartiges "Wissens-Modul", und die Wissensbasis wird aus Wissens-Modulen zusammengefügt analog zur aktuellen Konfiguration der Variante aus realen Modulen. Bild 1 zeigt dieses zunächst noch hypothetische Szenario, das wir in den Kapiteln 3 und 4 mit Leben erfüllen werden.

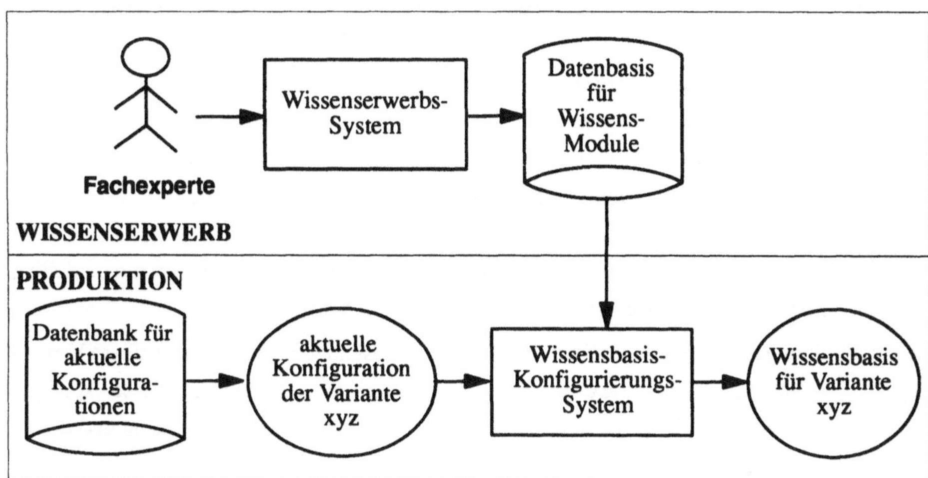

Bild 1 Erstellung der Wissensbasis für die Variante xyz

Beim Wissenserwerb erstellt der Fachexperte ein Wissens-Modul für jeden Einheits-Typ, der in mindestens einer Variante des technischen Systems auftritt. In einem realen technischen System können mehrere Einheiten gleichen Typs auftreten; in der Wissensbasis für Variante xyz sind diese zu unterscheiden. Dies leistet bereits der objekt-orientierte Ansatz: in der Wissensbasis ist ein Typ als Klasse und ein Exemplar als Instanz repräsentiert.

Wird ein Typ eines realen Moduls neu entwickelt, so muß ein Fachexperte einmal zentral ein Wissens-Modul für das reale Modul erstellen und in die Wissens-Modul-Datenbasis einfügen. Ersetzt das neue reale Modul ab einem Stichtag ein altes, so erhalten alle ab dem Stichtag ausgelieferten technischen Systeme automatisch eine Wissensbasis, die der Neuentwicklung Rechnung trägt. Wird in einem bereits ausgelieferten technischen System ein reales Modul ergänzt oder durch ein anderes ersetzt, so erzeugt das Wissensbasis-Konfigurierungs-System eine neue Wissensbasis, die die alte Wissensbasis komplett ersetzt.

Damit der in Bild 1 skizzierte Weg überhaupt möglich ist, muß man das Wissen über Diagnose eines technischen Systems so in Wissens-Module unterteilen und jedem Wissens-Modul solche standardisierten Außenschnittstellen geben, daß die Wissens-Module automatisch "richtig" zusammengefügt werden können. Idee ist, daß dann, wenn zwei reale Module interagieren, die Außenschnittstellen der entsprechenden Wissens-Module wie von selbst zusammenpassen.

2. FACTEDIS, ein Werkzeug zur Erstellung von Diagnose-Expertensystemen

FACTEDIS (Fault tree based Acquisition and Compilation Tool for Embedded DIagnostic Systems) ist ein Werkzeug in der Hand des Fachexperten, mit dem er ohne Hinzuziehung eines Wissens-Ingenieurs sein Wissen einem Expertensystem für technische Diagnose verfügbar machen kann. Unser Ziel ist, bestmögliche industriegerechte Unterstützung des Wissenserwerbs für die Diagnose mit bestmöglicher Effizienz der Diagnose-Durchführung zu verbinden, indem zwei verschiedene Wissensrepräsentationen bereitgestellt werden. Wir nennen das so strukturierte Wissen "Experten-Wissen" (beim Wissenserwerb) bzw. "Diagnose-Wissen" (bei der eigentlichen Diagnose). Das Diagnose-Wissen wird automatisch aus dem Experten-Wissen "extrahiert".

Wir haben uns im FACTEDIS-Projekt für den symptombasierten Ansatz entschieden, um Probleme der Praxis schon lösen zu können, bevor der modellbasierte Ansatz reif für breite industrielle Praxis ist: Bei komplexen technischen Systemen ist eine Diagnose mit der modellbasierten Strategie, wie sie in [3] eingeführt und z. B. von [6, 8, 11, 14] erweitert wurde, zu zeitaufwendig [1], um etwa eine Briefverteil-Anlage mit der erforderlichen Geschwindigkeit zu diagnostizieren. Darüber hinaus darf bei heutigen Ansätzen (z. B. [5]) der Aufwand, das für die modellbasierte Diagnose benötigte Modell zu erstellen, nicht unterschätzt werden.

Die Beschreibungssprache, mit der Experten-Wissen repräsentiert wird, wurde in einem Vorprojekt [9] erarbeitet und validiert. Sie erweist sich als sehr geeignet, um Experten-Wissen konfigurierbar zu modularisieren. Wir stellen im Abschnitt 2.1 diese Beschreibungssprache und in Abschnitt 2.2 die FACTEDIS-Diagnosestrategie vor.

2.1 Beschreibungssprache

FACTEDIS bietet einem Experten als Beschreibungssprache die Begriffswelt der technischen Diagnose. Diese Beschreibungssprache liefert die Begriffe und Relationen des semantischen Netzes, in dem das Experten-Wissen organisiert ist. Kernbestandteil dieses semantischen Netzes ist ein Fehler-Netz. Wir skizzieren die Begriffe und Relationen im Bild 2.

Ein technisches System besteht aus Modulen, diese wiederum aus Untereinheiten. Die logische Aufteilung eines Moduls in Untereinheiten wird mindestens bis zur Ebene der "kleinsten austauschbaren Einheiten" durchgeführt. Wir benutzen im folgenden den Oberbegriff "Einheit" für das technische System als ganzes wie auch für jedes Teilsystem und jede Komponente sowie den Begriff "System" für jede Einheit, die als aus "Untereinheiten" zusammengesetzt aufgefaßt wird.

Eine "Störung" an einer Einheit ist jede Art von fehlerhaftem Verhalten oder fehlerverursachendem Zustand der Einheit. Zentraler Bestandteil des Experten-Wissens ist Wissen über die kausalen Zusammenhänge zwischen Störungen. Wir unterscheiden zwei solche Zusammenhänge:

- "Störung A ist sichere Folge von Störung B" oder
- "Störung A ist mögliche Folge von Störung B".

Beidesmal ist Störung B einer der möglichen Verursacher von Störung A.

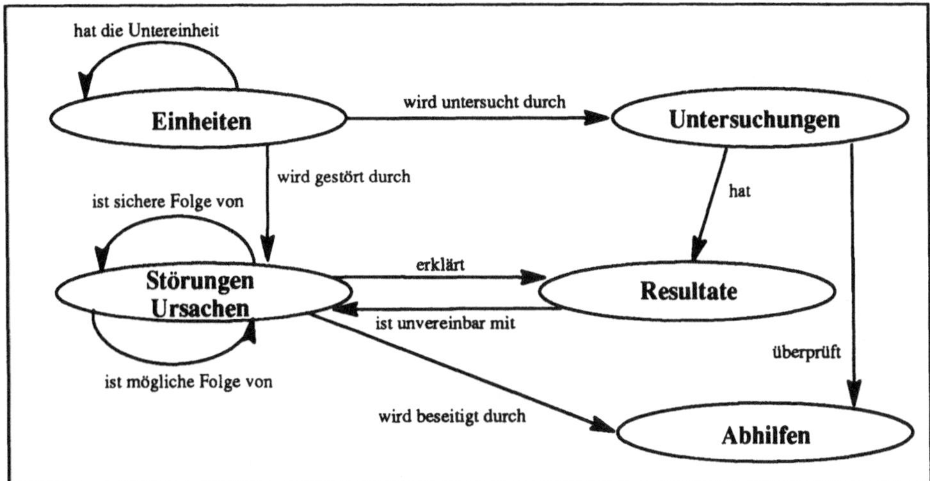

Bild 2 FACTEDIS-Beschreibungssprache: die Begriffswelt der technischen Diagnose

Die kausalen Beziehungen unter Störungen bilden einen gerichteten Graphen, dessen Knoten für die Störungen an den Einheiten und dessen Kanten für Relationen der Art: "ist sichere Folge von" und "ist mögliche Folge von" stehen. Wir bezeichnen diesen Graphen, der alle Zusammenhänge unter den möglichen Störungen zeigt, als den "totalen Störungs-Graphen". Der totale Störungs-Graph kann mehrere Wurzeln haben: jede Wurzel steht für eine nach außen wirkende Störung am technischen System. Jedes Blatt repräsentiert eine Störung ohne Verursacher.

Eine Störung ohne Verursacher bezeichnen wir kurz als "Ursache". Ziel einer Fehler-Diagnose ist es, alle im technischen System vorliegenden Ursachen zu ermitteln, damit man anschließend eine "angemessene" Abhilfe durchführen kann. Jeder Ursache muß daher eine Abhilfe, d. h. eine einzelne Maßnahme oder eine Abfolge von Maßnahmen, zugeordnet sein.

Eine Fehler-Diagnose ist der Prozeß, in dem der Experte oder ein Expertensystem Indizien gewinnt und auswertet, um die Ursache einzukreisen. Als Untersuchung bezeichnen wir eine Handlung zur Gewinnung von Indizien. Jede Untersuchung gilt einer bestimmten Einheit. Die möglichen Ergebnisse einer Untersuchung heißen "Resultate". Soll-Resultat heißt das Resultat, das die Untersuchung beim störungsfreien technischen System hätte.

Anlaß einer Fehler-Diagnose ist, daß man ein Fehlverhalten des technischen Systems beobachtete und dadurch Einstiegs-Symptome gewann. Ein Einstiegs-Symptom betrachten wir als Nicht-Soll-Resultat einer Untersuchung, die der Benutzer des technischen Systems (oft unfreiwillig) machte.

Zentraler Bestandteil jedes symptombasierten Diagnose-Expertensystems ist Wissen darüber, wie Störungen und Indizien zusammenhängen. In der FACTEDIS-Beschreibungssprache gibt es dafür zwei Relationen:

- Eine Störung "erklärt" ein Resultat, wenn die Störung für das Resultat verantwortlich gemacht werden kann. Ein Nicht-Soll-Resultat wird im allgemeinen durch mehrere Störungen erklärt; ein Soll-Resultat bedarf keiner Erklärung.
- Eine Störung "ist unvereinbar mit" einem Resultat.

Diese beiden Relationen schließen einander aus; sehr oft besteht zwischen einer Störung und einem Resultat weder die eine noch die andere Relation.

Die hier skizzierte Beschreibungssprache kommt der Denkweise eines Experten sehr nahe. Wissen, das in den Begriffen und Relationen dieser Beschreibungssprache strukturiert ist, nennen wir daher "Experten-Wissen".

2.2 Die FACTEDIS-Diagnosestrategie

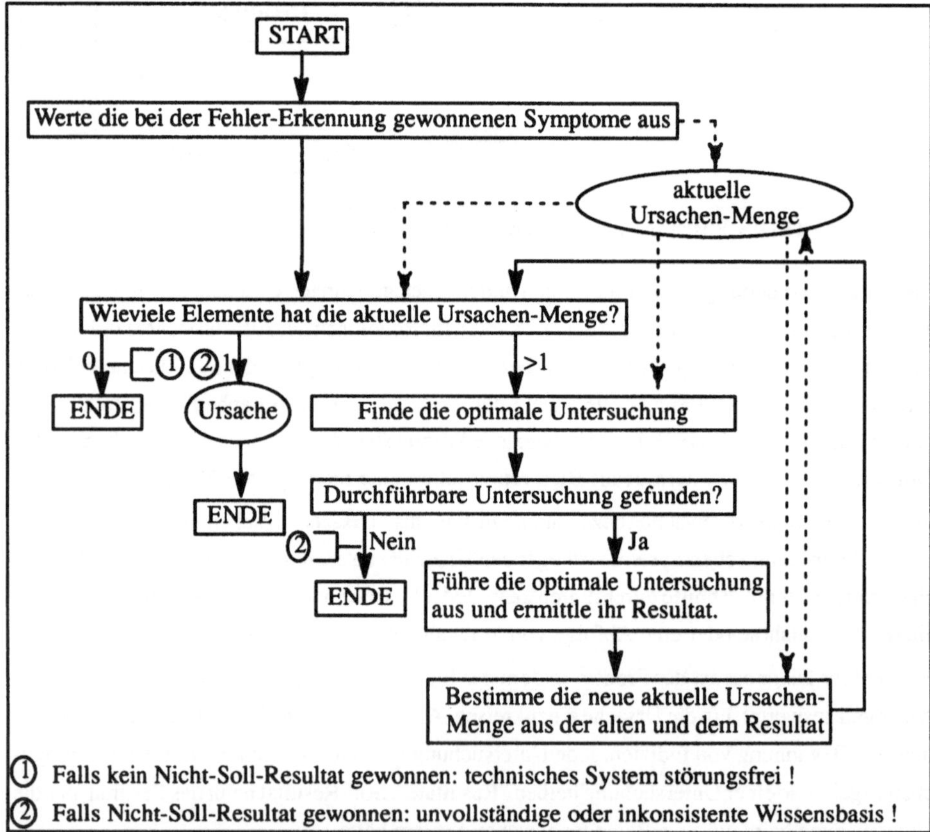

Bild 3 Die FACTEDIS-Diagnosestrategie

Wir fassen eine Fehler-Diagnose auf als eine Klassifikationsaufgabe: Unter den am technischen System möglichen Ursachen ist die tatsächlich vorliegende zu bestimmen. Bild 3 demonstriert unseren Diagnose-Algorithmus: Die aktuelle Ursachen-Menge wird iterativ verkleinert, bis sie

- einelementig ist (damit ist die Ursache gefunden)
- oder leer ist (dann ist das technische System störungsfrei, falls im Verlaufe der Fehler-Diagnose kein Nicht-Soll-Resultat gewonnen wurde)
- oder es sich als unmöglich erweist, sie auf ein Element zu verkleinern. Dann sind am Ende der Fehler-Diagnose noch mehrere Ursachen möglich, zwischen denen nicht differenziert werden kann).

Die ersten beiden Schlußfolgerungen gelten natürlich nur unter der Voraussetzung, daß das Diagnose-Wissen konsistent und vollständig ist, die dritte Situation ist ein Beweis für eine Wissens-Lücke.

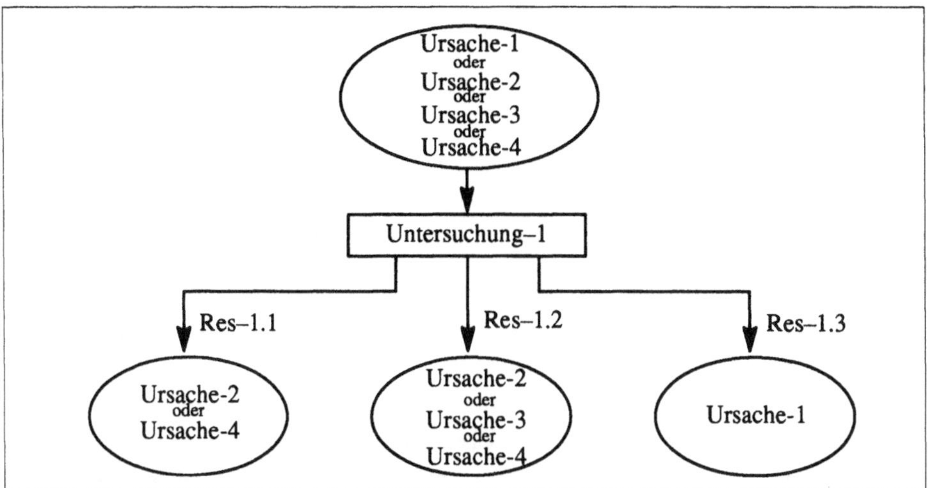

Bild 4 Nutzen einer Untersuchung:
Verkleinerung der "alten" Ursachen-Menge durch die Resultate der Untersuchung

Die FACTEDIS-Diagnosestrategie wählt als optimale Untersuchung stets die mit dem günstigsten Verhältnis von Nutzen und Kosten. Bild 4 veranschaulicht, worin der Nutzen einer Untersuchung liegt. Er wird als zu erwartender Informationsgewinn (vgl. z. B. [10, 12]) in Abhängigkeit von der alten Ursachen-Menge numerisch bewertet. Die hierfür benötigten Wahrscheinlichkeiten werden aus groben linguistischen Angaben des Fachexperten über die Auftritts-Häufigkeiten von Ursachen berechnet. Sie fließen nur in die Bestimmung der optimalen Untersuchung ein und beeinflussen nicht das Diagnose-Ergebnis. Eine Untersuchung ist mit Kosten z. B. für Arbeitszeit, Materialverbrauch und Systemstillstand verbunden.

Ein deutlicher Vorteil der FACTEDIS-Diagnosestrategie gegenüber anderen Strategien, insbesondere der des Abarbeitens eines Fehlersuchbaumes, die z. B. in [2] "Navigieren im Störungs-Graphen" genannt wird, ist: Die FACTEDIS-Strategie ist strikt vorwärtsgerichtet. Das Navigieren hingegen kann eine Hypothesenbildung und ein "Backtracking" erforderlich machen.

2.2.2 Gewinnung des für die FACTEDIS-Diagnosestrategie erforderlichen Wissens

Die FACTEDIS-Diagnosestrategie nutzt im wesentlichen folgendes Wissen über das zu diagnostizierende technische System:

- Welche Ursachen können überhaupt auftreten (und kommen daher als Kandidaten in Betracht)?
- Welche Untersuchungen sind möglich, und welchen Aufwand und welche Resultate hat jede Untersuchung?
- Was folgt aus dem gerade gewonnenen Resultat? Hierfür muß bekannt sein:
  — für jedes Nicht-Soll-Resultat: durch welche Ursachen wird es erklärt? Damit ist insbesondere auch bekannt, welche Ursachen die (als Nicht-Soll-Resultat aufgefaßten) Einstiegs-Symptome erklären
  — für jedes Soll-Resultat: Mit welchen Ursachen ist es unvereinbar?

Dieses Wissen bezeichnen wir kurz mit "Diagnose-Wissen". Durch "Extraktion" wird es automatisch aus dem Experten-Wissen, dessen Strukturierung in Kapitel 2.1 beschrieben wurde, gewonnen und in einer variantenspezifischen Wissensbasis abgelegt.

3. Wissens-Module

Wie Bild 1 erläutert, erstellt der Experte für jeden Typ einer Einheit, die in einer Klasse technischer Systeme verwendet wird, ein Wissens-Modul. Dieses Wissens-Modul faßt alles Experten-Wissen über den Einheits-Typ zusammen, also Wissen über

- alle Störungen, die an dem Einheits-Typ auftreten können, und deren kausale Zusammenhänge
- alle Maßnahmen an der Einheit, die man bei einer Fehler-Diagnose durchführen kann
- alle Abhilfen, die Störungen an der Einheit beseitigen, als Verweise auf Maßnahmen
- alle Untersuchungen, die der Einheit gelten, sowie deren Eigenschaften und Resultate.

Damit die Wissens-Module automatisch zusammengefügt werden können und um beim Wissenserwerb die Variantenvielfalt in den Griff zu bekommen, muß man folgende Situation erreichen:

- Das in einem Wissens-Modul abgespeicherte Wissen ist so strukturiert, daß sich durch "Instantiierung" das Wissen für ein Exemplar dieses Typs automatisch erzeugen läßt – auch dann, wenn ein technisches System mehrere Exemplare des Typs enthält.
- Die Außenschnittstellen der Wissens-Module sind so normiert, daß die Wissens-Module automatisch zu einer variantenspezifischen Wissensbasis zusammengefügt werden können.
- Das Wissens-Modul für eine Komponente enthält keinen Verweis auf irgendeine andere Einheit.
- Das Wissens-Modul für ein System darf keine Verweise auf Einheiten außerhalb des Systems besitzen.
- Das Wissens-Modul für ein System darf auf dessen Untereinheiten nur abstrahierte Verweise enthalten, die von Varianten der Untereinheiten unabhängig sind.

Nicht offensichtlich ist, wie man folgendes Wissen modul-orientiert auf die Wissens-Module aufteilt:

- Eine Störung an einer Einheit wird durch eine Störung an einer anderen Einheit verursacht.
- Ein Resultat einer Untersuchung, die einer Einheit gilt, wird durch eine Störung an einer anderen Einheit erklärt.

3.1 Rollen in einem System

Wie kann der Experte den Einfluß von Untereinheiten auf andere Untereinheiten eines Systems ausdrücken, ohne diese explizit zu benennen? Wir bedienen uns der Sprechweise der Fachleute: Um eine bestimmte Untereinheit in einem System zu identifizieren, wird praktisch nie ein globaler Identifikator verwendet, sondern eine gerade ausreichend spezifische Benennung der Funktion der Untereinheit, nämlich ihre "Rolle im System". Jede Untereinheit eines Systems erfüllt eine bestimmte Rolle für das Funktionieren des Systems. Genauso wie Schauspieler die Rollen in einem Theaterstück besetzen, so sprechen wir davon, daß die Untereinheiten eines Systems die Rollen im System besetzen. Die Betrachtung der Rollen hat den immensen Vorteil, daß man von der Variante der Untereinheit abstrahieren kann. Daher haben wir die "Rolle in einem System" als eigenes Objekt in unsere Beschreibungssprache aufgenommen. Zum Wissens-Modul für einen System-Typ gehört eine Tabelle mit allen Rollen und ihren Besetzungen.

Beim Erwerb von Wissen über einen System-Typ heftet der Fachexperte alles Wissen über die Außenwirkungen einer Untereinheit nicht an die Untereinheit selber, sondern an die Rolle im System, die die Untereinheit besetzt. Er beschreibt also Störungen, Maßnahmen, Untersuchungen und Resultate an Rollen in einem System. Dies ist auch semantisch adäquat, denn eine nach außen wirkende Störung an einer Untereinheit bedeutet, daß die Untereinheit ihre Rolle im übergeordneten System nicht oder nur unzureichend erfüllt. Das Wissen über das Innenleben der Untereinheit hängt hingegen nicht ab von der Rolle, die von der Untereinheit besetzt wird, es wird der Untereinheit selber zugeordnet.

Das Konzept der "Rollen in einem System" ist ein Schlüssel, die Variantenvielfalt eines modularen Systems zu handhaben: Typischerweise unterscheiden sich viele Varianten nur in unterschiedlichen Besetzungen, nicht aber im Zusammenspiel der Rollen. Da das Experten-Wissen nur Bezug auf Rollen, nicht aber auf Untereinheiten nimmt, gilt es für jede so aufgebaute Variante des Systems. Durch eine taxonomische Organisation des Wissens über System-Typen wird zudem erreicht, daß der Fachexperte das allen System-Varianten gemeinsame Wissen nur einmal zu formulieren braucht.

3.2 Positionen in einem System

Wenn der Fachexperte beim Wissenserwerb ein technisches System logisch in seine Bestandteile zerlegt, wird er dies meist in funktionaler Hinsicht machen und deshalb solche Komponenten zu Teilsystemen zusammenfassen, die gemeinsam eine Funktion erfüllen. Darüber hinaus ist aber auch die physikalische Aufbau-Hierarchie diagnoserelevant, sie ist typischerweise nicht identisch mit der funktionalen Hierarchie. Daher bieten wir dem Experten die Möglichkeit, physikalisch zusammenhängende Komponenten logisch zu einem System zusammenzufassen. Analog zu den Rollen in einem funktionalen System "heftet" der Fachexperte das Wissen über die Untereinheiten eines derartigen physikalischen Systems an Positionen im System. Er kann auch Systeme einführen, die sowohl Rollen als auch Positionen besitzen. Er kann eine Verknüpfung zwischen einer Rolle in einem System und einer Position in einem anderen System herstellen, indem er festlegt: die beiden werden von derselben Einheit besetzt.

3.2 Modularisierung des Wissens über kausale Zusammenhänge zwischen Störungen

Das Wissens-Modul für einen Einheits-Typ enthält das Wissen über alle Störungen am Einheits-Typ und über deren Zusammenhänge. Der totale Störungs-Graph (vgl. Abschnitt 1) wird generiert durch Zusammenfügen der Störungs-Netze für die Einheiten eines technischen Systems, weswegen wir ein derartiges Störungs-Netz das "Störungs-Graph-Modul" für die Einheit nennen. Der Fachexperte kennzeichnet einige der Störungen an einer Einheit als von außen sichtbar und alle anderen als intern. Die von außen sichtbaren Störungen wiederum werden nach ihrer Wirkrichtung unterschieden. Bild 5 zeigt die drei möglichen Relationen zwischen einer Störung und einer Einheit.

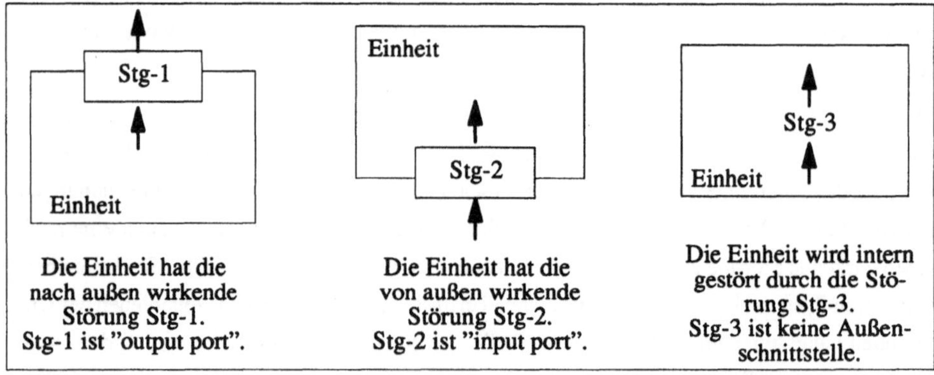

Bild 5 Mögliche Zusammenhänge zwischen einer Einheit und einer Störung

Spricht der Experte über Störungen an einer Rolle in einem System, so berücksichtigt er nur die Außenwirkungen der Untereinheit, die die Rolle besetzt, aber nicht ihr Innenleben. Daher werden nur zwei Arten von Störungen an einer Rolle unterschieden: Die Störung an der Rolle "wirkt nach außen", oder die Störung an der Rolle wird "von außen bewirkt".

Bild 6 zeigt, wie man folgenden kausalen Zusammenhang modularisieren kann: A und B sind Untereinheiten des Systems SYS, die die Rollen Rolle-A bzw. Rolle-B in SYS besetzen. Falls die Ursache Urs-A an A auftritt, erfüllt A Rolle-A nicht mehr korrekt. Dadurch kann B Rolle-B nicht mehr wie vorgesehen ausführen, diese Beeinträchtigung wird durch die Störung Stg-B formal beschrieben.

Der Fachexperte führt zwei Störungen Stg-A1 und Stg-B1 ein. Stg-A1 beschreibt, wie Rolle-A wegen Urs-A nicht korrekt erfüllt wird, und Stg-B1, wie der Rolle-B die Erfüllung von Rolle-A fehlt. Diese und alle weiteren Festlegungen zeigt Bild 6.

Bei der Generierung des totalen Störungs-Graphen ist es erforderlich, daß jede Störung an einer Rolle mit einer Störung an ihrer Besetzung identifiziert wird (vgl. die Bilder 9 und 10). Daher wird der Begriff Störungs-Art verwendet. Im Bild 6 sind Stg-A1 an Rolle-A in SYS und Stg-A1 an Einheit A von der gleichen Störungs-Art. Eine Störung ist also gekennzeichnet durch ihre Störungs-Art und die Einheit bzw. Rolle bzw. Position, an der sie auftritt. Eine Störungs-Art wird intern als Klasse und jede Störung der Art als Instanz dieser Klasse repräsentiert.

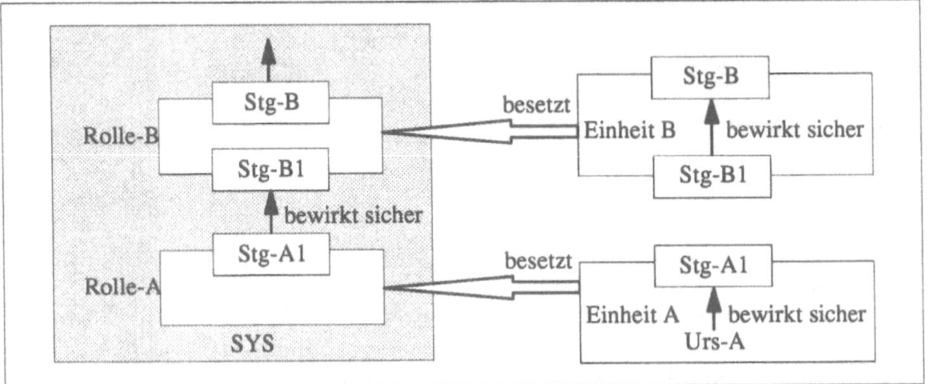

Bild 6 Modularisierung des kausalen Zusammenhanges zwischen Urs-A und Stg-B

3.3 Modularisierung des Wissens über Störungen und Resultate

FACTEDIS gestattet es dem Fachexperten, beim Wissenserwerb sowohl Ursachen als auch Folge-Störungen als Erklärung eines Nicht-Soll-Resultates zu nennen. Damit das Experten-Wissen modul-orientiert auf Wissens-Module aufgeteilt werden kann, erlegen wir dem Experten folgende Einschränkungen der Wissensrepräsentation auf:

- Wird das Resultat durch eine Untersuchung geliefert, die einer Komponente gilt, so darf der Experte nur Störungen an dieser Komponente als Erklärungen nennen.
- Wird das Resultat durch eine Untersuchung geliefert, die einem System gilt, so darf der Experte als Erklärungen Störungen an diesem System oder aber Störungen an Rollen in diesem System nennen. Nicht nennen darf er Störungen an anderen Einheiten sowie Störungen an Rollen in anderen Systemen. Das gleiche gilt für eine Untersuchung, die einer Rolle in einem System gilt.

Ob dies eine sehr hinderliche Einschränkung ist, muß die Praxis zeigen – wir meinen nein.

Wir fügen dem Beispiel des Bildes 6 weiteres Wissen hinzu: Ob die Einheit B Rolle-B korrekt erfüllt oder nicht, wird durch die Untersuchung Unt-B geprüft. Beim Vorliegen von Urs-A hat Unt-B stets das Nicht-Soll-Resultat "Nein" und niemals ihr Soll-Resultat "Ja". Das Resultat "Unt-B=>Nein" wird damit erklärt durch die Störung Urs-A. Urs-A darf aber nicht direkt als Erklärung dieses Resultates genannt werden, da Urs-A an A auftritt und "Unt-B=>Nein" an B gewonnen wird.

Bild 7 demonstriert, wie der Fachexperte trotz der Einschränkungen, die wir ihm auferlegen, sein Wissen ausdrücken kann. Der Fachexperte führt einerseits die Untersuchung Unt-B an der Einheit B, andererseits die Untersuchung Unt-B an Rolle-B ein. Er verknüpft die Resultate von Unt-B an Rolle-B mit Stg-B, also einer Störung an Rolle-B. Diese Verknüpfung ist gültig für alle Besetzungen von Rolle-B, nicht nur für die Besetzung B.

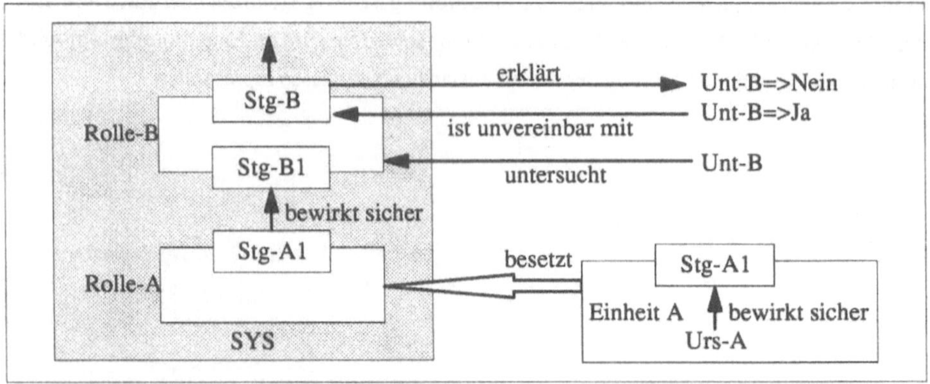

Bild 7 Modularisierung des Zusammenhanges zwischen Urs-A und den Resultaten von Unt-B

4. Konfigurierung des für eine Diagnose benötigten Wissens

Bild 8 demonstriert, wie das bereits in Bild 1 gezeigte Wissensbasis-Konfigurierungs-System das zur Diagnose einer Variante eines technischen Systems benötigte Wissen erzeugt: Anhand der aktuellen Varianten-Konfiguration wird zunächst aus den Wissens-Modulen das Experten-Wissen für die Variante konfiguriert und dann aus diesem das Diagnose-Wissen "extrahiert".

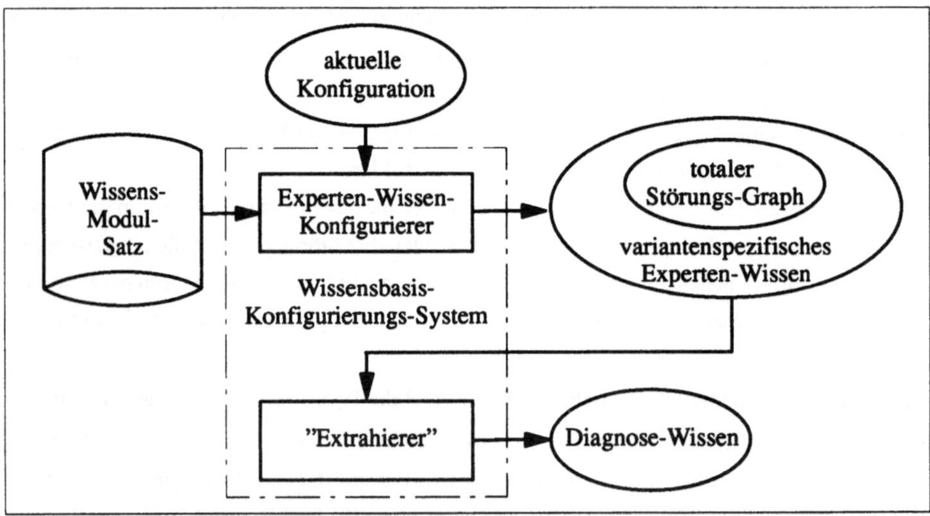

Bild 8 Erzeugung des Diagnose-Wissens

4.1 Instantiierung von Einheits-Typen

Beim Wissenserwerb definiert der Fachexperte alle Typen von Einheiten, die in mindestens einer Variante des technischen Systems verwendet werden. Sie werden intern als Klassen repräsentiert. Bei der Konfigurierung einer Wissensbasis wird zuerst anhand der aktuellen Konfiguration festgestellt, welche Einheiten im technischen System auftreten und welchem Typ jede Einheit angehört. Von den entsprechenden Klassen werden Instanzen erzeugt. Jede Einheits-Instanz erhält Verweise auf die von ihr besetzte Position und den von ihr besetzten Rollen in System-Instanzen.

Als nächstes wird jedes Wissens-Modul für einen Einheits-Typ instantiiert. Gibt es am technischen System n Exemplare eines Typs EIN, so werden n Instanzen der entsprechenden Klasse erzeugt und danach das Wissens-Modul für EIN n-mal instantiiert. Durch die Instantiierungen werden Störungs-Graph-Module sowie Maßnahmen- und Untersuchungs-Instanzen erzeugt, die alle jeweils einen Verweis auf die zugehörige Einheit tragen.

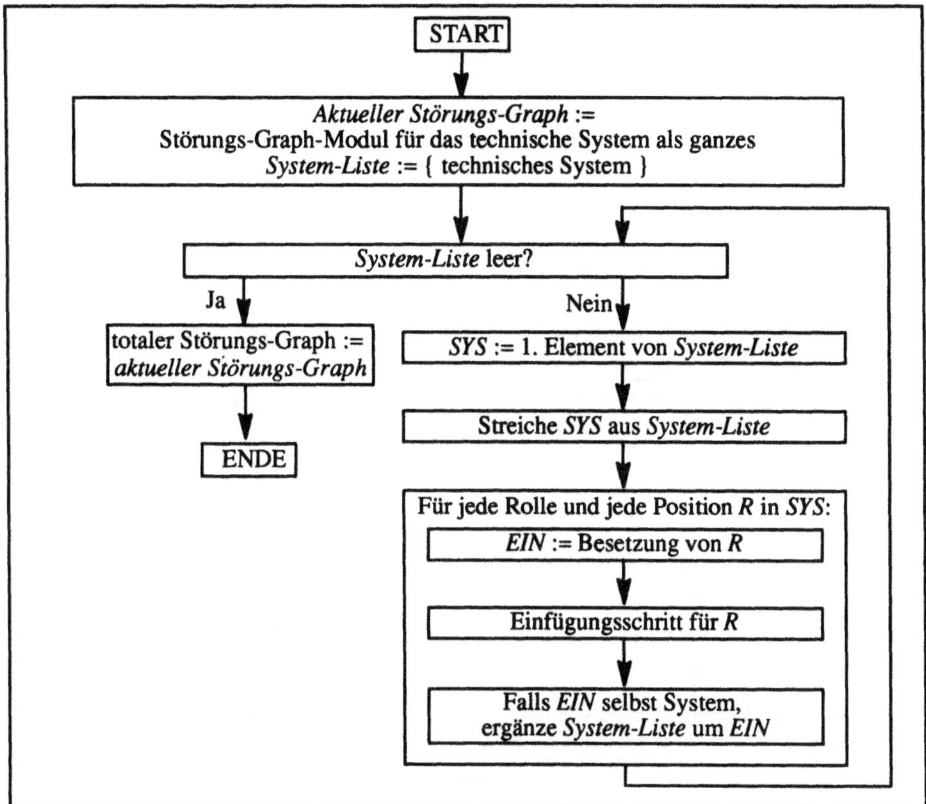

Bild 9 Die Generierung des totalen Störungs-Graphen

4.2 Generierung des totalen Störungs-Graphen

Der totale Störungs-Graph wird ebenfalls iterativ und "top down" generiert, Bild 9 zeigt den angewandten Algorithmus. Bild 10 demonstriert einen Einfügungsschritt, mit dem ein Störungs-Graph-Modul in den aktuellen Störungs-Graphen eingefügt wird. Die Störung Stg-A an der Rolle R in SYS ist von der gleichen Art wie die Störung Stg-A an EIN (vgl. Abschnitt 3.2), daher wird bei einem Einfügungsschritt erstere durch letztere ersetzt.

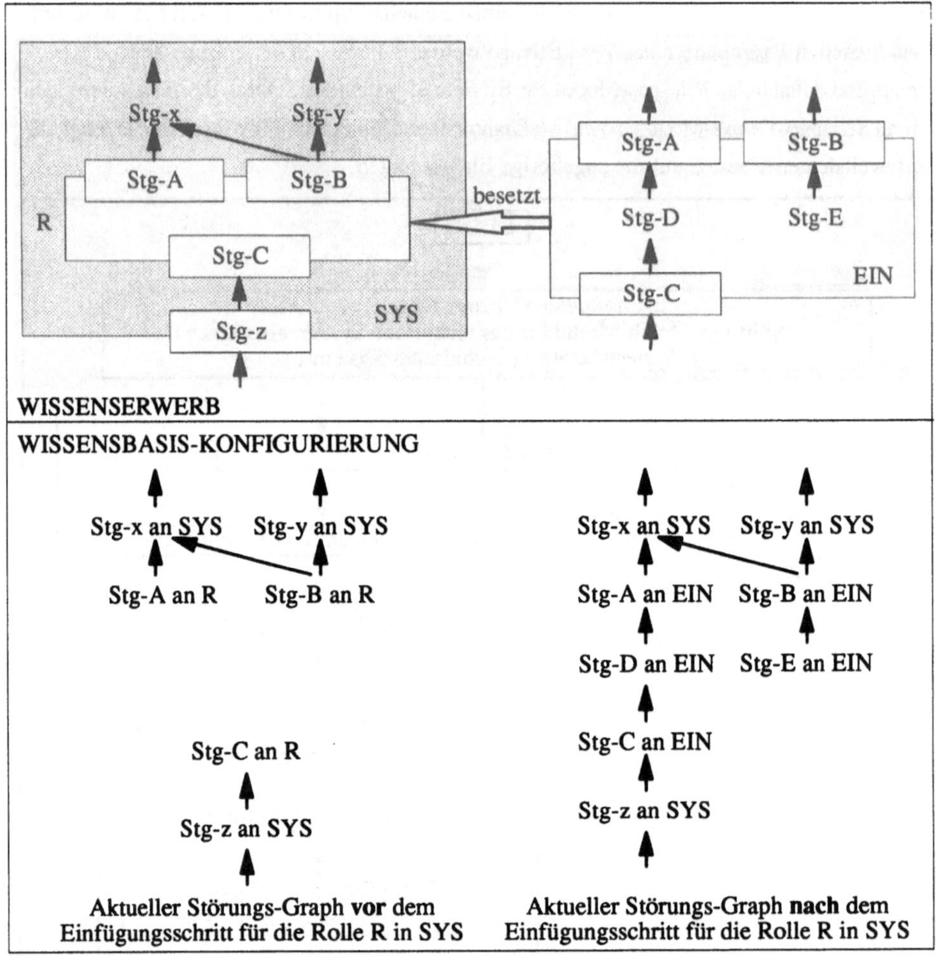

Bild 10 Einfügungsschritt für eine Rolle in einem System

4.3 "Extrahierung" des Diagnose-Wissens aus dem Experten-Wissen

Ist der totale Störungs-Graph generiert, so ist das für die Variante gültige Experten-Wissen fertig erzeugt. Aus diesem Wissen wird das Diagnose-Wissen "extrahiert". Für eine Diagnose wird beispielsweise die Kenntnis benötigt, welche Ursachen ein Nicht-Soll-Resultat erklären und welche Ursachen mit einem Resultat unvereinbar sind. Hierfür wird der totale Störungs-Graph kombiniert mit Wissen über Resultate und Störungen. Angewendet werden folgende plausible Grundsätze:

- Eine Störung A erklärt ein Resultat, wenn mindestens eine der Folgen von A eine Störung ist, die das Resultat erklärt.
- Eine Störung A ist unvereinbar mit einem Resultat, wenn eine Störung, die sichere Folge von A ist, oder jede Störung, die möglicherweise Folge von A ist, mit dem Resultat unvereinbar ist.

Im Beispiel des Bildes 7 folgert der "Extrahierer" automatisch, daß das Nicht-Soll-Resultat "Unt-B=>Nein" durch Urs-A erklärt wird und "Unt-B=>Ja" mit Urs-A unvereinbar ist.

Falls der Fachexperte Störungen oder kausale Zusammenhänge unter Störungen oder Beziehungen zwischen Störungen und Resultaten vergißt, so sind die Ergebnisse des "Extrahierers" falsch. Daher werden dem Experten dedizierte Werkzeuge zum Testen des Experten-Wissens auf Konsistenz und Vollständigkeit geboten [7].

5. Stand der Realisierung von FACTEDIS

Das Grundprinzip des Wissenserwerbs sowie die FACTEDIS-Diagnosestrategie wurde in einem Vorprojekt FACTEDIS "feste Konfiguration" [7, 9] entwickelt und demonstriert.

Wie Experten-Wissen modul-orientiert aufgeteilt wird und wie Experten-Wissen aus Wissens-Modulen konfiguriert wird, wird der Prototyp FACTEDIS "variable Konfiguration" einschließlich der an ihn angepaßten FACTEDIS-Schale demonstrieren. Geplant ist, daß Ende 1993 die volle Leistungsfähigkeit erreicht sein wird.

Implementiert wird auf der Basis von CLOS ("Common Lisp Object System") [13] und dem Werkzeug GINA ("Generische INteraktive Anwendungen") [4] der GMD, mit dem man vollgraphische Oberflächen erstellt. FACTEDIS "variable Konfiguration" und die FACTEDIS-Schale werden wahlweise unter folgender Hard- und Software einsetzbar sein:

- auf PC's mit auf mindestens 8 MB erweitertem Hauptspeicher unter DOS (ab Version 3.30) und MS-Windows (ab Version 3.1) und GoldHill Common Lisp (ab Version 4.1)
- auf Workstations unter UNIX mit X-Window und Allegro Common Lisp (ab Version 4.1).

Literatur

[1] T. Bylander: "Complexity of Model-Based Diagnosis". Ohio State University, TR 89-TB-COMP-MOD (1989).

[2] Carnegie Group: "Technical Paper: The TestBench Diagnostic Shell". Carnegie Group Inc, Pittsburgh.

[3] R. Davis: "Diagnostic Reasoning Based on Structure and Behavior". Artificial Intelligence 24, pp. 347 – 411 (1984).

[4] GMD: "GINA User Manual – GINA Version 2.0 for CommonLisp". Gesellschaft für Mathematik und Datenverarbietung (1992).

[5] B. Höfig & W. Krautter & B. Skuppin: "ROSE – Untersuchungen zur Modellierung technischer Systeme". FAW-TR-92002 (Technischer Bericht des Forschungsinstitutes für anwendungsorientierte Wissensverarbeitung, Ulm) (1992).

[6] S. Iwanowski: "Model-based Diagnosis for Different Time Points". Proceed. 11th Europ. Conf. on Artif. Intell., pp. 28 – 36 (1992).

[7] Jüngst, E.-W. & Meyer-Gramann, K. D.: "FACTEDIS – a Tool for Generating Real-time Expert systems". Proceed. 5th US Postal Service Adv. Technol. Conf., Washington, Nov. 1992.

[8] J. de Kleer & B. C. Williams: "Diagnosing Multiple Faults". Artificial Intelligence Vol. 32, pp. 97 – 130 (1987).

[9] K. D. Meyer-Gramann: "Ein Expertensystem mit Wissenserwerbs-Komponente für technische Diagnose". Proceed. 3. Workshop "Diagnostik-Expertensysteme" der Fachgruppe "Diagnostik und Klassifikation" der GI, Kaiserslautern (1990).

[10] O. J. Murphy & R. C. McCraw: "Designing Storage-Efficient Decision Trees". IEEE Transact. Computers, Vol. 40, No. 3, pp. 315 – 320 (1991).

[11] R. Reiter: "A Theory of Diagnosis from First Principles". Artificial Intelligence Vol. 32, pp. 57 – 95 (1987).

[12] S. R. Safavian & D. Landgrebe: "A Survey of Decision Tree Classifier Methodology". IEEE Transact. Systems, Man & Cybern., Vol. 21, No. 3, pp. 660 – 674 (1991).

[13] Steele, G. L. jr.: "CommonLISP – The Language". Digital Press, 2nd Edition (1990).

[14] P. Struß & O. Dreßler: "Physical Negation" – Integrating Fault Models into the GDE". Proceed. Int. Conf. on Artific. Intelligence, pp. 1318 – 1323 (1989).

PATDEX - ein Ansatz zur wissensbasierten und inkrementellen Verbesserung von Ähnlichkeitsbewertungen in der fallbasierten Diagnostik*

Stefan Weß
Fachbereich Informatik - SFB 314
Universität Kaiserslautern
W-6750 Kaiserslautern
email: wess@informatik.uni-kl.de

Zusammenfassung

Die Leistungsfähigkeit fallbasierter Ansätze in der Diagnostik hängt stark von der Wahl eines für die jeweilige Anwendungsdomäne geeigneten Ähnlichkeitsbegriffs ab. In dieser Arbeit wird ein Ansatz zur fallbasierten Diagnose technischer Systeme entwickelt, der auf einem dynamischen Ähnlichkeitsmaß aufbaut. Das verwendete Ähnlichkeitsmaß kann ausgehend von einer näherungsweisen Beschreibung durch ein Lernverfahren inkrementell an den in der Anwendungsdomäne vorliegenden Ähnlichkeitsbegriff angepaßt werden. Die Bestimmung der Ähnlichkeit kann zudem durch das in diagnostischen Anwendungsdomänen vorhandene Wissen unterstützt werden.

1 Einführung

Menschliche Diagnoseexperten verwenden zum Problemlösen unterschiedliche Wissensquellen und Schlußfolgerungsmechanismen. In der Expertensystemforschung spiegelt sich diese Erkenntnis in der Realisierung von regel-, modell-[1] und fallbasierten Expertensystemen wider (vgl. [Pup90]). Während regel- und modellbasierte Systeme bereits seit längerem Gegenstand intensiver Forschung sind, finden fallbasierte Techniken zur Diagnose erst in jüngerer Zeit verstärkte Beachtung. Dies ist insofern verwunderlich, da für viele Anwendungen die Betrachtung von Fallbeispielen eine natürliche Art des diagnostischen Problemlösens darstellt. Ziel des fallbasierten Problemlösens ist es, ein aktuell vorliegendes Problem direkt auf der Basis von bereits bekannten Fallbeispielen zu lösen. Für die fallbasierte Diagnostik bedeutet dies, daß ein vorliegendes Diagnoseproblem gelöst wird, indem man die (bekannte) Diagnose eines *ähnlichen Problems* auf die aktuelle Situation überträgt. Fallbeispiele können wir in diesem Kontext als *„Protokolle des realen Problemlöseverhaltens von Diagnoseexperten"* auffassen. Fallbasiertes Schließen als Problemlöseparadigma hat seine Wurzeln im Bereich der Kognitionspsychologie; die grundlegenden Arbeiten in diesem Bereich wurden von R.C. Schank bereits 1982 veröffentlicht (als Überblick vgl. auch [AWBS+92]). Fallbasierte Anwendungen im Bereich der Diagnostik wurden aber erst verhältnismäßig spät entwickelt, z.B. CASEY [Kot88], PATDEX/1 [AKM+89], CREEK [Aam91] und CcC+ [PG91]. In dieser Arbeit wollen wir fallbasierte Ansätze zur Diagnose technischer Systeme aus dem speziellen Blickwinkel der im Bereich der Mustererkennung entwickelten *nearest-neighbour* Klassifikation (vgl. [Das90]) betrachten. Diese simplifizierende Sichtweise auf bestehende Ansätze zur fallbasierten Diagnose ermöglicht es uns, auf der einen Seite Defizite konkret aufzuzeigen und auf der anderen Seite entsprechende Erweiterungsmöglichkeiten zur Behebung dieser Defizite vorzuschlagen. Der in der Arbeit vorgestellte Grundalgorithmus zur

*Die hier vorgestellte Arbeit wurde zum Teil gefördert durch die Deutsche Forschungsgemeinschaft, SFB 314: "Künstliche Intelligenz - Wissensbasierte Systeme", Projekt X9 - CABPLAN.

[1] Wir verwenden im folgenden den Begriff *Modell* immer im Sinne eines qualitativen technischen Modells des zu diagnostizierenden Systems und nicht im Sinne eines konzeptionellen Modells der Wissensakquisition.

fallbasierten Diagnostik wird dazu schrittweise so erweitert, daß er die beschriebenen Anforderungen erfüllt. Am Beispiel des PATDEX-Systems wird anschließend exemplarisch ein System vorgestellt, welches den in der Arbeit verfolgten Ansatz realisiert. Dies wird ergänzt durch eine kurze Beschreibung von einigen über diese Arbeit hinausgehehende Aspekte der Architektur des Gesamtsystems.

2 Fallbasierte Diagnostik

In der fallbasierten Diagnostik können wir grob zwei Anwendungsszenarien unterscheiden:

Szenario 1: Fälle als Basisrepräsentation In einigen Domänen sind Fallbeispiele ein gängiger und natürlicher Formalismus für die Repräsentation von diagnostischem Problemlösewissen. Fallbeispiele werden in diesen Bereichen mangels der Kenntnis anderer Wissensquellen oder aus Effizienzgründen eingesetzt. Dazu ein Beispiel: Bei der Herstellung von technischen Produkten, für die komplexe Prozesse mit vielen Parametern notwendig sind (z.B. Chipherstellung, Produktion von Kunststoffstoßstangen), ist in der Industrie die Fehlerbehebung (Diagnostik) auf der Basis von sog. *Schichtbüchern*, also protokollierten Fallsammlungen, eine gängige Praxis. Fallbeispiele ersetzen hier nichtvorhandenes Wissen über die genauen (tiefen) Zusammenhänge in einer Domäne.

Szenario 2: Ausnahmefälle In Domänen, in denen bereits abstrakte Modelle und ausgereifte heuristische Vorgehensweisen existieren, verwenden Experten Fallbeispiele, um Fehlersituationen zu analysieren, die in ihrem Modell nicht auftreten können (z.B. Verkleben von Schaltern, Fehler bei sehr tiefen Außentemperaturen), oder um Abweichungen von der üblichen heuristischen Vorgehensweise explizit zu repräsentieren. Fallbeispiele ergänzen in diesen Situationen bereits vorhandenes Wissen und ermöglichen die direkte Diagnose von Ausnahmesituationen bzw. leiten den heuristischen Problemlöseprozeß in diesen Situationen.

Innerhalb dieser beiden Szenarios müssen wir wiederum zwischen den beiden Teilaufgaben der Diagnostik differenzieren: In diagnostischen Aufgabenstellungen soll einerseits ausgehend von einer Menge von bekannten Symptomen die für diese Symptomatik verantwortliche Ursache identifiziert werden *(Aufgabe 1: Klassifikation)*. Andererseits soll die im allgemeinen unvollständige Informationssituation durch die Erhebung weiterer Meßwerte vervollständigt werden *(Aufgabe 2: Testerhebung)*. Ein fallbasiertes Diagnosesystem *sollte beide* ineinander verzahnte Aspekte einer Diagnoseaufgabe berücksichtigen. Fallbeispiele können daher in der Diagnostik mit zwei unterschiedlichen Zielen eingesetzt werden:

Ziel 1: Erweitern der Klassifizierungsfähigkeit Durch entsprechende Fallbeispiele *(Klassifikationsfälle)* können neue Fehlersituationen korrekt diagnostiziert werden, d.h. Unterstützung der Klassifikation.

Ziel 2: Abkürzen des Problemlösungsweges Durch Fallbeispiele *(Strategiefälle)* können alternative Problemlösungswege aufgezeigt und mögliche Sackgassen vermieden werden, d.h. Unterstützung der Testerhebung.

Entscheidend für die Trennung von Testerhebungs- und Klassifikationswissen in Klassifikations- und Strategiefälle ist dabei die Überlegung, jedes der beiden Teilprobleme der Diagnostik durch fallbasiertes Schließen *unabhängig voneinander* verbessern zu können. Wir werden uns im folgenden primär auf die Klassifikation, d.h. die Zuordnung einer Diagnose zu einer gegebenen Symptomatik, konzentrieren. Viele der im Rahmen dieser Arbeit vorgestellten Überlegungen zur Klassifikation lassen sich jedoch ohne Änderungen auf *Strategiefälle* und damit auf die Steuerung der Testerhebung übertragen.

2.1 Ähnlichkeit und Ähnlichkeitsmaße

Aus einer abstrakten Sicht ist der Begriff der *Nützlichkeit* für fallbasiertes Schließen zentral. Gesucht wird ein Fallbeispiel, welches im Kontext der aktuellen Problemstellung *nützlich* für die Lösung ist. Das a posteriori Kriterium Nützlichkeit wird, mangels anderer Wissensquellen, im fallbasierten Schließen auf den Begriff der Ähnlichkeit reduziert. Diese Vorgehensweise liegt in der Hoffnung begründet, daß die Ähnlichkeit der Problemstellungen die Nützlichkeit für die Problemlösung impliziert.

Ein gängiger Ansatz, die Ähnlichkeit von Problemstellungen zu modellieren, ist die Verwendung von Ähnlichkeitsmaßen. Das Maß bestimmt die abstrakte Klasse der Probleme, die mit einem fallbasierten Ansatz gelöst werden können, und somit ist die Auswahl des verwendeten Ähnlichkeitsmaßes von entscheidender Bedeutung.

Definition 1 (Ähnlichkeitsmaß) *Eine Abbildung* $sim : \mathcal{M} \times \mathcal{M} \rightarrow [0,1]$ *mit* $\forall x \in \mathcal{M}$ $sim(x,x) = 1$ *(Reflexivität), heißt Ähnlichkeitsmaß.*

Die Anforderungen an ein Ähnlichkeitsmaß gemäß der Definition 1 sind denkbar gering. Insbesondere verzichten wir auf die in der Literatur oft geforderte Symmetrie, d.h. $sim(x,y) = sim(y,x)$, die in diagnostischen Aufgabenstellungen wegen der Beschränktheit der Information nicht immer gesichert werden kann. Ähnlichkeitsmaße sind – meist in der Form ihres Duals, des Abstandsmaßes[2] – Gegenstand ausgedehnter Untersuchungen in verschiedenen Disziplinen. Eine ausführliche Diskussion relevanter Maße würde aber den Rahmen dieser Arbeit sprengen[3].

Die Verwendung eines Maßes für die Ähnlichkeitsbewertung ist jedoch *nur eine* der möglichen Vorgehensweisen. Genau betrachtet benötigen wir beim fallbasierten Schließen lediglich eine *Präferenzordnung* über den Fällen in der Fallbasis. Die Art und Weise, wie eine solche Ordnung definiert wird, ist für das fallbasierte Schließen nur von untergeordneter Bedeutung. Ähnlichkeitsmaße bieten hier den Vorteil, daß sie eine sehr einfache Möglichkeit zur Definition einer solchen Ordnung realisieren. Das Ähnlichkeitsmaß reduziert jeden Fall auf einen numerischen Wert, die Ordnung über den reellen Zahlen induziert dann die Präferenzordnung über der Fallbasis.

2.2 Fallbasierte Diagnostik als nearest-neighbour Klassifikation

In dieser Arbeit stellen wir uns auf einen an [SW86] bzw. [AKA91] angelehnten Standpunkt und verstehen die fallbasierte Diagnostik als einen Spezialfall der aus der Mustererkennung bekannten *nearest-neighbour* Klassifikation. Diese Sichtweise ermöglicht erstens die Einordnung der fallbasierten Diagnostik in einen allgemeinen Bezugsrahmen, zweitens erhalten wir damit einen einfachen Basisalgorithmus, den wir entsprechend den Anforderungen von diagnostischen Aufgabenstellungen erweitern können.

Im Gegensatz zu klassischen Anwendungen des Nearest-Neighbour Ansatzes, beispielsweise in der Mustererkennung, ist die Diagnostik, insbesondere die Diagnose von technischen Systemen, ein Gebiet, in dem spezifische Strukturen, Vorgehensweisen und Abhängigkeiten erkennbar sind. Diese spezifischen Eigenschaften von diagnostischen Aufgabenstellungen sind die Ansatzpunkte für die in den folgenden Abschnitten behandelten Erweiterungen des Grundalgorithmus. Zum Verständnis der Algorithmen sind jedoch zunächst einige Definitionen notwendig:

Definition 2 (Symptom) *Ein* Symptom *ist eine meßbare Größe im technischen Sinne. Jedes Symptom* $S_i = (N_i, W_i, s_i)$ *besteht aus einem* Namen N_i, *einem* Wertebereich W_i *sowie einer* Symptomvariable s_i. *Die Symptomvariable speichert dabei den jeweils konkret gemessenen* Symptomwert $v \in W_i$. *Wurde für* S_i *noch kein Wert erhoben, so gilt* $s_i = unknown$.

Definition 3 (Situation) *Als* Situation *(Symptomatik)* Sit *bezeichnen wir die zu einem bestimmten Zeitpunkt* τ *bekannten* Symptomwerte *(Meßwerte), d.h.* $Sit \subseteq \{S_1, S_2, \ldots, S_n\}$ *mit* $s_i \neq unknown$.

[2] Zur Äquivalenz von Distanz- und Ähnlichkeitsmaßen vgl. [RW91]

[3] Für einen Vergleich und eine Einordnung bekannter Maße sei z.B. auf [Wes91] verwiesen.

Definition 4 (Fall) *Ein* Diagnosefall *(Klassifikationsfall) repräsentiert die konkrete Erfahrung eines Diagnoseexperten. Ein Fall C_k ist definiert als ein Tupel (Sit_k, D_j), wobei Sit_k die Beschreibung der* Symptomatik *und D_j die in dieser bestimmten Situation gestellte* Diagnose *ist.*

Wir schreiben im folgenden $C_k.Sit$ für die einem Fall C_k zugrundeliegende Episode und $C_k.D_j$ für die in dieser Episode gestellte Diagnose. Die Diagnose $C_k.D_j$ beschreibt dabei die Klasse, der ein Fall C_k zugeordnet wird. Die Menge $FB = \{C_1, C_2, \ldots, C_m\}$ von Diagnosefällen wollen wir Fallbasis nennen. Der folgende Algorithmus bildet den Kern unseres Ansatzes zur fallbasierten Diagnostik. Die Zuordnung einer Diagnose D_i zu einer Symptomatik Sit erfolgt hier, indem die Diagnose D_j des ähnlichsten Falles C_k bzgl. eines Ähnlichkeitsmaßes sim für die aktuelle Situation übernommen wird.

Eingabe:	Fallbasis FB
	Ähnlichkeitmaß sim
	aktuelle Situation Sit
Ausgabe:	Diagnosefall C_k

1. Suche in der Fallbasis FB den Diagnosefall C_k mit: $sim(C_k.Sit, Sit)$ ist maximal, d.h. $\forall\, C_i \in FB$ gilt $sim(C_i.Sit, Sit) \leq sim(C_k.Sit, Sit)$.
2. Gebe den Fall C_k und damit die in C_k vermerkte Diagnose $C_k.D$ als Lösung aus.

In der fallbasierten Diagnostik lassen sich grundsätzlich die folgenden Ansätze unterscheiden.

Definition 5 (Fallbasierte Diagnostik) *Die Übernahme einer Diagnose D_j für eine gegebene Symptomatik Sit auf der Basis eines gefundenen Fallbeispiels $C_k = (Sit_k, D_j)$ bezeichnen wir als* fallvergleichende Diagnostik. *Wird die Diagnose D_j eines gefundenen Fallbeispiels für eine gegebene Symptomatik Sit modifiziert, so sprechen wir von* fallmodifizierender Diagnostik.

Der vorgestellte Algorithmus realisiert (nach Def. 5) auf der Basis einer nearest–neighbour Klassifikation einen einfachen Ansatz zur *fallvergleichenden Diagnostik.* Der Algorithmus wirft jedoch eine Reihe von Fragen auf, die im Rahmen dieser Arbeit beantwortet werden sollen: Wie wird das Ähnlichkeitsmaß sim realisiert? Wie kann sim verbessert werden? Welche Fallbeispiele werden in die Fallbasis aufgenommen? Wie kann Domänenwissen den Diagnoseprozeß unterstützen?

2.3 Fallbasiertes Lernen

Mit dem in 2.2 beschriebenen Algorithmus ist der Begriff des Lernens direkt verknüpft. Lernen und die Anwendung des gelernten Wissens sind dabei nicht strikt voneinander getrennt, sondern eng miteinander verzahnt. Wird eine weitere Diagnoseaufgabe korrekt gelöst, so wird sie als ein neuer Fall in die Fallbasis aufgenommen. Aha [AKA91] bezeichnet diese Vorgehensweise auch als IB1–Algorithmus. Aus der Sicht des Maschinellen Lernens kann fallbasiertes Lernen daher als eine Begriffsbildungsaufgabe verstanden werden. Damit stellt sich zwangsläufig die Frage nach der Mächtigkeit fallbasierter Lernverfahren. Jantke [Jan92] hat Gemeinsamkeiten von *Induktiver Inferenz* und fallbasierten Lernverfahren theoretisch untersucht. Zusammenfassend kommt er zu dem Schluß: *"In the setting investigated, every inductive inference strategy [...] can be implemented as a case–based learning strategy [...]."* Nach Jantke ist also die (theoretische) Mächtigkeit fallbasierter Lernverfahren mit den in der Induktiven Inferenz entwickelten Verfahren gleichzusetzen.

In der Diagnostik entspricht ein zu lernender Begriff einer bestimmten Diagnose D_j. Im Gegensatz zu induktiven Lernverfahren, bei denen ein gelernter Begriff intensional durch eine entsprechende Formel repräsentiert wird, beschreiben fallbasierte Verfahren Begriffe als Tupel (sim, FB) (vgl. [Riç92]), d.h. durch ein Ähnlichkeitsmaß sim und eine Menge von Fallbeispielen FB. Werden unterschiedliche Diagnosen gelernt, so wird jede Diagnose D_j durch ein *spezifisches Tupel* (sim_j, FB_j) repräsentiert. Das fallbasierte System (sim_j, FB_j) ist dann ein Klassifikator für die Diagnose D_j bzw. für die Diagnose $\neg D_j$. Wollen wir die Klassifikationsfähigkeit eines fallbasierten Systems verbessern, so müssen wir FB oder sim verändern.

Definition 6 (Fallbasiertes Lernen) *Die Änderung der Fallbasis FB bzw. die Anpassung des Ähnlichkeitsmaßes sim bezeichnen wir als* fallbasiertes Lernen.

2.3.1 Änderung der Fallbasis

Die Anzahl der in der Fallbasis zu speichernden Fallbeispiele kann minimiert werden, indem nur *„typische"* Beispiele aufgenommen werden. Einen sehr einfachen Ansatz realisiert der IB2 genannte Algorithmus nach Aha [AKA91]. Fallbeispiele werden im Gegensatz zum IB1-Algorithmus, der alle gelösten Fälle speichert, dort nur dann in die Fallbasis *FB* aufgenommen, falls sie mit der bereits bestehenden Fallbasis und dem definierten Ähnlichkeitsmaß *sim* falsch klassifiziert werden. Für eine Beispielfallbasis haben wir die Auswirkungen eines solchen Ansatzes untersucht[4]. Zunächst wurden beide Algorithmen mit einer Menge von 100 Fallbeispielen trainiert. Der IB1 Algorithmus nahm jedes der präsentierten Fallbeispiele in seine Fallbasis auf. Der IB2-Algorithmus reduzierte die Menge der präsentierten Fallbeispiele auf eine Fallbasis von 49 Fallbeispielen. Im Anschluß daran haben wir beide Algorithmen gegen die ursprünglich gegebenen 100 Fallbeispiele getestet und dabei die Menge der pro Fallbeispiel bekannten Symptome schrittweise vermindert. Im folgenden Diagramm haben wir die Klassifikationsgenauigkeit der beiden Algorithmen in Abhängigkeit von der Vollständigkeit der präsentierten Information aufgetragen. Ein Informationsverlust von 70% bedeutet dabei: Die Klassifikation eines Fallbeispiels C_k basiert auf nur 30% der in der Situationsbeschreibung $C_k.Sit$ verzeichneten Symptome[5]. Beachtenswert ist dabei, daß obwohl IB2 die verwendete Beispielfallbasis auf weniger als die Hälfte der ursprünglichen Fallbeispiele reduzierte, die Klassifikationsgenauigkeit der beiden Algorithmen nur geringfügig differiert. Hierbei ist aber zu beachten, daß IB2 nur eine einfache Form eines Entscheidungskriteriums für die Aufnahme von Fällen in die Fallbasis realisiert. Durch die Entwicklung von anderen Kriterien zur Auswahl (vgl. z.B. auch [AKA91]) können unter Umständen noch bessere Ergebnisse erzielt werden.

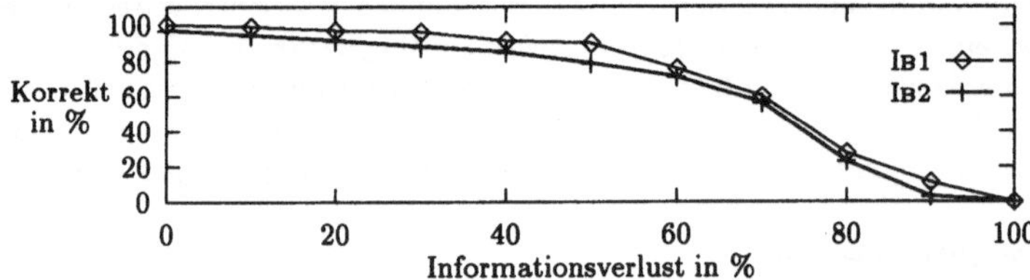

Eine wichtige Aufgabe in der fallbasierten Diagnostik ist es, zu entscheiden, welche Fallbeispiele in die Fallbasis aufgenommen werden und welche nicht. Da *sim* und *FB* nicht unabhängig voneinander sind, bestimmt der im jeweiligen System verwendete Ähnlichkeitsbegriff *sim*, ob die Aufnahme eines weiteren Fallbeispiel in *FB* zu einer qualitativen Verbesserung des Gesamtsystems führt oder nicht.

2.3.2 Änderung des Ähnlichkeitsmaßes

Ist der Ähnlichkeitsbegriff für eine Domäne bekannt, so können wir ein entsprechendes Maß angeben. Dieses Ähnlichkeitsmaß ist dann eine „compilierte" Darstellung unseres Wissens über die entsprechende Domäne. Wir vertreten die These, daß der Aufwand und das nötige Wissen zur Konstruktion eines *„guten"* Ähnlichkeitsmaßes vergleichbar ist mit dem Aufwand zur Erstellung eines konventionellen Problemlösers. Nur wenn der entsprechende Problembereich vollständig

[4] Alle empirischen Untersuchungen in dieser Arbeit wurden mit dem in Abschnitt 3.4 definierten Ähnlichkeitsmaß durchgeführt. Als Beispielfallbasis diente eine im Rahmen des MOLTKE-Projektes erstellte Fallbasis mit 100 Fällen aus dem Bereich der Diagnose von CNC-Werkzeugmaschinen.

[5] Die Symptome wurden in der Reihenfolge präsentiert in der sie im Fallbeispiel verzeichnet sind. Dabei wurde die Zahl der präsentierten Symptome abgerundet, d.h. z.B. 90 % Information bei insgesamt 4 Symptomen sind nur 3 bekannte Symptomwerte. Wird aufgerundet, so sind die erzielten Ergebnisse deutlich besser.

durchdrungen worden ist, kann die Ähnlichkeit zwischen diagnostischen Problemstellungen korrekt beurteilt werden. Wobei sich dann allerdings die Frage nach der Notwendigkeit eines fallbasierten Ansatzes stellt, da das vorhandene Wissen auch zum Entwurf eines konventionellen Diagnosesystems eingesetzt werden könnte. Im allgemeinen werden wir in der fallbasierten Diagnostik daher das für eine Domäne geeignete Ähnlichkeitsmaß nur näherungsweise bestimmen können (vgl. Szenario 1).

Betrachten wir den Ähnlichkeitsbegriff im Kontext des Problemlösens, so ist festzustellen, daß die Ähnlichkeit von Problemstellungen ein *a posteriori Kriterium* ist, denn erst nachdem wir versucht haben, das Problem auf der Basis des gewählten Ähnlichkeitsbegriffes zu lösen, können wir beurteilen, ob der eingeschlagene Weg zu einem Erfolg geführt hat. Dies läßt einen Rückschluß auf die Güte des zur Lösungsfindung verwendeten Ähnlichkeitsbegriffes zu. Diese *a posteriori* Information ist aber zum Zeitpunkt der Problemstellung, also *a priori*, im allgemeinen nicht direkt erhältlich. Die Suche nach einem geeigneten Ähnlichkeitsbegriff kann also als ein *Lernprozeß* aufgefaßt werden (vgl. [RW91]). Das Ziel des Lernprozesses ist es, den zur Problemlösung verwendeten Ähnlichkeitsbegriff schrittweise an den durch die konkrete Anwendung vorgegebenen Ähnlichkeitsbegriff anzunähern.

Auch die Auswirkungen eines solchen Ansatzes hat Jantke [Jan92] untersucht. Er zeigt, daß im Bereich der Induktiven Inferenz die Klasse, der mit einem *statischen Maß lernbaren Probleme* kleiner ist als die Klasse der mit einem *dynamischen Maß lernbaren Probleme.* Jantke stellt in [Jan92] unter anderem fest: *"Using fixed totally defined similarity measures is much too restrictive. [...] Maximal learning power can be achieved by learning possibly partial recursive similarity measures. There is no way to gain more power."* Die Voraussetzung für die theoretisch gleiche Mächtigkeit von fallbasierten und in der Induktiven Inferenz entwickelten Verfahren ist also, daß nicht nur die Fallbasis FB, sondern auch das Ähnlichkeitsmaß sim im Laufe des Lernprozesses verbessert werden.

2.4 Vermeidung von Fehldiagnosen

Wie wir in den letzten Abschnitten gesehen haben, können wir fallbasiertes Lernen als Begriffsbildungsaufgabe auffassen. Ähnlich wie induktive Schlüsse sind fallbasierte Schlüsse damit unsicher. Fehldiagnosen lassen sich im allgemeinen daher nicht verhindern. Wir können aber versuchen, eine *„minimale Korrektheit“* der gefundenen Lösungen zu sichern. Betrachten wir dazu nochmals den Grundalgorithmus. Dieser liefert für $FB \neq \emptyset$ immer ein Ergebnis, da jeweils der Fall mit der maximalen Ähnlichkeit ausgegeben wird. Damit wird auch in Situationen, die das System noch gar nicht richtig diagnostizieren kann (da z.B. eine entsprechende Fehlersituation noch nie vorgelegen hat), eine falsche Fehlerhypothese ausgegeben. Für viele Anwendungen mag eine solche *„beste Näherung“* wichtig und interessant sein, in realen Diagnoseanwendungen verursacht jedoch jede Fehlklassifikation Kosten in der Form, daß der Maschinenbediener die vom System vorgeschlagene Diagnose erst verifizieren muß, was unter Umständen sehr aufwendig sein kann. Dieser Aufwand kann vermieden werden, indem für jede Diagnose D_j eine *minimale Ähnlichkeit* zur aktuellen Symptomatik gefordert wird, bevor die entsprechende Diagnose vom System als Lösungskandidat in Betracht gezogen wird. Bei dem beschriebenen Grundalgorithmus kann dieses Ziel durch die Einführung von Schwellwerten erreicht werden. Dieser Schwellwert, nennen wir ihn δ, mit $0 \leq \delta \leq 1$, sollte in Abhängigkeit vom Kostenrisiko einer Fehldiagnose D_j bestimmt werden. Einfach zu verifizierende Fehlerhypothesen erhalten ein niedriges δ_j und können so vom System sehr schnell vorgeschlagen werden; schwierig zu verifizierende Diagnosen mit hohen δ_j werden nicht voreilig vom System als mögliche Lösung präsentiert. Wird beim Fallvergleich kein Fall mit einer den Schwellwert übersteigenden Ähnlichkeit gefunden, so kann das System nun entweder weitere Meßwerte anfordern oder mit *Keine Lösung* abbrechen. Der Schwellwert δ_j bietet so eine einfache Möglichkeit, Wissen über das Kostenrisko von Fehldiagnosen zu formulieren und im Diagnoseprozeß entsprechend zu berücksichtigen. Die Definition eines Falles wird damit um einen für jede Diagnose D_j spezifischen Schwellwert δ_j erweitert, d.h. $C_k = (Sit_k, D_j, \delta_j)$. Für die so definierte *„Kompetenzeinschätzung“* des fallbasierten Diagnosesystems muß aber ein Preis bezahlt werden. Für bereits bekannte Diagnosen D_j sinkt die Klassifikationsfähigkeit des modifizierten Algorithmus mit abnehmender Information stark ab, da die ermittelte Ähnlichkeit dann unter den definierten Schwellwert δ fällt. Wir haben in dem folgenden Diagramm erneut in Abhängigkeit von der Vollständigkeit der präsentierten Information die Korrektheit der Klassifikation für die betrachteten Algorithmen aufgetragen. Sind nur relativ wenige Symptomwerte bekannt, so sinkt beim modifizierten Algorithmus $\delta_j > 0$ die Zahl der korrekten Klassifikationen stärker als beim Algorithmus aus 2.2 ohne Schwellwert $\delta_j = 0$. Je höher δ gewählt wurde, um so stärker ist der entsprechende „Einbruch" in der Klassifikationsfähigkeit.

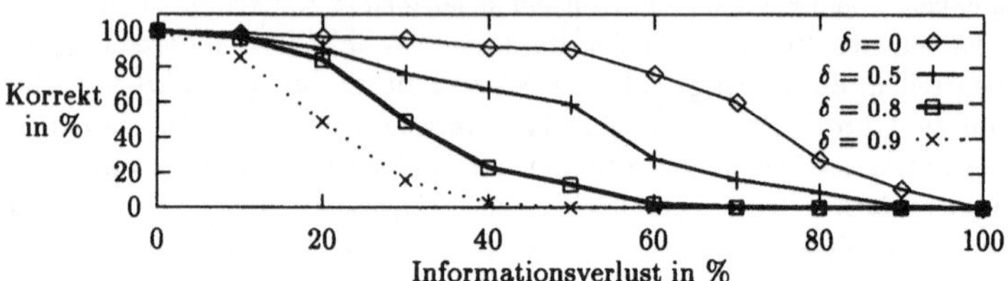

Bei einem zunehmendem Anteil von dem System noch unbekannten Diagnosen D_l in der Testmenge, d.h. in der Trainingsphase, ist das Verhalten der betrachteten Algorithmen jedoch gerade invertiert. Bei den Algorithmen mit Schwellwert bleibt die Anzahl der Fehlklassifikationen nahezu konstant, während sie bei $\delta = 0$ überproportional anwächst. Ist der Lernprozeß beendet, d.h. alle D_j sind dem System bereits bekannt, so können wir also zugunsten einer verbesserten Klassifikationsfähigkeit, auf δ_j verzichten. In der Trainingsphase vermeidet δ_j jedoch unnötige Kosten in Form von Fehldiagnosen, indem vor der Ausgabe der Diagnose an den Benutzer vom System noch weitere Meßwerte angefordert werden.

3 Ein Ansatz zur fallbasierten Diagnostik

In den folgenden Abschnitten wollen wir einen Ansatz zur fallbasierten Diagnose technischer Systeme vorstellen. Wir werden dazu aufzeigen, welche Wissensquellen den Fallvergleich unterstützen können und wie die Relevanz eines Symptoms S_i für eine Diagnose D_j bestimmt werden kann. Anschließend beschreiben wir ein für die Diagnostik geeignetes Ähnlichkeitsmaß und zeigen wie wir dieses bei einer Fehlklassifikation verbessern können. Zum Abschluß stellen wir einen Algorithmus zur fallbasierten Diagnostik vor, der alle in dieser Arbeit beschriebenen Erweiterungen des Grundalgorithmus realisiert.

3.1 Wissensbasierte Unterstützung des Fallvergleichs

Zunächst soll jedoch gezeigt werden, welches Wissen zur Unterstützung von Ähnlichkeitsbewertungen in technischen Anwendungen zur Verfügung steht und wie dieses Wissen für den Fallvergleich entsprechend genutzt werden kann. Wir verfolgen also die Strategie, das *a posteriori* Kriterium Ähnlichkeit durch den Einsatz von *a priori* vorhandenem Wissen anzunähern.

3.1.1 Ähnlichkeit zwischen Symptomwerten

Bei der Berechnung der Ähnlichkeit zwischen einem gespeicherten Fall und einer gegebenen Symptomatik wird oft lediglich die Übereinstimmung $v_i = v_k$ bzw. nicht Übereinstimmung $v_i \neq v_k$ von Symptomwerten betrachtet. In der technischen Diagnostik sind aber feinere Differenzierungen wünschenswert. So unterscheidet sich beispielsweise *Öldruck sehr hoch* von *Öldruck sehr niedrig* erheblich. Die Differenz zwischen *Öldruck hoch* und *Öldruck sehr hoch* ist jedoch wesentlich geringer. Um dies in einem fallbasierten Diagnosesystem ausdrücken zu können, ist es nötig, die Ähnlichkeit von Symptomwerten $v_i, v_k \in W_j$ durch ein spezielles Ähnlichkeitsmaß ω_j zu beschreiben. Dies kann erreicht werden, indem für jedes Symptom S_i bei der Definition des entsprechenden Wertebereichs W_j das für den Vergleich von Elementen aus diesem Wertebereich jeweils zu verwendende lokale Ähnlichkeitsmaß $\omega_j(v_i, v_k)$ mit $v_i, v_k \in W_j$, angegeben wird. Unabhängig davon können wir bereits Klassen von möglichen Ähnlichkeitsmaßen für die verschiedenen Merkmalstypen vordefinieren, z.B. *numerisch, string, symbolisch binär, symbolisch mehrstufig.* Die einzelnen Maße $\omega_j(v_i, v_k)$ müssen dann aber unter Umständen noch an die Anforderungen eines konkret gegebenen Wertebereichs W_j in der betrachteten Domäne angepaßt werden. Darüberhinaus sollte es möglich sein, das System um domänenspezifische bzw. benutzerdefinierte Funktionen zur lokalen Ähnlichkeitsberechnung zu erweitern.

3.1.2 Kausale Zusammenhänge zwischen Symptomwerten

In technischen Diagnosedomänen existieren eine Vielzahl von oft einfach zu modellierenden, kausalen Zusammenhängen zwischen einzelnen Symptomwerten, z.B. *Falls das Licht brennt, so ist elektrische Spannung vorhanden.* Zusammenhänge dieser Art lassen sich sehr einfach in Form von Regeln der Art $s_1(v_1) \wedge s_2(v_2) \wedge \ldots s_n(v_n) \rightarrow s_k(v_k)$ formulieren und zur Expansion einer gegebenen Symptomatik ausnutzen. Die Informationsbasis des Fallvergleichs kann so ohne die Durchführung weiterer Tests verbessert werden. Kausales Wissen dieser Art kann vom Experten manuell eingegeben oder aus einem qualitativen Modell bzw. induktiv abgeleitet werden.

3.1.3 Pathologische Symptomwerte

In einem technischen System deuten gewisse Meßwerte auf ein Fehlerverhalten hin, z.B. *Spannung zu hoch*, während andere Meßwerte durchaus ihren Ursprung in einem Normalverhalten des technischen Systems haben können, z.B. *Relais geschaltet.* Meßwerte, die eindeutig auf ein Fehlverhalten des technischen Systems zurückzuführen sind, bezeichnen wir als *pathologische*[6] Symptomwerte. Eine Fehlerdiagnose ist für eine aktuelle Symptomatik um so eher geeignet, je mehr dieser *beobachteten pathologischen* Symptomwerte sie erklären kann. Diese spezielle Eigenschaft von diagnostischen Anwendungen muß bei einem Fallvergleich berücksichtigt werden. Wir können dies erreichen, indem wir Fälle bevorzugen, die *pathologische* Meßwerte erklären können, d.h. die diese Meßwerte auch in der eigenen Situationsbeschreibung Sit enthalten. In der fallbasierten Diagnostik ermöglicht die Überprüfung auf die Übereinstimmung von pathologischen Meßwerten damit eine Einschätzung der Nützlichkeit von gefundenen, ähnlichen Fallbeispielen für die aktuelle Diagnosesituation. Pathologische Symptomwerte können entweder vom Experten deklariert oder durch Simulation eines qualitativen Modells ermittelt werden. Dabei ist jedoch zu beachten, daß im allgemeinen nicht für alle Symptome in allen Situationen eindeutig entschieden werden kann, ob ein Symptomwert einen pathologischen Charakter hat oder nicht. Ein Relais kann sich beispielsweise zufällig in einem korrekten Schaltzustand befinden, obwohl es eigentlich defekt ist.

3.1.4 Defaultwerte für Symptome

Wird ein technisches System von einem Servicetechniker diagnostiziert, so hat dieser im allgemeinen eine Vorstellung davon, welche Meßwerte zunächst erhoben werden sollten und welche nicht. Einzelne Messungen bezieht ein Experte erst dann in seine Überlegungen ein, falls eine gewisse Evidenz für einen bestimmten Fehler vorliegt. Diese Beobachtung liegt dem Konzept von Defaultwerten für Symptome zugrunde. Symptome mit Defaultwert erhalten, solange keine genaue Meßung vorgenommen wurde, den im Default angegebenen Meßwert. Beim Fallvergleich werden diese Symptome dann so behandelt, als wäre eine entsprechende Meßung bereits durchgeführt worden. Damit werden Fallbeipiele, die Symptome mit einem dem Default entsprechenden Symptomwert in ihrer Situationsbeschreibung enthalten, in ihrer Ähnlichkeit zur aktuellen Situation verstärkt. Die Ähnlichkeit von Fallbeispielen, in denen explizit ein dem Defaultwert widersprechender Meßwert gefordert wird, wird jedoch nicht verändert. Verglichen mit dem im letzten Abschnitt eingeführten pathologischen Meßwerten entsprechen Defaultwerte eher dem Normalverhalten eines technischen Systems. Typische Defaults sind etwa *Leitungen dicht* oder auch *Netzspannung vorhanden.* Diese Meßwerte sind für eine grobe Bestimmung der Fehlerursache, im Gegensatz zu pathologischen Meßwerten, im allgemeinen zunächst wenig informativ.

[6] in [Pup90] werden solche Symptomwerte als *abnormal* bezeichnet

Im Verlauf des Diagnoseprozesses nimmt aber ihre Bedeutung für die Diskriminierung von Diagnosen zu. Ist ein Symptom S_i mit Default für die Diskriminierung zwischen konkurierenden Diagnosen D_j und D_l von Bedeutung, so wird S_i im Laufe des Diagnoseprozesses erhoben. Wird dann ein dem Defaultwert widersprechender Meßwert festgestellt, so müssen alle Fallbeispiele, in denen der entsprechende Default angenommen wurde, erneut aufgegriffen und die Ähnlichkeit neu bewertet werden. Die Defaults werden somit zurückgenommen und die von der Änderung betroffenen Fallbeispiele scheiden damit möglicherweise als potentielle Lösungskandidaten aus. Diese Vorgehensweise besitzt den Vorteil, daß ein fallbasiertes Diagnosesystem bereits nach der Eingabe von nur wenigen Symptomen potentielle Lösungskandidaten präsentieren kann, die dann gezielt weiter überprüft werden können.

3.2 Das ratio model nach Tversky

In der Diagnostik stehen, im Gegensatz zu üblichen Anwendungen von Ähnlichkeitsmaßen, in denen vorwiegend kardinale bzw. ordinale Daten in Form von *vollständigen* Merkmalsvektoren verarbeitet werden, hauptsächlich nominale (symbolische) Daten im Mittelpunkt. Für die Diagnostik benötigen wir daher ein Maß, das symbolische, unter Umständen voneinander abhängige Merkmale, sowie nur partiell definierte Merkmalsvektoren verarbeiten kann. Für diagnostische Aufgabenstellungen ist das folgende, *ratio model* genannte Modell nach Tversky [Tve77] besonders geeignet. Das *ratio model* geht von einer Beschreibung der Merkmale der zu vergleichenden Objekte aus. Ein Merkmal hat dabei die Form: *Attribut* hat *Wert*. Auf die Diagnose übertragen ist also *Meßpunkt* hat *Meßwert* ein Merkmal im Sinne des *ratio models*. Seien A und B die Beschreibungen der entsprechenden Objekte a und b, so ist das *ratio model* definiert als:

$$\mathrm{sim(a, b)} = \frac{\mathrm{f\,(A \cap B)}}{\mathrm{f\,(A \cap B)} + \alpha\,\mathrm{f\,(A - B)} + \beta\,\mathrm{f\,(B - A)}} \qquad \alpha, \beta \geq 0$$

Dieses Modell ist genaugenommen kein konkretes Maß, sondern ein Schema für die Definition einer ganzen Schar von konkreten Ähnlichkeitsmaßen. Durch die Wahl von α, β und f können eine Vielzahl von unterschiedlichen Maßen realisiert werden. Beispiel: Bei $\alpha = \beta = 1, f :=$ *Kardinalität der betrachteten Mengen*, entspricht die Ähnlichkeit der Anzahl gemeinsamer Merkmale geteilt durch die Anzahl aller Merkmale. Durch eine geeignete Instantiierung von f können wir das Modell leicht an Anforderungen einer speziellen Domäne anpassen. Insbesondere bietet die Funktion f einen Ansatzpunkt, das im letzten Abschnitt beschriebene Wissen bei der Berechnung der Ähnlichkeit zu berücksichtigen.

3.3 Relevanz von Symptomen für eine Diagnose

Wenn wir Fallbeispiele als „*Protokolle des realen Problemlöseverhaltens von Diagnoseexperten*" auffassen, so stellt sich das Problem, daß die durch die Beobachtung eines Experten gewonnenen Fälle möglicherweise inkonsistente, unvollständige oder auch überflüssige Informationen enthalten, d.h. wir erhalten nicht genau die für die Klassifikation relevanten Symptome. Damit die Klassifikationsfähigkeit eines fallbasierten Systems durch derartig *verrauschte* Informationen nicht beeinträchtigt wird, ist es für den Fallvergleich nötig, die Relevanz eines Symptoms S_i für eine bestimmte Diagnose D_j zu ermitteln. Der Fallvergleich findet dann nur auf der Basis dieser relevanten Symptome statt. Für Tversky [Tve77] ist die Bestimung von relevanten Eigenschaften eine Vorbedingung für die Anwendung eines Ähnlichkeitsmaßes. Er schreibt dazu: *"When faced with a particular task (e.g. identification or similartiy assessment) we extract and compile from our data base a limited list of relevant features on the basis of which we perform the required task."* In der fallbasierten Diagnostik kann Modellwissen Anhaltspunkte für die Relevanz von Symptomen für eine bestimmte Diagnose liefern. Ein solcher Ansatz entspricht dem in [JWM92] als *Goal-Driven Similarity Assessment* bezeichneten Vorgehen. Auf der anderen Seite können wir versuchen, die Relevanz eines Symptoms für eine Diagnose inkrementell anzunähern, d.h. Häufigkeit impliziert Relevanz. Ist das benötigte Hintergrundwissen vollständig vorhanden, so bietet sich die erste Strategie an. In allen anderen Situationen empfiehlt sich eine gemischte Strategie.

3.3.1 Ein Ansatz zur Beschreibung

Die Relevanz eines Symptoms S_i für eine Diagnose D_j kann durch die Angabe eines spezifischen Wichtungsfaktor w_{ij} formuliert werden. Je stärker der entsprechende Wichtungsfaktor für ein Symptom S_i in einem Fall C_k ist, umso höher wird bei einer Übereinstimmung der Symptomwerte in Fall und aktueller Situation der entsprechende Ähnlichkeitswert. Bei widersprüchlichen Symptomwerten wird der Ähnlichkeitswert des Falles C_k dann auch stärker verringert als bei einem kleineren Gewicht. Zur Repräsentation der Wichtungsfaktoren w_{ij} definieren wir eine $n \times m$ Relevanzmatrix $\mathcal{R}$, wobei n die Anzahl der im System definierten Symptome S_i und m die Anzahl der unterschiedlichen Diagnosen D_j ist. Der Spaltenvektor $\vec{d_j} = (w_{1j}, w_{2j}, \ldots, w_{nj})$ beschreibt dabei die Relevanz der Symptome S_i unter der Voraussetzung, daß die Diagnose D_j vorliegt. In Tverskys *ratio model* haben wir, falls f entsprechend gewählt wird, durch die Einführung einer Relevanzmatrix $\mathcal{R} = [w_{ij}]$ für jede im System repräsentierte Diagnose D_j ein eigenes Ähnlichkeitsmaß sim_j definiert. Das Ähnlichkeitsmaß ist dann eine compilierte Repräsentation des Wissens, welche Informationen für die Klassifikation von D_j relevant sind. Das Ähnlichkeitsmaß sim_j für Fallbeispiele mit der Diagnose D_j wird dabei durch den entsprechenden Spaltenvektor $\vec{d_j}$ charakterisiert.

3.3.2 Bestimmung der Relevanz

Wird ein wissensbasiertes Verfahren wie *Goal-Driven Similarity Assessment* [JWM92] verwendet, so kann mit dem Ergebnis dieses Verfahrens die Relevanzmatrix initialisiert werden. Ist dies nicht möglich, so muß versucht werden, die w_{ij} durch ein Lernverfahren zu bestimmen. Wird ein neuer Fall C_l mit einer bisher unbekannten Diagnose D_l in die Fallbasis aufgenommen, so wird der Spaltenvektor $\vec{d_l}$ zunächst mit den relativen Häufigkeiten der Symptome $S_i \in C_l.Sit$ in FB initialisiert. Durch das in Abschnitt 3.5 näher beschriebene Lernverfahren werden dann die Wichtungsfaktoren w_{il} iterativ angepaßt. Dies kann im Laufe der Anwendung oder im Rahmen einer gesonderten Trainingsphase erfolgen. Im Laufe des fallbasierten Diagnoseprozesses ist somit für jede Diagnose D_j eine von alternativen Diagnosen D_i unabhängige Verbesserung des Ähnlichkeitsbegriffs möglich. Verrauschte Daten können so schrittweise ausgefiltert werden. Da die Relevanz eines Symptoms für eine Diagnose, bedingt durch die Verwendung eines Ähnlichkeitsmaßes, in beiden Ansätzen durch die Angabe von w_{ij} repräsentiert wird, ist die Kombination beider Ansätze möglich. Nichtvorhandenes Wissen kann so durch eine entsprechende Menge an Erfahrung ausgeglichen werden.

3.4 Ein dynamisches Ähnlichkeitsmaß

Das hier verwendete Ähnlichkeitsmaß ist direkt dem *ratio model* nach Tversky entlehnt. Wir haben es jedoch um die vorgestellten Konzepte wie der lokalen Ähnlichkeitsmaße $\omega_i(v_j, v_k)$ für Symptomwerte, um Default- und pathologische Symptomwerte sowie die unterschiedlichen Relevanzen w_{ij} von Symptomen S_i für Diagnosen D_j erweitert. Durch diese Erweiterungen haben wir die in Tverskys Modell nicht näher spezifizierte Funktion f für Diagnoseaufgaben konkretisiert. Für die folgende Definition des Ähnlichkeitsmaßes sei gegeben:

Symptomatik Sit und ein Fallbeispiel $C_k := (Sit_k, D_j, \delta_j)$
w_{ij} sei die Gewichtung des Symptoms S_i für alle Fälle mit der Diagnose D_j
ω_i sei das für alle Meßwerte $v_l \in W_i$ des Symptoms S_i definierte lokale Ähnlichkeitsmaß
$v_i^{C_k}$ sei der in Sit_k und v_i^{Sit} sei der in Sit vorliegende Meßwert für das Symptom S_i

E	$:=$	$\{S_i \mid S_i \in Sit_k \cap Sit\}$	*übereinstimmende Meßpunkte*
U	$:=$	$\{S_i \mid S_i \in Sit_k \wedge S_i \notin Sit\}$	*unbekannte Meßwerte*
A	$:=$	$\{S_i \mid S_i \notin Sit_k \wedge S_i \in Sit \wedge s_i\ ist\ pathologisch\}$	*zusätzliche Meßwerte*

Sollen unterschiedliche Relevanzen w_{ij} und die Ähnlichkeit zwischen Symptomwerten $\omega_i(v_i^{C_k}, v_i^{Sit})$ bei der Ähnlichkeitsbewertung berücksichtigt werden, so müssen wir das Maß um diese Faktoren erweitern. Die Entscheidung ob ein Symptomwert in Situation Sit und dem gegebenen Fall

$C_k.Sit$ übereinstimmt oder nicht, erfolgt dann über das jeweilige lokale Ähnlichkeitsmaß ω_i.

$$\mathcal{E} := \sum_{S_i \in E} w_{ij}\, \omega_i(v_i^{C_k}, v_i^{Sit}) \quad \mathcal{W} := \sum_{S_i \in E} w_{ij}\, (1 - \omega_i(v_i^{C_k}, v_i^{Sit})) \quad \mathcal{U} := \sum_{S_i \in U} w_{ij} \quad \mathcal{A} := |A|$$

Das verwendete Schema für Ähnlichkeitsmaße hat unter Berücksichtigung der gerade definierten, gewichteten Merkmalsmengen die folgende Form:

$$sim(C_k.Sit, Sit) = \frac{\alpha\,\mathcal{E}}{\alpha\,\mathcal{E} + \beta\,\mathcal{W} + \gamma\,\mathcal{U} + \eta\,\mathcal{A}} \qquad \alpha, \beta, \eta, \gamma \geq 0$$

Ein wesentlicher Vorteil des hier vorgestellten Maßes, der sich auch in unseren empirischen Untersuchungen bestätigt hat, ist die im Vergleich zu anderen Maßen große Robustheit gegenüber Informationsverlust (vgl. auch Diagramm in Abschnitt 2.4). Durch die Wahl der Parameter $\alpha, \beta, \eta, \gamma$ können wir das Diagnoseverhalten des Systems in gewissen Grenzen steuern. Für die Diagnostik hat sich in unseren Experimenten eine eher *pessimistische* Vorgehensweise mit $\alpha = 1, \beta = 2, \gamma = 0.5, \eta = 1$ bewährt. Unterschiede in den Meßwerten werden so relativ stark bewertet, während noch fehlende Symptomwerte nicht überbewertet werden.

3.5 Anpassung des Ähnlichkeitsmaßes

Wird ein Fall als mögliche Lösung vorgeschlagen, so muß nach Abschnitt 3.4 gelten:

$$sim(C_k.Sit, Sit) > \delta_k, \text{ d.h. } sim(C_k.Sit, Sit) = \delta_k + \Delta \text{ mit } \Delta > 0$$

Ist aber eine Fehlklassifikation eingetreten, so muß eigentlich $sim(C_k.Sit_k) \leq \delta$ gelten (vgl. Gleichungen in 1). Dies kann erreicht werden, indem die Gewichtsfaktoren der Symptome des Falles C_k (d.h. das Ähnlichkeitsmaß für die Diagnose D_j) entsprechend verändert werden. Hierzu sind folgende Überlegungen notwendig: Die aktuelle Situation Sit und der Fall C_k besitzen eine Reihe von gemeinsamen Symptomwerten, sowie eine Reihe von unterscheidenden Symptomwerten. Tritt nun eine Fehlklassifikation auf, so bedeutet dies:

- Die Gewichtung $\mathcal{E}$ der *übereinstimmenden* Symptomwerte aus E war zu hoch.
- Die Gewichtung $\mathcal{W}, \mathcal{U}$ der *unterscheidenden* Symptomwerte aus $E \cup U$ war zu niedrig .

Wir suchen nun eine Änderung der Parameter $\mathcal{E} - z, \mathcal{W} + x$ und $\mathcal{U} + y$, mit $x, y, z \geq 0$, so daß dieser Fall C_k gerade noch abgelehnt wird, d.h. es gilt dann $sim(C_k.Sit, Sit) = \delta$:

$$\frac{\alpha\,\mathcal{E}}{\alpha\,\mathcal{E} + \beta\,\mathcal{W} + \gamma\,\mathcal{U} + \eta\,\mathcal{A}} = \delta + \Delta \qquad \frac{\alpha\,(\mathcal{E} - z)}{\alpha\,(\mathcal{E} - z) + \beta\,(\mathcal{W} + x) + \gamma\,(\mathcal{U} + y) + \eta\,\mathcal{A}} = \delta \tag{1}$$

Die Werte für x, y, z sind nun in Abhängigkeit vom Fehler Δ zu bestimmen. Damit erhalten wir:

$$\frac{\alpha\,\mathcal{E}}{\alpha\,\mathcal{E} + \beta\,\mathcal{W} + \gamma\,\mathcal{U} + \eta\,\mathcal{A}} - \Delta = \frac{\alpha\,(\mathcal{E} - z)}{\alpha\,(\mathcal{E} - z) + \beta\,(\mathcal{W} + x) + \gamma\,(\mathcal{U} + y) + \eta\,\mathcal{A}} \tag{2}$$

Die Zu- und Abnahme des Symptomgewichts ist dabei *proportional* im Falle der Übereinstimung und *antiproportional* zum bestehenden Symptomgewicht im Falle der Unterscheidung, d.h.

- Übereinstimmende Symptome aus E mit hohem Gewicht werden stark vermindert.
  Sie haben einen hohen Beitrag zur Fehlklassifikation geleistet.
- Übereinstimmende Symptome aus E mit niedrigem Gewicht werden nur schwach vermindert.
- Unterscheidende Symptome aus $E \cup U$ mit niedrigem Gewicht erhalten einen großen Gewichtszuwachs.
  Sie wurden bei der Ähnlichkeitsbeurteilung, die zur Fehlklassifikation führte, nicht berücksichtigt.
- Unterscheidende Symptome aus $E \cup U$ mit hohem Gewicht erhalten einen niedrigen Gewichtszuwachs.

Die nötigen Gewichtsänderungen lassen sich nun aus Gleichung 2 bestimmen. Die genaue Formel ist hier jedoch von eher untergeordnetem Interesse. Bei Bedarf kann sie in [Wes91] nachgeschlagen werden. Entscheidend ist hier die Tatsache, daß, ausgehend von einer Fehlklassifikation, der Fehler Δ bestimmt und die Parameter w_{ij} für das Ähnlichkeitsmaß sim_j einer spezifischen Diagnose D_j entsprechend geändert werden können.

3.6 Steuerung des Testerhebungsprozesses

Während wir uns bisher lediglich auf *einen Durchlauf* der Klassifikationskomponente eines fallbasierten Diagnosesystems konzentriert haben, betrachten wir im weiteren Verlauf den gesamten Prozeß des diagnostischen Problemlösens, d.h. die Schleife: *Wiederhole Klassifikation und Testerhebung bis eine Diagnose möglich ist.* Aus dieser Sicht betrachtet ist es sinnvoll, einem fallbasierten Diagnosesystem einen Abbruch dieser Schleife zu ermöglichen, falls sich in der Fallbasis kein geeigneter Lösungskandidat findet. Das System würde ansonsten immer versuchen, schrittweise *alle möglichen Meßwerte* zu erheben. Zu diesem Zweck erweitern wir die Falldefinition um einen weiteren Schwellwert $0 \leq \epsilon < \delta \leq 1$. Der Schwellwert ϵ hat dabei die folgende Semantik: Für einen Fall $C_k = (Sit, D, \delta, \epsilon)$ werden nur dann weitere Meßwerte erhoben, falls $sim(C_k.Sit, Sit) \geq \epsilon$ gilt.

4 Das PATDEX System

Das PATDEX–System (vgl. [AKM+89, Wes91, AW91, RW91]) ist ein auf der Basis des vorgestellten Ansatzes in SMALLTALK-80 implementiertes fallbasiertes Diagnosesystem. Es ist in die MOLTKE Werkbank zur Diagnose technischer Systeme [AMWT92] integriert und kann mit den in der Werkbank vorhandenen Komponenten kooperieren [AMTW91].

Eingabe: aktuelle Symptomatik *Sit*
Ausgabe: Diagnose D oder Fail
Seiteneffekte geänderte Fallbasis FB, geändertes Ähnlichkeitsmaß *sim*

1. Bestimme alle aus der gegebenen Symptomatik *Sit* ableitbaren Symptomwerte und pathologische bzw. Defaultwerte. Erweitere *Sit* entsprechend.
2. Suche den in der Fallbasis zur aktuellen Symptomatik ähnlichsten Fall C_k, d.h. $\forall\ C_i \in FB\ sim(C_k.Sit, Sit) \geq sim(C_i.Sit, Sit)$.
3. Ist der Fall C_k nicht *minimal* ähnlich, d.h. $sim(C_k.Sit, Sit) < \epsilon_k$, dann **STOP** mit *Keine Diagnose möglich.*
4. Ist der Fall C_k ausreichend ähnlich, d.h. $sim(C_k.Sit, Sit) > \delta_k$, dann gebe die Diagnose $C_k.D$ als Lösungsvorschlag an den Benutzer aus.
   (a) Ist die Diagnose $C_k.D$ korrekt, dann nehme gegebenenfalls den neuen Fall $C := (Sit, C_k.D, C_k.\delta, C_k.\epsilon)$ in die Fallbasis FB auf. **STOP**
   (b) Ist die Diagnose $C_k.D$ nicht korrekt, so ändere das Ähnlichkeitsmaß *sim*, so daß $sim(C_k.Sit, Sit) = \delta_k$ gilt. Lösche (temporär) alle Fälle $C_i \in FB$ mit $C_i.D = D_k$ aus der Fallbasis FB. Weiter bei Schritt 5.
5. Ansonsten bestimme das nächste zu erhebende Symptom S_i mit noch unbekanntem Symptomwert.
6. Frage den Benutzer nach dem Meßwert für Symptom S_i und erweitere *Sit* um den entsprechenden Symptomwert, d.h. $Sit := Sit \cup S_i$. Weiter bei Schritt 1.

Das PATDEX-System kann sowohl stand-alone, als auch im Rahmen der MOLTKE-Werkbank eingesetzt werden. Damit unterstützt es *beide* im Abschnitt 2 angegebenen Szenarios zum Einsatz fallbasierter Systeme in der Diagnostik. In vielen Aspekten geht die konkrete Implementierung über den in dieser Arbeit vorgestellten Rahmen hinaus. Eine Auswahl dieser Aspekte soll im folgenden kurz vorgestellt werden:

Strategiefälle: PATDEX unterstützt beide Teilaufgaben der Diagnostik, d.h. sowohl die fallbasierte Klassifikation, als auch die fallbasierte Unterstützung der Testerhebung durch entsprechende *Strategiefälle* (vgl. Abschnitt 2). Das Konzept der *Strategiefälle* wird im Rahmen des PATDEX-Systems verwendet, um heuristisches Strategiewissen eines Serviceexperten in der Form von Fallbeispielen zu repräsentieren. Ein Strategiefall ist in PATDEX von der Form: $C_{Strat} := (Sit, S_i)$, d.h. er steuert im Diagnoseprozeß das nächste zu erhebende Symptom S_i.

Lösungsanpassung: In Kombination mit einer modellbasierten Komponente zur Lösungsanpassung MoCAS [PWW92] kann mit PATDEX auch ein *fallmodifizierender Ansatz* zur Diagnostik realisiert werden (vgl. Def. 5). MoCAS kann auf der Basis des Maschinenmodells gefundene Diagnosen anpassen und wird daher dann eingesetzt, wenn durch einen *fallvergleichenden Ansatz* keine zufriedenstellende Diagnose gefunden wird. MoCAS setzt auf das im Rahmen des MOLTKE-Projektes entwickelte MAKE System [Reh91] (modellbasierte Generierung von MOLTKE-Wissensbasen) auf. Der Einsatz von MoCAS ist hierdurch auf komponentenorientierte, hierarchisch und statisch modellierbare technische Systeme mit zentraler Steuerung beschränkt.

Retrieval: Basis des PATDEX Systems ist die objektorientierte Datenbank GEMSTONE zur Speicherung und Verwaltung der Falldaten [Öc92]. Um eine effektive Suche nach ähnlichen Fallbeispiele zu ermöglichen, werden aufbauend auf der Datenbank k-d Bäume als Zugriffstruktur eingesetzt [FBF77]. Die Suche nach ähnlichen Fallbeispielen, basierend auf dem vorgestellten Ähnlichkeitsmaß, kann in Abhängigkeit von der Anzahl n der vorhandenen Fälle mit einem durchschnittlichen Aufwand der Größenordnung $O(\log n)$ erfolgen.

5 Diskussion

Obwohl im letzten Abschnitt Aspekte einer konkreten Implementierung angesprochen wurden, haben die in dieser Arbeit vorgestellten Überlegungen einen eher allgemeinen Charakter. Bei einigen Punkten, z.B. Anpassung des Ähnlichkeitsmaßes, sind aber durchaus alternative Vorgehensweisen denkbar.

Wird PATDEX in (noch) unstrukturierten Anwendungsdomänen eingesetzt in denen die Ähnlichkeit von Problemstellungen nur näherungsweise bestimmt werden kann *(erstes Szenario)*, so kann PATDEX in der Anwendungsphase dynamisch um vorhandenes Hintergrundwissen erweitert werden. Die Einschränkung des Ansatzes auf technische Diagnosedomänen liegt in der Tatsache begründet, daß entsprechendes Wissen zur Unterstützung des Fallvergleichs in diesen Anwendungsdomänen meistens sehr leicht zugänglich ist. Das dynamische Ähnlichkeitsmaß von PATDEX ermöglicht dann eine schrittweise Annäherung an den durch die Anwendungsdomäne vorgegebenen Ähnlichkeitsbegriff.

Wird ein fallbasierter Ansatz im Kontext eines Gesamtsystems, welches unterschiedliche Problemlöser integriert, gesehen *(zweites Szenario)*, so relativiert sich unter diesem Gesichtspunkt die Frage nach dem nötigen Aufwand zur Wissensakquisition, da das für eine wissensbasierte Unterstüztung von PATDEX benötigte Wissen im Rahmen eines Gesamtsystems bereits vorhanden ist. Ein solcher Ansatz zur Integraton von regel-, modell- und fallbasiertem Wissen wird z.B. in der MOLTKE–Werkbank [AMTW91, AMWT92] zur Diagnose technischer Systeme verfolgt.

Trotz der nicht in allen Situationen gesicherten diagnostischen Kompetenz von fallbasierten Ansätzen zeigen positive Reaktionen von Anwendern, daß ein integrierter Ansatz, wie er im PATDEX System realisiert wird, für die Lösung von diagnostischen Aufgabenstellungen in technischen Domänen sinnvoll ist. Der Einsatz von PATDEX bietet sich dort an, wo diagnostisches Wissen bereits in der Form vorliegt, in der es das System direkt verarbeiten kann, also in der Form von Diagnosefällen. Man denke beispielsweise an alle Formen von technischen Prüfständen. Die anfallenden Prüfprotokolle können direkt als Basis für ein fallbasiertes Diagnosesystem wie PATDEX dienen.

Danksagung

Ich danke M.M. Richter, K.P. Jantke, K.D. Althoff, G. Derwand, D. Janetzko, F. Maurer, K. Nökel, J. Paulokat, Th. Schult und M. Stadler, sowie der gesamten Arbeitsgruppe in Kaiserslautern für viele Diskussionen und hilfreiche Anmerkungen zu früheren Versionen dieser Arbeit.

Literatur

[Aam91] Agnar Aamodt. *A Knowledge-Intensive, Integrated Approach to Problem Solving and Sustained Learning.* Dissertation, University of Trondheim, 1991.

[AKA91] David W. Aha, Dennis Kibler und Marc K. Albert. *Instance-Based Learning Algorithms. Machine Learning*, 6:37–66, 1991. March 1991.

[AKM+89] Klaus-Dieter Althoff, Sabine Kockskämper, Frank Maurer, Michael Stadler und Stefan Wess. Ein System zur fallbasierten Wissensverarbeitung in technischen Diagnosesituationen. In ÖGAI, Hrsg, *Proceedings 5. Österreichische Artificial-Intelligence Tagung*, Seiten 65–70. Springer-Verlag, 1989.

[AMTW91] Klaus-Dieter Althoff, Frank Maurer, Ralph Traphöner und Stefan Wess. *Die Lernkomponente der* MOLTKE-*Werkbank zur Diagnose technischer Systeme. KI - Künstliche Intelligenz*, (1), 1991.

[AMWT92] Klaus-Dieter Althoff, Frank Maurer, Stefan Wess und Ralf Traphöner. MOLTKE - an integrated workbensch for fault diagnosis in engineering systems. In S. Hashemi, J.P. Marciano und G. Gouarderes, Hrsg, *Proc. 4th international conference Artificial Intelligence & Expert Systems Applications (EXPERSYS-92)*, Paris, Oktober 1992. i.i.t.t international.

[AW91] Klaus-Dieter Althoff und Stefan Wess. Case-Based Knowledge Acquisition, Learning and Problem Solving for Diagnostic Real World Tasks. In Duncan Smeed, Hrsg, *Proceedings of the 5th European Knowledge Acquisition Workshop EKAW'91.* GMD-Bericht, 1991.

[AWBS+92] K.-D. Althoff, S. Wess, B. Bartsch-Spörl, D. Janetzko, F. Maurer und A. Voss. *Fallbasiertes Schliessen in Expertensystemen: Welche Rolle spielen Fälle für wissensbasierte Systeme? KI - Künstliche Intelligenz*, (4), Dezember 1992.

[Das90] Belur Dasarathy. *Nearest Neighbor Norms: NN Pattern Classification Techniques.* IEEE Computer Society Press, 1990.

[FBF77] J.H. Friedman, J.L. Bentley und R.A. Finkel. *An algorithm for finding best matches in logarithmic expected time. ACM Trans. math. Software*, 3:209–226, 1977.

[Jan92] Klaus P. Jantke. Case-Based Reasoning and Inductive Inference. Gosler Report 08/92, University of Leipzig, Leipzig, Germany, 1992.

[JWM92] Dietmar Janetzko, Stefan Wess und Erica Melis. Goal-Driven Similarity Assessment. In Hans-Jürgen Ohlbach, Hrsg, *Proc. German Workshop on AI (GWAI'92).* Springer Verlag, 1992. (in Vorbereitung).

[Kot88] P. Koton. Reasoning about Evidence in Causal Explanation. In Janet L. Kolodner, Hrsg, *Proceedings Case-Based Reasoning Workshop*, Seiten 260–170, Morgan Kaufmann Publishers, 1988.

[Öc92] Hannes Öchsner. *Mehrdimensionale Zugriffspfadstrukturen für das ähnlichkeitsbasierte Retrieval von Fällen* . Diplomarbeit, Universität Kaiserslautern, Fachbereich Informatik, 1992.

[PG91] Frank Puppe und Klaus Goos. Improving Case-Based Classification with Expert Knowledge. In Thomas Christaller, Hrsg, *Proceedings of the German Workshop on Artificial Intelligence 1991*, Berlin, September 1991. Springer-Verlag.

[Pup90] Frank Puppe. *Problemlösungsmethoden in Expertensystemen.* Studienreihe Informatik. Springer Verlag, 1990.

[PWW92] Gerd Pews, Frank Weiler und Stefan Wess. Bestimmung der Ähnlichkeit in der fallbasierten Diagnose mit simultationsfähigen Maschinenmodellen. In K-D. Althoff, S. Wess, B. Bartsch-Spörl und D. Janetzko, Hrsg., *Ähnlichkeit von Fällen in Systemen des fallbasierten Schlieẽens*, SEKI-Report, Workshop Universität Kaiserslautern, SFB 314, 25.-26. Juni 1992.

[Reh91] Robert Rehbold. *Integration modellbasierten Wissens in technische Diagnostik-Expertensysteme.* Dissertation, Fachbereich Informatik, Universität Kaiserslautern, 1991.

[Ric92] Michael M. Richter. Classification and learning of similarity measures. In *Proc. der 16. Jahrestagung der Gesellschaft für Klassifikation e.V.* Springer Verlag, 1992.

[RW91] Michael M. Richter und Stefan Wess. Similarity, Uncertainty and Case-Based Reasoning in PATDEX. In Robert S. Boyer, Hrsg, *Automated Reasoning*, Essays in Honor of Woody Bledsoe, Seiten 249–265. Kluwer Academic Publishing, 1991.

[SW86] Craig Stanfill und David Waltz. *Toward Memory-Based Reasoning. Communications of the ACM*, 29(12):1213–1229, 1986.

[Tve77] A. Tversky. *Features of Similarity. Psychological Review*, 84:327–352, 1977.

[Wes91] Stefan Wess. PATDEX/2: Ein System zum adaptiven, fallfokussierenden Lernen in technischen Diagnosesituationen. SEKI-Working Paper SWP91/01, Fachbereich Informatik, Universität Kaiserslautern, Januar 1991.

Integration und Vergleich von heuristischer und überdeckender Klassifikation

Roman Matzke
Universität Karlsruhe
Institut für Logik, Komplexität und Deduktionssysteme
Postfach 6980
W-7500 Karlsruhe 1

Zusammenfassung

Die Integration der Problemlösungsmethoden heuristische und überdeckende Klassifikation verbessert auf der einen Seite die Problemlösung und Erklärungsfähigkeit, hat aber auf der anderen Seite einen aufwendigeren Wissenserwerb zur Folge. Der Beitrag vergleicht die beiden Wissensarten, zeigt die Inferenzstruktur und Realisierung einer integrierten Problemlösungsmethode und stellt dar, wie sich beide Wissensarten ergänzen.

1 Einleitung

Klassifikationsprobleme sind gekennzeichnet durch eine Menge von Diagnosen, eine Menge von Symptomen und Beziehungen zwischen den Diagnosen und Symptomen. Aufgabe der Klassifikation ist es, aus einer Menge von beobachteten Symptomen die *zutreffendsten* Diagnosen zu wählen.

Nach *Puppe 1990* gibt es fünf verschiedene Problemlösungsmethoden für die Klassifikation, die sich durch das zugrundeliegende Wissen unterscheiden: statistische Klassifikation, fallvergleichende Klassifikation, heuristische Klassifikation, überdeckende Klassifikation und funktionale Klassifikation. Die heuristische und die überdeckende[1] Klassifikation sind vermutlich die bisher am häufigsten verwendeten Problemlösungsmethoden. Der wichtigste Unterschied zwischen den beiden ist die Richtung und Art des Beziehungswissens. Während sie bei der überdeckenden Klassifikation von den Diagnosen (Ursachen) zu den Symptomen (Wirkungen) gerichtet ist und z.B. eine kausale Semantik hat, werden bei der heuristischen Klassifikation Symptom-Diagnose Assoziationen verwendet, die auf Erfahrungswissen beruhen.

Für die Integration beider Problemlösungsmethoden gibt es eine Reihe von Gründen:

- Für einen Benutzer ohne Vorkenntnisse sind kausale Erklärungen oft einfacher zu verstehen als heuristische Erklärungen.
- Die heuristische Klassifikation ist im allgemeinen wesentlich effizienter als die überdeckende Klassifikation, die eine sehr aufwendige Hypothesengenerierung hat. Es liegt nahe, die heuristische Klassifikation zur Hypothesengenerierung und die überdeckende Klassifikation zur Hypothesenüberprüfung zu verwenden.

---

1 In der überdeckenden Klassifikation ist die kausale Klassifikation enthalten. Erläuterungen hierzu findet man in Kapitel 2.

- Heuristisches und überdeckendes Wissen überlappen sich, sind aber durch einfaches Umdrehen der Relation nicht ineinander überführbar. Es ist daher zu erwarten, daß durch die Integration die Qualität der Problemlösung verbessert wird. Wenn z.B. ein Problemlöser mehrere gleich bewertete Alternativen hat, kann der andere Problemlöser diese möglicherweise differenzieren.

Das Hauptproblem bei der Integration ist der doppelte Wissenserwerb. Der Experte kann jedoch beim Aufbau der zweiten Wissensbasis durch Terminologietransfer erheblich unterstützt werden.

Kapitel 2 faßt die grundlegenden Begriffe der überdeckenden und heuristischen Klassifikation zusammen. Ein Vergleich der beiden Wissensarten wird in Kapitel 3 durchgeführt. Die von uns entwickelte Integration, ihr Nutzen aber auch ihre Kosten, wird in Kapitel 4 aufgezeigt. Schließlich werden Aspekte der Integration in dem Expertensystemshell D3 in Kapitel 5 vorgestellt.

2 Grundlagen

2.1 Grundlagen der überdeckenden Klassifikation

Ziel dieses Kapitels ist eine kurze Einführung in die wichtigsten Begriffe der überdeckenden Klassifikation. Der Kern eines Überdeckungsproblems ist nach *Peng und Reggia 1990* durch ein 5-Tupel (Z, D, S, Ü, Z+) charakterisiert. Dabei ist

- Z eine Menge von Zuständen,
- $D \subseteq Z$ eine Menge von Anfangszuständen (Diagnosen),
- $S \subseteq Z$ eine Menge von Endzuständen (Symptomen) mit $S \cap D = \emptyset$ und
- Ü eine Überdeckungsrelation $\subseteq Z \times Z$ mit Definitionsbereich $= Z \setminus S$ und Wertebereich $= Z \setminus D$. Ein Beispiel für eine Überdeckungsrelation ist die Kausalrelation K. Ein Zustand U (Ursache) steht in der Relation K zu dem Zustand W (Wirkung) genau dann, wenn die Ursache U die Wirkung W hervorrufen *kann*. Andere Beispiele für Überdeckungsrelationen sind Eigenschaftsrelationen, z.B. überdeckt ein Pilz seine Eigenschaften wie Farbe, Sporengröße, Sporentyp, etc. oder ein Biergarten überdeckt seine Eigenschaften wie Öffnungszeiten, Biersorten, etc.. Schließlich ist
- $Z+ \subseteq Z$ ist eine Teilmenge von beobachteten Zuständen.

Lösung des Problems ist eine Menge von Diagnosen, deren Wirkungen die Menge Z+ der beobachteten Zustände am *besten* überdeckt. Kriterien, was das „beste" bedeuten kann, sind Minimalität, Irredundanz, Relevanz, die größte Wahrscheinlichkeit (*Peng und Reggia 1990*) oder eine Bewertung der überdeckten aber nicht beobachteten Symptome sowie der überdeckten und beobachteten Symptome. Um die Kernwissensrepräsentation für praktische Anwendungen mächtiger zu machen, haben wir sie in unserem Expertensystemshell *Matzke 1991* um folgende Mechanismen ergänzt:

- *Auslöser*: Die Kausalrelation erlaubt mehr als nur zweistellige Beziehungen. In einer dreistelligen Relation kann man z.B. ausdrücken, daß nur die Kombination von A und B die Ursache für ein Ereignis C sein kann (z.B. verursacht ein Streichholz kein Feuer, ohne die auslösenden Faktoren leicht entflammbares Material in der Nähe, ausreichend Sauerstoff vorhanden, etc.)

- *Konkurrenten*: Anfangszustände können sich gegenseitig ausschließen und dürfen nicht als Mehrfachlösung auftreten.
- *Kontexte*: Die Kausalrelation ist von globalen Kontexten abhängig. Beispiele dafür sind bei einem Automotor die Temperatur des Motors (warm, kalt oder heiß), die Außentemperatur (≤ 0 oder > 0 Grad Celsius), der eingelegte Gang (rückwärts, erster, zweiter, ...), etc.
- *Relevanz von Beobachtungen*: Die beobachteten Symptome sind unterschiedlich wichtig, was bei der Bewertung der Überdeckungen berücksichtigt wird.
- *Schweregrade*: In einem Modell ohne Schweregrade kann z.B. der Zustand „Luftfilter verschmutzt" lediglich vorhanden oder nicht vorhanden sein. In einem Modell mit Schweregraden dagegen kann der Zustand „Luftfilter" z.B. als „Luftfilter verstopft", „Luftfilter stark verschmutzt", „Luftfilter schwach verschmutzt" oder „Luftfilter in Ordnung" auftreten.
- *Verrechnung von Einflüssen*: Zustände können mit ihren Schweregraden auf einen anderen Zustand einwirken. Wirken auf einen Zustand mehr als zwei Einflüsse, müssen diese verrechnet werden. Die Verrechnung kann durch das arithmetische Mittel, den dominantesten Einfluß oder durch eine beliebige Funktion erfolgen.
- *Verzögerungen*: Kausalereignisse müssen nicht unmittelbar, sondern können zeitlich versetzt auftreten, z.B. verursacht eine unvollständige Verbrennung im Motor erst nach einer gewissen Zeit verrußte Zündkerzen.
- *Wahrscheinlichkeiten*: Zustände und Kausalereignisse können manchmal, oft, immer, etc. auftreten. Diese Wahrscheinlichkeiten werden bei der Bewertung der Überdeckungen berücksichtigt. Problematisch ist die gleichzeitige Benutzung von Wahrscheinlichkeiten und Schweregraden, da eine mehrdeutige Interpretation möglich ist.
- *Zyklen*: Bei einem Modell mit Schweregraden sind Rückkopplungen möglich, z.B. beeinflußt sich der Zustand „verdichtetes Gemisch" in einem Automotor selbst; Abweichungen in der Verdichtung führen zu Zündaussetzern, die eine unvollständige Verbrennung des Benzins im Zylinder verursachen, was wiederum Benzinreste im Zylinder zur Folge hat und schließlich entsteht wieder eine Abweichung in der Verdichtung des Benzin–Luft Gemisches.

Der überdeckende Problemlöser arbeitet in zwei Schritten:

- *Verdachtsgenerierung*: Aus den beobachteten Symptomen werden Hypothesen generiert. Dabei wird die Überdeckungsrelation rückwärts durchlaufen und nach einer minimalen Mengenüberdeckung gesucht.
- *Verdachtsüberprüfung*: Aus den beobachteten Symptomen, dem Ergebnis der Simulation und dem Anwenden des Bewertungsschemas werden die Hypothesen (= Verdacht) überprüft. Dabei ist die am besten bewertete Hypothese die Lösung. Die Verdachtsüberprüfung benutzt die beiden folgenden Komponenten:
  - *Simulation*: Zu einer Hypothese werden die überdeckten Endzustände (Symptome) zusammen mit einer Instanziierung des Modells für diesen Fall bestimmt.
  - *Bewertung*: Die Hypothese wird aufgrund des Vergleichs der hergeleiteten und beobachteten Symptome bewertet.

Werden bei einem Überdeckungsproblem für die Diagnosen Fehler modelliert, nennt man sie auch Fehlermodelle. Ein Beispiel für ein Fehlermodell mit Schweregraden ist in Abbildung 1 zu sehen. Fehler sind die Rechtecke in dem Graphen, während die Beziehungen durch Pfeile dargestellt werden. Ellipsen repräsentieren kausale Attribute der Beziehung. Ein „++" repräsentiert eine proportionale Abhängigkeit der Schweregrade von Ursache und Wirkung mit dem Proportionalitätsfakor 1. Die Attribute der kausalen Beziehung „wenn Schweregrad des Zustandes 1 größer gleich 3 ist, dann kann er bei Zustande 2 einen Schweregrad von 3 verursachen" entspricht der Ellipse „≥ 3 | := 3".

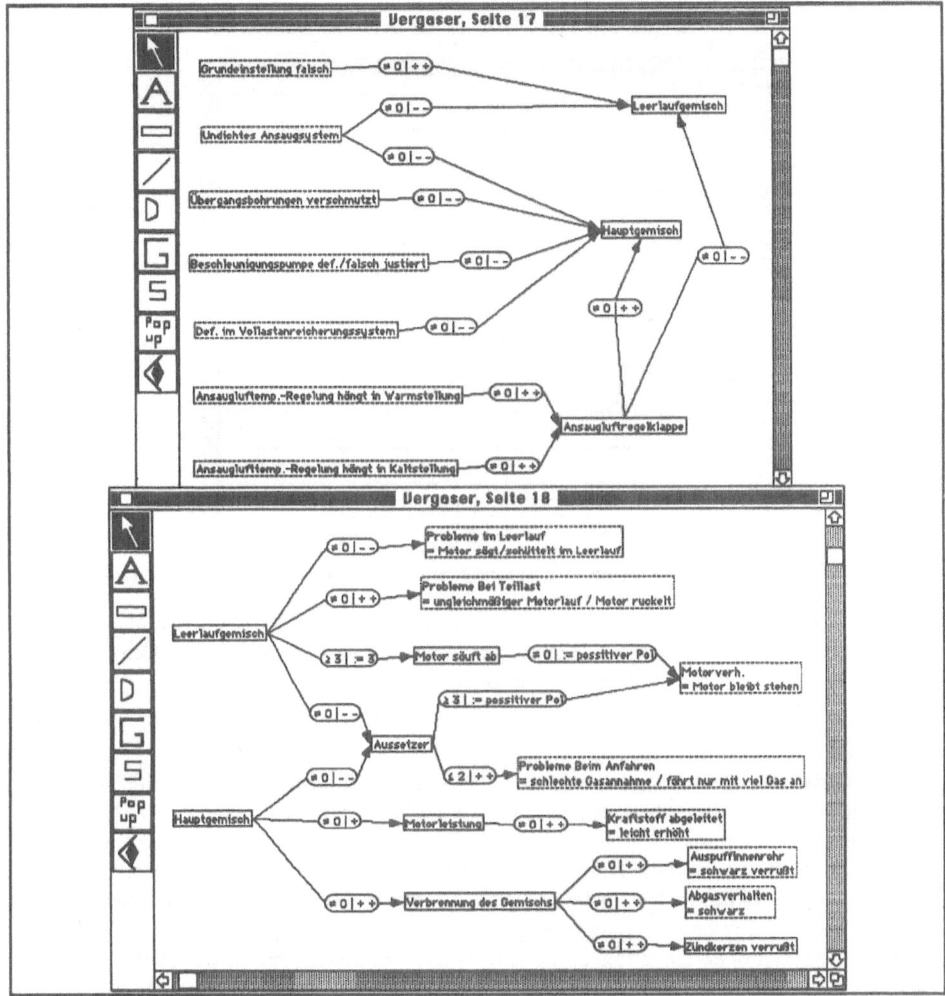

Abbildung 1: Fehlermodell für einen Teil eines Vergasers. Der Ausschnitt gehört zu einer Wissensbasis über einen Automotor (*Walser 1991*). Kontexte wie z.B. „Motor warm", etc. und Verzögerungen wie z.B. „mittelfristig" sind aus Übersichtgründen nicht dargestellt.

2.1 Zusammenfassung der heuristischen Klassifikation

Typisch für die heuristische Klassifikation ist die Technik der schrittweisen Abstraktion von den Symptomen über Symptomabstraktionen, Grobdiagnosen zu Diagnosen (*Clancey 1985*). Sie ist notwendig um die Kombination sehr vieler Symptom–Diagnose Beziehungen für eine Diagnose überschaubar zu machen. Symptome werden durch definitorisches Wissen in

Symptomabstraktionen überführt, die dann mit Grobdiagnosen oder Diagnosen assoziiert werden. Die Assoziationen haben eine Bewertung, die den Erfahrungen des Experten entspricht. Eine ausführliche Einführung in die heuristische Klassifikation findet man z.B. in *Puppe 1990*.

Diagnosen-Übersichtstabelle für "Undichtes Ansaugsystem", .

Bedingungen / Diagnosen	Undichtes Ansau...		Luftfiltereinsat...	
Grundbewertung				
Probleme Beim Starten				
- Anlasser dreht Motor normal durch, Motor springt...			+ P4	
- Motor springt kurz an, läuft aber nicht durch	P4			
Abgasverhalten				
= schwarz			P3	
Luftfiltereinsatz				
= Luftfiltereinsatz in Ordnung			nie	
= Luftfiltereinsatz verschmutzt			immer	
Ansaugsystem				
= Ansaugsystem in Ordnung	nie			
= Ansaugsystem undicht	immer			
Wann Startprobleme				
- bei kaltem Motor			N5	
Probleme Beim Beschleunigen				
- war früher drehfreudiger	P3			
Probleme bei Vollast				
- Endleistung fehlt/Höchstgeschwindigkeit wird nicht..			+ P3	
Auspuffrohrfarbe				
= Verbrennung nicht in Ordnung			P4	
Inspektion				
= regelmäßig durchgeführt			N6	
Springt Wieder An				
= ja		N6		N6
Kraftstoff abgeleitet				
= leicht erhöht	P3		P4	+ N4
= zu hoch	P2		P3	
= erheblich zu hoch	P2			

Abbildung 2: Tabelle aus der Wissenserwerbskomponente von D3 (CLASSIKA, *Gappa et al 1993*) zur Eingabe von Symptom-Diagnose Assoziationen. Possitive Bewertungen werden dabei durch P1 bis P7 eingegeben, negative Bewertungen durch N1 bis N7.

Typische heuristische Beziehungen sind z.B. „Das Symptom S deutet häufig auf die Diagnose D" (Pro) oder „Die Abwesenheit von Symptom S spricht gegen die Diagnose D" (Kontra). Ein Beispiel für heuristische Beziehungen in dem Expertensystemshell D3 ist in Abbildung 2 zu sehen. In den Spalten sind die Diagnosen eingetragen, in den Zeilen die Symptome mit ihren Ausprägungen. In der ersten Spalte unter der Diagnose werden die Assoziationen eingetragen, die beim Auftreten des Symptoms gelten. In der zweiten Spalte unter der Diagnose werden die Assoziationen eingetragen, die gelten, wenn das Symptom nicht auftritt. Mit „+" markierte Einträge repräsentieren komplexere Assoziationen, die in detaillierten Objekttabellen oder Formularen eingegeben werden.

3 Vergleich der heuristischen und überdeckenden Klassifikation

Jede der beiden Problemlösungsmethoden reicht zur Lösung von Klassifikationsproblemen aus. Sie basieren jedoch auf unterschiedlichem Wissen. Während die heuristische Klassifikation auf den „kompilierten" Erfahrungen eines Experten beruht, basiert die überdeckende Klassifikation auf einem Modell des Anwendungsgebietes, wie z.B. kausale Abhängigkeiten in einem Fehlermodell.

- **Bewertung der Beziehung**

  Ein Experte bewertet eine heuristische Beziehung auf der Basis seiner Erfahrungen, aus der dann eine Lösung bestimmt wird. Ein Verzichteten auf Bewertungen hat eine starke Verschlechterung des Problemlösungsverhalten zur Folge, da die Existenz der Beziehung zur Bestimmung einer Lösung nicht ausreicht.

  Bewertungen bei überdeckendem Wissen führen zu anderen Aussagen über die Lösung, z.B. kann die wahrscheinlichste Lösung eines probabalistisch kausalen Modells aus zwei Diagnosen bestehen, obwohl eine Diagnose allein schon alle Symptome überdeckt (ein Beispiel für diesen seltenen Fall ist in *Matzke 1991* oder *Peng und Reggia 1990* zu finden). Verzichtet man in einem Überdeckungsproblem auf Bewertungen, d.h. auf Wahrscheinlichkeiten der Anfangszustände und auf Wahrscheinlichkeiten der Beziehungen, sind die Ergebnisse immer noch gut. Bei Benutzung von Wahrscheinlichkeiten werden die Überdeckungen lediglich anders bewertet, die Überdeckungseigenschaften bleiben erhalten.

- **Erklärung**

  Heuristische Erklärungen basieren auf Expertenwissen, das die Frage „Warum" nicht befriedigend beantworten kann. Die Erklärungen assoziieren jedoch die beobachteten Symptome mit der Lösung. Assoziationen sind immer dann von Vorteil, wenn Wissen nicht vorliegt, unvollständig oder fehlerhaft ist.

  Überdeckende Erklärungen können dagegen die Antwort auf die Frage „Warum" in einer auch für den Benutzer verständlichen Weise geben.

- **Geschwindigkeit der Verdachtsgenerierung**

  Die datengesteuerte Verdachtsgenerierung der heuristischen Klassifikation kann bei Verzicht auf Variablen und Annahme der Kommutativität sehr effizient implementiert werden.

  Die Verdachtsgenerierung der überdeckenden Klassifikation entspricht dem Finden von minimalen Mengenüberdeckungen, was ineffizient ist.

- **Wissenserwerb**

  Experten haben oft große Schwierigkeiten, heuristische Assoziationen, und insbesondere Sicherheitsfaktoren dafür, anzugeben.

  Überdeckendes Wissen stammt aus einer Mischung von Erfahrung und Modellen, deren Struktur und Verhalten in Form von Literatur, technischen Zeichnungen, etc. bekannt ist. Das Umsetzen in überdeckendes Wissen (z.B. Fehlermodelle) erfordert eine nur geringe Adaption, da die Richtung des Wissens (Kausalität) erhalten bleibt.

- **Mehrfachdiagnosen**

  Das Problem der Mehrfachdiagnosen kann bei der heuristischen Klassifikation nur unbefriedigend gelöst werden. Da es 2^n mögliche Mehrfachdiagnosen gibt, ist es unpraktikabel, dafür Assoziationen zu akquirieren. Mann kann sich nur dadurch helfen, daß man konkurrierende Diagnosen explizit angibt und ansonsten von der Unabhängigkeit der Diagnosen ausgeht.

  Die überdeckende Klassifikation berücksichtigt die Alternativen dagegen schon bei der Verdachtsgenerierung, die sie durch die Simulation genau differenzieren kann.

4 Die Integration

Dieses Kapitel beschreibt, wie die überdeckende und heuristische Problemlösungsmethode in dem Expertensystemrahmen D3 integriert wurden. Ziel der Integration war die einheitliche Repräsentation und Benutzung von gemeinsamen Teilen und eine flexible Anpassung der Erklärungs- und Problemlösungskomponenten.

4.1 Integration der Wissensrepräsentation

Eine gemeinsame Wissensrepräsentation basiert auf einer eindeutigen (nicht redundanten) Akquirierung gemeinsamen Wissens. Die Eingabe redundanten Wissens bedeutet Mehraufwand für den Experten und kann oft zu einer inkonsistenten Wissensbasis führen.

Die heuristische Terminologie kennt Symptome, Symptomabstraktionen, Grobdiagnosen und Diagnosen, während die überdeckende nur Zustände kennt. Eine Minimalforderung der Integration ist daher die Abbildung dieser Terminologie.

- Anfangszustände (Zustände ohne Ursachen) entsprechen Diagnosen oder Grobdiagnosen

  Ein Überdeckungsproblem wird durch Anfangszustände gelöst, während die Lösung eines heuristischen Problems Diagnosen sind.

- Endzustände (Zustände ohne Wirkungen) entsprechen Symptomen oder Symptomabstraktionen

  Die heuristischen Klassifikation beobachtet Symptome, während die Beobachtungen eines Überdeckungsproblems Endzustände sind.

Zwischenzustände werden im allgemeinen auf Symptomabstraktionen oder Grobdiagnosen abgebildet. Wegen der möglicherweise unterschiedlichen Detaillierungsgrade der beiden Wissensarten müssen sie allerdings keine Zuordnung besitzen. Die Symptom-Diagnose- und die Ursache-Wirkung-Beziehungen repräsentieren unterschiedliches Wissen und werden daher nicht ineinander überführt.

Als Techniken der Abbildung steht die Vereinigung der Attribute auf einem Objekt oder das Setzen von Verweisen zwischen den veschiedenen Objekten zur Verfügung. Die Vereinigung der Attribute haben wir z.B. bei den Anfangszuständen und Diagnosen gewählt. Ein gemeinsames Objekt hat dann einen eindeutigen Namen und alle Attribute, die aus der heuristischen bzw. überdeckenden Wissensrepräsentation stammen. Verweise werden bei den Ausprägungen von Symptomen gebraucht, auf die sich ein Überdeckungsproblem bezieht. Die Symptomausprägung besitzt dann ihre eigenen Attribute und Regeln, die auf ihr Symptom verweisen.

4.2 Integration des Wissenserwerbs

Eine gemeinsame, graphische Wissenserwerbskomponente basiert auf den gleichen generischen Wissenseditoren, wie Formulare, Graphen, Hierarchien, Tabellen, etc., die für die Eingabe des Wissens entsprechend instanziiert werden (*Gappa 1993*). Mit den generischen Wissenseditoren verbinden wir auch eine Vorgehensweise für den graphischen Wissenserwerb. Der Wissenserwerb für eine gemeinsame Wissensbasis sieht zunächst die Eingabe von Terminologie in Hierarchien oder Graphen vor. Detaillierteres Wissen zu der Terminologie wird in Formularen der jeweiligen Wissensart eingegeben. Komplexes heuristisches Beziehungswissen wird in Tabellen eingetragen, während überdeckendes

Beziehungswissen in Form von Linien in einem Graphen akquiriert wird. Eine einheitliche und konfigurierbare Wissenserwerbsoberfläche ermöglicht eine einfache und überschaubare Bedienung durch den Experten, was eine hohe Akzeptanz zur Folge hat.

Neben der einheitlichen Oberfläche muß ein integrierter Wissenserwerb den Aufbau des jeweils anderen Wissensmodells unterstützen. Die Mehrarbeit beim Wissenserwerb kann entweder durch halbautomatische Transformation der Wissensbasen oder durch den selektiven Transfer der benötigten Terminologie durch den Experten reduziert werden. Für eine halbautomatische Transformation ist weiteres Wissen erforderlich.

Um den Aufwand gering zu halten, haben wir einen graphischen Terminologietransfer realisiert, mit der die Zuordnung der Terminologie beider Wissensarten, auf der Basis einer integrierten Wissensrepräsentation, von dem Experten erfolgt. Dabei werden dann automatisch die entsprechenden Objekte erzeugt bzw. die Verweise gesetzt. Der Terminologietransfer erleichtert somit die Eingabe weiterer Wissensmodelle.

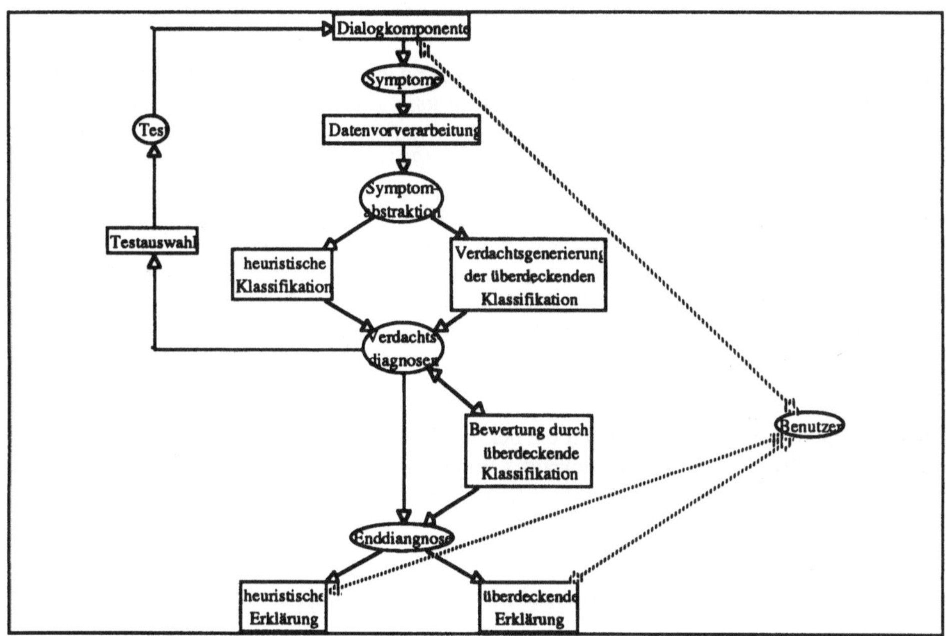

Abbildung 3: Inferenzstrategie der integrierten Problemlösungsmethode

4.3 Integration der Dialog-, Erklärungs- und Problemlösungskomponente

Abbildung 3 zeigt die Integration der heuristischen und überdeckenden Problemlösungsstrategie. Der Benutzer gibt über die Dialogkomponente die beobachteten Symptome ein. In einem Datenvorverarbeitungsschritt werden bei Bedarf aus den Symptomen Symptomabstraktionen hergeleitet. Symptome oder Symptomabstraktionen können dann auf zwei Arten weiterverarbeitet werden. Entweder leitet die heuristische

Klassifikation oder die überdeckende Klassifikation Verdachtsdiagnosen her. Danach tritt einer der drei folgenden Fälle ein:

- Die Verdachtsdiagnosen sind unklar. Aus den Verdachtsdiagnosen werden zusätzliche Tests bestimmt, die dann über die Dialogkomponente weitere Symptome erfassen und zur Klärung beitragen.
- Es werden viele Diagnosen mit einer ähnlichen Bewertung verdächtigt. Dann werden die Verdachtsdiagnosen durch die überdeckende Hypothesenüberprüfung differenziert. Ergibt sich eine Enddiagnose, ist die Problemlösung beendet. Andernfalls müssen weitere Tests zur Klärung ausgewertet werden.
- Der heuristische Problemlöser hat schon eine eindeutige Lösung bestimmt. In diesem Fall ist die Problemlösung beendet.

Schließlich ist die Erklärung der Enddiagnosen alternativ durch heuristisches oder überdeckendes Wissen möglich.

Das Wissen zur Datenvorverarbeitung, Dialogführung und Testauswahl muß bei der von uns gewählten Integration nur einmal repräsentiert werden.

Die Bestimmung von Verdachtsdiagnosen durch die heuristische Verdachtsgenerierung ist im allgemeinen besser als die überdeckende. Einmal kann die Anzahl der Verdachtsdiagnosen bei der überdeckenden Verdachtsgenerierung sehr hoch sein und zum anderen dauert sie lange (siehe Zeit- und Anzahlmessungen in *Matzke 1991*).

Die überdeckende Simulationskomponente als Teil der überdeckenden Verdachtsüberprüfung und der überdeckenden Erklärung verbessert die heuristische Klassifikation. Durch die überdeckende Verdachtsüberprüfung ist eine zusätzliche Bewertung der Verdachtsdiagnosen möglich. Besonders Mehrfachdiagnosen können durch Verrechnung ihrer Einflüsse und Rückkopplungen besser bewertet werden. Durch eine feinere Bewertung können jetzt Enddiagnosen gefunden werden, die bei einer heuristischen Bewertung alleine nicht zustande kommen.

Die überdeckende Erklärung erweitert die der heuristische Klassifikation, weil besonders für Benutzer ohne Vorkenntnisse überdeckendes Wissen leichter zu verstehen ist als heuristisches (Abbildung 4 und Abbildung 5). Bessere Erklärungen erhöhen auch den Wert einer tutoriellen Komponente (*Poeck 1992*, *Puppe 1992*).

5 Beispielanwendungen der Integration

In diesem Abschnitt wird die Integration an einer gemischten Wissensbasis über Automotordiagnostik angewendet. Diagnosen sind dabei Fehler am Motor (z.B. „Luftfiltereinsatz verschmutzt", etc.). Der heuristische Teil der Wissensbasis umfaßt 71 Symptome bzw. Symptomabstraktionen, 84 Diagnosen bzw. Grobdiagnosen, und 1087 Regeln. Das Fehlermodell enthält 204 Zustände, 17 Kontexte und 313 Regeln. Zur Dialogsteuerung werden 87 Fragebögen benutzt. Die Wissensbasis stammt aus *Walser 1991*. Die Abbildungen sollen folgende Punkte herausstellen:

- Einen Vergleich der heuristischen und kausalen Erklärung (Abbildung 4 und Abbildung 5),
- Bewertung zweier Diagnosen durch kausales Wissen (Abbildung 5 und Abbildung 6),
- Zeitmessungen der überdeckenden Verdachtsgenerierung (Abbildung 7).

Herleitung der Diagnosen
Symptome
Symptominterpretationen
Grobdiagnosen
Enddiagnosen
Probleme Beim Anfahren = (Motor hat Aussetzer / ruckelt)
Probleme Bei Teillast = (ungleichmäßiger Motorlauf / Motor ru..
Probleme im Leerlauf = (Motor sägt/schüttelt im Leerlauf)
Übl. Kraftstoffverbrauch = 8
Verbrauch/100km = 8.5
P3
P3
P4
100%
Norm. Kraftstoffverbr = 6.25
!
Kraftstoff abgeleitet = leicht erhöht
P3
Undichtes Ansaugsystem

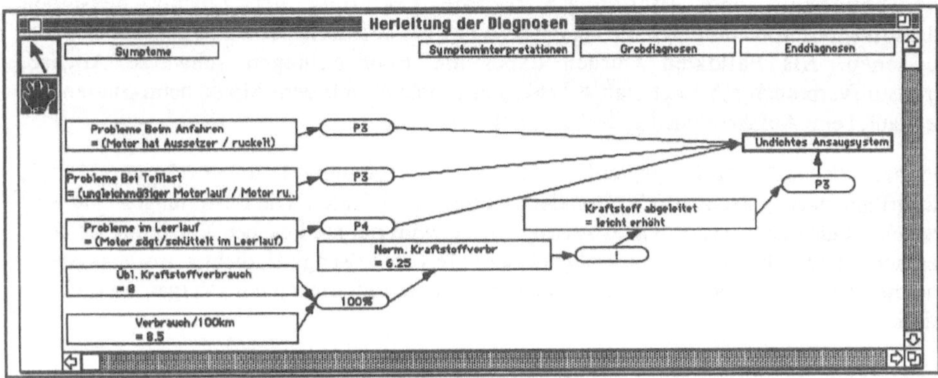

Abbildung 4: Erklärung der Diagnose „Undichtes Ansaugsystem" durch heuristisches Wissen

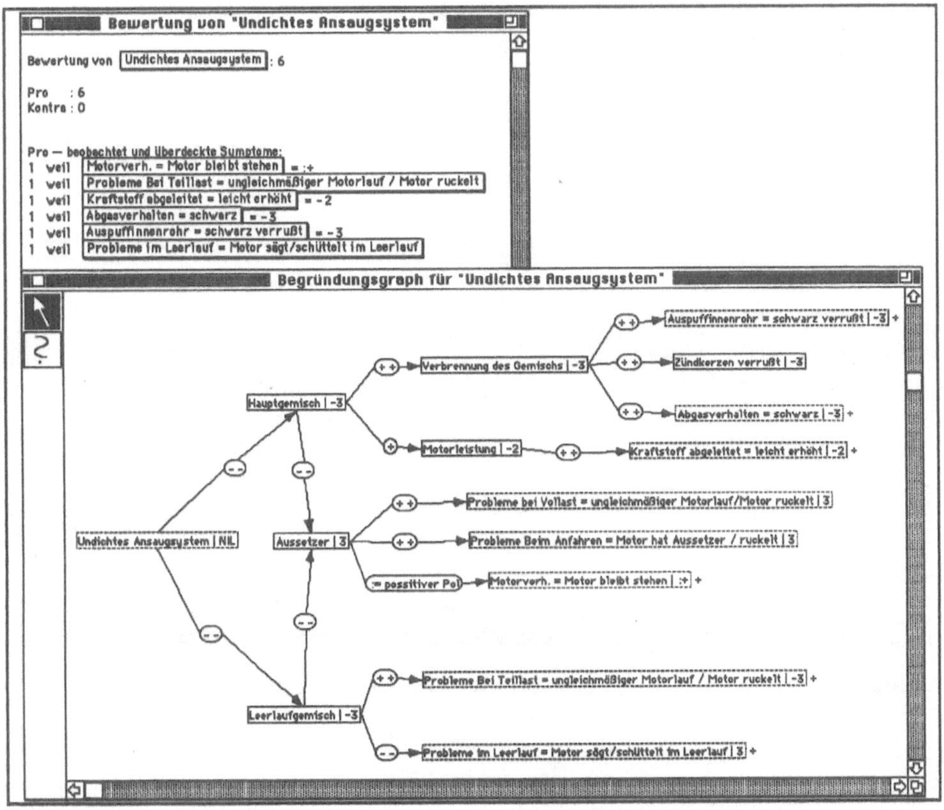

Bewertung von "Undichtes Ansaugsystem"
Bewertung von Undichtes Ansaugsystem : 6
Pro : 6
Kontra : 0
Pro — beobachtet und überdeckte Symptome:
1 weil Motorverh. = Motor bleibt stehen = :+
1 weil Probleme Bei Teillast = ungleichmäßiger Motorlauf / Motor ruckelt
1 weil Kraftstoff abgeleitet = leicht erhöht = -2
1 weil Abgasverhalten = schwarz = -3
1 weil Auspuffinnenrohr = schwarz verrußt = -3
1 weil Probleme im Leerlauf = Motor sägt/schüttelt im Leerlauf
Begründungsgraph für "Undichtes Ansaugsystem"
Auspuffinnenrohr = schwarz verrußt | -3 +
Verbrennung des Gemischs | -3
Zündkerzen verrußt | -3
Hauptgemisch | -3
Abgasverhalten = schwarz | -3 +
Motorleistung | -2
Kraftstoff abgeleitet = leicht erhöht | -2 +
Probleme bei Vollast = ungleichmäßiger Motorlauf/Motor ruckelt | 3
Undichtes Ansaugsystem | NIL
Aussetzer | 3
Probleme Beim Anfahren = Motor hat Aussetzer / ruckelt | 3
:= possitiver Pol
Motorverh. = Motor bleibt stehen | :+ +
Probleme Bei Teillast = ungleichmäßiger Motorlauf / Motor ruckelt | -3 +
Leerlaufgemisch | -3
Probleme im Leerlauf = Motor sägt/schüttelt im Leerlauf | 3 +

Abbildung 5: Erklärung der Lösung „Undichtes Ansaugsystem" mit überdeckendem Wissen. Die Zahlen am Ende der Knoten geben die Schweregrade durch die Simulation an, wie z.B. „| 3". Die Markierungen „+" und „–" rechts von einem Knoten entsprechen den Beobachtungen durch den Benutzer („+" entspricht beobachtet, während „–" nicht beobachtet entspricht).

In Abbildung 4 und Abbildung 5 ist die Erklärung der Lösung desselben Klassifikationsproblems durch die heuristische und die überdeckende Erklärungskomponente zu sehen. Als Falldaten wurden dabei die Beobachtungen schwarze Abgase, Kraftstoffverbrauch 8,5 Liter statt 8 Liter und Probleme mit dem Motor beim Starten, im Leerlauf, beim Anfahren und bei Teillast erfaßt.

Der heuristische Klassifikation verdächtigt mehrere Diagnosen („Undichtes Ansaugsystem", „Luftfiltereinsatz verschmutzt", „Grundeinstellung falsch", etc.). Die Bewertungen sind weitestgehend identisch, das undichtes Ansaugssystem wird mit nur knappen Vorsprung als beste verdächtigt. Der überdeckenden Problemlöser liefert als Lösung „Undichtes Ansaugsystem" und die Mehrfachdiagnose „Übergangsbohrung undicht" zusammen mit „Vergasereinstellung falsch".

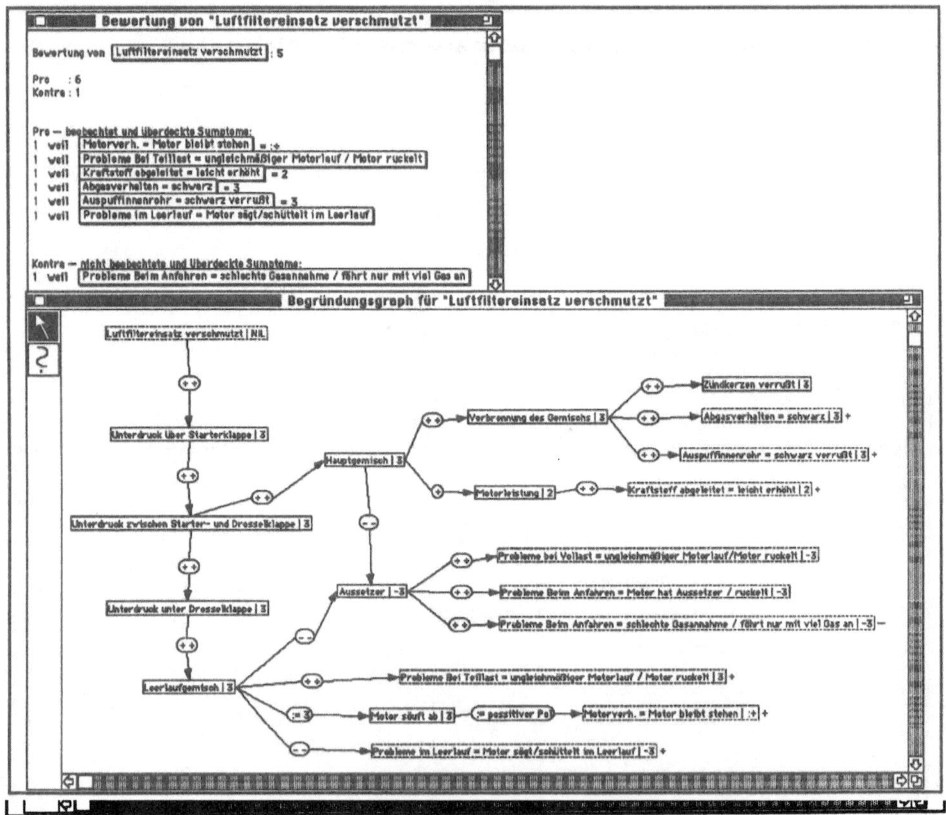

Abbildung 6: Erklärungsgraph und Vergleich der Wirkungen für „Luftfiltereinsatz verschmutzt"

In Abbildung 4 ist die heuristische Erklärung für „Undichtes Ansaugsystem" zu sehen. Die vier Symptome „Probleme im Leerlauf", „Probleme Bei Teillast", „Probleme Beim Anfahren" und „Kraftstoff abgeleitet" deuten auf die Diagnose, dabei wird die Symptomabstraktion „Kraftstoff abgeleitet = leicht erhöht" aus einem zu hohen normierten Krafstoffverbrauch abgeleitet.

In Abbildung 4 ist die kausale Erklärung für die Lösung „Undichtes Ansaugsystem" abgebildet. Ein undichtes Ansaugsystem verursacht ein zu mageres Hauptgemisch, das wiederum eine zu geringe Motorleistung und weiter einen zu hohen Kraftstoffverbrauch verursacht. Andere Symptome, die durch die Diagnose verursacht werden, sind schwarze Abgase, ein ungleichmäßiger Motorlauf, etc.. Wie man deutlich sieht, enthält die kausale Erklärung mehr Informationen als die heuristische.

Abbildung 5 und Abbildung 6 zeigen den Begründungsgraphen und den Vergleich der durch die Simulation hergeleiteten und der vom Benutzer beobachteten Wirkungen. Ein Vergleich zwischen den Diagnosen „undichtes Ansaugssystem" und Diagnose „Luftfiltereinsatz verschmutzt", ist besonders interessant, da diese in der heuristischen Klassifikation annähernd gleich bewertet wurden. Der Vergleich der Wirkungen von „undichtes Ansaugssystem" mit Schweregrad 3 in Abbildung 5 zeigt eine gute Übereinstimmung und eine hohe Bewertung der Diagnose. Die Diagnose „Luftfiltereinsatz verschmutzt" mit Schweregrad 3 schneidet bei dem Vergleich schlechter ab. Einmal überdeckt sie nicht das vom Benutzer eingegeben Symptom „Probleme beim Anfahren = schlechte Gasnahme / fährt nur mit viel Gas an" und zum anderen verursacht sie andere Abweichungen von den beobachteten Schweregraden. Die Diagnose sagt einen stark erniedrigen Kraftstoffverbrauch, aber keinen stark erhöhten Kraftstoffverbrauch voraus, wie vom Benutzer eingegeben. Die genaue Verrechnung von Symptomen mit Schweregraden durch Pro, Kontra und Abwertungen ist in *Matzke 1991* beschrieben.

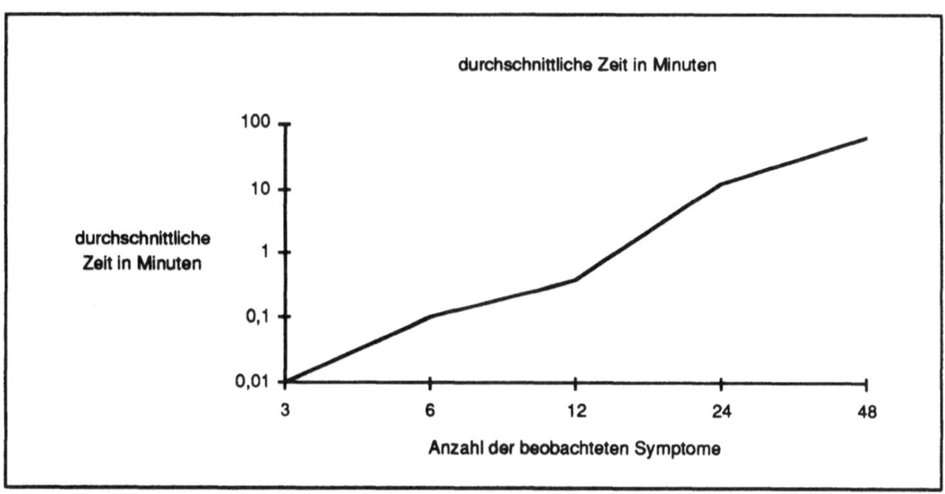

Abbildung 7: Zeitmessung der überdeckenden Verdachtsgenerierung

Schließlich sind die Rechenzeiten für die Verdachtsgenerierung in der oben genannten kausalen Wissensbasis von großem Interesse. Der Algorithmus stammt aus *Peng und Reggia 1990*, Seite 219 zur Lösung hyperbipartiter Überdeckungsprobleme. Die Abbildung 7 zeigt die verbrauchte Rechenzeit für unterschiedlich große Fälle (von 3 bis 48 Symptomen). Um eine zufällige Messung zu vermeiden, wurde das arithmetische Mittel aus zehn Messungen berechnet. Die Algorithmen wurden in Macintosh Common Lisp 2.0 implementiert, die Messungen an einem Macintosh II fx vorgenommen. Die Verdachtsgenerierung dauert für 6 Endzustände etwa sechs Sekunden, für 12 Endzustände etwa 30 Sekunden. Der in diesem Kapitel zugrundeliegende Fall hatte 8 Symptome und liegt zwischen 6 und 30 Sekunden. Die Einteilung der vertikalen Achse ist logarithmisch, d.h. der Aufwand steigt nach der Abbildung 7 exponentiell. Für 48 beobachtete Endzustände ergab sich eine Rechenzeit von einer Stunde und 20 Minuten.

Zeitmessungen für die heuristische Klassifikation liegen nicht vor. Die Problemlösung erfolgt jedoch begleitend zur Symptomerfassung und bewegt sich, auch bei großen Wissensbasen, im Bereich von Sekunden.

6 Diskussion und Ausblick

Zur Verbindung von heuristischer und überdeckender Klassifikation haben wir einen pragmatischen Ansatz gewählt und die beiden Problemlöser modularisiert und integriert. Wir gingen davon aus, daß keine der Wissensarten besser oder schlechter ist, sondern beide ihre Vorteile haben. Durch die gleichberechtigte Integration können wir diese ausnutzen. Aus der Sicht der überdeckenden Klassifikation verschnellert sich vor allem die Verdachtsgenerierung und aus der Sicht der heuristischen Klassifikation verbessert sich vor allem die Verdachtsbewertung und Erklärung. Die Integration ermöglicht weiter eine wechselseitige Ergänzung überall dort, wo eine Wissensart alleine nicht weiterführt. Überdeckende Klassifikation funktioniert z.B. dann schlecht, wenn Wissen nur unvollständig bekannt ist oder wenn viele Einflußfaktoren existieren, die es unmöglich machen alles darzustellen (Automotordiagnose, Teile der medizinischen Diagnostik, etc.). Dies ist vielleicht der Grund, warum noch kein erfolgreiches, rein kausales Expertensystem im Einsatz ist.

Andere Integrationsansätze vereinen nicht die beiden vollständigen Problemlöser, sondern nur die beiden Wissensarten. Ein Beispiel hierzu ist Steels *1987*. Aus einem eingegebenem Fehlermodell werden einfache Regeln für einen heuristischen Problemlöser erzeugt. Das Problem der Bewertung der Regeln mit Evidenzen — ein wichtiger Teil heuristischen Erfahrungswissens — wird dabei allerdings völlig außer acht gelassen, was die Nützlichkeit dieses Ansatzes stark einschränkt.

Das ähnlich funktionierende System MORE (*Kahn 1988*) löst dieses Problem, indem die Evidenzen vom Experten erfragt werden. MORE selbst übernimmt nur Konsistenztests. Das Nachfolgesystem MOLE (*Eshelman 1988*) verwendet die Fehlermodelle direkt zur Problemlösung.

Auch unsere Forschungsgruppe plant den Wissenserwerb durch halbautomatische Wissenstransformationen zu vereinfachen. Bereits realisiert ist die Generierung heuristischer Regeln aus überdeckendem Wissen, die in *Bamberger et al 1992* beschrieben ist. Bei Benutzung einer Falldatenbank zur Berechnung der Regelbewertungen konnten dabei gute Erfolge erzielt werden. Die Erzeugung überdeckenden Wissens aus heuristischen Wissensbasen wird von uns momentan untersucht, erscheint aber weniger erfolgversprechend.

7 Literatur

Bamberger 1992
Stefan Bamberger. *Teilautomatischer Wissenserwerb für die heuristische Klassifikation auf der Basis von Fällen und Fehlermodellen.* Diplomarbeit, Mai 1991. Institut für Logik, Komplexität und Deduktionssysteme, Am Fasanengarten 5, W-7500 Karlsruhe 1.

Bamberger et al 1992
Stefan Bamberger, Ute Gappa, Klaus Goos und Karsten Poeck. *Teilautomatische Wissentransformation zur Unterstützung der Wissensakquisition.* erscheint im gleichen Tagungsband.

Clancey 1985
W. Clancey. *Heuristic Classification*. Artificial Intelligence 27, 289–350, 1985

Eshelman 1988
Larry Eshelman. MOLE: A Knowledge-Acquisition Tool for Cover-and-Differentiate Systems. In Sandra Marcus, editor, *Automating Knowledge Acquisition for Expert Systems*, chapter 3, pages 37–80. Kluwer Academic Publishers, Norwell, MA, USA, 1988.

Gappa 1991
A toolbox for generating graphical knowledge acquisition environments. 1st World Congress on Expert Systems, Orlando, Liebowitz, J. (Ed.), 787-810, Vol 2, Pergamon Press.

Gappa et al 1993
Ute Gappa, Frank Puppe, S. Schewe. *Graphical knowledge acquisition for medical diagnostic expert systems*. Sonderausgabe „Knowledge Acquisition" der Zeitschrift Artificial Intelligence in Medicine, erscheint vorraussichtlich im Juni 1993.

Kahn 1988
G. Kahn. MORE: From Observing Knowledge Engineers to Automating Knowledge Acquisiton. In Sandra Marcus, editor, *Automating Knowledge Acquisition for Expert Systems*, chapter 2. Kluwer Academic Publishers, Norwell, MA, USA, 1988.

Matzke 1991
Roman Matzke. *Integration abgestufter Strategien zur überdeckenden Klassifikation in dem Expertensystemrahmen D3*. Diplomarbeit, Dezember 1991. Institut für Logik, Komplexität und Deduktionssysteme, Am Fasanengarten 5, W-7500 Karlsruhe 1.

Peng und Reggia 1990
Yun Peng and James Reggia. *Abductive inference models for diagnostic Problem–Solving*. Springer Series Symbolic Computation–Artificial Intelligence. Springer–Verlag New York, 1990.

Poeck 1992
Karsten Poeck und Martin Tins. *An Intelligent Tutoring System for Classification Problem Solving*. GWAI 1992. erscheint in Lecture Notes in Artificial Intelligence.

Puppe 1990
Frank Puppe. *Problemlösungsmethoden in Expertensystemen*. Studienreihe Informatik. Springer–Verlag Berlin Heidelberg, 1990.

Puppe 1991
Frank Puppe. *Einführung in Expertensysteme*. Studienreihe Informatik. Springer–Verlag Berlin Heidelberg, 2 edition, 1991.

Puppe 1992
Frank Puppe. *Intelligente Tutorsysteme*. Informatik-Spektrum, Band 15, Heft 4, August 1992. Seiten195–207.

Steels 1987
Luc Steels. Second Generation Expert Systems. In *Proceedings Expertensysteme–87*, Bericht des German Chapter of the ACM 28, Teubner, 475-483, 1987.

Walser 1991
Peter Walser. Formalisierung von heuristischem, fallvergleichendem und allgemeinem Wissen für ein tutorielles Diagnoseexpertensystem am Beispiel des Automotors. Diplomarbeit, Mai 1991. Institut für Logik, Komplexität und Deduktionssysteme, Am Fasanengarten 5, W-7500 Karlsruhe 1.

Unterstützung der Kontrolle bei der Konfigurierung durch ein problemklassenspezifisches TMS*

Jürgen Paulokat, Helmuth Ritzer
Universität Kaiserslautern
FB Informatik
Postfach 3049
6750 Kaiserslautern
paulokat@informatik.uni-kl.de

Zusammenfassung

Ausgehend von den nichtmonotonen Abhängigkeiten zwischen Annahmen bei der Suche, die in vielen Konfigurationssystemen nicht oder nur ansatzweise repräsentiert werden, beschreiben wir die Verwaltung und Operationalisierung von Abhängigkeiten in IDAX. Das IDAX-System basiert auf einer problemklassenspezifischen Erweiterung eines Truth-Maintenance-Systems, das die direkte Repräsentation und automatische Verwaltung von Abhängigkeiten, die typischerweise während der Konfigurierung auftreten, ermöglicht. Die explizite Repräsentation von Abhängigkeiten und ihre Verwaltung im TMS führt zu einer wesentlichen Vereinfachung der Kontrolle bei der Suche im Lösungsraum.

1 Einleitung

In neueren Expertensystem-Shells für Konfigurationsaufgaben hat sich die objektzentrierte Wissensrepräsentation als Standard herausgebildet. In ihrem Mittelpunkt steht die taxonomische Begriffshierarchie zur Repräsentation der Objekte der Domäne. Im Gegensatz zur Objektdefinition ist die Diskussion über Mechanismen zur Repräsentation und Verarbeitung von Kontrollwissen noch nicht zum Abschluß gekommen. Kontrollarchitekturen, deren wichtigsten Entscheidungen die Fokusierung auf Teilaufgaben, die Auswahl des nächsten Konfigurationsschritts und die intelligente Behandlung von Inkonsistenzen sind, werden in [Ste81, HR85, Gün91] vorgeschlagen. Aber gerade die intelligente Behandlung von Inkonsistenzen kann sich als sehr schwierig herausstellen, falls nicht genügend Wissen über Abhängigkeiten zur Verfügung steht, so daß in Expertensystemen auf Backtracking

*Die hier vorgestellte Arbeit wurde teilweise durch die Deutsche Forschungsgemeinschaft, SFB 314: „Künstliche Intelligenz - Wissensbasierte Systeme“, Projekt X9 – CAbPlan gefördert.

verzichtet werden muß [McD82] oder nur chronologisches Backtracking möglich ist. Beim chronologischen Backtracking werden die Inferenzschritte weitgehend unabhängig von der Ursache der Inkonsistenz in ihrer zeitlichen Reihenfolge zurückgenommen. Eine wesentliche Verbesserung stellt das dependency-directed Backtracking dar. Bei diesem Verfahren wird eine Inkonsistenz zunächst analysiert, wobei ihre Ursachen bestimmt werden, so daß diese direkt behoben werden können.

Zur Verwaltung von Abhängigkeiten zwischen Annahmen und Inferenzschritten und somit zur Unterstützung des dependency-directed Backtrackings werden seit mehr als 10 Jahren eigenständige Truth-Maintenance-Systeme (TMSs) beschrieben, deren bekanntesten Vertreter das JTMS von Doyle [Doy79] und das ATMS von deKleer [dK86a] sind.[1] In der Grundversion des ATMS werden alle Lösungen parallel entwickelt, so daß es aufgrund der enormen Größe der Suchräume bei den meisten Konfigurationsproblemen nicht sinnvoll eingesetzt werden kann. Aufgrund dieser Erkenntnis wurden Erweiterungen zur Fokusierung der Suche vorgeschlagen, die jedoch im wesentlichen das Verhalten des JTMS nachbilden [dK86c, dK86b, Jun92].

Das JTMS unterstützt die Tiefensuche und ist daher für den Einsatz bei der Konfiguration besser geeignet, da die oben angesprochenen Kontrollmodelle im wesentlichen auf dieser Suchstrategie aufbauen. Ferner ist die Entfernung von Rechtfertigungen, mit denen Abhängigkeiten dargestellt werden, problemlos möglich, da im Gegensatz zum ATMS keine Umstrukturierung auf der Menge der Rechtfertigungen durchgeführt wird. Aber auch die Verwendung eines JTMS gestaltet sich schwierig, da seine Begriffswelt zu arm ist, um verschiedene Klassen von Annahmen und Abhängigkeiten direkt zu repräsentieren. Zu ihnen gehören die Annahmen und Gründe für die Auswahl oder den Ausschluß von Alternativen und die Optimalität von Entscheidungen bei der Lösung einer Konfigurationsaufgabe.

Zur Überwindung dieser Defizite wird in [Pet91b] eine Ontologie der Planung und Planmodifikation vorgeschlagen und deren Realisierung im REDUX-System, aufbauend auf einem modifizierten JTMS, beschrieben. Diese Ontologie definiert eine problemklassenspezifische Schnittstelle für ein TMS, wodurch sich komplexe Abhängigkeiten zwischen Annahmen und darauf aufbauende, intelligente Kontrollstrategien direkt realisieren lassen.

Im Rahmen dieser Arbeit beschreiben wir das IDAX-System,[2] eine problemklassenspezifische Shell für Konfigurationsaufgaben. In ihr werden neben der Begriffstaxonomie, Ziele und Operatoren, wie sie aus der Planung bekannt sind, zur Modellierung von Konfigurations- und Kontrollwissen verwendet und zur Lösung von Konfigurationsaufgaben eingesetzt. Diese unkonventionelle aber dennoch natürliche Art der Modellierung gestattet es, die im REDUX-System entwickelten Konzepte zur Verwaltung von Abhängigkeiten unmittelbar für die Steuerung des Konfigurationsprozesses nutzbar zu machen.

2 Konfiguration als Suche im Lösungsraum

Bei der Konfiguration müssen oft *Entscheidungen* getroffen werden, ohne daß alle sie beeinflussenden Informationen vorliegen. Hierbei werden *Annahmen* gemacht, die sich zu einem

[1] Wir folgen hier [Pup91] und verwenden die Abkürzung TMS, wenn die Klasse der Truth-Maintenance-Systeme gemeint ist, und JTMS als Abkürzung für das Truth-Maintenance-System von Doyle.

[2] Intelligent Design Assistant (IDA) [Kra91, MPS+90] based on REDUX.

späteren Zeitpunkt als falsch herausstellen können. Werden in einem TMS ausschließlich monotone Rechtfertigungen benutzt [SS91], so können nichtmonotone Abhängigkeiten zwischen Annahmen nicht explizit repräsentiert werden. Nichtmonotone Abhängigkeiten entstehen, wenn für die Gültigkeit bestimmter Annahmen die Ungültigkeit anderer Annahmen vorausgesetzt wird. Hieraus erwächst zusätzlicher Verwaltungs- und Suchaufwand für die Inferenzkomponente, da sie nach jeder Änderung der Menge der gültigen Annahmen alle nichtmonotonen Abhängigkeiten selbst überprüfen muß. Die nichtmonotonen Abhängigkeiten müssen berücksichtigt werden, um die Vollständigkeit der Suche zu gewährleisten, da betroffene Entscheidungen nicht unbedingt beibehalten werden sollen, falls die Voraussetzung für den Ausschluß der ungültigen Annahmen nicht mehr vorliegt.

Zur automatischen Verwaltung von nichtmonotonen Abhängigkeiten zwischen Annahmen werden im JTMS nichtmonotone Rechtfertigungen verwendet. Jedoch fehlt dem darauf aufbauenden, dependency-directed Backtracking eine eindeutige Semantik, so daß eine Steuerung der Suche nicht möglich ist. Das folgende Beispiel soll dieses Problem verdeutlichen, das neben den fehlenden Unterscheidungsmöglichkeiten zwischen verschiedenen Klassen von Annahmen und Knoten der Hauptgrund für das Scheitern vieler Integrationsversuche von TMSs und Expertensystemen ist [Pet89].

2.1 Ein Beispiel: Abhängigkeiten zwischen Annahmen im JTMS

Stehen bei der Konfigurierung eines PC's drei Plattenlaufwerke, *Disk-1*, *Disk-2* und *Disk-3*, zur Auswahl und soll *Disk-1* bevorzugt verwendet werden, kann dies durch die nichtmonotone Rechtfertigung *(SL () (Disk-2 Disk-3))* für *Disk-1* im JTMS (vgl. [Doy79], S. 260) ausgedrückt werden. Sie hat eine leere *IN-Liste* und eine *OUT-Liste*, die die alternativen Entscheidungsmöglichkeiten enthält. Das JTMS wählt Disk-1 immer dann aus, wenn *Disk-2* und *Disk-3* ungültig sind. Gehen wir weiter davon aus, daß als Stromquelle *Power-1* oder *Power-2* verwendet werden kann, wobei *Power-1* als Default-Stromquelle verwendet werden soll. Dies wird durch die Rechtfertigung *(SL () (Power-2))* für *Power-1* im Abhängigkeitsnetzwerk des JTMS modelliert. Stellt man zu einem späteren Zeitpunkt fest, daß die gleichzeitige Verwendung von *Disk-1* und *Power-1* zu einem Konflikt führt, wird dieser durch eine Rechtfertigung der Form *(SL (Disk-1 Power-1) ())* für den Widerspruchsknoten des JTMS modelliert. Durch eine gültige Rechtfertigung des Widerspruchsknotens wird der Backtracking-Mechanismus des JTMS unmittelbar angestoßen, der eine der gewählten Komponenten (*Disk-1* oder *Power-1*) als Verursacher der Inkonsistenz auswählt. Falls *Disk-1* als die eigentliche Ursache betrachtet wird, wird ihre Rücknahme durch eine gültige Rechtfertigung für einen Knoten ihrer *Out-Liste*, z.B. *Disk-2*, erreicht. In diesem Fall garantiert die Rechtfertigung *(SL (power-1) (disk-3))*, daß *Disk-2* immer dann gültig ist, wenn *Power-1* gültig und *Disk-3* ungültig ist. Das Auswahlverhalten des Backtracking-Mechanismuses ist nicht näher spezifiziert. Hier können Heuristiken zur Steuerung der Suche eingesetzt werden. Dies ändert jedoch nichts an den im folgenden beschriebenen Problemen mit den generierten Rechtfertigungen.

Das TMS hat den Konflikt automatisch behoben und eine neue Teilkonfiguration (*Power-1* und *Disk-2*) für die Weiterführung der Konfiguration vorgeschlagen. Wird ein späterer Konflikt durch die Rücknahme von *Power-1* aufgelöst, ist die Voraussetzung für die Auswahl von *Disk-2* aufgrund der generierten Rechtfertigung nicht mehr vorhanden, d.h. in der dann aktuellen Konfiguration wird nicht nur *Power-1* ersetzt, sondern es wird auch wieder zu *Disk-1* zurückgekehrt.

2.2 Unfokusierte Suche

Das skizzierte Verfahren führt zu einer Lösung, in der möglichst viele Defaults (*Disk-1* bzw. *Power-1*) enthalten sind, wobei die aktuelle Teilkonfiguration u.U. sehr oft gewechselt wird. Dieses Verhalten bei der Lösung einer Konfigurationsaufgabe ist höchstens dann sinnvoll, wenn die Konfiguration als Batch-Job abläuft und eine Default-Alternative unter allen Umständen die „beste" Entscheidung darstellt. Sind jedoch während der Konfiguration Benutzerinteraktionen möglich oder sogar notwendig, so ist der Benutzer durch den häufigen Wechsel der Alternativen überfordert, insbesondere dann, wenn die verschiedenen Alternativen nicht die Konsistenz sondern nur die Güte der Konfiguration beeinflussen und ihre Auswirkung auf die Güte nur gering ist. Gänzlich auszuschließen ist dieses Verhalten, wenn ein Konflikt zu einem sehr späten Zeitpunkt im Konfigurationsprozeß auftritt und die Festplatte *Disk-2* bereits beim Hersteller bestellt wurde. In diesem Fall soll sie nur dann ausgewechselt werden, wenn harte Constraints verletzt sind, die auf keine andere Weise behoben werden können. Ein Truth-Maintenance-System sollte somit in erster Linie Abhängigkeiten verwalten, darauf aufbauend die Ursachen für Konflikte bestimmen und Möglichkeiten für den Wechsel zu besseren Alternativen erkennen. Die Entscheidung, welche dieser Möglichkeiten wahrgenommen werden sollen, muß jedoch dem Problemsolver bzw. dem Benutzer überlassen bleiben.

3 Das IDAX-System

Ausgehend von diesen Defiziten bei der Steuerung der Suche beschreiben wir im folgenden den Aufbau des IDAX-Systems. Die Verwaltung von Abhängigkeiten wird durch eine Unterteilung der dynamischen Wissensbasis in zwei Ebene wesentlich vereinfacht. Auf der Problemebene wird der Konfigurationsprozeß mit Hilfe von Zielen und Operatoren beschrieben, zwischen denen Abhängigkeiten bestehen können, die ihre Gültigkeit und Optimalität beeinflussen. Die Verwaltung dieser Abhängigkeiten wird von der TMS-Ebene übernommen, wobei die Transformation in TMS-Knoten und -Rechtfertigungen automatisch und für die Problemebene transparent durchgeführt wird. Die Abhängigkeitsstrukturen der TMS-Ebene orientieren sich an der Ontologie der Planung und Planmodifikation von Petrie [Pet91b, Pet91a]. Die explizite Verwaltung von Abhängigkeiten zwischen den Konfigurationsentscheidungen macht es notwendig, daß auch Konfigurationsaufgaben und Konfigurationsschritte explizit repräsentiert werden können, da sie der Ausgangspunkt für Entscheidungen sind und somit in Rechtfertigungen einfließen. Wir erreichen dies, indem wir Konfigurationsaufgaben durch Ziele und Konfigurationsschritte durch Operatoren, wie sie aus der Planung bekannt sind, modellieren. Bei ihrer Definition und Instantiierung wird auf das in einer Taxonomie repräsentierte Objektwissen zugegriffen.

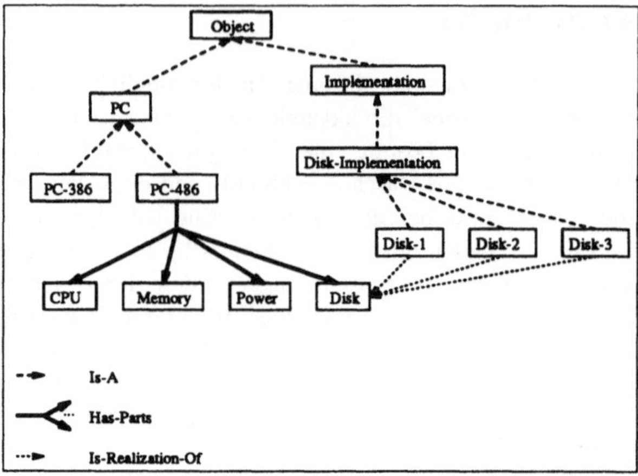

Abbildung 1: Ausschnitt aus der Begriffshierarchie

3.1 Repräsentation der Domänenobjekte

Die Objekte der Domäne werden durch die *Is-A-Beziehung* in einer Begriffstaxonomie angeordnet. Daneben können Objekte mit Attributen versehen und durch beliebige weitere Relationen zueinander in Abhängigkeit gesetzt werden (vgl. Abb.: 1). Eine der wichtigsten Relationen ist die *Has-Parts-Beziehung*, die von dem *Decompose-Operator* verarbeitet wird, um eine Konfigurationsaufgabe in Teilaufgaben zu zerlegen.

Für das Beispiel in Abs. 4 ist die *Is-Realization-Of-Beziehung* von Bedeutung. Sie setzt konkrete Bauteile der Domäne (*Implementation* in Abb. 1) zu abstrakten Begriffen in Beziehung. So wird beispielsweise die Aufgabe, eine Festplatte zu konfigurieren, gelöst, indem zunächst alle relevanten Parameter für das abstrakte Objekt Festplatte bestimmt werden, bevor unter den zugeordneten konkreten Festplatten, die am besten geeignete ausgewählt wird.

Attribute können zur statischen Spezifikation der Merkmalsausprägungen von konkreten Objekten (*Implementation*) benutzt werden, indem sie zum Zeitpunkt der Objektdefinition mit einem festen Wert belegt werden. Während der Konfiguration wird die Aufgabenstellung durch die Belegung von Attributen abstrakter Objekte genauer spezifiziert und dadurch der Raum der möglichen Lösungen eingeschränkt werden. Constraints zwischen Attributen können zum Ausschluß von inkonsistenten Objektkombinationen verwendet werden.

3.2 Repräsentation von Konfigurationswissen

3.2.1 Repräsentation von Konfigurationsaufgaben

In Anlehnung an Günter [Gün91] beschränken wir uns auf die Konfigurationsaufgaben *zerlegen*, *spezialisieren* und *parametrieren*. Die Aufgaben *zerlegen* und *spezialisieren* werden in einem Abstraktionsschritt zu *verfeinern* zusammengefaßt. In einem weiteren Schritt wird *verfeinern* und *parametrieren* unter der Aufgabe *Konfigurieren* subsumiert. Im IDAX-System werden diese generischen Konfigurationsaufgaben durch die Zielklassen *decomposed, specialized, value-is-specified, refined* und *configured* dargestellt. Eine hieraus abgeleitete konkrete Aufgabe (Zielinstanz) setzt sich aus dem Namen einer Zielklasse und einem Objekt der Begriffstaxonomie zusammen. Die Aufgabe, eine Festplatte zu konfigurieren wird durch *configured(Disk)* beschrieben. Sind zum Zeitpunkt der Definition dieser Aufgabe bereits Anforderungen an die Speicherkapazität bekannt, kann dies z.B. durch *configured(disk (capacity 200MB))* dargestellt werden.

3.2.2 Repräsentation von Konfigurationsschritten

Die Bearbeitungsmethoden zur Lösung einer Konfigurationsaufgabe und somit zur Erreichung eines Konfigurationsziels werden durch Operatorklassen beschrieben. Eine Operatorklasse setzt sich aus einem Bedingungsteil und einem Aktionsteil zusammen. Im Bedingungsteil wird durch die Anwendbarkeitsbedingung (Applicability) festgelegt, auf welche Zielinstanzen ein Operator angwendet werden kann. Neben der Anwendbarkeitsbedingung kann eine Zulässigkeitsbedingung (Admissibility) spezifiziert werden, mit der auf Ereignisse in der Umwelt, die von dem Konfigurationssystem nicht beeinfluß werden können, bezug genommen wird. Im PC-Beispiel kann *Disk-2* aufgrund ihrer technischen Daten durchaus verwendbar (applicable) sein aber sie ist wegen Lieferengpässen nicht verfügbar, so daß ihre Verwendung für einen vorliegenden Auftrag nicht zulässig (admissible) ist. Im Aktionsteil werden die Teilziele und Wertzuweisungen festgelegt, die aus der Anwendung eines Operators resultieren.

In einem Basiskonfigurationssystem, das die oben genannten Aufgaben bearbeiten kann, müssen die Operatoren *decompose*, *specialize*, *specify*, *refine* und *configure* enthalten sein. In ihren Anwendbarkeitsbedingung wird zunächst nur zwischen den Klassen der Zielinstanzen unterschieden (z.B. gehört die Zielinstanz *configured(PC)* zur Zielklasse *configured*). Zur weiteren Diskriminierung können dann Spezialisierungen dieser Operatoren definiert werden, in deren Vorbedingung neben der Klasse einer Zielinstanz auch auf das darin enthaltene Objekt der Begriffstaxonomie Bezug genommen werden kann. Operatorklassen werden bei ihrer Definition in einer Spezialisierungshierarchie angeordnet, deren Wurzel die Klasse *IDAX-Operator* ist. Hierdurch wird die Suche nach anwendbaren Operatorinstanzen vereinfacht. Die Anwendbarkeit einer Operatorinstanz wird ausschließlich aufgrund von Zielen definiert. Die Verträglichkeit mit anderen Operatorinstanzen kann mit Hilfe der Wertezuweisungen an Attribute, über denen Constraints definiert sein können, modelliert werden. Die beschriebenen Operatoren sind mit Regeln vergleichbar. Wesentlich ist die Unterteilung der Vorbedingung in eine Anwendbarkeits- und eine Zulässigkeitsbedingung. Der zentrale Punkt ist die explizite Darstellung von Konfigurationsschritten bei der Generierung einer Lösung.

Im Vergleich zu Planungssystemen gestaltet sich die Anwendung von Operatoren in IDAX einfacher. Ein Operator enthält in seiner Anwendbarkeitsbedingung genau ein Ziel, auf das er angewendet werden kann, d.h. durch seine Anwendung wird genau dieses Ziel erfüllt. Er besitzt keine Seiteneffekt, so daß keine weiteren Ziel durch ihn beeinflußt werden können. Somit braucht das *Modal-Truth-Criterion* (vgl. [Cha87]), d.h. die Suche und Behebung von Seiteneffekten, nicht berücksichtigt zu werden. Diese Art der Operatoranwendung entspricht der Vorgehensweise beim Top-Down-Refinement, d.h. Ziele werden schrittweise in Teilziele

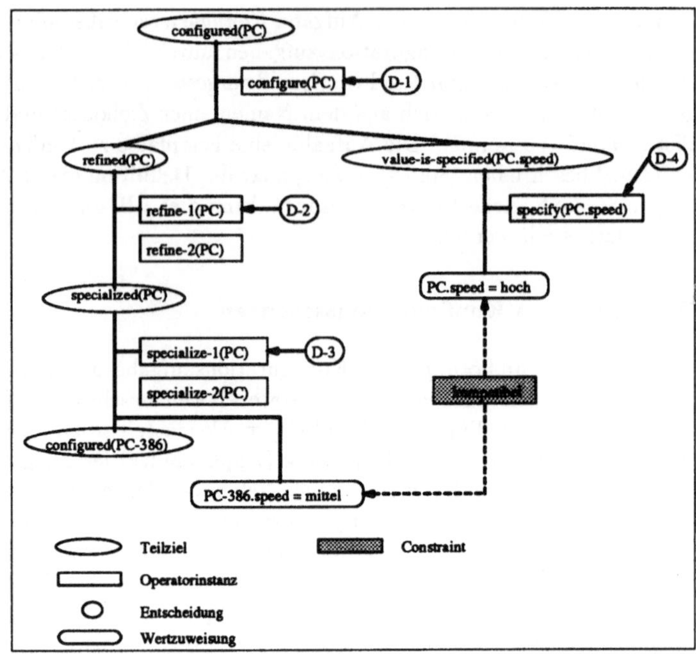

Abbildung 2: Teilkonfiguration auf der Problemebene

zerlegt, bis auf der tiefsten Ebene ausschließlich Wertezuweisungen durchgeführt werden, so daß keine weiteren Teilziele entstehen.

3.3 Der Konfigurationsprozeß in IDAX

Wir beschreiben zunächst den Konfigurationsprozeß auf der Problemebene, d.h. auf der Ebene der Objekte, Ziele und Operatoren, bevor wir im nächsten Abschnitt auf die Modellierung der Abhängigkeiten auf der TMS-Ebene eingehen. Der Konfigurationsprozeß wird gestartet, indem eine Zielinstanz in die dynamische Wissensbasis eingetragen wird. Diese Zielinstanz wird als gültig und offen markiert. Für jedes gültige und offene Ziel wird ein *Open-Goal-Task* auf einer globalen Agenda erzeugt. Bei der Bearbeitung eines offenen Ziels wird zunächst die Menge der anwendbaren Operatorinstanzen (Konfliktmenge) bestimmt. Für jede Konfliktmenge kann eine Präferenzrelation definiert werden, mit deren Hilfe die Operatoren sequentiell geordnet werden. Die Auswahl eines Operators wird durch eine *Decision* beschrieben. Ein ausgewählter Operator zerlegt ein Ziel in Teilziele und führt Wertzuweisungen an Attribute durch.

In Abb. 2 sind die ersten Schritte bei der Konfigurierung eines PC's dargestellt, die durch das Ziel *configured(PC)* gestartet wird. Auf dieses Ziel ist nur die Operatorinstanz *configure(PC)* anwendbar, so daß die Konfliktmenge nur ein Element enthält und der nächste Schritt deterministisch durchführbar ist. Die Auswahl wird durch die Decision D_1 darge-

Open-Goal-Task	Bearbeitung eines offenen Ziels
Constraint-Task	Bearbeitung einer Constraint-Verletzung
Optimality-Loss-Task	Auswahlmöglichkeit einer besseren Alternativen
Goal-Block-Task	Bearbeitung eines blockierten Ziels

Abbildung 3: Tasks im REDUX-System

stellt. Hieraus resultieren Teilaufgaben zur Festlegung von Parametern und zur Verfeinerung der Aufgabenstellung. Die Verfeinerung der Aufgabenstellung kann durch eine Spezialisierung entlang der Is-A-Relation (*refine-1(PC)*) oder entlang der Has-Parts-Beziehung (*refine-2(PC)*) durchgeführt werden. Es handelt sich hierbei um zwei Instanzen derselben Operatorklasse, wobei sie sich gegenseitig ausschließende Möglichkeiten zur Fortsetzung der Konfiguration darstellen. In unserem Beispiel hat sich der Problemsolver für die Spezialisierung der Aufgabenstellung entschieden. Hierfür existieren die beiden Alternativen, einen *PC-386* oder einen *PC-486* zu konfigurieren. Die Auswahl des *PC-386* führt zu einer Constraint-Verletzung, da die Wertzuweisung an das Attribut *PC-386.speed* nicht mit dem Wert von *PC.speed* verträglich ist.

Im Falle einer Constraint-Verletzung wird ein *Constraint-Task* auf der globalen Agenda erzeugt, d.h. die Constraint-Verletzung muß nicht unmittelbar bearbeitet werden. Zu ihrer Verarbeitung werden die beteiligten Entscheidungen $\{D_3, D_4\}$ bestimmt und an die Inferenzkomponente übergeben, die daraus eine Entscheidung als Verursacher auswählt. Für den Verursacher wird eine Begründung (*Rejection*) erzeugt, die immer dann gültig ist, wenn alle übrigen an der Inkonsistenz beteiligten Annahme gültig sind. Sie repräsentiert somit den betroffenen Teil des verletzten Constraints. Eine gültige *Rejection* führt zur Rücknahme der betroffenen Entscheidung. Wird eine *Rejection* ungültig, so wird die entsprechende Entscheidung nicht automatisch wieder gültig. Es wird vielmehr ein *Optimality-Loss-Task* in der Agenda eingetragen, wodurch der Problemsolver die Möglichkeit erhält, sich wieder für die Auswahl der u.U. besser geeigneten Alternative zu entscheiden. Hierdurch wird ausgeschlossen, daß die Rücknahme einer Entscheidung zu einer völlig neuen Teilkonfiguration führt (vgl. Abs. 2.2).

Bis zu diesem Punkt haben wir drei verschiedene Tasks beschrieben (vgl. Abb. 3). Im nächsten Kapitel führen wir noch den *Goal-Block-Task* ein, mit dessen Hilfe dem Problemsolver mitgeteilt wird, daß bzgl. eines offenen Ziels alle anwendbaren Operatoren durch eine gültige Rejection ausgeschlossen sind.

4 Verwaltung von Abhängigkeiten

Im letzten Abschnitt wurde der Konfigurationsprozeß des IDAX-Systems auf der Problemebene skizziert. Aufbauend auf [Pet91b] beschreiben wir die Abhängigkeitsstrukturen, die auf der TMS-Ebene zur Operationalisierung dieser Konzepte angelegt und zur Unterstützung der Suche verwendet werden.

4.1 Repräsentation eines Konfigurationsschrittes

Wir wollen in diesem Abschnitt das Beispiel aus Abs. 2.1 wieder aufgreifen. Hat sich die Inferenzkomponente bei der Fortführung der Konfiguration für die Bearbeitung des offenen und gültigen Ziels *realized(disk)* entschieden, so wird hierfür analog zu Abb. 2 die Konfliktmenge der anwendbaren Operatoren ($\{$*realize-by(disk-1), ..., realize-by(disk-3)*$\}$) bestimmt und der Operator *realize-by(disk-1)* durch die Entscheidung D_i ausgewählt. Für jede Operatoranwendung wird auf der TMS-Ebene eine genau definierte Abhängigkeitsstruktur erzeugt (Abb.: 4, vgl. [Pet91b], S. 67). In dieser Struktur sind TMS-Rechtfertigung durch einen klei-

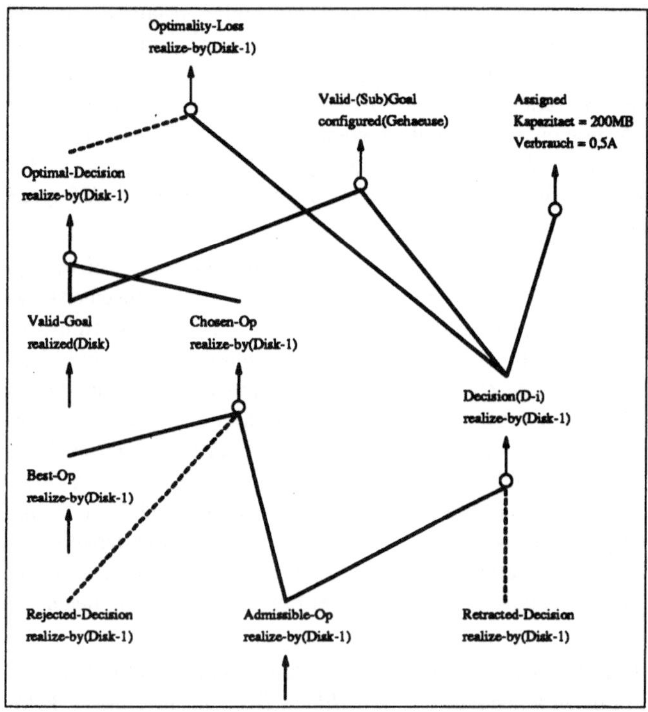

Abbildung 4: Abhängigkeitsstruktur auf der TMS-Ebene

nen Kreis mit Pfeil dargestellt. Die Elemente der *IN-Liste* sind durch durchgezogene Linien und die der *OUT-Liste* durch gestrichelte Linien mit der Rechtfertigung verbunden.

Der Knoten *Valid-Goal(realized(disk))* beschreibt den Zustand des Ziels, auf das der Operator angewendet wurde. Es muß gültig sein, da Operatoranwendungen nur für gültige Ziele durchgeführt werden und die Anwendung die Gültigkeit eines Ziels nicht beeinflußt. Nach der Erzeugung dieser Struktur haben die Knoten *Rejected-Decision* und *Retracted-Decision* zunächst keine Rechtfertigung, sie sind somit ungültig. Ferner gehen wir davon aus, daß die TMS-Knoten *Best-Op* und *Admissible-Op* aufgrund ihrer Rechtfertigung gültig sind. Hieraus folgt, daß der Knoten *Decision*(D_i) ebenfalls gültig ist. Jeder Decision-Knoten der TMS-Ebene steht für genau eine Operatorinstanz der Problem-Ebene. Ein gültiger Decision-Knoten repräsentiert einen ausgewählten Operator. Von der Gültigkeit des *Decision-Knotens* hängt unmittelbar die Gültigkeit des *Valid-Goal-Knotens* für das von dem Operator hergeleitete Unterziel *configured(Gehäuse)* und des *Assigned-Knotens* für die Attribute *Kapazität* und *Verbrauch* ab. (Falls ein Operator mehrere Unterziele herleitet, wird für jedes ein eigener *Valid-Goal-Knoten* angelegt).

4.2 Abhängkeiten zwischen Annahmen

Gegenüber der Abhängigkeitsstruktur aus Abs. 2.1 ergibt sich der Vorteil, daß die Präferenzrelation nicht in die Rechtfertigung des Decision-Knotens kodiert wird. Sie wird hier durch die Rechtfertigung des *Best-Op-Knotens* dargestellt, der vollständig vom Decision-Knoten entkoppelt ist. Wenn in die *Out-Liste* der Rechtfertigung des *Best-Op-Knotens* alle *Decision-Knoten* der gerade betrachteten Konfliktmenge aufgenommen werden, die eine gültige *Rejection* besitzen, also ungültig sind, wird hierdurch der Kontext festgelegt, in dem die Auswahl dieses Operators optimal ist. In diesem Kontext ist der *Chosen-Op-Knoten* und der *Optimal-Decision-Knoten* gültig. Der Vorteil dieser Art der Repräsentation der Präferenzrelation kommt zum Tragen, wenn der *Best-Op-Knoten* seine Gültigkeit verliert, d.h. die Auswahl eines bereits früher betrachteten Operator, der zwischenzeitlich seine Gültigkeit verloren hatte, ist wieder möglich. Hierdurch wird der *Optimality-Loss-Knoten* gültig, wodurch automatisch ein *Optimality-Loss-Task* auf der globalen Agenda erzeugt wird. Hier wird deutlich, daß das verwendete TMS über die Funktionalität des JTMS hinausgeht. Es gibt unterschiedliche Klassen von Knoten, die sich teilweise durch ihr aktives Verhalten auszeichnen. Nachdem der Verlust der Optimalität festgestellt wurden, wird die Decision jedoch solange beibehalten, bis von außen die explizite Aufforderung für ihren Rückzug gegeben wird.

4.3 Behandlung von Inkonsistenzen

Solange die Konfiguration fortgeführt werden kann, ohne daß eine Inkonsistenz festgestellt wird, wird für jede Operatoranwendung eine eigene Abhängigkeitsstruktur erzeugt, die über die *Valid-Goal-Knoten* in das TMS-Netzwerk eingebunden wird. Der Vorteil dieses Abhängigkeitsnetzwerks zeigt sich, wenn eine Constraint-Verletzung bearbeitet wird. Constraints können zwischen Attributen definiert werden, die durch eine Operatoranwendung mit einem Wert belegt werden. Im Falle einer Inkonsistenz werden die betroffenen Wertzuweisungen auf die entsprechenden *Decision-Knoten* zurückgeführt. Die Menge dieser Decisions $(D_1, ..., D_n)$ wird an die Inferenzkomponente übergeben, die eine Decision D_i als den Verursacher auswählt. Dies hat zur Folge, daß für den *Rejected-Decision-Knoten* von D_i eine TMS-Justification der Form *(SL* $(D_1, ..., D_{i-1}, D_{i+1}, ..., D_n)$ *())* angelegt wird, d.h. diese Rechtfertigung ist immer dann gültig, wenn alle *Decision-Knoten* außer D_i, die an der Constraint-Verletzung beteiligt sind, gültig sind. Durch diese Rechtfertigung hat D_i noch nicht seine Gültigkeit verloren, d.h. die Inkonsistenz ist noch nicht behoben. Dies wird durch das aktive Verhalten des *Rejected-Decision-Knotens* erreicht. Sobald dieser Knoten gültig wird, wird der *Retracted-Decision-Knoten* mit einer Premise-Justification, d.h. mit einer Rechtfertigung, die immer gültig ist, versehen, wodurch D_i unmittelbar ungültig wird. Hierdurch wird sichergestellt, daß D_i auch dann ungültig bleibt, wenn zu einem späteren Zeitpunkt eine andere Entscheidung, die an der Constraint-Verletzung beteiligt ist, ihre

Gültigkeit verliert und somit auch die *Rejection* und der *Rejected-Decision-Knoten* von D_i ungültig wird.

Sobald eine Decision durch eine *Retraction* ungültig wird, ist das Ziel, auf das der durch sie ausgewählte Operator angewendet wurde, wieder offen. Für das Ziel wird ein *Open-Goal-Task* auf der globalen Agenda erzeugt.[3] Zur Bearbeitung dieses offenen Ziels muß, wie oben beschrieben, erneut eine Operatorinstanz unter den verbleibenden Elementen der Konfliktmenge ausgewählt werden. In die Begründung des *Best-Op-Knotens* der hierfür erzeugten Decision D_i' muß die Ungültigkeit des *Rejection-Knotens* von D_i einfließen. Dies bedeutet, daß, sobald der *Rejection-Knoten* von D_i nicht mehr gültig ist, die Rechtfertigung des *Best-Op-Knotens* von D_i' ungültig wird. Durch die Propagierung durch das Abhängigkeitsnetzwerk wird der *Optimality-Loss-Knoten* gültig. Hierdurch wird unmittelbar ein *Optimality-Loss-Task* auf der Agenda generiert, so daß der Problemsolver D_i wieder in die aktuelle Konfiguration übernehmen kann, indem D_i durch die Rücknahme der *Premise-Justification* für den *Retracted-Decision-Knoten* gültig und D_i' durch eine *Premise-Justification* für den *Retracted-Decision-Knoten* ungültig gemacht wird.

Bei der fortgesetzten Behandlung von Inkonsistenzen können schließlich alle Alternativen einer Konfliktmenge ausgeschlossen sein. Hierbei handelt es sich um einen *Goal-Block*. Ein *Goal-Block* kann behoben werden, indem eine Constraint-Verletzung durch die Rücknahme einer anderen *Decision* aufgehoben oder das betroffene Ziel zurückgezogen wird. Da es keine eindeutig Vorgehensweise gibt, wird ein *Goal-Block-Task* auf die Agenda geschrieben, die vom Problemsolver bearbeitet werden muß. Bei der alternativen Behebung einer Constraint-Verletzung wird die ursprüngliche *Rejection-Justification* entfernt und ein anderer, beteiligter Knoten durch eine gültige *Rejection* ausgeschlossen. Die Entfernung von Rechtfertigungen wird, ebenso wie die Hinzufügung, vom JTMS unterstützt.

Bei der Behandlung von Inkonsistenzen wird die eingeschränkte Funktionalität der TMS-Komponente deutlich. Wenn bei der Propagierung eines Constraints festgestellt wird, daß zwei oder mehrere Wertzuweisungen zu einer Inkonsistenz führen, werden aufgrund der Abhängigkeitsstruktur die verantwortlichen Decisions bestimmt und an die Inferenzkomponente übergeben. Somit kann auf der TMS-Seite auf das dependency-directed Backtracking vollständig verzichtet werden. Das Backtracking wird von der Inferenzkomponente wissensbasiert durchgeführt. Ihre Entscheidung wird anschließend durch das TMS-Netzwerk propagiert.

4.4 Zulässigkeit einer Operatoranwendung

Bei der Definition eines Operators kann neben der Anwendbarkeitsbedingung auch eine Zulässigkeitsbedingung spezifiziert werden. Hierdurch können unbeeinflußbare Ereignisse in der Umwelt, die die Anwendung einer Operatorinstanz ausschließen, berücksichtigt werden. Falls *Disk-2* zeitweise nicht verfügbar ist, kann man dies durch einen TMS-Knoten *Verfügbar(Disk-2)* darstellen, der in die Rechtfertigung des *Admissible-Op-Knotens* einfließen kann. Sobald er seine Gültigkeit verliert, wird auch die Entscheidung ungültig und für das davon betroffene Ziel wird ein *Open-Goal-Task* erzeugt. Die Reaktion auf Ereig-

[3]Die Erzeugung dieses Tasks wird durch den *Unsatisfied-Decision-Knoten*, der in Abb. 4 aus Gründen der Übersichtlichkeit nicht dargestellt ist, getriggert. Seine Abhängigkeitsstruktur ist in [Pet91b, Rit92] beschrieben.

nisse aus der Umwelt wird direkt auf der TMS-Ebene durchgeführt, da es sinnlos ist, eine Konfiguration fortzusetzen, falls benötigte Komponenten nicht verfügbar sind.

5 Kontrolle der Konfiguration

In [Gün91] S. 118 wird ein zentraler Kontrollzyklus für die Planung und Konfigurierung vorgeschlagen und die Repräsentation des notwendigen Kontrollwissens in einer erweiterten Begriffshierarchie beschrieben. Der Kontrollmechanismus geht von einer Menge von (Teil-)Konfigurationen aus und durchläuft in einer Schleife im wesentlichen die Schritte *1.) Auswahl einer Phase*, *2.) Auswahl einer Teilkonstruktion*, *3.) Auswahl und Anwendung eines Konstruktionsschritts*, *4.) Propagierung der Auswirkungen* und *5.) Auflösung von Konflikten.* Diese Schritte können von der TMS-Ebene des IDAX-Systems effektiv unterstützt werden. Bei der Auswahl einer Phase wird der Fokus auf eine Teilaufgabe, z.B. die Konfiguration einer Festplatte, eingeschränkt. Hierzu kann auf der Agenda ein Filter definiert werden, der alle übrigen Aufgaben ausblendet. Der Wechsel einer Teilkonfiguration kann durch die Änderung der der Menge der gültigen Decisions gesteuert werden. Hierdurch wird die Agenda automatisch an die aktuelle Situation angepaßt, d.h. Tasks werden gelöscht oder neu hinzugenommen. Falls aufgrund der auf den Konfliktmengen definierten Präferenzrelationen Optimierungsmöglichkeiten durch den Wechsel der aktuellen Teilkonfiguration bestehen, wird dies explizit durch einen Optimality-Loss-Task auf der Agenda angezeigt. Hat sich der Problemsolver für die Bearbeitung eines bestimmten Ziels entschieden, werden hierfür alle anwendbaren Operatoren generiert und in einer Konfliktmenge verwaltet. Die Anwendung eines Konfigurationsschritts wird durch eine Decision explizit modelliert. Abweichend zu dem oben vorgestellten Kontrollzyklus wird die Constraint-Propagierung nach jeder Entscheidung durchgeführt. Für jede Constraint-Verletzung wird zunächst nur ein Constraint-Task auf der Agenda generiert, so daß die Auflösung einer Constraint-Verletzung verzögert werden kann.

6 Diskussion

In der Arbeit wird ein Konfigurationssystem beschrieben, das auf einer problemklassenspezifischen Erweiterung des JTMS basiert. Unser Ansatz orientiert sich an der Arbeit von Petrie [Pet91b], deren Schwerpunkt auf der Entwicklung einer Ontologie der Planung und Planmodifikation liegt. Im IDAX-System wurde dieses Modell auf die Konfiguration übertragen. Hierzu war es notwendig, das Konfigurationswissen explizit mit Hilfe von Operatoren und Zielen darzustellen. Diese explizite Modellierung von Konfigurationsschritten ist bei Konfigurationssystemen nicht gebräuchlich. In vielen Systemen wird die Objekttaxonomie von einem starren Interpreter abgearbeitet und Teile davon für die Lösung instantiiert. Im Gegensatz dazu bietet unser Modell der Konfiguration die Möglichkeit, die Menge der Ziele und Operatoren problemspezifisch zu erweitern.

Durch die Verwendung eines modifizierten TMS, in dem für jeden relevanten Schritt des Problemsolvers eine genau definierte Abhängigkeitsstruktur erzeugt wird, kann der Konfigurationsprozeß effektiv unterstützt werden. Das TMS erkennt offene Ziele und suboptimale Entscheidungen. Es reagiert hierauf, indem entsprechende Tasks auf einer globalen Agenda erzeugt werden, die der Problemsolver sofort oder zu einem späteren Zeitpunkt abarbeiten kann. Das Abhängigkeitsnetzwerk bleibt gegenüber der Problemebene verborgen. Der Problemsolver erzeugt ausschließlich neue Decisions oder Begründungen für deren Optimalität oder Ungültigkeit (Rejection). Hierbei muß nur eine Menge von Entscheidungen angegeben werden, die automatisch in Rechtfertigungen des TMS umgesetzt werden. Auf die TMS-Komponente für das dependency-directed Backtracking kann vollständig verzichtet werden, da der Problemsolver, unterstützt vom TMS, die Konfliktbehebung durchführt.

Im Gegensatz zu [SS91] werden auch nichtmonotone Abhängigkeiten zwischen Entscheidungen verwaltet, so daß die Vollständigkeit der Suche bei minimalem Aufwand für den Problemsolver erhalten bleibt. Es werden nur die Teile des Suchraums in eine explizite Darstellung überführt, die für die Problemlösung relevant sind.

Das beschriebene System ist vollständig in SMALLTALK-80 implementiert. Einen wesentlichen Teil der Implementierung stellt das TMS dar, da die Konzepte des IDAX-Systems durch die beschriebene Vernetzung von TMS-Knoten realisiert werden. Das aktive Verhalten der IDAX-Knoten wird durch den In/Out-Wechsel der entsprechenden TMS-Knoten getriggert.

Danksagung

Wir möchten uns an erster Stelle bei Charles Petrie bedanken, der in zahlreichen ausführlichen Diskussionen während zwei Gastaufenthalten in Kaiserslautern zu unserem Verständnis seiner Ontologie der Planung und Planmodifikation und des REDUX-Systems beigetragen hat. Gespräche mit Ulrich Junker halfen uns, Schwierigkeiten zu erkennen und zu beheben, die mit dem Nichmonotonen Schließen und dem Einsatz von TMS-Techniken verbunden sind. Wertvolle Arbeit bei der Realisierung des IDAX-Systems leisteten und leisten Vera Kamp und Oliver Noack. Darüberhinaus bietet das gut Arbeitsklima in der Arbeitsgruppe von Prof. Richter die beste Voraussetzung für den Fortschritt dieser Arbeit.

Literatur

[Cha87] David Chapman. Planning for Conjunctive Goals. *Artificial Intelligence*, 32:333–377, 1987.

[dK86a] Johan de Kleer. An Assumption-based TMS. *Artificial Intelligence*, 28:127–161, 1986.

[dK86b] Johan de Kleer. Back to backtracking. In: *Proc. of AAAI-86*, Seite: 910–917, 1986.

[dK86c] Johan de Kleer. Extendig the atms. *Artificial Intelligence*, 28:163–193, 1986.

[Doy79] Jon Doyle. A Truth Maintenance System. *Artificial Intelligence*, 12:231–272, 1979.

[Gün91] Andreas Günter. *Flexible Kontrolle in Expertensystemen zur Planung und Konfigurierung in technischen Domänen.* DISKI - Dissertationen zur Künstlichen Intelligenz, Universität Hamburg, infix, St. Augustin, 1991.

[HR85] Barbara Hayes-Roth. A Blackboard Architecture for Control. *Artificial Intelligence*, 26:251–321, 1985.

[Jun92] Ulrich Junker. *Relationships between Assumptions.* Dissertation, Universität Kaiserslautern, 1992.

[Kra91] Norbert Kratz. *Architektur eines wissensbasierten Systems zur Unterstützung der Konzeptionsphase in der Konstruktion.* Dissertation, Universität Kaiserslautern, 1991.

[McD82] John McDermott. R1: A Rule-Based Configurer of Computer Systems. *Artificial Intelligence*, 19:39–88, 1982.

[MPS+90] Michael Mehl, Jürgen Paulokat, Eric Schaumlöffel, Peter Spieker und Elmar Then. IDA — Ein Expertensystem zur Konzeption von Vorrichtungselementen. SEKI Working Paper: SWP–90–06, Universität Kaiserslautern, 1990.

[Pet89] Charles Petrie. Reason-Maintenance in Expert-Systems. *KI*, (2):54–60, 1989.

[Pet91a] Charles Petrie. Context Maintenance. In: *Proceedings of AAAI-91*, Menlo Park, California, 1991. MIT Press.

[Pet91b] Charles Petrie. *Planning and Replanning with Reason Maintenance.* Dissertation, University of Texas, Austin, 1991.

[Pup91] Frank Puppe. *Einführung in Expertensysteme.* Springer-Verlag, 1991.

[Rit92] Helmuth Ritzer. Konzeption und Implementierung einer TMS-basierten Komponente zur Verwaltung von Abhängigkeiten bei der Konfiguration und Planung. Diplomarbeit, Universität Kaiserslautern, 1992.

[SS91] Ingo Syska und Matthias Schick. Verwaltungskonzepte für die dynamische Wissensbasis. In: Roman Cunis, Andreas Günter und H. Strecker (Herausgeber), *Das PLAKON-Buch.* Springer, 1991.

[Ste81] Mark Steffik. Planning and Meta-Planning (MOLGEN: Part 2). *Artificial Intelligence*, 16:141–170, 1981.

Räumliche Beziehungen beim Konfigurieren von Passagierkabinen des AIRBUS A340

Manfred Kopisch

Universität Hamburg, Fachbereich Informatik

Bodenstedtstraße 16; 2000 Hamburg 50

Kurzfassung. Anhand einer konkreten Anwendung - Konfigurierung der Passagierkabine des AIRBUS A340 - betrachten wir die räumlichen Aspekte der Konfigurierung[1]. Neben der Repräsentation von räumlichem Wissen wird die Auswertung räumlicher Beziehungen betrachtet, die bei einer solchen Konfigurierung berücksichtigt werden müssen. Zur Beschreibung dieser Beziehungen wird eine Menge von Basisrelationen definiert, die es domänenunabhängig erlaubt, räumliche Beziehungen zwischen Objekten auszudrücken.

1 Einleitung

Viele Konfigurierungsaufgaben sind ohne die Berücksichtigung von räumlichem Wissen nicht lösbar. Anhand der Konfigurierung der Passagierkabine eines AIRBUS A340 zeigen wir, welches räumliche Wissen bei solchen Konfigurierungsproblemen benötigt wird, und machen einen Vorschlag für die Repräsentation und Verarbeitung dieses räumlichen Wissens. Dafür wird zunächst in Abschnitt 2 die Erstellung eines Kabinenlayouts erläutert und auf die zu beachtenden räumlichen Beziehungen hingewiesen. In Abschnitt 3 werden dann verschiedene Mechanismen zur Repräsentation von räumlichen Eigenschaften und räumlichen Beziehungen vorgestellt. Anschließend wird in Abschnitt 4 ein Vorschlag für eine Menge von räumlichen Basisrelationen gemacht, die es ermöglichen, räumliche Beziehungen zwischen Konfigurierungsobjekten zu beschreiben. Abschließend werden in einer kurzen Zusammenfassung die Möglichkeiten und Grenzen des vorgestellten Ansatzes diskutiert und ein kurzer Ausblick auf zukünftige Arbeiten gegeben.

2 Konfigurieren und "Raum"

Bei einer Konfigurierung soll aus einer Menge von Einzelteilen eine Lösung erstellt werden, die bestimmte Randbedingungen einhält. Bestehende Konfigurierungswerkzeuge wie z. B. PLAKON [Cunis91] betrachten hauptsächlich die Auswahl der Einzelteile. Zwar werden diese

---

[1] Das diesem Bericht zugrundeliegende Vorhaben wird mit Mitteln des Bundesministers für Forschung und Technologie (Förderkennzeichen ITW9101A6, Verbundprojekt: PROKON) gefördert. Die Verantwortung für den Inhalt dieser Veröffentlichung liegt beim Autor.

Einzelteile auch parametriert, so daß es beispielsweise möglich ist, auch die Position und die Größe eines solchen Teiles anzugeben; aber für die Formulierung räumlicher Beziehungen zwischen den Konfigurierungsobjekten gibt es keine speziellen Mechanismen. Die Beachtung dieser räumlichen Beziehungen ist aber bei vielen Anwendungen für die korrekte Lösung der Konfigurierungsaufgabe unbedingt notwendig.

Im Projekt PROKON [Günter91] wird ein modularen Werkzeugsystems für Konfigurierungsaufgaben (KONWERK) erstellt. Dabei wird auf die Erfahrungen und Entwicklungen aufgebaut, die im Projekt TEX-K bei der Erstellung von PLAKON gemacht wurden. KONWERK stellt dem Benutzer problemspezifische Module (u.a. für optimierungsbasiertes und fallbasiertes Konfigurieren) zur Verfügung. Auch für die drei Anwendungen in PROKON (von sechs), zu deren Bearbeitung räumliches Wissen erforderlich ist, werden spezielle Mittel zur Verfügung gestellt. Bei diesen Anwendungen handelt sich um:

- *Konfigurierung der Passagierkabine des A340*
- *Entwurf von Flüssigkristallen*
- *Entwurf und Konfigurierung von Bauwerkstypen.*

Im folgenden betrachten wir insbesondere die Konfigurierung der Passagierkabine, um Beispiele für die Notwendigkeit der Berücksichtigung von räumlichen Beziehungen bei der Konfigurierung zu zeigen.

2.1 Kabinenlayout von Verkehrsflugzeugen

Ein Kabinenlayout definiert die Passagierkabine eines Verkehrsflugzeuges, indem es die Anzahl, die Anordnung, die Art und die Lage der Einrichtungsgegenstände angibt. Unter Einrichtungsgegenständen verstehen wir die Objekte, die zum Einbau in die Passagierkabine zur Verfügung stehen, wie Passagiersitze, Küchen, Toiletten, Flugbegleitersitze, Stauschränke etc. Die Gesamtheit der in der Passagierkabine enthaltenen Einrichtungsgegenstände definiert die Beförderungskapazität, den Komfort, den möglichen Service etc. der Passagierkabine. Das Layout einer Passagierkabine zu erstellen, heißt somit nach [Kopisch91], [Kopisch91a]:

> Eine gewisse Anzahl von Einrichtungsgegenständen wie Sitze, Toiletten, Küchen, etc. auf dem begrenztem Raum der Passagierkabine unter Berücksichtigung von bestimmten Einschränkungen, die gesetzlicher und technischer Art sein können, so zu plazieren, daß die Wünsche der auftraggebenden Fluggesellschaft bezüglich Klasseneinteilung, Sitzanzahl, Sitzabstand etc. möglichst optimal erfüllt werden.

Bei der Konfigurierung einer Passagierkabine sind eine Vielzahl von räumlichen Beziehungen zu betrachten. Viele dieser Beziehungen sind gesetzlicher Natur. Abbildung 1 veranschaulicht gleich mehrere gesetzliche Restriktionen: Zu jeder Seite einer Typ-A-Tür müssen mindestens 12 Zoll breite Assist-Spaces liegen, ein Quergang zwischen Typ-A-Türen mit zwei Zugängen muß mindestens 20 Zoll breit sein und dieser Quergang muß mit mindestens 50 % seiner Breite in den Türraum hineinragen.

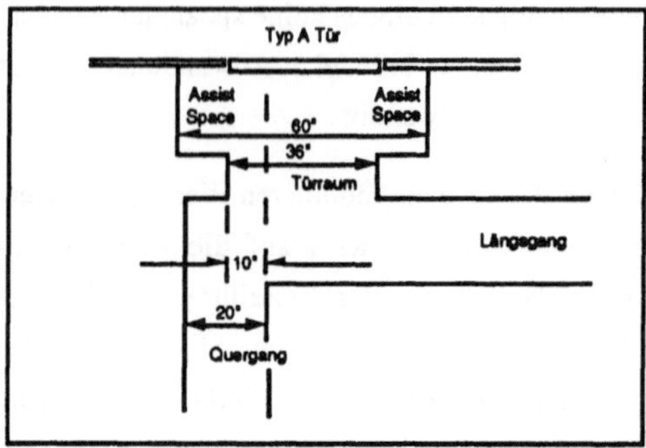

Abbildung 1: Restriktionen für Quergang an Typ-A Tür mit zwei Zugängen

Eine andere gesetzliche Vorschrift ist die des 'Direct View', die besagt, daß die Flugbegleiter mindestens 80 % der Passagiere im direkten Blickfeld haben müssen. Die Bedeutung dieser Bestimmung für die räumliche Anordnung von Flugbegleitersitzen ist sofort klar. Dieses Beispiel zeigt auch, daß räumliche Beziehungen nicht nur zwischen zwei Objekten sondern zwischen einer Vielzahl von Objekten bestehen können. Bei dieser Beziehung spielen außer dem betrachteten Flugbegleitersitz und den Passagiersitzen zusätzlich noch die anderen Einrichtungsgegenstände, wie z. B. Küchen, eine Rolle, die das Blickfeld u. U. einschränken. Die meisten der auftretenden räumlichen Beziehungen behandeln aber zwei Objekte. Selbst Beschränkungen, die vordergründig nur ein Objekt behandeln, wie beispielsweise: "Vor einer Küche müssen 36 Zoll Arbeitsfläche freibleiben", behandeln eine räumliche Beziehung zwischen zwei Objekten; in diesem Fall die Beziehung zwischen dem nächsten Einrichtungsgegenstand vor der Küche und der Küche selbst.

2.2 Fazit

Die vorgestellten räumlichen Beziehungen, die bei der Konfigurierung einer Passagierkabine zu beachten sind, zeigen deutlich, daß dieses Konfigurierungsproblem ohne die Berücksichtigung räumlichen Wissens nicht lösbar ist. Die bloße Auswahl der Einrichtungsgegenstände reicht nicht aus. Die gewählten Gegenstände müssen zusätzlich unter Berücksichtigung von vielen räumlichen Beziehungen dimensioniert und plaziert werden.

3 Repräsentation von räumlichem Wissen in Expertensystemen

Räumliches Wissen ist zur Lösung vieler Probleme notwendig. Dementsprechend finden sich in in den verschiedensten KI-Systemen (s. [Chen90]) z. B. in der Bildverarbeitung, in der Robotik, beim Sprachverstehen etc. Ansätze für die Verarbeitung von räumlichem Wissen. Neben der Repräsentation von Form und Lage war für uns bei der Betrachtung der Literatur insbesondere die Behandlung räumlicher Beziehungen in technischen Domänen interessant.

Je nach beabsichtigter Verarbeitung gibt es unterschiedliche Repräsentationen von Raum. Neben der Gestalt wird oft auch die Position und die Orientierung eines Objektes repräsentiert. Wir werden im folgenden verschiedene Repräsentationsmethoden vorstellen und dabei auf die Verbindung zwischen Repräsentation und beabsichtigter Verarbeitung hinweisen.

3.1 Propositionale Darstellungen

In Expertensystemen werden für propositionale Repräsentationen häufig Tripel der Form (Objekt Attribut Wert) zur Beschreibung von Objekten. Diese werden oft in einem Frame zusammengefaßt. Die meisten der betrachteten Systeme repräsentieren ausschließlich achsenparallele Rechtecke bzw. achsenparallele Quader. Dazu zählen Systeme wie R1/XCON (Rechnerkonfigurierung [McDermott 82]), (HI-) ALL-RISE (Hochhausentwurf [Maher84], [Sriram87]), EXIST (Layout von Fabrikhallen [Kloth87]), WRIGHT (Küchenlayout [Baykan91]) und "Intelligent CAD" (Hausentwurf [Mattos91]). Für die von den Systemen bearbeiteten Anwendungen ist diese rechtwinklige Form angemessen. Die Betrachtung der Repräsentationen von WRIGHT und "Intelligent CAD" zeigt, wie die gewählte Repräsentationen die beabsichtigte Bearbeitung unterstützen. In WRIGHT wird ein rechteckiges Objekt folgendermaßen definiert:

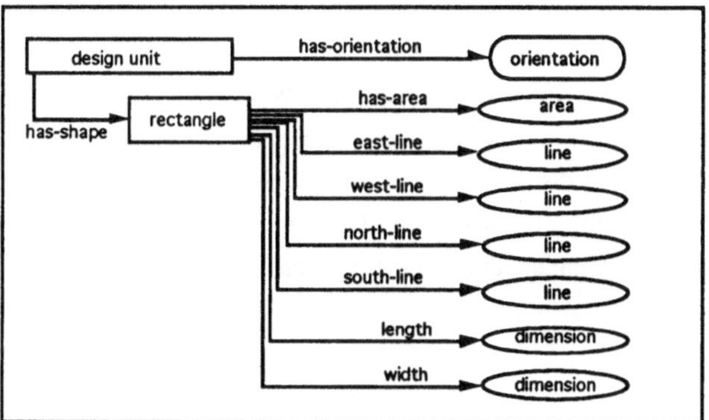

Abbildung 2: Repräsentation von rechteckigen Objekten in WRIGHT

Ein Rechteck wird also im wesentlichen durch seine begrenzenden Linien definiert. Diese Repräsentation bietet Vorteile für die spätere Verarbeitung. Beispielsweise kann für die Berechnung von Länge bzw. Breite eines Rechtecks oder horizontalem bzw. vertikalem Abstand zwischen zwei Rechtecken immer die gleiche Funktion benutzt werden, die den Abstand zwischen zwei Linien ermittelt.

"Intelligent CAD" konfiguriert einstöckige Wohnhäuser. Es benutzt drei unterschiedliche Sichten für die Repräsentation von Räumen; eine funktionale, eine topologische und eine geometrische Sicht. Die topologische und die geometrische Sicht enthalten verschiedene Arten räumlichen Wissens. Das System konfiguriert Wohnhäuser in einem dreistufigen Prozeß. Zuerst wird eine funktionale Sicht des Hauses erzeugt, die Funktionen wie Schlafen, Essen,

Baden, etc. enthält. In einem zweiten Schritt werden Raumeigenschaften wie Ausrichtung (z. B. nach Süden) und Nachbarschaft (z. B. Kochen und Essen) festgelegt. Im letzten Schritt wird eine Zeichnung erzeugt, die die geometrischen Daten der Räume wie beispielsweise Länge und Breite enthält. Die dreigeteilte Repräsentation des Wissen über Räume unterstützt also genau das dreistufige Vorgehen des Systems.

3.2 Bildhafte Darstellungen

Für viele Anwendungen ist eine bildhafte Darstellung der Objekte vorteilhaft. So zeigen die Arbeiten von Mohnhaupt [Mohnhaupt87], [Mohnhaupt90] über Ereigniserkennung oder die Arbeiten im Projekt Lilog [Habel88], [Pribbenow90], [Khenkar90] zur Verarbeitung natürlicher Sprache Beispiele für diese Vorteile. Für bildhafte Repräsentationen existieren die unterschiedlichsten Formate, die aber alle im wesentlichen aus Zellmatrizen bestehen. Die einzelnen Zellen enthalten dabei Informationen über die Objekte, die diese Zellen belegen. Bildhafte Darstellungen ermöglichen es, die Topologie explizit darzustellen und erleichtern somit Aufgabenstellungen wie beispielsweise das Finden von Umgebungen (in der Nähe von) oder die Bestimmung von Gebieten (zwischen, links). Anhand der Plazierung eines Objektes in der Passagierkabine wird der Vorteil klar. Bei jeder Plazierung eines Objektes muß geprüft werden, ob freier Platz dafür vorhanden ist bzw. ob es zu Überschneidungen mit anderen Objekten kommt. Bei einer propositionalen Repräsentation muß dafür ein Überschneidungstest mit allen bereits vorhanden Objekten durchgeführt werden; das bedeutet, daß mit steigender Anzahl von Objekten die Anzahl der Tests steigt. Bei einer analogischen Repräsentation ist das Verhalten unabhängig von der Zahl der bereits plazierten Objekte; es werden nur die zu belegenden Zellen überprüft. Hinzu kommt, daß die Überprüfung der zu belegenden Zellen einfacher ist als die Berechnungen, die bei einer propositionalen Repräsentation anfallen.

3.3 Hybride Systeme

Die vorgestellten Repräsentationsformate eignen sich jeweils für bestimmte Aufgaben. Aus diesem Grund werd in vielen Projekten hybriden Systeme eingesetzt, die sowohl propositionale als auch analogische Repräsentation zulassen [Neumann88], [Habel88], [Pribbenow90], [Breuer91], [Mohren92] und je nach beabsichtigter Bearbeitung das eine oder andere Repräsentationsformat benutzen.

Auch für die Anwendungen in KONWERK bietet ein hybrider Ansatz Vorteile. Beispielsweise ist für die Parametrierung von Objekten eine propositionale Repräsentation naheliegend; für die Bestimmung des verbleibenden Freiraums oder die notwendigen Überschneidungstest bietet eine analogische Repräsentation die geschilderten Vorteile. Der Geschwindigkeitsvorteil, der durch den Einsatz einer analogischen Repräsentation für diese Operationen erzielt wird, kann den Nachteil der doppelten Repräsentation und der erforderlichen Transformation bei häufigen Operationen dieser Art durchaus aufwiegen.

Anhand der Beispiele wurde gezeigt, daß ein Repräsentationsformat großen Einfluß auf die Verarbeitung hat. Deshalb sollte das Repräsentationsformat so gewählt werden, daß es die beabsichtigte Verarbeitung unterstützt. Für die bei einer Konfigurierung anfallenden Verarbeitungsschritte liegt es nahe eine hybride Repräsentation zu wählen, die durch verschiedene Formate unterschiedliche Verarbeitungsschritte jeweils optimal unterstützt. Also eine propositionale Darstellung für die Beschreibung und Parametrierung der Objekte und eine analogische Darstellung für die Freiraumbehandlung. Bei einem hybriden System sollte gewährleistet sein, daß die Transformation von einer Darstellung in die andere effizient und unsichtbar für den Benutzer ist.

3.4 Repräsentation und Verarbeitung von räumlichen Beziehungen

Räumliche Beziehungen zwischen Objekten stellen bei einer Konfigurierung Beschränkungen für ihre Plazierung und Dimensionierung dar. Die meisten der Systeme, die wir betrachtet haben, benutzen Constraint-Systeme, um die Einhaltung von Einschränkungen sicherzustellen (s. [Hernández90], [Baykan90] und [Güsgen91])

Auch für unsere Anwendung erscheint uns ein Constraint-System ein geeigneter Ansatz zu sein. Das Konzept der 3-stufigen Constraint-Integration, die PLAKON [Cunis91] bietet, erlaubt es, räumliche Beziehungen, wie z. B. "vor" als **domänenunabhängige Constraint-Klasse** zu definieren. Mit Hilfe solcher Constraint-Klassen werden **konzeptuelle Constraints** beschrieben, wie beispielsweise "Vor einer Küche müssen 36 Zoll Arbeitsfläche frei bleiben". Der Benutzer muß sich nicht um die Zusammenhänge zwischen einzelnen Restriktionen kümmern. Diese konzeptuellen Constraints werden während der Konfigurierung immer dann instantiiert, wenn ein betroffenes Objekt instantiiert wird. Diese **instantiierten Constraints** werden zu einem Constraint-Netz zusammengefügt, welches es erlaubt, bei Veränderung eines Parameters damit verbundenen Parameter anzupassen; es werden also auch die (für den Menschen) nicht offensichtlichen Zusammenhänge berücksichtigt.

Für unsere Arbeit ist im Augenblick die erste Stufe interessant. Welche räumlichen Basisrelationen müssen wir als domänenunabhängige Constraint-Klassen zur Verfügung stellen, um alle auftretenden räumlichen Beziehungen bei der Konfigurierung propositional in konzeptuellen Constraints ausdrücken zu können?

4 Basisrelationen zur Beschreibung räumlicher Beziehungen

In der von uns betrachteten Anwendungsdomäne gibt es prinzipiell zwei Arten von räumlichen Beziehungen:

- Räumliche Beziehungen, die nur das globale Referenzsystem berücksichtigen.
- Räumliche Beziehungen, die die ausgezeichneten Richtungen (Vorderseiten) der Objekte berücksichtigen.

In Anlehnung an Baykan [Baykan91] nennen wir diese Relationen global bzw. objekt-zentriert. Im folgenden werden wir aber mit Ausnahme der Winkelrelationen nur globale Relationen betrachten, bei denen die Richtungen durch ein globales Referenzsystem festgelegt werden. Für die objekt-zentrierten Relationen gelten prinzipiell die gleichen Überlegungen wie für die globalen Relationen mit dem Unterschied, daß jeweils die ausgezeichnete Richtung der einzelnen Objekte berücksichtigt wird. Es gibt für alle im folgenden behandelten globalen Relationen (mit Ausnahme der Inhaltsrelationen) eine objekt-zentrierte Entsprechung, die wir hier aber nicht näher erläutern, da sich die objekt-zenrierten Relationen in globale Relationen transformieren lassen. Wir halten sie aber dennoch für nützlich, da sie es dem Benutzer ermöglichen, gewisse räumliche Relationen zu formulieren, ohne sich Gedanken über die Drehung des Objektes machen zu müssen.

Wir haben bewußt den Bezeichnern aller Relationen ein "t" vorweggestellt, um den technischen Charakter unserer Relationen zu betonen und Verwechslungen mit der sprachlichen Bedeutung zu vermeiden. Außerdem haben wir ein "g" bzw. "o" hinzugefügt, um globale und objekt-zentrierte Relationen zu unterscheiden. Die Relationen sind Basisrelationen, die durch Kombination miteinander zu komplexeren Relationen zusammengesetzt werden können. Beim Kabinenlayout genügt es komplexe Formbeschreibungen durch umschreibende Rechtecke auszudrücken.Wir beschränken uns daher zunächst auf die Beschreibung von räumlichen Beziehungen zwischen rechteckigen, achsenparallelen Rechtecken. Diese Rechtecke werden durch die Parameter Länge, Breite, Verschiebung, Drehung und Vorzugsrichtung beschrieben. Die folgenden Konventionen sollen die Definition unserer Relationen erleichtern:

$\Re^2$:	Der zweidimensionale Euklidische Raum
C:	Ein rechtwinkliges Koordinatensystem in $\Re^2$
P_i:	Ein Punkt in $\Re^2$ mit den Koordinaten x_i und y_i
O_i:	Ein rechteckiges Objekt in $\Re^2$, das achsenparallel in C angeordnet ist.
$V(O_i)$: C	Der Vektor $(x_i\ y_i)$, der die Verschiebung des Objektes im Koordinatensystem gegenüber dem Ursprung von C angibt
$W(O_i)$:	Der Winkel, der die Drehung des Objektes im Koordinatensystem C in Bezug zur y-Achse von C angibt
$L(O_i)$, $B(O_i)$:	Länge bzw. Breite des Objektes
$R(O_i)$:	Ausgezeichnete Richtung des Objektes
$x_{min}(O_i)$:	Entspricht der x-Komponente des Vektors $V(O_i)$
$x_{max}(O_i)$:	Summe aus x-Komponente des Vektors $V(O_i)$ und $L(O_i)$ bzw. $B(O_i)$ je nach Drehung $W(O_i)$ des Objektes
$y_{min}(O_i)$:	Entspricht der y-Komponente des Vektors $V(O_i)$
$y_{max}(O_i)$:	Summe aus y-Komponente des Vektors $V(O_i)$ und $L(O_i)$ bzw. $B(O_i)$ je nach Drehung $W(O_i)$ des Objektes
x-Ausdehnung:	$x_{max}(O_i) - x_{min}(O_i)$
y-Ausdehnung:	$y_{max}(O_i) - y_{min}(O_i)$

4.1 Globale Abstandsrelationen

In den von uns behandelten Konfigurierungsdomänen müssen die Objekte dimensioniert und plaziert werden. Dafür sind metrische Informationen unabdingbar. Die Wichtigkeit von quantitativen Informationen in diesen Domänen läßt sich daran zeigen, daß die folgenden von uns definierten globalen Abstandsrelationen die Grundlage für alle anderen globalen und objektzentrierten Relationen mit Ausnahme der Winkelrelationen sind.

Unsere vier globalen Abstandsrelationen heißen: ***tg-xmin-Differenz, tg-xmax-Differenz, tg-ymin-Differenz*** und ***tg-ymax-Differenz*** und berechnen sich wie folgt:

tg-xmin-Differenz : (tg-xmin-Differenz O_1 O_2) := $x_{min}(O_2) - x_{min}(O_1)$
tg-xmax-Differenz : (tg-xmax-Differenz O_1 O_2) := $x_{max}(O_1) - x_{max}(O_2)$
tg-ymin-Differenz : (tg-ymin-Differenz O_1 O_2) := $y_{min}(O_2) - y_{min}(O_1)$
tg-ymax-Differenz : (tg-ymax-Differenz O_1 O_2) := $y_{max}(O_1) - y_{max}(O_2)$

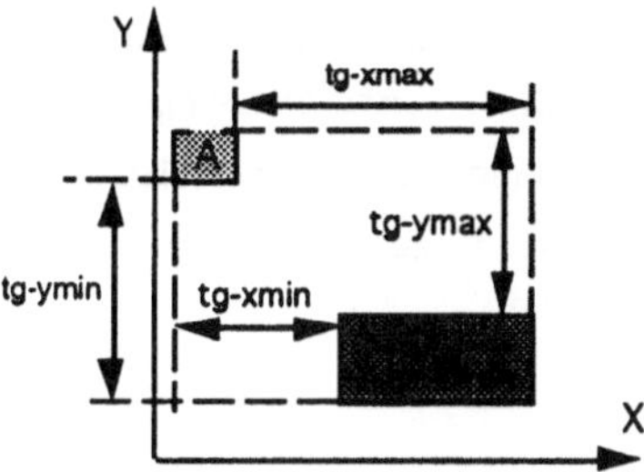

Abbildung 3: Abstandsrelationen bei achsenparallelen Rechtecken

Diese Art der Berechnung bedeutet, daß es auch negative Differenzen gibt. Es gilt, daß (tg-xmin-Differenz O_1 O_2) = - (tg-xmin-Differenz O_2 O_1). Diese allgemeine Definition der globalen Abstandsrelationen ermöglicht es, sie als Basisrelationen für alle folgenden globalen Relationen zu nutzen.

4.2 Andere globale Relationen

Wir haben vier weitere Gruppen von globalen Relationen mit Hilfe der bestehenden Abstandsrelationen definiert:

- Lagerelationen
- Berührungsrelationen
- Überschneidungsrelationen und
- Inhaltsrelationen.

Im folgenden geben wir jeweils ein Beispiel für jede Gruppe.

<u>**Globale Lagerelationen:**</u> Die folgende Definition der Lagerelation ***tg-links-von*** zeigt, welche technische Bedeutung diese Relation hat. Wir haben uns dafür entschieden, daß ***tg-vor***

sich auf die y-Richtung bezieht, ***tg-rechts-von*** sich auf die x-Richtung bezieht usw. Wir definieren die vier globalen Lagerelationen mit Hilfe der vier globalen Abstandsrelationen.

(tg-links-von O_1 O_2) $:= \exists P_1 = (x_1, y_1) \in O_1 \; \forall P_2 = (x_2, y_2) \in O_2 : x_1 < x_2$ läßt sich mit Hilfe der Abstandsrelationen so ausdrücken: (tg-links-von O_1 O_2) $\Leftrightarrow$ (tg-xmin-Differenz O_1 O_2) > 0

Somit sind in Abbildung 4 A, C und D ***tg-links-von*** B. Insbesondere D ***tg-links-von*** B scheint irritierend zu sein. Es entspricht aber der Definition, nach der nur ein beliebiger Teil eines Objektes "links-von" einem anderen liegen muß, damit die Relation ***tg-links-von*** gilt. Will man andere Relationen wie z. B.:

(tg-ganz-links-von O_1 O_2) $:= \forall P_1 = (x_1, y_1) \in O_1 : \forall P_2 = (x_2, y_2) \in O_2 : x_1 < x_2$ oder

(tg-genau-links-von O_1 O_2) $:= \forall P_1 = (x_1, y_1) \in O_1 : \forall P_2 = (x_2, y_2) \in O_2 : x_1 < x_2$
$\wedge \; \forall P_1 = (x_1, y_1) \in O_1 : \exists P_3 = (x_3, y_3) \in O_2 : y_1 \leq y_3$
$\wedge \; \forall P_1 = (x_1, y_1) \in O_1 : \exists P_4 = (x_4, y_4) \in O_2 : y_1 \geq y_4$

benutzen, so lassen sich diese sehr leicht durch Kombination der vorhandenen Lagerelationen zusammensetzen. Beispielsweise gilt: ***tg-genau-links-von*** $\Leftrightarrow$ ***tg-links-von*** $\wedge \neg$ ***tg-vor*** $\wedge \neg$ ***tg-hinter*** Da die vorhandenen Lagerelationen durch die Abstandsrelationen definiert sind, lassen sich also auch diese komplexeren Relationen ***tg-genau-links-von*** und ***tg-ganz-links-von*** durch die globalen Abstandsrelationen definieren.

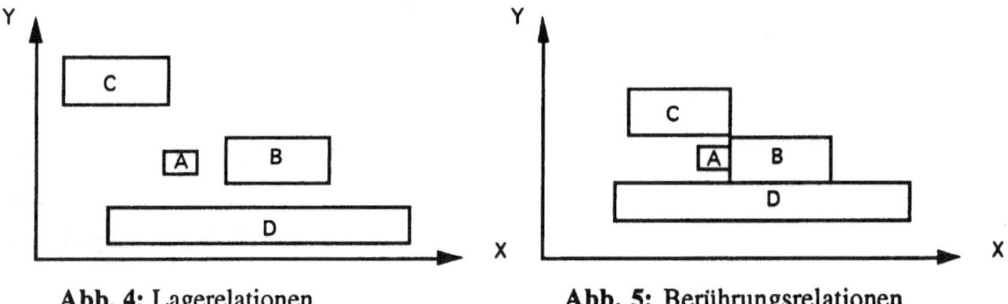

Abb. 4: Lagerelationen **Abb. 5:** Berührungsrelationen

In Abbildung 4 liegt gemäß unserer Definition nur A ***tg-genau-links-von*** B, während sowohl A ***tg-ganz-links-von*** B als auch C ***tg-ganz-links-von*** B gilt.

Globale Berührungsrelationen: Die Definition für die Relation ***tg-links-angrenzend*** dient als Beispiel für die vier Berührungsrelationen:

(tg-links-angrenzend O_1 O_2) $:= \forall P_1 = (x_1, y_1) \in O_1 : \forall P_2 = (x_2, y_2) \in O_2 : x_1 \leq x_2$
$\wedge \; \exists P_3 \in O_1 : \exists P_4 \in O_2 : P_3 = P_4$

Auch die Berührungsrelationen lassen sich durch globale Abstandsrelationen ausdrücken:

(tg-links-angrenzend O_1 O_2) $\Leftrightarrow$ (tg-xmax-Differenz O_1 O_2) $=$ - x-Ausdehnung(O_1)
$\wedge$ (tg-ymin-Differenz O_1 O_2) $\geq$ - y-Ausdehnung(O_2)
$\wedge$ (tg-ymax-Differenz O_1 O_2) $\geq$ - y-Ausdehnung(O_2)

In Abbildung 5 gilt demnach nicht nur A *tg-links-angrenzend* B, sondern auch C *tg-links-angrenzend* B. Ähnlich wie bei den Lagerelationen kann man durch Kombinieren mehrerer Berührungsrelationen zusätzliche Relationen erhalten, die eventuell notwendig sind, um bestimmte Sachverhalte in einer Domäne beschreiben zu können. So kann es sich anbieten, eine Relation *tg-genau-vorne-angrenzend* folgendermaßen zu definieren:
tg-genau-vorne-angrenzend $\Leftrightarrow$ *tg-vorne-angrenzend* $\wedge$ $\neg$*tg-links-von* $\wedge$ $\neg$*tg-rechts-von*

Globale Überschneidungsrelationen: Obwohl Objekte sich nicht überschneiden dürfen, benötigen wir in der Kabinenlayoutdomäne dennoch Überschneidungsrelationen. Der Grund dafür sind Sperrflächen wie Gänge, Assist Spaces etc., die sich nach Möglichkeit überschneiden sollen, um eine hohe Ausnutzung dieser leeren Flächen zu haben. Die Definition für *tg-überschneidet-vorne* zeigt die technische Bedeutung der vier Übreschneidungsrelationen:
(tg-überschneidet-vorne O_1 O_2) $:=\exists\, P_1 = (x_1, y_1) \in O_1 : \exists\, P_2 = (x_2, y_2) \in O_2 : y_1 < y_2$
$\wedge\ \exists\, P_3 = (x_3, y_3) \in O_1 : \forall\, P_4 = (x_4, y_4) \in O_2 : y_3 > y_4 \ \wedge\ \exists\, P_5 \in O_1 : \exists\, P_6 \in O_2 : P_5 = P_6$

In Abbildung 6 gilt sowohl C *tg-überschneidet-vorne* B als auch C *tg-überschneidet-links* B. Die Überschneidungsrelationen können ebenfalls mit Hilfe der Abstandsrelationen ausgedrückt werden.

Abb. 6: Überschneidungsrelationen

Abb.7. Inhaltsrelationen

Globale Inhaltsrelationen: Die beiden Inhaltsrelationen *tg-enthält* und *tg-ist-enthalten-in* sind in Abbildung 7 zu sehen. Sie lassen sich durch bereits definierte Relationen ausdrücken. So gilt z. B.: *tg-ist-enthalten-in* $\Leftrightarrow\neg$*tg-vor* $\wedge$ $\neg$*tg-hinter* $\wedge$ $\neg$*tg-links-von* $\wedge$ $\neg$*tg-rechts-von.*

4.3 Objekt-zentrierte Winkelrelationen

Entsprechend der vier ausgezeichneten Richtungen, die achsenparallele Rechtecke haben können, gibt es die vier Winkelrelationen *to-0-Grad-gedreht, to-90-Grad-gedreht, to-180-Grad-gedreht* und *to-270-Grad-gedreht.* Abbildung 8 gibt alle ausgezeichneten Richtungen bei achsenparallelen Rechtecken wieder.

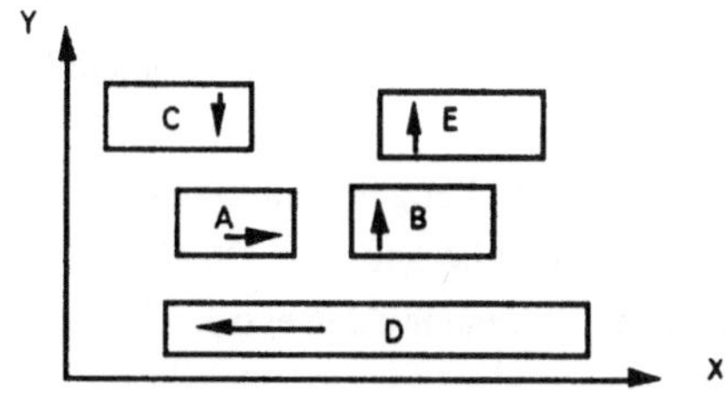

Abbildung 8: Winkelrelationen bei Rechtecken

In Abbildung 8 gelten laut den folgenden Definitionen u.a. B *to-0-Grad-gedreht* E, B *to-90-Grad-gedreht* A, D *to-180-Grad-gedreht* A und A *to-270-Grad-gedreht* B.

Die vier Winkelrelationen sind folgendermaßen definiert:

(to-0-Grad-gedreht O_1 O_2) := $W(O_1) = W(O_2)$
(to-90-Grad-gedreht O_1 O_2) := $W(O_1) = (W(O_2) + 90) \bmod 360$
(to-180-Grad-gedreht O_1 O_2) := $W(O_1) = (W(O_2) + 180) \bmod 360$
(to-270-Grad-gedreht O_1 O_2) := $W(O_1) = (W(O_2) + 270) \bmod 360$

4.4 Andere objekt-zentrierte Relationen

Wir haben vier weitere Gruppen von objekt-zentrierten Relationen definiert:

- Abstandsrelationen
- Lagerelationen
- Berührungsrelationen und
- Überschneidungsrelationen.

In Abhängigkeit von den Winkeln der Objekte drücken wir objekt-zentrierte Relationen durch entsprechende globale Relationen aus. Somit können auch diese objekt-zentrierten Relationen durch unsere vier Basisrelationen, die globalen Abstandsrelationen, ausgedrückt werden. Diese Relationen sind zur Vereinfachung für den Benutzer gedacht. Prinzipiell würden die entsprechenden globalen Relationen ausreichen.

4.5 Constraint-Klassen zur Beschreibung der Relationen

Wir haben eine Menge von Relationen vorgestellt, die zur Bearbeitung von achsenparallelen Rechtecken notwendig sind. Diese Relationen sind eindeutig definiert und es wurde gezeigt, daß sich mit ihnen andere komplexere Relationen definieren lassen, so daß es möglich ist, weitere räumliche Relationen zwischen zwei betrachteten Objekten auszudrücken.

Die vorgestellten Relationen sollen als domänenunabhängige Constraint-Klassen zur Verfügung stehen. Um später weitere Objektformen berücksichtigen zu können ist die interne Repräsentation verdeckt.Beispeilsweise muß der Benutzer für die Relation *tg-Entfernung* zwischen zwei Rechtecken nicht die folgenden Angaben machen (ENTFERNUNG-REC-REC verschiebung1, drehung1, länge1, breite1, verschiebung2, drehung2, länge2, breite2, entfernung),sondern er benutzt: (ENTFERNUNG objekt1, objekt2, entfernung). Das hat den zusätzlichen Vorteil der besseren Verständlichkeit. Bei einer Erweiterung um zusätzliche Objektformen wird unabhängig von den betrachteten Objekten immer die gleiche Relation *Entfernung* benutzt, die anhand der übergebenen Objekte entscheidet, welche interne Constraint-Klasse benötigt wird und sie dann mit den entsprechenden Parametern aufruft.

4.6 Beispiel für die Benutzung von Constraint-Klasen

Das folgende Beispiel zeigt die Benutzung der domänenunabhängigen Constraint-Klassen zur Beschreibung räumlicher Beziehungen in der Kabinenlayoutdomäne.

In Abbildung 1 wurden mehrere räumliche Restriktionen graphisch dargestellt. Eine davon forderte, daß der Quergang mit mindestens 50 % (10 Zoll) in den Türaum hineinragt. Da die Türräume fest vorgegeben sind, drücken wir diese Restriktion wie folgt aus:

```
(constrain ((#?Q (ein Quergang))
            (#?LT (ein linker-Türraum))
            (#?RT (ein rechter-Türraum))
            (tg-vorne-angrenzend #?Q #?LT)
            (tg-hinten-angrenzend #?Q #?RT)
            (greater-equal 10inch ?xmin)
            (tg-xmin-differenz #?Q #?LT ?xmin)
            (greater-equal 10inch ?xmax)
            (tg-xmax-differenz #?Q #?LT ?xmax))
```

Dieses konzeptuelle Constraint fordert für die Plazierung des Querganges, daß er an beide Türraume angrenzt (durchgehend ist) und sie auf einer Breite von mindestens 10 Zoll (entweder von links oder von rechts) berührt.

4.7 Fazit

Ausgehend von der Anwendung - Kabinenlayout von Passagierflugzeugen - haben wir Basisrelationen definiert, die es ermöglichen, die meisten der dort auftretenden räumlichen Beziehungen auszudrücken. Die Darstellung der Einrichtungsgegenstände als umfassende Rechtecke war problemlos, aber leider sind diese Rechtecke nicht durchgehend achsenparallel angeordnet. Abbildung 9 zeigt ein Layout, wie es von unserem System XKL [Kopisch92] präsentiert wird; dort ist deutlich im hinteren, konischen Teil des Rumpfes zu sehen, wie die äußeren Sitzreihen keine achsenparallele Ausrichtung mehr besitzen.

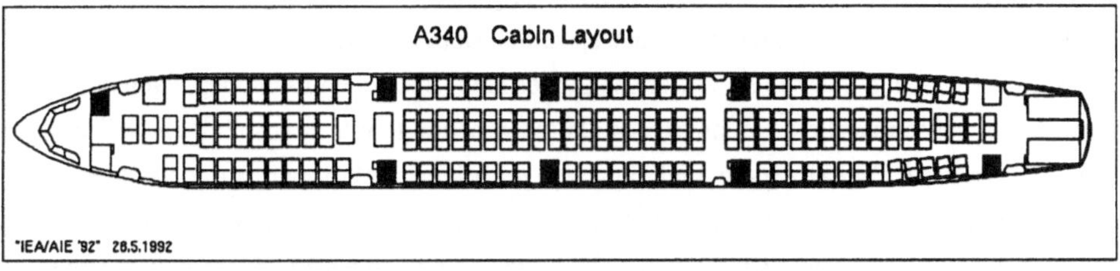

Abbildung 9: Mit XKL erstelltes Kabinenlayout

Wir haben unsere vier Basisrelationen zur Beschreibung weiterer Relationen benutzt, die denen von Allen [Allen83] für Beziehungen zwischen zwei Zeitintervallen ähneln. Unsere Relationen schließen sich allerdings nicht gegenseitig aus. Im Gegensatz zu Allens eindimensionalen Zeitintervallen sind unsere Objekte mehrdimensional. Deshalb kann z. B. ein Objekt ein zweites gleichzeitig links und vorne überschneiden.

Güsgen [Güsgen91] und Hernández [Hernández90] haben Erweiterungen des Allenschen Ansatzes für den Raum vorgestellt. Allerdings benutzen beide qualitative Relationen. Dieses ist für die meisten technischen Domänen nicht ausreichend. Güsgen führt mehrere *links-von* Relationen ein (links-von, weit-links-von und sehr-weit-links-von) um einige der Probleme, die qualitative Relationen mit sich bringen zu umgehen. Aber in vielen technischen Domäne werden quantitative Relationen gebraucht. Der vorgestellte Ansatz liefert uns die benötigte Genauigkeit zur Lösung der vorgestellten Konfigurierungsaufgabe.

5 Zusammenfassung und Ausblick

Ausgehend von einer konkreten Anwendung, der Konfigurierung von Passagierkabinen für den AIRBUS A340 haben wir räumliche Aspekte der Konfigurierung betrachtet. Dabei wurden sowohl die Repräsentation von räumlichem Eigenschaften als auch von räumlichen Beziehungen zwischen Objekten betrachtet. Die vorgestellte Menge von Basisrelationen ermöglicht es diese räumlichen Beziehungen propositional auszudrücken. Diese Basisrelationen beschreiben Beziehungen zwischen rechtwinkligen, achsenparallel angeordneten Rechtecken, wie sie größtenteils in der Kabinenlayoutdomäne auftreten. Gewisse räumliche Beziehungen lassen sich damit aber nicht ausdrücken. Ein Beispiel dafür ist die Vorschrift des 'Direct View', die in Abschnitt 2 vorgestellt wurden.

Obwohl wir von einer konkreten Anwendung ausgegangen sind, ist der verfolgte Ansatz auch bei anderen Konfigurierungsproblemen einsetzbar. Die domänenunabhängigen Constraintklassen ermöglichen die Formulierung räumlicher Beziehungen auch in anderen Domänen, die rechtwinklige, achsenparallele Rechtecke konfigurieren. Dieser Ansatz hat aber seine Grenzen dort, wo Beziehungen zwischen mehr als zwei Objekten ausgedrückt werden müssen. Auch bei Domänen, in denen die Objekte mehr als eine ausgezeichnete Richtung besitzen, ist der Ansatz nicht ohne weiteres anwendbar.

Denoch bildet der Ansatz eine gute erweiterungsfähige Grundlage. So können neue Objektformen definiert werden, für die auch spezielle Methoden bereitgestellt werden können, um die Relationen angemessen auszuwerten. Gibt es keine speziellen Methoden, dann wird das umfassende, achsenparallele Rechteck des Objektes benutzt. Wir beabsichtigen in Zukunft einerseits weitere Objektformen und die dazugehörigen Relationen zu realisieren und andererseits analogische Repräsentationsformate für die Freiraumrepräsentation genauer zu untersuchen, um Geschwindigkeitsvorteile bei der Plazierung von neuen Objekten zu erzielen.

Literatur

[Allen83] Allen, J. F.: *Maintaining Knowledge about Temporal Intervalls*
Communications of the ACM 26, 832-843, 1983
[Baykan90] Baykan, C. A., Fox, M. S: *Constraint Satisfaction Techniques for Spatial Planning*
in: Hagen, P. ten, Veerkamp P. (eds.) Intelligent CAD Systems 3: Practical Experience and Evaluation
Springer, eurographics Seminar Series, 1990
[Breuer91] Breuer, P., Müller, J.: *A Two Level Representation for Spatial relations, Part I*
DFKI-Research-Report RR-91-14, 1991
[Chen90] Chen, S.-S.: *Advances in Spatial Reasoning* (Vol.1 &2), Ablex Publishing Corporation, 1990
[Cunis91] Cunis, R., Günter, A., Strecker, H. (Hrsg.): *Das PLAKON-Buch*
Informatik-Fachberichte Nr.266, Springer, 1991
[Günter91] Günter, A., Dörner, H., Gläser, H., Neumann, B., Posthoff, C., Sebastian, H. J.:
Das Projekt PROKON -- Problemspezifische Werkzeuge für wissensbasierte Konfigurierung
PROKON-Bericht Nr. 1, 1991
[Güsgen91] Güsgen, H. W.: *Feasible Reasoning about Space*
in: Proc. 5. Workshop Planen und Konfigurieren, 1-15, Hamburg 1991
[Habel88] Habel, C.: *Repräsentation räumlichen Wissens*
in: Rahmstorf, G. (Hrsg.): Wissensrepräsentation in Expertensystemen, Springer, 1988
[Hernàndez90] Hernàndez, D.: *Using Comparative Relations to Represent Spatial Knowledge*
in: Hoeppner, W.: Workshop Räumliche Alltagsumgebungen des Menschen, 69-80,
Universität Koblenz-Lindau, 1990
[Khenkar90] Khenkar, M.:
Eine objektorientierte Darstellung von Depiktionen auf der Grundlage von Zellmatrizen
in: Freksa, C, Habel, C. (Hrsg.): Repräsentation und Verarbeitung räumlichen Wissens. Springer, 1990
[Kloth87] Kloth, M.: *EXIST - ein Expertensystem zur innerbetrieblichen Standortplanung*
in: Balzert, H., Heyer, G., Lutze, R. (Hrsg.)
Proc. Expertensysteme '87, Konzepte und Werkzeuge, 421-434, B. G. Teubner, 1987
[Kopisch91] Kopisch, M.: *Konfigurierung der Passagierkabine eines Verkehrsflugzeuges*
in Proc. 5. Workshop Planen und Konfiguieren, Hamburg, 176-179, Hamburg 1991
[Kopisch91a] Kopisch, M.: *Expertensystemgestützte Konfigurierung der Passagierkabine eines Verkehrsflugzeuges,* Diplomarbeit, Universität Hamburg, Fachbereich Informatik, 1991
[Kopisch92] Kopisch, M., Günter, A.:
Configuration of a Passenger Aircraft Cabin based on Conceptual Hierarchy, Constraints and flexible Control
in: Belli, F., Radermacher, F. J (Eds.):
Industrial and Engineering Applications of Artificial Intelligence and Expert Systems
Proc. of 5th International Conference IEA/AIE-92, 421-430, Springer, 1992
auch deutsch in: Messer, T., Winklhofer, A. (Hrsg.): Proc. 6. Workshop Planen und Konfigurieren, 1-10, München 1992
[Maher84] Maher, M. L.: *HI-RISE: An Expert System for Prelominary Structural Design of High Rise Buildings,* Ph. D. Thesis, Carnegie Mellon University, Pittsburgh
[Mattos91] Mattos, N. M., Deßloch, S, Leick F.-J.:
A Knowledge-based Approach to Intelligent CAD for Architectural Design
in: Proc. of 4th International Conference IEA/AIE-91
[McDermott82] McDermott, J.: *R1: A Rule-based Configurer of Computer Systems*
in: Artificial Intelligence, Vol. 19 Nr. 1, 39-88, 1982
[Mohnhaupt87] Mohnhaupt, M.: On Modelling Events with an Analogical Representation
in: Morik, K. (Hrsg.): GWAI 1987, 11th German Workshop on Artificial Intelligence, Springer, 1987
[Mohnhaupt90] Mohnhaupt, M.:
On the Importance of Pictorial Representations for the Symbolic/Subsimbolic Distinction
in: Dorffner, G. (ed.): Konnektionismus in Artificial Intelligence und Kognitionsforschung, Springer, 1990
[Mohren92] Mohren, J.-P., Müller, J.: *Representing Spatial Relations - The Geometrical Approach --*
DFKI-Research-Report RR-92-21, 1992
[Neumann88] Neumann, B., Mohnhaupt, M.:
Propositionale und analoge Repräsentation von Bewegungsabläufen, in: KI 1/88, Oldenbourg, 1988
[Pribbenow90] Pribbenow, S.: *Interaktion von propositionalen und bildhaften Repräsentationen*
in: Freksa, C, Habel, C. (Hrsg.): Repräsentation und Verarbeitung räumlichen Wissens, Springer, 1990
[Sriram 87] Sriram, D.: *ALL-RISE: A Case Study in Constrained-Based Design*
Artificial Intelligence in Engineering, Vol. 2, No. 4, 186-203, 1987

Konfigurieren technischer Einrichtungen ausgehend von den Komponenten des technischen Prozesses: Prinzip und erste Erfahrungen

Michael Heinrich
Ernst-Werner Jüngst

Daimer-Benz AG
Forschung Systemtechnik
Alt-Moabit 91 b
1000 Berlin 21
e-mail: heinrich@b21.uucp, juengst@b21.uucp

Zusammenfassung

Die Projektierung komplexer technischer Anlagen ist eine aufwendige und fehleranfällige Arbeit. Meist wird in Anlagen eine Vielzahl unterschiedlicher modularer Komponentensysteme gemeinsam eingesetzt, über die der Projektierer recht detailierte Kenntnisse besitzen muß, da bisher keine ausreichenden Unterstützungssysteme existieren. Angebote basieren oft nur auf Schätzungen, da eine selbst überschlägige Projektierung dafür zu teuer ist.

In diesem Artikel wird ein Konzept für das Projektieren von Anlagen aus modularen Komponenten vorgeschlagen, das wir "prozeßkomponenten-initiiertes Konfigurieren" nennen. Diese Methode geht direkt von den Anforderungen des Prozesses aus und basiert auf der "ressourcenorientierten Modellierung", bei der Komponenten im wesentlichen dadurch beschrieben werden, welche und wieviele Ressourcen sie bereitstellen bzw. anfordern. Die Allgemeingültigkeit dieser Repräsentation erlaubt eine durchgängige Modellierung komplexer Anlagen. Die Konfigurationswissensbasen für alle in solchen Anlagen verwendeten Komponentensysteme sowie anwendungsdomänenspezifische Wissensbasen können unabhängig voneinander erstellt und dann problemlos im Verbund betrieben werden. Dadurch wird die Projektierung wesentlich rationalisiert und Anwendungs-know-how bewahrt.

Das Prinzip wird an Beispielen erläutert, über die Erstellung eines Prototypen wird berichtet.

0. Einleitung

Konfigurieren gehört zu den klassischen Anwendungsgebieten der Expertensystemtechnik. Meist zitierter Vertreter dürfte XCON [1,2] sein, das die Realisierbarkeit auch für komplexe Systeme demonstrierte und das die wirtschaftlichen Vorteile von Konfigurationssystemen aufzeigte.

Seitdem sind viele Konfigurationexpertensysteme erstellt worden, in der Regel von den Anbietern technischer Systeme als in-house-Werkzeuge, spezialisiert zur Unterstützung von Angebotserstellung und Projektierung ihrer Komponentensysteme [3,4]. Aufgrund der häufigen Beschäftigung mit dem Produkt verfügen die Benutzer solcher Werkzeuge meist selbst über gute Kenntnisse über den Komponentenvorrat. Entsprechend sind diese Expertensysteme gestaltet. Viele Konfigurationssysteme konfigurieren gar nicht selbständig, sondern überprüfen handerstellte Konfigurationen und korrigieren sie gegebenenfalls [10]. Häufig wird die Strukturvielfalt in Form einer "part-of"-Hierarchie beschrieben, in der durch Auswahl einzelne Zweige aktiviert bzw. deaktiviert werden. Dabei werden Restriktionen beachtet, die die zulässigen Varianten einschränken.

Auffallend ist, daß auf dem Gebiet des Konfigurierens die individuell erstellten Systeme noch überwiegen und daß Konfigurationsschalen wie bespielsweise PLAKON [5–7] oder AMOR[8,9], die auf "part-of"-Hierarchien beruhen, noch nicht die Verbreitung und wirtschaftliche Bedeutung erlangt haben, die Expertensystemschalen auf dem Gebiet der Diagnose seit langer Zeit besitzen.

Einem weiteren, für die Praxis extrem wichtigen Aspekt wird bei den bisherigen Ansätzen allerdings noch nicht genügend Aufmerksamkeit geschenkt. In komplexen Konfigurationsaufgaben treten in der Regel hybride Systeme auf, beispielsweise Speicherprogrammierte Steuerungen im Verbund mit Schaltanlagen, Antriebssteuerungen, Meßwerterfassungen, Bedienstationen, Diagnosesystemen. Diese Teilsysteme haben in der Regel ihre eigenen Systemstrukturen, teilweise eigene Projektierungswerkzeuge und werden von unterschiedlichen Geschäftsbereichen oder gar Herstellern konstruiert und geliefert.

Bei solch komplexen Anlagen besteht ein hoher Aufwand beim Projektieren darin, ausgehend vom Prozeß eine Automatisierungstruktur des Gesamtsystems mit Untergliederung in Teilsysteme zu entwerfen und aus den Anforderungen des Prozesses die Spezifikationen der Teilsysteme abzuleiten, wobei deren Wechselwirkungen und gegenseitige Konkurrenz um Ressourcen zu berücksichtigen sind. Zur Durchführung ist detailliertes Wissen über die Technologie des Prozesses einerseits und über das Leistungvermögen der verschiedenen Automatisierungskomponenten andererseits notwendig. Erst wenn dieser Entwurf abgeschlossen vorliegt, kann mit dem Konfigurieren der Teilsysteme begonnen werden. Bei dieser sehr viel einfacheren Aufgabe gibt es dann für einige Komponentensysteme Konfigurationswerkzeuge, die allerdings für verschiedene Systemfamilien unterschiedlich zu bedienen sind und in denen Spezifikationen verschieden formuliert werden. Ihr Zusammenwirken ist nicht sichergestellt, sondern müßte erst jeweils durch integrierende Spezialsoftware organisiert werden.

Angesichts des hohen Einsparungspotentials – nicht zuletzt wegen der genau zutreffenden Kalkulation von Angeboten – sind Verbesserungen auf diesem Gebiet wirtschaftlich außerordentlich interessant. Als erster Schritt für eine bessere Unterstützung wird im folgenden ein Verfahren vorgeschlagen, das wir "prozeßkomponenten-initiiertes Konfigurieren" nennen.

1. Prinzip des prozeßkomponenten-initiierten Konfigurierens

Das Prinzip des prozeßkomponenten-orientierten Konfigurierens ist, die Projektierung einer technischen Einrichtung als einen im wesentlichen mehrstufigen Konfigurationsvorgang aufzufassen, der von den Anforderungen der im technischen Prozeß eingesetzten Prozeßkomponenten ausgeht und – über mehrere Ebenen verfeinerter und konkretisierter Konfigurationen – sukzessiv die Anforderungen an die technische Einrichtung ableitet und deren Konfiguration bestimmt.

Dabei wird die klassische Vorgehensweise mit ihren Phasen Entwurf des Prozesses, Entwurf der Automatisierungsstruktur und Konfigurieren der Automatisierungseinrichtungen im Prinzip beibehalten. Durch eine ganzheitliche Betrachtungsweise und einheitliche Modellierung mit klaren Schnittstellen zwischen den Wissensgebieten kann aber eine durchgängige Unterstützung mit hohem Grad an Automatisierung erzielt werden. Voraussetzung hierfür ist lediglich, daß Prozeß und Automatisierungseinrichtungen modular aufgebaut sind, wie dies für jegliches Konfigurieren notwendig ist und praktisch vorausgesetzt werden darf.

Der Einstieg in das prozeßkomponenten-initiierte Konfigurieren kann abhängig von der Art der Anwendung sehr unterschiedlich sein. In einer Reihe von Anwendungen kann man den gewünschten Prozeß insgesamt spezifizieren und vollständig konfigurieren. In anderen wird man Entwurfsentscheidungen des Menschen benötigen oder berücksichtigen wollen, beispielsweise indem er eine Grobstruktur des Prozesses beschreibt, die dann durch Konfigurieren im Detail ausgefüllt wird.

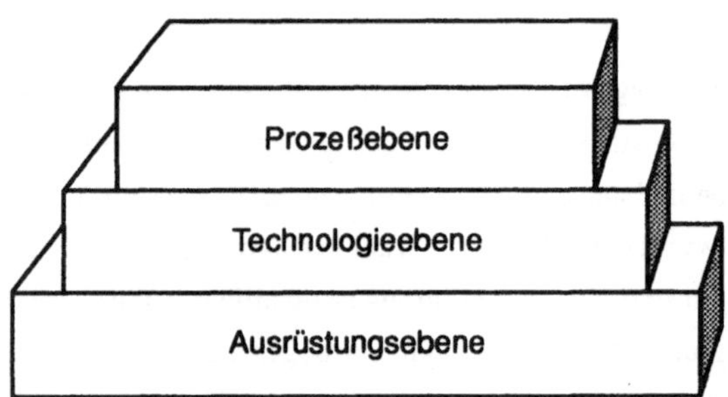

Bild 1: Ebenen des prozeßkomponenten-initiierten Konfigurierens

Das prozeßkomponenten-initiierte Konfigurieren deckt mehrere Ebenen ab (Bild 1), die unterschiedlichen Wissensdomänen entsprechen und deren Projektierung wegen der Wechselwirkungen oft gleichzeitig durchgeführt werden muß. Die oberste Ebene dient zum Konfigurieren der Komponenten des Prozesses ("Prozeßebene"). In dieser Ebene wird man für viele Anwendungsgebiete auch in Zukunft nicht ohne manuelle, strukturierende Entwurfentscheidungen auskommen. Daran schließt sich die Ebene an ("Technologieebene"), die die funktionalen Zusammenhänge und die Abbildung der Prozeßanforderungen auf die Anforderungen an die Ausrüstungssysteme beschreibt. Deren Realisierung wird in der darunterliegenden Ebene ("Ausrüstungsebene") behandelt. Rekursionen sind selbstverständlich möglich, d.h. eine Lösung jeder

Teilaufgabe in der Ausrüstungsebene kann bei Bedarf wiederum als prozeßkomponenten-initiierte Konfigurationsaufgabe aufgefaßt werden, die in die hier beschriebenen Ebenen untergliedert werden kann.

Um ein solches Vorgehen realisieren zu können, sind mehrere Voraussetzungen zu erfüllen:

- Für alle modularen Komponentensysteme, die für das Gesamtsystem erforderlich sind, müssen Konfigurationswissensbasen existieren, deren Schnittstellen gleichartig sind. Diese Wissensbasen sind jeweils vom Komponenten-Anbieter herzustellen und zu verantworten.
- Diese Wissensbasen müssen auf einfache Weise zusammenwirken können, ohne daß dazu aufwendige Vorkehrungen für jede Kombinationsmöglichkeit getroffen werden müssen.
- Die Wissensbasen müssen einfach zu erstellen und zu pflegen sein.

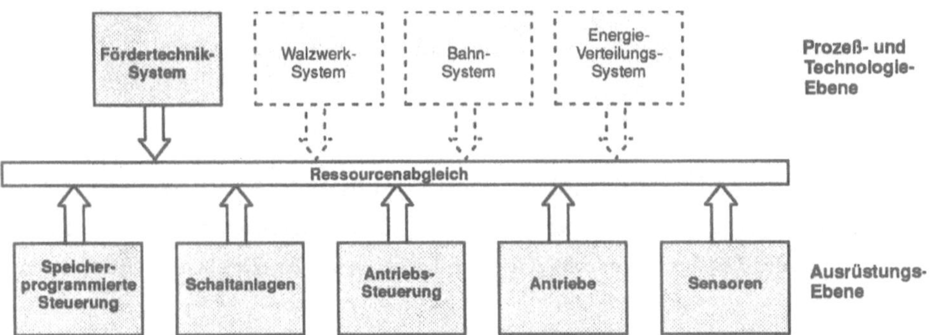

Bild 2: Zusammenwirken von Konfigurationssystemen

Der letzte Punkt gilt insbesondere für die Prozeß- und die Technologieebene. Hier, wo der wirtschaftliche Nutzen von Werkzeugen am höchsten und der Effekt der Wissensbewahrung von wesentlicher Bedeutung ist, steht dem Erstellungsaufwand für jede der zahlreichen Anwendungsdomänen wegen der starken Spezialisierung eine erheblich niedrigere Zahl von Konsultationen des Konfigurationssystems gegenüber. Dies gilt zumindest im Vergleich mit den Konsultationen von Konfigurationssystemen der reinen Ausrüstungsebene als Stand der Technik. Daher muß der Erstellungsaufwand möglichst reduziert und auch bedarfsgerecht zeitlich verteilt werden, indem Wissensbasen der Prozeß- und Technologieebene sukzessive ergänzt werden können, also nur solches Wissen eingegeben werden muß, das in aktuellen Projekten benötigt wird.

Es besteht kaum Hoffnung, diese Anforderungen mit klassischen Ansätzen, z.B."part-of"-Hierarchien, zu erfüllen. Zwei Gründe seien hierfür genannt:

- Nur die untersten Stufen der Ausrüstungsebenen sind stark realisierungsbezogen und damit aufbauorientiert. Die oberen Ebenen sind dagegen in der Regel funktionsorientiert. Die Hierarchien beider Ordnungen ("Aspekte") existieren gleichzeitig, so daß zumindest ein Teil der Komponenten gleichzeitig in diesen beiden Strukturen – oder auch weiteren – eingeordnet werden müssen. Die Strukturen verlaufen nur in Teilbereichen konform, sie können sogar teilweise entgegengesetzt gerichtet sein. Die Verknüpfungen zwischen den Strukturen sind problematisch und erfordern eine klare Trennung der Aspekte in der Modellierung. Eine Abbildung auf eine einzige "part-of"-Hierarchie ist nur in Spezialfällen unter Verlust der Klarheit möglich – mit entsprechenden Risiken für die Wartbarkeit.

- Das Kombinieren von Wissensbasen dürfte in "part-of"-Hierarchien nur schwer zu bewerkstelligen sein. Dabei müßte ja jede einzelne Kombination von vornherein explizit vorgesehen werden.

Die Technik der ressourcenorientierten Modellierung, die sich bereits beim Einsatz in den Ausrüstungsebenen bewährt hat [10–14], kann alle diese Anforderungen erfüllen, da sie nicht primär strukturorientiert ist und die für die Kombination von Wissensbasen erforderliche Schnittstellenmodellierung ohnehin enthält. Das Verfahren wird im folgenden Kapitel erläutert, soweit es zum Verständnis des prozeßkomponenten-initiierten Konfigurierens notwendig ist.

2. Ressourcenorientierte Modellierung

Die Abstraktion der Beziehungen zwischen Komponenten als Austausch von Ressourcen bildet die Basis eines allgemeinen Modells zur Beschreibung von Konfigurationen technischer Systeme. Der Prozeß des Konfigurierens erfolgt durch Bilanzieren und Ausgleichen von Ressourcenforderungen.

2.1 Das Komponenten-Ressourcen-Modell

Das Modell orientiert sich an den Bauprinzipien modularer Systeme. In den Design-Richtlinien eines Komponentensystems werden nach der Definition der System-Grundstruktur zuerst die Systemschnittstellen festgelegt, nach denen sich die Konstruktionsentwürfe der einzelnen Komponententypen richten müssen. Diese Schnittstellen werden in unserem Modell einheitlich als "Ressourcen" beschrieben, wobei es sich um physikalische Ressourcen (z.B. elektrische Energie, Kühlleistung), standardisierte technische Ressourcen (z.B. V24-Schnittstellen, EPROM-Sockel), in-house-Standards (z.B. Bus-Anschlüsse, Software-Dienste) und betriebswirtschaftliche Ressourcen (z.B. Kapital, Zeitvorgabe für die Montage, Ausfallhäufigkeit pro Jahr, Wartungsaufwand pro Jahr) handeln kann. Diese Systemschnittstellen und ihre Festlegungen überdauern in der Regel mehrere Komponenten-Generationen.

Als prinzipielle Beziehungen zwischen Komponenten und Ressourcen werden unterschieden (Bild 3):

- Eine Komponente **stellt Ressourcen bereit**
  (z.B. RAM-Speicher bei einer RAM-Speicherkarte, Funktionalität)

- Eine Komponente fordert Ressourcen an.
  Dabei werden einige **Ressourcen** von der Komponente **verbraucht** (z.B. Bus-Anschluß, Kapital, Strom bei 5V, Buskapazität, Rechenleistung).
  Andere **Ressourcen** werden von der Komponente **genutzt**, können aber mit anderen Komponenten geteilt werden (z.B. System-Takt, Software-Dienste).

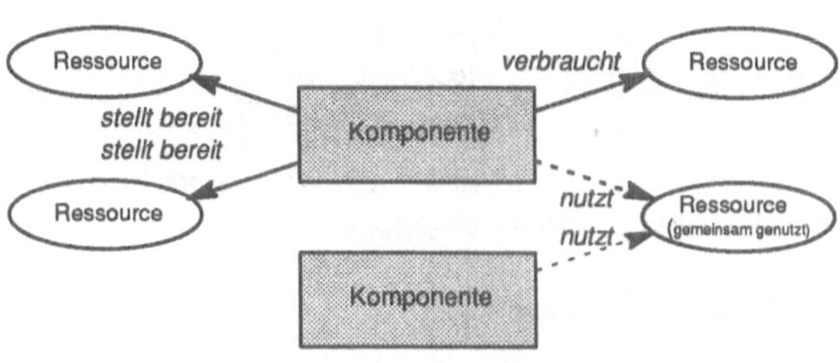

Bild 3: Basis-Beziehungen zwischen Komponenten und Ressourcen

Ressourcen gleichen Typs können sich in ihrer Qualität unterscheiden. Beispielsweise gibt es u.a. RAM-Speicher mit 10 ns Zugriffszeit und solche mit 50 ns. Natürlich kann man auch den schnelleren Speicher einsetzen, wenn der langsamere noch ausreichte. Qualität wird als "Qualitätsmerkmal" beschrieben, das als Wert, Menge oder Intervall repräsentiert werden kann. Kompatibilitätrelationen zwischen Qualitätsmerkmalen gleichen Ressourcentyps lassen sich dann auf einfache Mengen- bzw. Intervallrelationen abbilden. Auch Komponenten haben einige Eigenschaften, die nicht als Ressourcen, sondern als Qualitätsmerkmale zu modellieren sind, wie beispielsweise der zulässige Temperaturbereich.

In der völlig anwendungsunabhängigen ressourcenorientierten Modellierung, die auch von Laien auf dem Gebiet der Expertensystemtechnik verstanden und als "natürlich" akzeptiert wird, lassen sich alle wesentlichen Eigenschaften von Komponententypen als Qualitätsmerkmale oder als Beziehungen zu Ressourcen ausdrücken. Explizite Beziehungen zwischen Komponententypen treten in diesem Modell nicht mehr auf, so daß das Hinzufügen und Entfernen von Komponententypen durch rein lokale Änderungen der Wissensbasis vorgenommen werden kann, ohne daß Beschreibungen anderer Komponententypen überarbeitet werden müssen. Die Ressourcen-Beziehungen beschreiben nicht nur die Eigenschaften einzelner Komponenten, sie geben ohne Modifikation des Modells auch die Eigenschaften von Teilsystemen, der Umgebung und des technischen Systems als Ganzes wieder (s. Bild 4). Die Ressourcen haben dabei die Bedeutung von Import-/Export-Schnittstellen, weshalb Teilssysteme auch unterschiedlichen Wissensdomänen angehören dürfen. Dadurch steht der Weg zur Modularisierung von Wissensbasen mit ressourcenorientierter Modellierung offen.

Die ressourcenorientierte Modellierung findet ihre Grenzen dort, wo die geometrische Anordnung von Komponenten eine wesentliche Rolle spielt, und in den Fällen, in denen die Struktur eines Systems entscheidend für seine Funktion ist, sie sich also nicht durch das Zusammenfügen von Teilfunktionen beschreiben läßt. Beispielsweise läßt sich die elektronische Schaltung eines Radios aus Kondensatoren, Widerständen, Spulen und Transistoren nicht ressourcenorientiert modellieren, weil hier nicht die ausreichende Anzahl der Teile, sondern deren Verbindungsstruktur entscheidend ist. Dagegen kann die Konfiguration eines Radios aus den funktionalen Moduln Eingangsverstärker, Oszillator, Mischer, Zwischenfrequenzverstärker, Demodulator und Endverstärker mit der ressourcenorierentierten Modellierung adäquat beschrieben werden. Die ressourcenorientierte Modellierung ist also auf die Problemklasse des Konfigurierens zugeschnitten, darüber hinausgehende Aufgabenstellungen wie Layout, Konstruktion und Planen von expliziten zeitlichen Abläufen werden nicht abgedeckt.

2.2 Ressourcenorientiertes Konfigurieren

Das ressourcenorientierte Konfigurieren wird durch Bild 4 erläutert. Es besteht eine Wechselwirkung zwischen Umgebung und technischem System, wobei die Umgebung einerseits Ressourcen anfordert (wie binäre Eingänge, Ausgänge und Funktionalität), die vom technischen System bereitgestellt werden müssen, andererseits ihm auch Ressourcen bereitstellt (beispielsweise elektrische Energie und Kapital).

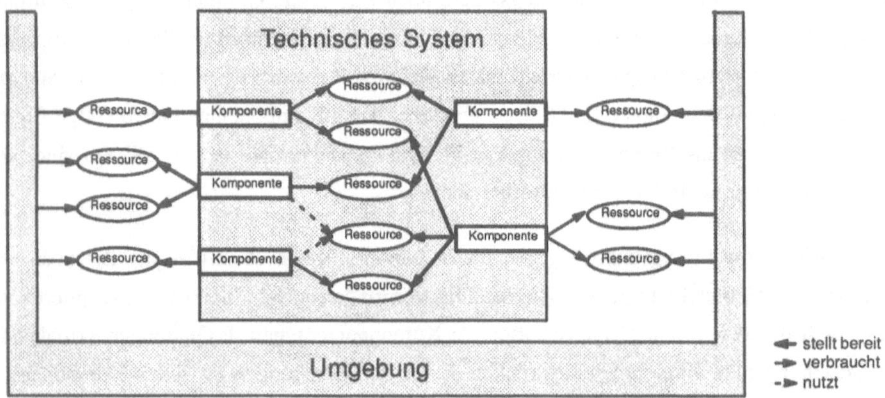

Bild 4: Ressourcenorientiertes Konfigurieren

Dadurch wird die Beschreibung der Umgebung als Komponente zu einer Spezifikation des technischen Systems und zwar unter Anwendung des Schemas der Komponenten-Ressourcen-Relationen. Ein wesentlicher Vorteil der Interpretation der Umgebung als Komponente liegt darin, daß der Anwender durch Vorgabe der von der Umgebung bereitgestellten Ressourcen (beispielsweise Kapital, Aufstellplatz, Strom, Wartungskapazität) Akzeptanz-Kriterien für gefundene Konfigurationen angeben kann, deren Überschreiten zum Verwerfen des entsprechenden

Lösungswegs führt, so daß die Suche nach einer zulässigen Lösung unter Vermeidung solcher Sackgassen unverzüglich fortgesetzt wird.

Um die Anforderungen der Umgebung zu erfüllen, wird das technische System geeignete Komponenten enthalten müssen, die diese geforderten Ressourcen bereitstellen. Diese Komponenten nutzen oder verbrauchen zu ihrem Betrieb ihrerseits Ressourcen, die wiederum von anderen Komponenten des technischen Systems oder letztlich von der Umgebung bereitgestellt werden müssen. Für eine korrekte Konfiguration ist es notwendig, daß alle insgesamt geforderten Ressourcen bereitgestellt werden, d.h. die Ressourcenbilanz zumindest ausgeglichen ist.

Das Schlußfolgerungsverfahren kann im einfachsten Fall durch eine iterativ arbeitende spezielle Inferenzkomponente realisiert werden. Untersuchungen zeigen, daß die ressourcenorientierte Modellierung auf spezielle Constraints ("Bilanz-Constraints") abgebildet werden kann, wobei auf Constraintsverletzungen in der Regel nicht mit Backtracking, sondern mit dem Hinzufügen von geeigneten Komponenten reagiert wird. In einem solchen Verfahren könnten die Vorteile der ressourcenorientierten Modellierung sich mit denen der bisherigen Constraints-Modellierung verknüpfen.

2.3 Strukturierung des Wissens

Die ressourcenorientierte Modellierung legt eine Strukturierung in vier Wissensebenen nahe (Bild 5). Die beiden unteren Ebenen beschreiben Objektwissen, das typischerweise in technischen Katalogen und Datenblättern dokumentiert ist. Mit diesem Wissen sollten im Prinzip bereits brauchbare Konfigurationen erstellt werden können. Der Experte verfügt darüber hinaus – dies macht ihn erst zum Experten – über weiteres Wissen, das durch die oberen Ebenen repräsentiert wird (Kontrollwissen).

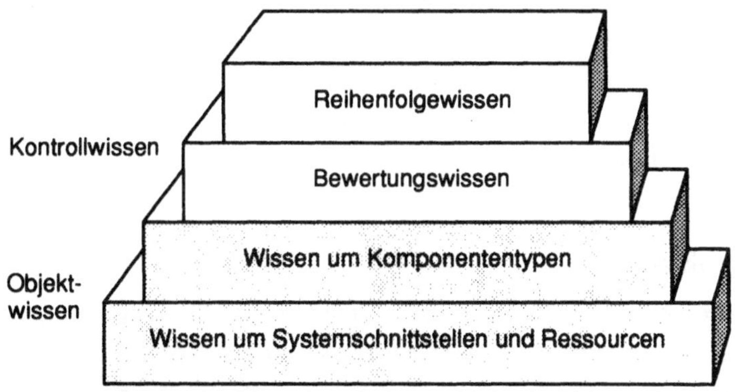

Bild 5: Strukturierung des Wissens in Ebenen

Beim Objektwissen wird **Systemwissen** (Wissen über die Systemschnittstellen und Ressourcen) und **Komponentenwissen** (Wissen über die Komponententypen) unterschieden. Das Kontrollwissen kann in **Bewertungswissen** und **Reihenfolgewissen** unterteilt werden. Beschreibungen von Ausnahmen und Beschränkungen können allen Ebenen zugeordnet werden, es gibt daher keine spezielle Ebene für Constraintswissen. Außerdem kann als Ursache für die meisten Beschränkungen bei genauer Betrachtung eine Begrenzung von Ressourcen festgestellt werden.

Systemwissen

Ein modulares Komponentensystem wird so entworfen, daß ein gewünschtes Spektrum von Funktionen durch das Zusammenwirken von mehreren Komponenten in einer bestimmten Grundarchitektur erzielt wird. Jede Komponente erfüllt dabei eine bestimmte Aufgabe im Zusammenwirken mit anderen. Nach der Architekturwahl liegt eine der Haupttätigkeiten bei der Entwicklung eines Komponentensystems darin, Systemschnittstellen geschickt so zu definieren, daß mit einem kleinen Satz von Komponententypen ein möglichts breites Anwendungsfeld abgedeckt wird und daß sich mit diesem Spektrum kostengünstige Systeme einfach und effizient konfigurieren lassen.

Bei der ressourcenorientierten Modellierung umfaßt dementsprechend das Systemwissen das Wissen über die Schnittstellen (Ressourcen) eines technischen Systems. Hierzu zählen ihre Deklaration, ihre jeweiligen Qualitätsmerkmale, ihre Kompatibilität untereinander und ihre systembedingten Grenzen ("Cardinality"). Zu den weiteren Festlegungen für Ressourcen gehören jeweils der Wertebereich (binär/digital), der exklusive oder gemeinsame Gebrauch (entspricht "wird verbraucht" bzw. "wird genutzt").

Komponentenwissen

Die Beschreibung der Eigenschaften der Komponenten macht den überwiegenden Teil des Wissens aus, der wegen der ständigen Änderungen in der Zusammensetzung des Warenkorbes zudem am häufigsten der Aktualisierung bedarf.

Im Komponentenwissen werden für jeden Komponententyp die Beziehungen zu Ressourcen ("verbraucht Ressource", "nutzt Ressource" und "stellt Ressource bereit") deklariert und quantifiziert sowie die jeweilige Qualität festgelegt. Auch Abhängigkeiten zwischen Ressourcenrelationen können deklariert werden. Außerdem wird vereinbart, welche Ressourcen lokal bilanziert werden sollen. Weitere Eigenschaften von Komponententypen sind Artikelnummer und Qualitätsmerkmale wie Umwelteigenschaften, Approbationen, Zuverlässigkeit, Lebensdauer, Eigensicherheit.

Bewertungswissen

Wenn zur Abdeckung einer Ressourcenanforderung mehrere Komponententypen geeignet und mit den bisher ausgewählten Komponenten verträglich sind, soll der günstigste gewählt werden. Die Bewertung des Experten orientiert sich am Nutzen-Kosten-Verhältnis der Komponententypen, wobei er die jeweiligen Folgekosten überschlägig einbezieht. Diese Abschätzung wird nachvollzogen, indem Ressourcenverbrauch mit Kosten, benötigte Bereitstellungen mit Nutzen assoziert werden. Mit diesem Verfahren erscheint es unter Ausnutzung des Graphen der Komponenten-Ressourcen-Relationen prinzipiell möglich, auch Optimierungskriterien in der Spezifikation vorzusehen, so daß zwischen konkurrierenden Teilzielen abgewogen werden kann.

Der Overhead hierfür ist jedoch so beträchtlich, daß bisher hierauf verzichtet wurde. Außerdem spielt in der Praxis die Optimierung der Gesamtkosten die dominierende Rolle. Für andere Kriterien reicht es, Schranken anzugeben wie maximaler Aufstellplatz, maximaler Stromverbrauch, maximale Verlustleistung, maximaler Wartungsaufwand pro Jahr.

Reihenfolgewissen

Wesentlich für die Geschwindigkeit der Lösungsfindung und die Güte der ersten gefundenen Lösung ist die Reihenfolge, in der die angeforderten Ressourcen behandelt und durch geeignete Komponenten bereitgestellt werden. Dieses deklarativ beschriebene Reihenfolgewissen steuert den Schlußfolgerungsvorgang. Typisch für viele Anwendungen in elektronischen modularen Systemen ist dabei ein bottom-up-Vorgehen, bei dem zuerst die Komponenten ausgesucht werden, die die durch die Spezifikation angeforderten Ressourcen bereitstellen, gefolgt von den Komponenten, die die für sie erforderliche Infrastruktur bereitstellen, wie Versorgungskomponenten, Baugruppenträger und Kommunikationseinrichtungen. Falls die bisher einfach gehaltene Repräsentation des Reihenfolgewissens nicht ausreichen sollte, könnte sie um Planungskonstrukte erweitert werden.

3. Beispiele

Anhand von zwei Beispielen soll das Prinzip des prozeßkomponenten-initiierten Konfigurierens erläutert werden und seine Anwendungsnähe belegt werden.

3.1 Schaltanlagen

In diesem Abschnitt wird eine relativ einfache Anwendung des prozeßkomponenten-initiierten Konfigurierens vorgestellt, für die bereits ein voll funktionsfähiger Prototyp erstellt wurde. Überraschend war der außerordentlich geringe Aufwand. Nach einem Tag Einarbeitung in die Technik der Anwendung benötigte der Wissenserwerb mit Eingabe und groben Tests nur noch weitere 2,5 Tage. Selbst wenn man noch einige Tage zur Abrundung und Dokumentation sowie Aufwand für eine spezielle Bedienungsoberfläche einkalkuliert, ist dies außerordentlich günstig.

Das Anwendungsgebiet liegt in der Sekundärtechnik von Schaltanlagen. Schaltfelder enthalten je nach Aufgabe unter anderem Leistungsschalter, Trenner, Erder, Hand-Erder und Stromwandler verschiedener Funktionalität. Außerdem müssen Trafos gesteuert und überwacht werden. Diese Geräte der Primärtechnik liefern bzw. empfangen Binär- und Analogsignale, wobei die Binärsignale meist zu Bündeln zusammengefaßt sind. Beispielsweise sind die Ansteuerungen der Geräte logisch und elektrisch zweipolig, um Wechsel zwischen den beiden Schaltzuständen durch separate Signale steuern zu können. Diese Ausgangssignale müssen von einer Gruppe einer Ausgangsbaugruppe geliefert werden, damit die Freigabe für beide Signale durch ein gemeinsames Relais erfolgen kann. Digitale Eingangswerte z.B. vom Trafo werden mit bis zu 5 bit Auflösung geliefert und müssen an fortlaufende Eingänge einer Eingangsbaugruppe angeschlossen werden, genauso wie die beiden getrennten Eingangssignale, die die Schaltzustände melden.

Die Konfigurationsaufgabe besteht darin, entsprechend einer Aufzählung der zu steuernden und zu überwachenden Geräte die erforderlichen Komponenten der "Feldeinheit-Steuerung und Überwachung" (FESÜ) auszusuchen, wobei Restriktionen bezüglich der Anschlußbelegung und der Buskapazität zu beachten sind.

Die Wissensbasis umfaßt 38 Komponenten (85 inklusive Oberbegriffe und virtuelle Komponenten) und 35 Ressourcen (89 inklusive Oberbegriffe und virtuelle Ressourcen).

3.2 Fördertechnik

Die Prinzipien des prozeßkomponenten-initiierten Konfigurierens unter Ausnutzung der ressourcenorientierten Modellierung werden im folgenden an einem Beispiel aus der Fördertechnik erläutert. Dieses Beispiel ist zwar noch nicht realisiert, von Fachleuten dieser Technik aber bereits als vorteilhaft eingeschätzt worden. Einzelheiten werden weggelassen, da ja nur das Prinzip gezeigt werden soll.

Als Aufgabe sei gestellt, ein Gut 100 m mit 2 m/s zu befördern. Diese Ressource kann von 10 Fördersegmenten bereitgestellt werden, die nach den Angaben des Katalogs der verfügbaren Komponenten jeweils 10 m mit 2m/s bereitstellen. Jedes Fördersegment benötigt seinerseits Ressourcen und zwar eine Antriebsleistung von 2 kW bei 50 U/min und eine Fördersteuerung.

Die Antriebsleistung kann durch ein Getriebe aus dem Komponentenkatalog bereitgestellt werden, das an der Abgangswelle 2,2 kW bei 50 U/min bereitstellt. Antriebsseitig verbraucht das Getriebe eine mechanische Antriebsleistung von 2,4 kW bei 3000 U/min. Die kann laut Katalog durch einen Drehstrommotor abgedeckt werden, der 2,7 kW bei der gewünschten Drehzahl an seiner Abgangswelle bereitstellt. Eingangsseitig verbraucht der Motor die elektrische Leistung von 3 kW bei 380 V und 50 Hz, geschaltet entsprechend der Fördersteuerung. Diese Leistung kann daher nicht einfach dem Netz entnommen werden, sondern muß von einem Schaltgerät geliefert werden, das die elektrische Leistung von 3,2 kW bei 380V und 50 Hz bereitstellt. Es benötigt seinerseits elektrische Leistung von 3,3 kW bei 380 V und 50 Hz von der Einspeisung und außerdem das Betätigungssignal zum Ein- und Ausschalten des Motors, das von der Fördersteuerung bereitgestellt werden muß. Die Einspeisung muß genügend elektrische Leistung bereitstellen, um die Schaltgeräte für alle 10 Fördersegmente zu versorgen. Die gewählte Einspeisung stellt 40 kW bei 380 V bereit und fordert vom Netz (der Umgebung) 45 kW bei 15 kV.

Nach den Komponente der Mechanik und Leistungselektrik sollen im folgenden die Steuerungskomponenten besprochen werden.

Pro Fördersegment wird eine Komponente Fördersegment-Steuerung benötigt, die die erforderliche Ressource Fördersteuerung bereitstellt. In dieser Komponente findet sich die zur Steuerung des Fördersegments notwendige Software wieder. Bei genauerer Darstellung wird diese Komponente wiederum aus mehreren Komponenten konfiguriert, um die jeweiligen Anforderungen flexibel erfüllen zu können. Bei der ressourcenorientierten Modellierung bereitet dies keine Schwierigkeiten, auch ist die richtige Berücksichtigung von Unterprogrammen kein Problem.

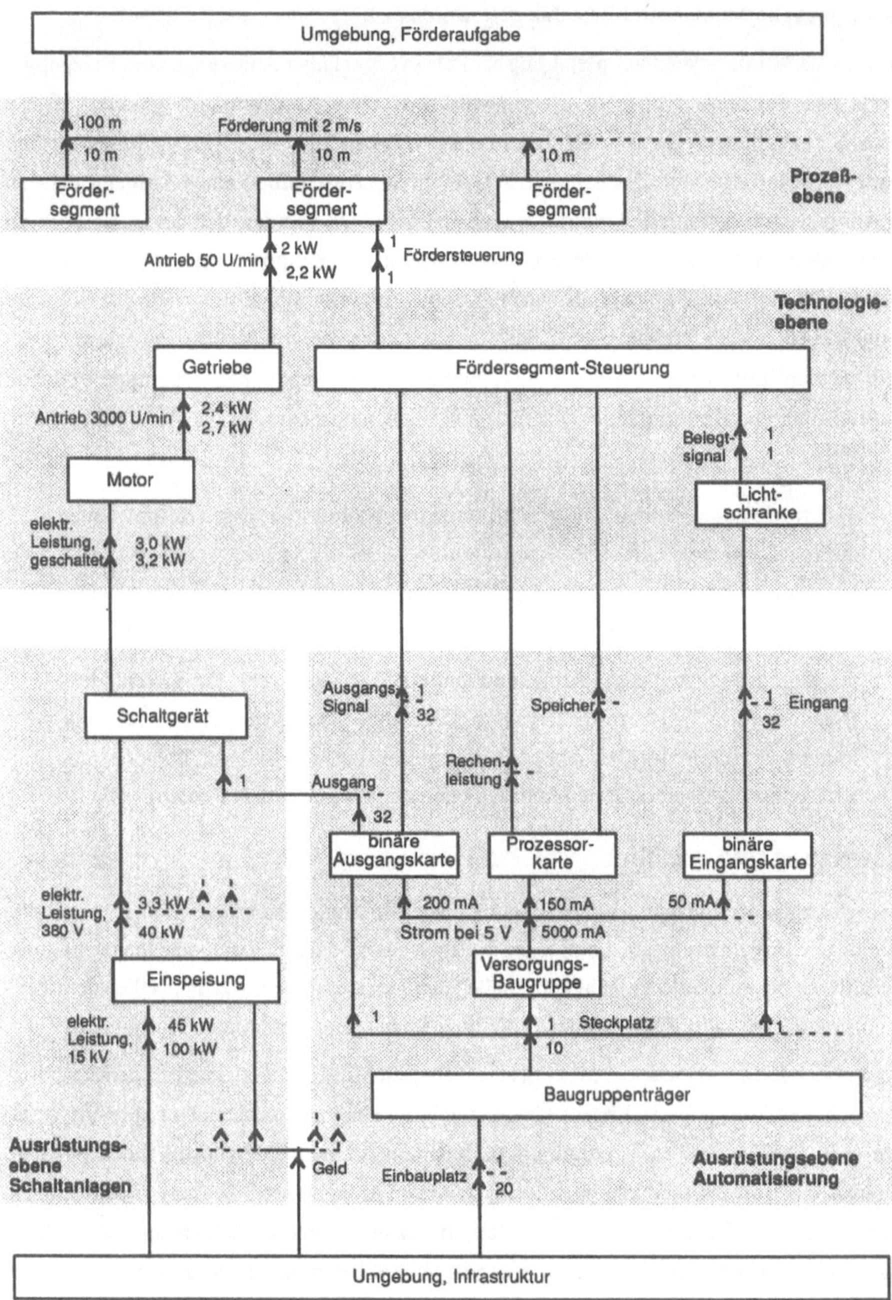

Bild 6: Beispiel aus der Fördertechnik

Bei guter Modularisierung wird so eine hohe Wiederverwendungsrate auch für Software erzielt, die ja zu einem bestimmenden Kostenfaktor geworden ist.

Die Komponente Fördersegment-Steuerung fordert ein Signal über Änderungen des Belegungszustands des Segments. Diese Ressource wird von einer Lichtschranke geliefert. Diese verbraucht einen binären Eingang für 5 mA bei 24 V. Diese Ressource wird von einer binären Eingangskarte bereitgestellt. Das Schaltgerät benötigt den Anschluß an einen Ausgang, der von einer Ausgabekarte bereitgestellt wird. Sie muß so ausgewählt werden, daß der Ressourcentyp des binären Ausgangs mit der des Betätigungseingangs des Schaltgeräts korrespondiert. Dieser Ausgang wird durch die Software als entsprechendes Ausgangssignal gesteuert. Die Software benötigt natürlich auch Rechenleistung und Hauptspeicher, die von der Prozessorkarte bereitgestellt werden. Das Aussuchen von Baugruppenträger und Versorgungsbaugruppe ist schon Routineleistung von Konfigurationssystemen der Ausrüstungsebene.

An diesem Beispiel sollte folgendes demonstriert werden:

- das Prinzip des Verfahrens, ausgehend vom Prozeß alle notwendigen Komponenten in Prozeß-, Technologie- und Ausrüstungsebene zu konfigurieren, auch wenn sie ganz unterschiedlichen Technologien angehören, ohne daß die Mitwirkung eines Bearbeiters notwendig ist.
- die Durchgängigkeit der ressourcenorientierten Modellierung für verschiedene Domänen (hier Speicherprogrammierte Steuerung, Schaltgeräte, Antriebstechnik, Fördertechnik), in der die funktionalen Zusammenhänge zwischen Komponenten auch unterschiedlicher Systemfamilien einheitlich repräsentiert werden.

4. Bewertung und Ausblick

Das vorgeschlagene Konzept des prozeßkomponenten-initiierten Konfigurierens in Angebotserstellung und Projektierung von komplexen Anlagen aus modularen Komponenten bietet große Vorteile durch ein rationelleres, in hohem Maße automatisierbares Entwerfen. Neben dem Zeitgewinn sind auch Qualitätsgewinn und know-how-Bewahrung wesentliche Pluspunkte.

Das Konzept nutzt die Vorteile der ressourcenorientierten Modellierung, deren Allgemeingültigkeit mehrfachen Vorteil bietet. Erstens können mit Hilfe einer entsprechenden Expertensystemschale (z.B. COSMOS [14]) Konfigurations-Expertensysteme kostengünstig erstellt werden. Zweitens können unterschiedliche Ausrüstungsteile von Anlagen wie Steuerung, Schaltanlagen, Antriebsregelung, Meßwerterfassung und Stellglieder einheitlich modelliert und daher durch eine Anzahl gleichartig zu bedienender und zu pflegender Expertensysteme konfiguriert werden. Drittens brauchen diese Expertensysteme nicht voneinander isoliert zu arbeiten, sondern können untereinander Informationen über die aus dem Zusammenwirken resultierenden gegenseitigen Ressourcenanforderungen austauschen.

Dadurch ist es möglich, nach Vereinbarung der Schnittstellen in Form von Ressourcen für jede dieser Komponentensysteme und für jede Anwendungsdomäne Wissensbasen zu erstellen, wobei jeweils der Komponenten-Anbieter bzw. die Anwendungsabteilung die Verantwortung trägt. Die Kombination der Wissensbasen ist problemlos möglich, ohne daß neben den Schnittstellendefinitionen weitere Vorkehrungen getroffen werden müssen. Dadurch kann sich jede Fachabteilung auf ihr Sachgebiet konzentrieren. Anwendungsbezogene Abteilungen werden in die Lage versetzt, ihr Wissen zu bewahren und rationeller einzusetzen; die Experten können sich nun den wirklich schwierigen und neuartigen Problemstellungen widmen.

Für die Zukunft sind Erweiterungen im bisherigen Konzept des prozeßkomponenten-initiierten Konfigurierens geplant. Hierzu gehört insbesondere das stufenweise Konfigurieren, bei der anfangs eine Grobkonfiguration erstellt wird, die dann sukzessive verfeinert wird, bis der gewünschte Detailierungsgrad erreicht worden ist. Geplant sind auch erweiterte Projektierungsdienste und Schnittstellen zu Simulationssystemen.

Dies eröffnet die Aussicht, die Projektierung kompletter Automatisierungsanlagen durchgehend zu unterstützen.

Literatur

[1] McDermott, J.: "R1: A Rule-Based Configurer of Computer Systems." Artificial Intelligence 19 (1982) 39-88.

[2] Soloway, E. et al.: "Assessing the Maintainability of XCON-in-RIME: Coping with the Problems of a VERY Large Rule-Base." Proc. AAAI '87, 824-829.

[3] Lehmann, E. et al.: "SICONFEX, ein Expertensystem für die Konfiguration eines Betriebssystems", 15. GI-Jahrestagung, 1985, 792-805.

[4] Dias, P.d.C.,Bärtschli, M.: "Der Einsatz der frame-basierten Expertensystem-Shell KEN für die Konfiguration nachrichtentechnischer Produkte" 2. Anwenderforum Expertensysteme 1989, Duisburg.

[5] Cunis, R. et al. "PLAKON, ein übergreifendes Konzept zur Wissens-Repräsentation und Problemlösung bei Planungs- und Konfigurierungsaufgaben ", Proc. Expertensysteme '87: Konzepte und Werkzeuge, Nürnberg, 1987, 406-419.

[6] Strecker, H.: "Configuration Using PLAKON - An Applications Perspective" Proc. 3. Int. GI-Kongreß "Wissensbasierte Systeme", 1989, 352-362.

[7] Cunis, R., Günter, A, Strecker, H (Hrsg); "Das PLAKON-Buch", Springer-Verlag, Informatik-Fachberichte, Berlin 1991

[8] Tank, W. "Modellierung von Expertise über Konfigurierungsaufgaben", DISKI 5, INFIX-Verlag 1991

[9] Hein, M.:"Effizientes Lösen von Konfigurierungsaufgaben", Dissertation TU Berlin 1991

[10] Neumann, B., Weiner, J.: "Anlagenkonzept und Bilanzverarbeitung". 3. Workshop Planen und Konfigurieren (1989), Arbeitspapiere der GMD 388(1989), 209-224.

[11] Stein, B.,Weiner, J.: "MOKON - Eine modellbasierte Entwicklungsplattform zur Konfigurierung technischer Anlagen", 5.Workshop Planen und Konfigurieren (1991), LKI–M-1/91, 100–106

[12] Heinrich, M.:"Ein generisches Modell zur Konfiguration Technischer Systeme aus modularen Komponenten ", 3. Workshop Planen und Konfigurieren (1989), Arbeitspapiere der GMD 388(1989), 49-57.

[13] Heinrich, M., Jüngst, E.W.: "A Resource-Based Paradigm for the Configuring of Technical Systems from Modular Components", Proc. CAIA ' 91, 257-264..

[14] Heinrich, M.:"Ressourcenorientierte Modellierung als Basis modularer Technischer Systeme", 5. Workshop Planen und Konfigurieren (1991), LKI–M-1/91, 61–74

Konfigurieren von Rührwerken mit COMIX

Norbert Laudwein
und
Axel Brinkop

Fraunhofer-Institut für Informations- und Datenverarbeitung IITB
Fraunhoferstraße 1
7500 Karlsruhe 1

Zusammenfassung

Beschrieben wird das wissensbasierte System COMIX (COnfiguration of MIXingmachines), das zur Konfigurierung und Angebotserstellung von industriellen Rührwerken dient. COMIX ist in verschiedene betriebliche Abläufe integriert und erzeugt, ausgehend von rühraufgabenspezifischen Parametern, ein Angebot, sowie verschiedene weitere Ausgaben, die in den einzelnen Unternehmensbereichen benutzt werden. Die Konfigurierung erfolgt in zwei Schritten: In einer sog. verfahrenstechnischen Auslegung werden die charakterisierenden Parameter des Rührwerkes bestimmt. Diese dienen zusammen mit weiteren Parametern als Eingabe für den zweiten Schritt. In diesem Schritt wird das grobe Modell des Rührwerks verfeinert, bis alle Komponenten vollständig bestimmt sind. Dabei wird die Berechnung der gesamten Parameter des Rührwerkes von einer Constraint-Propagierung gesteuert, die gerichtete Constraints mit sog. Feedbackschleifen benutzt. Die berechneten Parameter werden in einer Datenbank abgelegt, um ein fallbasiertes Wiederfinden und Rekonfigurieren zu ermöglichen. Die Ausgaben können für die Arbeitsvorbereitung, CAD und CAM verwendet werden.

Einleitung

Rührwerke werden hauptsächlich in der chemischen Industrie, sowie zur Abwasseraufbereitung und der Lebensmitteltechnologie eingesetzt. Sie bestehen grundsätzlich aus einem Antrieb, der Lagerung in der sogenannten Laterne, einer Rührwelle und einem oder mehreren Rührorganen. Darüber hinaus unterscheiden sie sich in Abhängigkeit von der zu bewältigenden Rühraufgabe sehr stark in Größe und Aussehen. Beispielsweise kann der Antrieb aus mehreren Komponenten wie Motor, Getriebe und Keilriementrieb aufgebaut sein. Die Leistungen variieren zwischen 0,5 kW und 1500 kW. Es gibt diverse Rührorgantypen für verschiedene Anwendungsbereiche, deren Größe zwischen 12,5 cm und mehreren Metern schwankt. Die Lagerung ist in Abhängigkeit von Rührwerksreihe und Lagerwellendurchmesser aus bis zu drei Einzelteilen aufgebaut. Weiterhin gibt es Zusatzkomponenten, wie untere Wellenbefestigungen

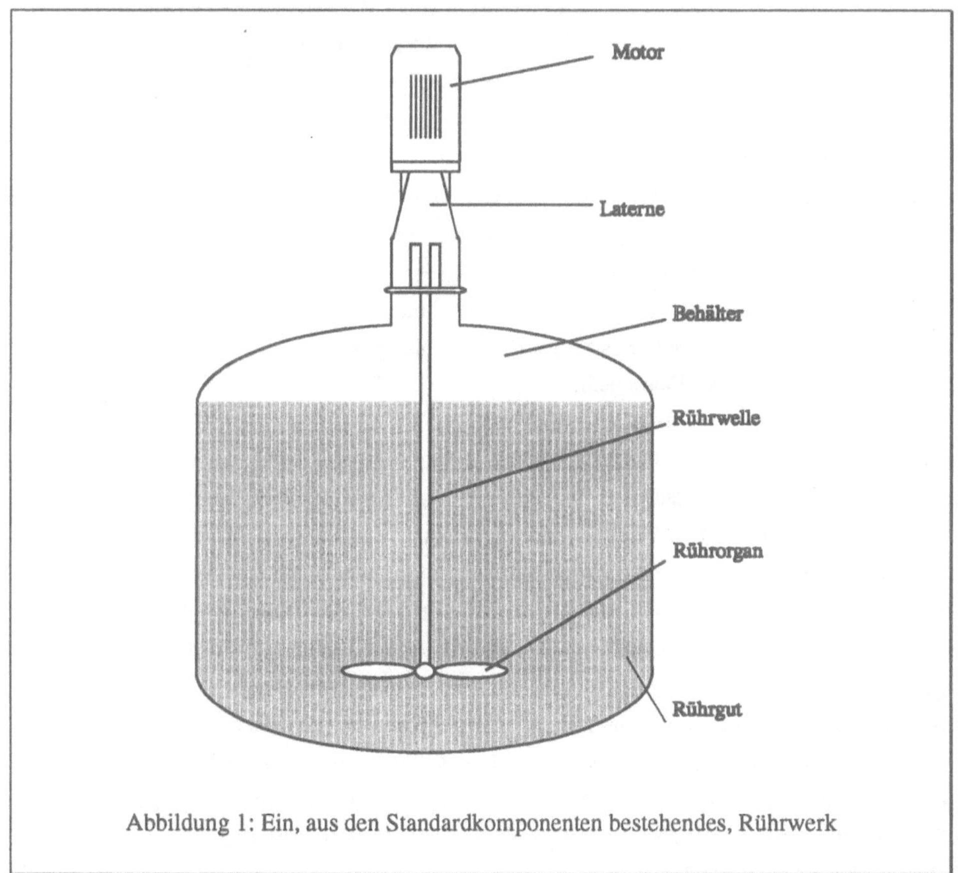

Abbildung 1: Ein, aus den Standardkomponenten bestehendes, Rührwerk

für sehr lange Rührwellen oder Dichtungen, die benötigt werden, wenn es sich bei dem Rührgut um umweltunverträgliche Produkte handelt. In Abbildung 1 ist ein aus den Standardkomponenten bestehendes Rührwerk dargestellt.
Im Normalfall wendet sich ein Kunde an den Rührwerkshersteller und fordert ein Angebot über ein Rührwerk an, das seinen speziellen Anforderungen genügt. Unter Zugrundelegung der kundenspezifischen Parameter wird dann von einem Vertriebsmitarbeiter ein Angebot erstellt.

Systemanforderungen

Die Konfigurierung von Rührwerken muß unter verschiedenen Voraussetzungen möglich sein:

1. Es soll eine verfahrenstechnische Auslegung anhand der vom Kunden angegebenen Parameter berechnet werden;
2. Die vollständige Auslegung eines Rührwerks, das den evtl. zuvor berechneten verfahrenstechnischen Anforderungen , oder nur den Angaben eines Vertriebsmitarbeiters entspricht, soll durchgeführt werden;
3. Es soll auch möglich sein, nur einzelne Komponenten eines Rührwerks zu bearbeiten.

Im ersten Fall gibt der Kunde bei seiner Anfrage neben den grundsätzlich benötigten Angaben über Viskosität, Dichte und Menge seines Produktes auch die zu bewältigende Rühraufgabe an. Zur Zeit können vom System die vier Grundaufgaben [5]

- Homogenisieren zweier oder mehrerer ähnlicher Flüssigkeiten,
- Suspendieren eines Feststoffes in einer Flüssigkeit,
- Begasen einer Flüssigkeit,
- Erhitzen bzw. Abkühlen einer Flüssigkeit

bearbeitet werden. Die verfahrenstechnische Auslegung beinhaltet neben der Beschreibung des Rührorgans mit Typ, Drehzahl und Durchmesser auch Angaben über die Rührorgananzahl, benötigte Mischzeiten und die benötigte Motorleistung.
Im zweiten Fall wird ein Rührwerk auch mechanisch ausgelegt. Die mechanische Auslegung kann sowohl mit, als auch ohne verfahrenstechnische Auslegung durchgeführt werden. Der Fall, daß ein Rührwerk ohne verfahrenstechnische Auslegung bestimmt werden muß, kann z.B. eintreten, wenn ein Kunde spezielle Vorgaben macht. In der mechanischen Auslegung werden z.B. erforderliche Materialstärken und Einsatzgrenzen bestimmt. Zu diesem Teil der Auslegung gehört die abschließende Erstellung eines, auch in preislicher Hinsicht verbindlichen, Angebots.
Der dritte Fall tritt ein, wenn ein Sachbearbeiter nur an den mechanischen Eigenschaften von z.B. einer Rührwelle oder einem Rührorgan interessiert ist. Dies kann der Fall sein, wenn ein Rührwerk konfiguriert werden muß, das z.B. in seinen Abmessungen nicht den im Normalfall ausgelieferten Rührwerken entspricht.[4]

Verfahrenstechnische Auslegung

Der erste, optionale Teil der Rührwerksberechnung in COMIX ist die sogenannte verfahrenstechnische Auslegung. In diesem Teil der Auslegung kann eine der vier bereits angeführten verfahrenstechnischen Grundaufgaben ausgewählt werden.
Es gibt zwei Arten von Parametern:

- allgemeine Parameter, die für jede der Rühraufgaben benötigt werden, wie z.B. Behälterabmessungen und Füllmengen, sowie
- rühraufgabenspezifische Parameter, wie z.B. Feststoffdaten beim Suspendieren oder Gasmengen bei Begasungsaufgaben.

Alle Parameter gehen in die verfahrenstechnische Auslegung ein. Sie werden auf die, für die vollständige Auslegung notwendigen Parameter wie z.B. den Typ, sowie die Anzahl der zu verwendenden Rührorgane , die Position der Rührorganse im Behälter oder die erforderliche Drehzahl zur Durchführung der Rühraufgabe, abgebildet.
Weiterhin besteht ein Unterschied zwischen

- Parametern, die immer angegeben werden müssen, wie z.B. die Dichte und die Viskosität des Produktes
- Parametern, deren Eingabe optional ist, wie z.B. der Rührorgantyp
- Parametern, deren Eingabe in bestimmten Rühraufgaben optional ist, die in anderen Rühraufgaben aber abgeleitete Größen sind, wie z.B. die Leistung eines Rührorgans sowie
- abgeleiteten Parametern

Sofern die vom Benutzer eingegebenen Parameter nicht dem implementierten Wissen widersprechen, werden sie für die Auslegung benutzt.
Falls für optionale Parameter keine Werte eingegeben sind, werden vom System die Werte so gewählt, daß eine möglichst preiswerte Auslegung möglich ist. Es sind diverse Strategien implementiert, die dazu führen, daß in der späteren Berechnung der Konfiguration möglichst preiswerte, d.h. möglichst kleine Komponenten mit geringen Materialkosten ausgewählt werden. Das System schlägt z.B. für die Rührorgane möglichst kleine Durchmesser vor, weil damit eine hohe Drehzahl erforderlich ist und somit geringere Belastungen am Rührwerk auftreten. Die Anwendbarkeit dieser Heuristik hängt aber wiederum vom Produkt ab, da nicht bei jeder Rühraufgabe hohe Drehzahlen sinnvoll sind.
Durch die Struktur des verfahrenstechnischen Wissens ist es möglich, für viele Parameter Bereiche anzugeben, in denen sich der Parameterwert bewegen kann. Diese Bereiche werden während der Berechnung einer verfahrenstechnischen Auslegung festgelegt. Es ist daraufhin für den Benutzer möglich, Parameter in diesen Grenzen zu verändern und vom System durch eine erneute Berechnung überprüfen zu lassen.
Während der Berechnung führt das System Tests auf die Widerspruchsfreiheit der zur Zeit bekannten Parameter durch, und bietet dem Benutzer ggfs. Lösungsmöglichkeiten für Parameterwidersprüche an.

Auf diese Weise ist es für einen Benutzer möglich, die verfahrenstechnische Auslegung, die vom System vorgeschlagen wird, nach eigenen Kriterien zu optimieren.

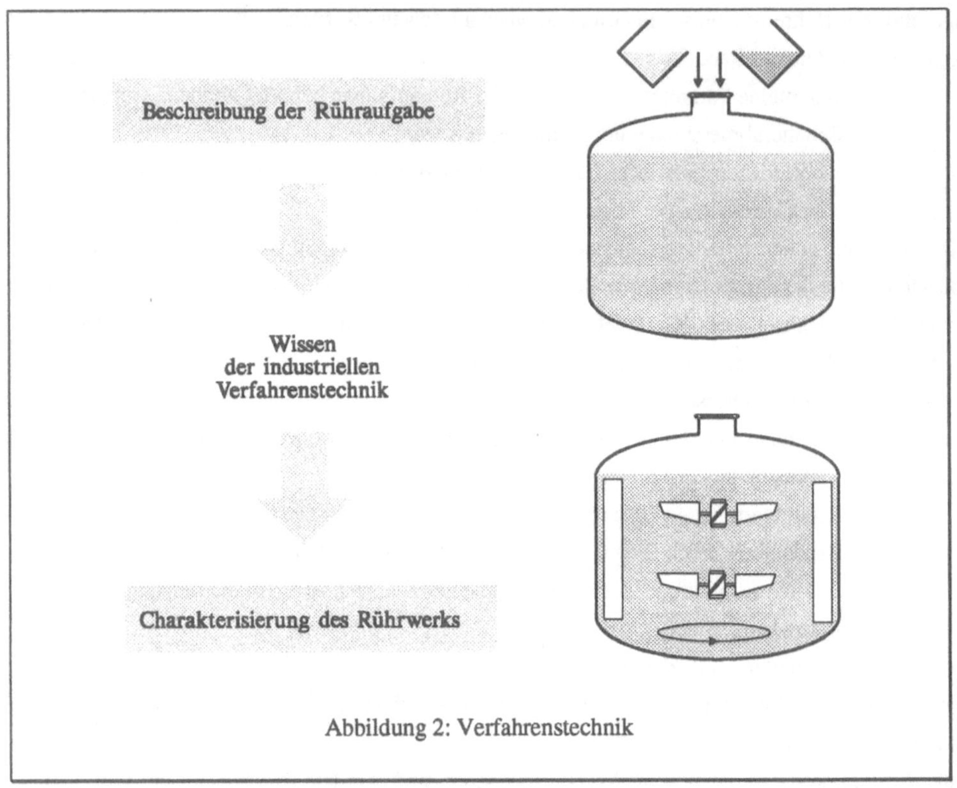

Abbildung 2: Verfahrenstechnik

Abbildung 2 gibt eine graphische Darstellung der verfahrenstechnischen Auslegung.
Am Ende der verfahrenstechnischen Auslegung liegen alle Parameter, die das Rührwerk bezüglich der Rühraufgabe charakterisieren, fest. Diese Parameter werden dann als Eingabe für den zweiten Schritt des Konfigurierungsprozesses benutzt.
Die Berechnung der verfahrenstechnischen Auslegung unterscheidet sich grundlegend von der der mechanischen Auslegung. Durch die inhomogene Struktur des Wissens über die verschiedenen verfahrenstechnischen Grundaufgaben und die verschiedenen Berechnungswege wurde die Berechnung verfahrenstechnischen Auslegung funktional implementiert. Ein weiterer Grund für die Wahl dieser Implementierungstechnik war die gewünschte hohe Performanz dieser Systemkomponente, damit es möglich ist, zu einer Aufgabe verschiedene verfahrenstechnische Auslegungen zu berechnen.

Wissensrepräsentation

Im vorliegenden Wissensbereich kann zwischen vier Arten von domänenabhängigem Wissen unterschieden werden:

- Das Wissen über verfügbare Komponenten und ihre technischen Parameter ist in Datenbanken abgelegt. Es wird so ermöglicht, daß z.B. die Daten von Fremdherstellern laufend aktualisiert werden und somit für die Angebotserstellung immer auf dem neuesten Stand sind. Durch spezielle Datenbankeinträge ist es ebenfalls möglich, bestimmte Komponenten oder ganze Produktreihen für den Zugriff zu sperren. Es ist dadurch ebenfalls möglich, Änderungen der technischen Parameter ganzer Produktreihen wie z.B. eines bestimmten Rührorgantyps zu ändern und dem Vertrieb zur Verfügung zu stellen.

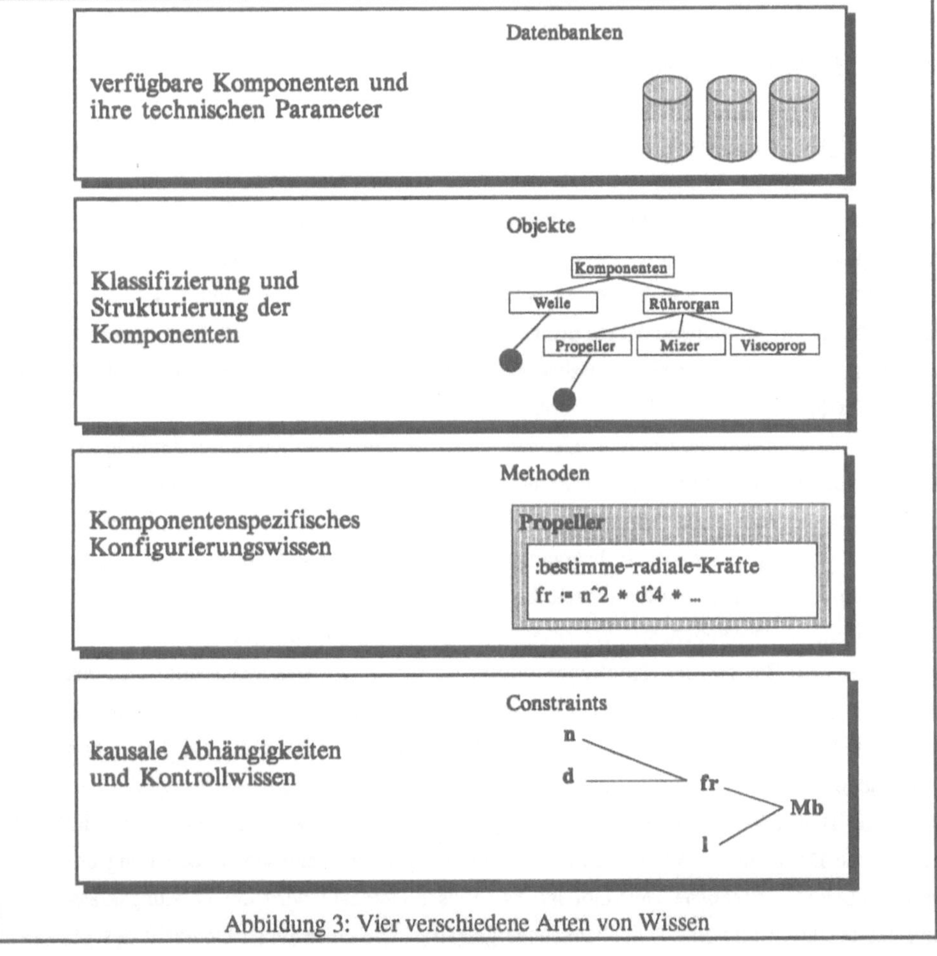

Abbildung 3: Vier verschiedene Arten von Wissen

- Das Wissen über die Struktur und Klassifizierung der Komponenten ist objektorientiert in is-a und part-of Hierarchien abgelegt. Es ist möglich, Änderungen der Produktpalette auf einfache Weise in diese Hierarchien einzubringen.
- Die dritte Wissensart, das komponentenspezifische Konfigurierungswissen, ist an das strukturelle Wissen angelehnt. Es unterscheidet sich in seiner Art aber von dem Strukturwissen. Es handelt sich hier zum großen Teil um Berechnungsvorschriften, die funktional implementiert und den Komponenten der Objekthierarchie als Methoden zugeordnet sind.
- Das Kontrollwissen über die Domäne ist durch gerichtete Constraints repräsentiert. Diese spiegeln die Vorgehensweise wider, nach der ein Ingenieur ein Rührwerk berechnen würde. Beispielsweise ist es sinnvoll als erstes das Rührorgan mit seinen Parametern festzulegen, bevor der Antrieb bestimmt wird.

Der Konfigurierungsprozeß

Der Konfigurierungsprozeß kann als modellbasiertes Suchproblem betrachtet werden. Er beginnt mit einem groben Modell des Rührwerkes, bei dem zu Anfang nur die Standardkomponenten vorhanden sind und für jede Komponente die jeweilige gesamte Produktpalette zur Verfügung steht. Im Laufe des Prozesses werden alle Komponenten verfeinert, d.h. in allen Parametern berechnet und aufeinander abgestimmt. Es ist z.B. zu Anfang des Konfigurationsprozesses nur bekannt, daß eine Welle benötigt wird, nicht aber, ob es sich um eine Hohl- oder eine Massivwelle handelt. Damit wird in jedem Schritt die Menge der zur Verfügung stehenden Komponenten reduziert.
Da nicht alle Komponenten miteinander kombinierbar sind, muß jede Entscheidung zu einer Komponente dokumentiert werden, damit die Entscheidung ggf. zurückgenommen werden kann. Durch die Wahl einer bestimmten Rührwelle kann es z.B. dazu kommen, daß sich in der Produktpalette kein passendes Rührorgan befindet und die gesamte Konfiguration verändert werden muß. Eine andere Möglichkeit besteht an dieser Stelle darin, kein Rührorgan der Standardreihe zu verwenden, sondern ein für diesen Fall speziell konstruiertes.
Es müssen zu Beginn des Konfigurierungsprozesses auch Annahmen über verschiedene Parameter gemacht werden, die erst während der laufenden Berechnung bestimmt werden können. Falls sich dann eine Annahme als falsch herausstellt, müssen alle auf dieser Annahme beruhenden Entscheidungen überprüft und Berechnungen erneut durchgeführt werden.
Dazu ein Beispiel: zu Anfang des Konfigurationsprozesses wird angenommen, daß die tatsächliche Drehzahl des Rührwerkes die von der verfahrenstechnischen Auslegung oder die vom Benutzer eingegebene Drehzahl ist. Mit dieser Drehzahl wird die Leistungsklasse des Antriebs bestimmt und eine Datenbanksuche gestartet. Die tatsächliche Drehzahl des Motors,

der vom Benutzer gewählt wird, weicht aber mit hoher Wahrscheinlichkeit von dieser Drehzahl ab. Dadurch müssen alle auf der Drehzahl beruhenden Berechnungen erneut durchgeführt werden. Dies kann sogar zu einer erneuten Datenbanksuche für einen Motor führen. Falls der Antrieb noch weitere Komponenten wie z.B. ein Getriebe oder einen Keilriementrieb hat, können auch diese Komponenten zu einer veränderten Drehzahl führen.

Um diese Berechnungszyklen zu steuern, wurde ein Constraintsystem für gerichtete Constraints mit intergrierter Abhängigkeitsverwaltung entwickelt und dem Konfigurierungsprozeß zugrundegelegt, da für die vorliegende Aufgabe eine vollständige Propagierung mit ungerichteten Constraints, wie in PLAKON[3] und CONSAT[7], nicht benötigt wurde.

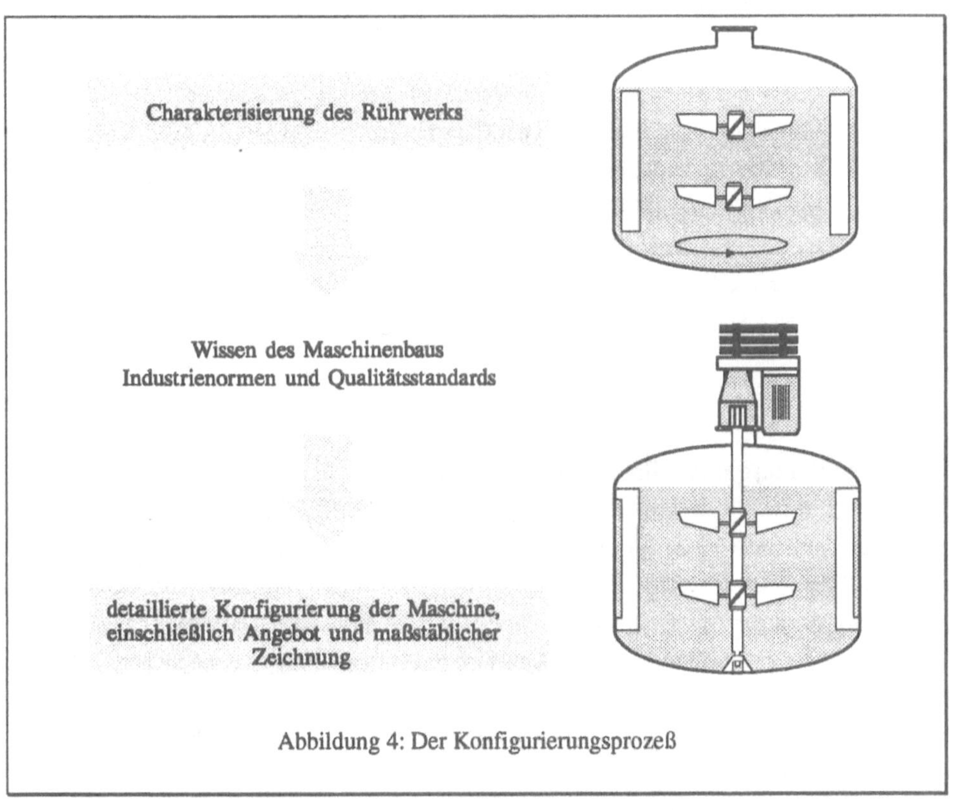

Abbildung 4: Der Konfigurierungsprozeß

Üblicherweise werden Constraints durch ein Tripel, bestehend aus einem eindeutigen Namen, der Menge der beteiligten Variablen und einer Relation über den Definitionsmengen der Variablen beschrieben [10]. Die verwendeten Constraints können als einfache, funktionale Constraints klassifiziert werden, da es sich bei den Relationen der Constraints um Funktionen handelt und die Auswertung der Funktionen eine einelementige Menge zurückliefert. Durch die Art der Formulierung des Wissens über die Konfigurierung von Rührwerken, bei dem es sich um

- Formeln zur Berechnung von Parametern,
- komplexe Algorithmen zur Bestimmung von Parametern oder
- Datenbanksuchen auf Grund von Grenzwerten von Parametern

handelt, war die Beschränkung auf gerichtete Constraints möglich.

Die Verarbeitung der Constraints in COMIX basiert auf der Propagierung lokal konsistenter Wertebelegungen der Constraint-Variablen. Treten bei der Propagierung Widersprüche auf, so bedeutet dies eine globale Inkonsistenz, und die zuletzt berechnete Wertemenge wird zurückgesetzt, und ein Backtracking, das von der Abhängigkeitsverwaltung unterstützt wird, wird veranlaßt.

Der Kern des Systems ähnelt in seinem Aufbau dem Werkzeug PLAKON für Planungs- und Konfigurierungsaufgaben [2] [3], ist jedoch in seiner Funktionalität nicht so mächtig. Aus der Anwendung ergaben sich die folgenden Anforderungen an den Kern:

- klare Formulierbarkeit und effiziente Verarbeitung von gerichteten Constraints,
- zusätzliche Möglichkeit der Verwendung beliebiger Prädikate als Vorbedingungen zum Feuern der Constraints,
- Möglichkeit der Referenz von Parametern, die als Eigenschaften von Objekten gehalten werden,
- spezielle Existenz- und Allquantoren für Mengen von Objekten,
- Strukturierbarkeit von Constraints in Mengen.

Eine detaillierte Beschreibung des Konfigurierungsprozeß findet sich in [1].

Rekonfigurierung mit Hilfe einer Datenbank

Da ein Rührwerk unter vielen verschiedenen Voraussetzungen berechnet werden kann, liegt es nahe, das Rührwerk auch unter verschiedenen Kriterien in einer Datenbank abzulegen. Nach erfolgter vollständiger Auslegung eines Rührwerkes wird es in einer Datenbank eingetragen, um dem Benutzer zu einem späteren Zeitpunkt eine Rekonfigurierung zu ermöglichen.

Ein eindeutiger Zugriffsschlüssel wird für jede Konfiguration vergeben. Es gibt verschiedene Datenbankdateien, die nach sog. Bereichen unterteilt sind. Diese Bereiche werden durch Parameter des Rührwerkes definiert, die das Rührwerk als zu diesem Bereich gehörig kennzeichnen. Sind beispielsweise die Parameter einer bestimmten verfahrenstechnischen Rühraufgabe bekannt, so wird das Rührwerk in die entsprechende Datei eingetragen. Ebenfalls stellen optionale zusätzliche Komponenten des Rührwerkes, wie z.B. bestimmte Getriebearten oder Dichtungen, charakteristische Eigenschaften dar. Jedes konfigurierte Rührwerk wird somit in diverse Dateien eingetragen.

Falls nun ein Rührwerk konfiguriert werden soll, ist es für den Sachbearbeiter möglich, die Bereiche der Datenbank zu überprüfen, zu denen das zu berechnende Rührwerk seiner Ansicht nach gehört, um ggfs. ein ähnliches Rührwerk zu finden.

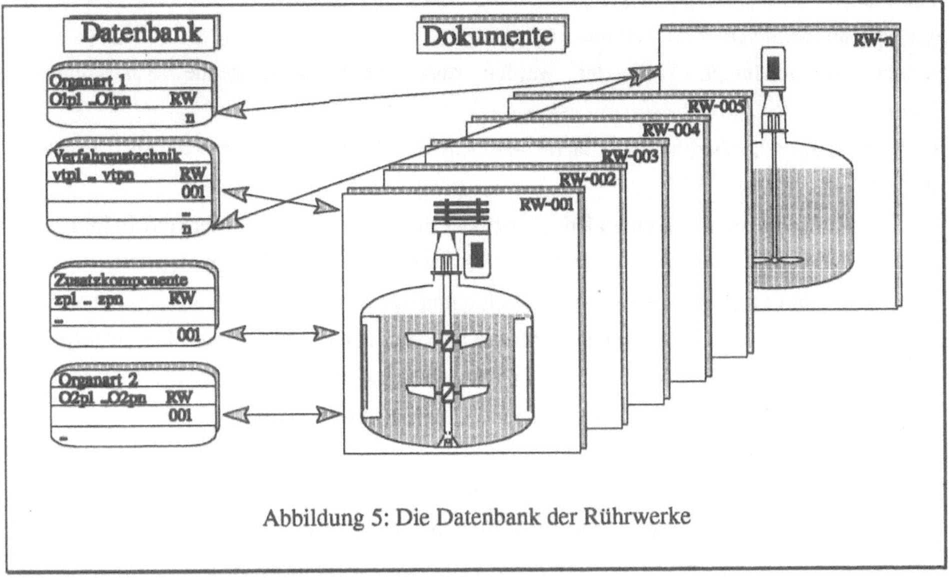

Abbildung 5: Die Datenbank der Rührwerke

Der Benutzer kann ein Rührwerk nach der Ähnlichkeit der Rühraufgabe bestimmen. Somit kommen alle die Rührwerke in die Auswahl, die eine ähnliche Rühraufgabe erfüllen, wobei dies aber nicht unbedingt auch eine Ähnlichkeit im Aufbau des Rührwerkes bedeutet, da eine Rühraufgabe mit verschiedenen Rührorgantypen bewältigt werden kann. Es ist aber auch möglich, eine Konfiguration nach der Art ihrer Komponenten auszuwählen, unabhängig davon, ob ein Rührwerk mit Hilfe der verfahrenstechnischen Komponente konfiguriert wurde oder nicht. Das Ähnlichkeitsmaß bleibt somit dem Benutzer überlassen.
In Abbildung 5 ist eine graphische Darstellung der Datenbank gegeben.

Bedieneroberfläche

COMIX wurde zur Verwendung auf handelsüblichen PCs mit der LISP-basierten Expertensystem-Shell GOLDWORKS III unter MS-DOS und MS WINDOWS 3.1 entwickelt.
Die Bedieneroberflache ist Maus-Menü-gesteuert. Dem Benutzer werden diverse Editoren zur Verfügung gestellt, in denen die benötigten Daten eingegeben und die Berechnungen durchgeführt werden. Diese sind in ihrer Form den Formularen, die im Vertrieb des Rührwerksherstellers verwendet werden, nachempfunden.
Wo es möglich ist, erhält der Benutzer die Werte der benötigten Parametern in Menüs zur Auswahl. Zur Beschleunigung der Eingaben von Parameterwerten, die im allgemeinen fest

sind, können Parameter zu Mengen zusammengefaßt, vom System standardmäßig gesetzt und ggfs. anschließend verändert werden.

Voneinander abhängige Parameter werden durch aufeinanderfolgende Auswahlmenüs abgefragt.

Abbildung 6 zeigt die Bedieneroberfläche von COMIX. Das Hauptfenster von COMIX besteht aus drei Teilen:

- Im linken und rechten Drittel befindet sich der sogenannte Inspektor. In ihm werden wichtige Parameter des Rührwerks, wie u.a. Rührorgantyp und -durchmesser, Wellenlänge und -durchmesser, der Typ einer evtl. vorhandenen Dichtung und verschiedene Motor- und Getriebedaten angezeigt. Die Anzeigen der Parameter werden durch . Dämonen aktualisiert, sobald sich ihr Wert ändert.
- Das mittlere Drittel wird von einer Graphik bedeckt. Diese hat zwei verschiedenen Funktionen:
  - Falls vom Benutzer einzelne Komponenten eines Rührwerks bearbeitet werden sollen, so können die jeweiligen Komponenten direkt mit der Maus selektiert werden, um so den jeweiligen Komponenteneditor zu starten.
  - durch farbliche Veränderungen der einzelnen Komponenten kann der Fortschritt der Konfigurierung an der Graphik nachverfolgt werden. Dazu werden die Komponenten in weiß, ro grau bzw blau dargestellt, in

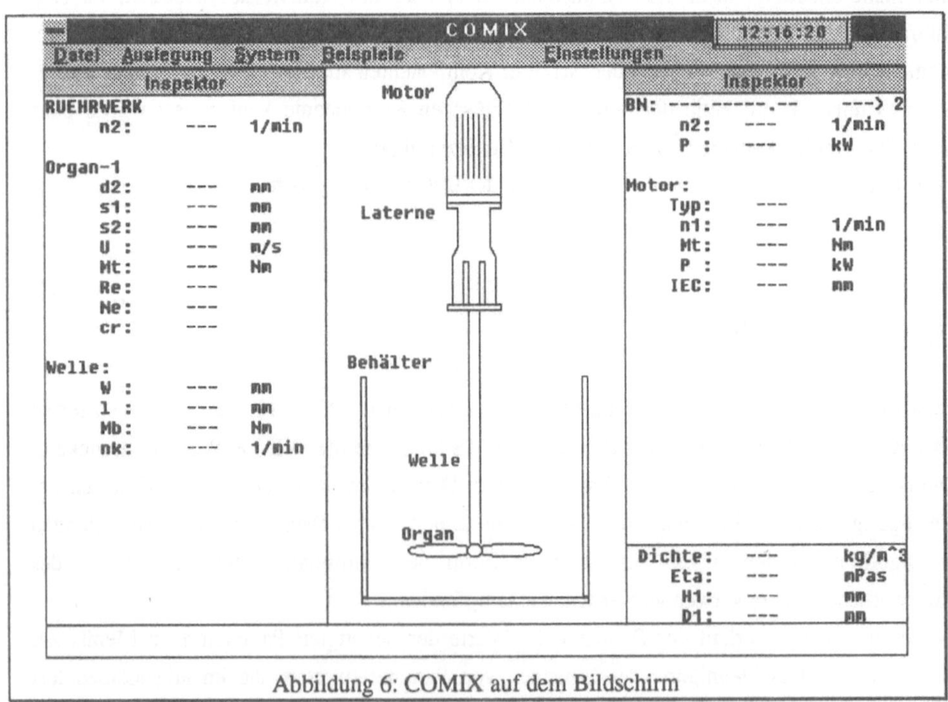

Abbildung 6: COMIX auf dem Bildschirm

Abhängigkeit davon, ob eine Komponente noch nicht vollständig bestimmt ist, ein Parameter einer Komponente berechnet wird, eine Komponente vollständig bestimmt ist bzw. ein Parameter überprüft wird.
Der Benutzer hat die Möglichkeit, sich eine maßstäbliche Darstellung des Rührwerks auf dem Bildschirm anzusehen und ggfs. anschließend auszudrucken.
Die vom System erzeugten Ausgaben, wie Angebot oder Spezifikation des Rührwerkes, können vom Benutzer mittels eines Editors auf seine Belange hin verändert und anschließend ausgedruckt werden.

Erfahrungen

Während der gesamten bisherigen Laufzeit des Projektes, bei der auf Entwicklerseite zwei Mitarbeiter über drei Jahre und ein Mitarbeiter über zwei Jahre beim Rührwerkshersteller tätig waren, wurden die Standards und Normen des Rührwerksherstellers überprüft und überarbeitet. Dies führte zu einer neuen Definition der Werknorm, die eine Reduzierung der Kosten für ein Rührwerk ermöglichte.
Das System wurde in Zusammenarbeit mit der F&E- und der EDV-Abteilung des Rührwerksherstellers entwickelt. Als besonders wichtig zeigte sich die enge Zusammenarbeit zwischen den Experten der F&E-Abteilung und den Systementwicklern, um einerseits auftretende fachliche Fragen zu klären und andererseits die implementierten Inhalte zu überprüfen.
Weiterhin zeigte sich, daß die Zusammenarbeit mit den künftigen Anwendern im Vertrieb wichtig war, da auch von ihnen wichtige Hinweise zu Verbesserungen des Systems sowohl in inhaltlicher Hinsicht als auch bezüglich der Benutzeroberfläche gegeben wurden. Außerdem wurden diverse Berechnungsfehler durch die Benutzung des Systems bei der täglichen Arbeit gefunden.
Das System wurde inzwischen in Zusammenarbeit mit der EDV-Abteilung im Vertrieb eingeführt.[8]
In der restlichen Laufzeit des Projektes wird COMIX noch durch weitere Rührorgantypen sowie eine weitere Rührwerksreihe ergänzt werden.
Während der Laufzeit des Projektes hat sich die objektorientierte Implementierung des strukturellen Wissens als zweckmäßig erwiesen. Es war problemlos möglich, die Breite des Spektrums der Rührwerke, die mit COMIX konfiguriert werden können, um eine Rührwerksreihe zu erweitern.
Das gewählte Datenbankformat von D-Base III in Verbindung mit LISP und der objektorientierten Komponente stellt eine gute Möglichkeit zur Verwaltung der diversen Standards und Produktdaten dar.
Die verwendete Constraintpropagierung mit der integrierten Abhängigkeitsverwaltung ermöglichte eine gute Kontrollierbarkeit der Abläufe bei einer Konfigurierung. Die spezielle

Implementierung der Constraintpropagierung für gerichtete Constraints führte zu einer hohen Performanzsteigerung des Systems gegenüber den, in einer früheren Version verwendeten, Regeln zur Constraintdarstellung mit expliziter Abhängigkeitsverwaltung.

Literatur

[1] *A. Brinkop, N. Laudwein:* "Configuration of Industrial Mixing-Machines - Development of a Knowledge-Based-System", in Industrial and Engineering Applications of Artificial Intelligence and Expert Systems, (IEA / AIE-92), F.Belli, F. J. Radermacher (Hrsg), Springer Verlag 431 - 440 (1992)

[2] *R. Cunis, A. Günter, I. Syska, H. Peters, H. Bode*: "PLAKON - an Approach to Domain-Independent Constuction." Proceedings of the 2nd International Conference on Industrial & Engineering Applications of AI & Expert Systems (IEA / AIE - 89), UTSI, Tullahoma, Tennessee (1989)

[3] *R. Cunis et al.*: "Das PLAKON-Buch", Informatik Fachberichte 266, Springer Verlag 1991

[4] W. *Dilger, N. Laudwein, A. Brinkop*: "Configuration in mechanical engineering." Applications of Artificial Intelligence VIII, Mohan M. Tivedi, Editor, Proc. SPIE 1293, 506 - 514 (1990)

[5] *EKATO*: "Handbook of Mixing Technology", EKATO Rühr- und Mischtechnik GmbH, Schopfheim (1991)

[6] *Andreas Günter*: "Flexible Kontrolle in Expertensystemen zur Planung und Konfigurierung in technischen Domänen." Dissertation Universität Hamburg, DISKI Bd.3, INFIX Verlag St. Augustin (1992)

[7] *H. W. Güsgen: CONSAT*: "Foundations of a System for Constraint Satisfaction." Technische Expertensysteme: Wissensrepräsentation und Schlußfolgerungsverfahren, H. W. Früchtenicht et al., Hrsg, Oldenbourg Verlag, München, 415 - 440 (1987)

[8] *N. Laudwein, A. Brinkop*: "Development and Introduction of a Knowledgebased System for Mechanical Engineering", Applications of Artificial Intelligence X: Knowledge-Based Systems, Gautam Biswas (Hrsg), Proc. SPIE Vol 1707, 448 - 456 (1992)

[9] *B. Neumann*: "Configuration Expert Systems: A Case Study and Tutorial". TEX-K Veröffentlichung Nr. 20, Universität Hamburg, ebenso erschienen in Proceedings of SGAICO Conference on Artificial Intelligence in Manufacturing, Assembly and Robotics, Oldenbourg Verlag München

[10] *Michael Th. Reinfrank*: "SCENELAB, Scenelabeling by a Society of Agents. A Distributed Constraint Propagation System", Memo SEKI-85-06, Universität Kaiserslautern

Validierung von konzeptuellen Modellen[1]

Frank Maurer & Gerd Pews
Universität Kaiserslautern
AG Expertensysteme Prof. Richter
Postfach 3049
6750 Kaiserslautern
e-Mail: {maurer, pews}@informatik.uni-kl.de

In diesem Papier stellen wir einen Interpreter vor, der die Validierung von konzeptuellen Modellen bereits in frühen Entwicklungsphasen unterstützt. Wir vergleichen Hypermedia- und Expertensystemansätze zur Wissensverarbeitung und erläutern, wie ein integrierter Ansatz die Erstellung von Expertensystemen vereinfacht. Das von uns entwickelte Knowledge Engineering Werkzeug ermöglicht einen "sanften" Übergang von initialen Protokollen über eine semi-formale Spezifikation in Form eines getypten Hypertextes hin zu einem operationalen Expertensystem. Ein Interpreter nutzt die in diesem Prozeß erzeugte Zwischenrepräsentation direkt zur interaktiven Lösung von Problemen, wobei einzelne Aufgaben über ein lokales Rechnernetz auf die Bearbeiter verteilt werden. Das heißt, die Spezifikation des Expertensystems wird direkt für die Lösung realer Probleme eingesetzt. Existieren zu einzelnen Teilaufgaben Operationalisierungen (d.h. Programme), dann werden diese vom Computer bearbeitet.

1.0 Einleitung und Überblick

Bei der Bewertung von Software werden von Boehm [7] zwei Ziele unterschieden:

Verifikation: Erfüllt das Programm die in der Spezifikation gestellten Anforderungen?

Validierung: Löst das Programm das Problem des Anwenders?

In diesem Papier behandeln wir Aspekte des zweiten Punktes. Wir stellen einen Interpreter vor, der eine semi-formale Spezifikation in Kooperation mit dem Benutzer verarbeiten kann und somit bereits in sehr frühen Phasen der Expertensystementwicklung die Validierung unterstützt.

Rapid Prototyping unterstützt die Validierung von Systemen und war das übliche Vorgehen bei der Entwicklung von Expertensystemen der ersten Generation. Die dabei zutage tretenden Schwächen (z.B. entsteht unwartbarer "Spaghetticode" von Regeln) führten zur Entwicklung von modellbasierten Methodiken, z.B. KADS [9], bei der Expertensysteme zuerst spezifiziert und anschließend implementiert werden. In KADS wird das Ergebnis der Analyse einer Domäne *konzeptuelles Modell* genannt. Das konzeptuelle Modell besteht aus der Beschreibung der Schnittstellen zwischen den Agenten (Model of Cooperation) und dem Wissensmodell (Model of Expertise). Als Nachteil der modellbasierten Wissensakquisition ergeben sich Pro-

1 Diese Arbeit wurde teilweise unterstützt vom Ministerium für Wirtschaft und Verkehr des Landes Rheinland-Pfalz im Rahmen des Projektes "Integration von Hypermedia und Expertensystemen"

bleme mit einer frühen Validierung durch die Benutzer, da die (natürlichsprachliche) Spezifikation von diesen oft nicht hinreichend verstanden wird. Verschiedene Autoren ([1], [26], [27], [25]) haben aus diesem Grund formale, operationale Spezifikationssprachen für "*Models of Expertise*" entwickelt. Unser Ansatz geht einen anderen Weg: Wir entwickeln einen Interpreter, der eine semi-formale Spezifikation in Interaktion mit dem Benutzer abarbeiten kann und dabei auch das "Model of Cooperation" validiert.

Unser Ansatz basiert auf der Integration von Hypermedia- und Expertensystemtechniken, die vielen Autoren erfolgversprechend erscheint ([5], [6], [15], [17], [20]). Beide Techniken erlauben die Verwaltung von und den effektiven Zugriff auf Wissen mit Hilfe des Rechners.

Atomare Wissenseinheiten (Knoten) in Hypermediasystemen (vgl. [12] oder [21]) werden typischerweise in einer vom Rechner nicht interpretierbaren Form (z. B. Videosequenzen, Bilder, Tonsignale, natürlichsprachlicher Text) repräsentiert. Das gespeicherte Wissen kann vom Benutzer kontextabhängig interpretiert und so zur Lösung eines Problems herangezogen werden. Zusätzlich sind an die einzelnen Knoten Verweise auf weitere Knoten gekettet, denen der Benutzer folgen kann, um weitere Informationen zu erhalten (assoziativer Zugriff). Die Suche nach dem für die Lösung des aktuellen Problems benötigten Wissen wird in erster Linie vom Benutzer gesteuert[2]. In Tabelle 1 vergleichen wir an Hand mehrerer Dimensionen die Stärken und Schwächen von Hypermedia- und Expertensystemtechnologie. Die Bewertungen der Technologien bilden nur die Ränder eines Kontinuums.

Dimension	**Hypermedia**	**Expertensystem**
Grad der Formalisierung des Wissens	Wissen nur vom Menschen interpretierbar	Wissen ist formalisiert und dadurch von einem maschinellen Interpreter zu verarbeiten
Initiative bei der Problemlösung	Initiative bei der Problemlösung beim Benutzer, d.h. es werden hohe Anforderungen an ihn gestellt	Initiative bei der Problemlösung beim System, d.h. die Anforderungen an den Benutzer sind niedriger
Entwicklungsaufwand	Mittlerer Entwicklungsaufwand: Formalisierung des Wissens nicht notwendig; Hintergrundwissen und Common Sense des späteren Benutzers muß nicht operationalisiert werden	Hoher Entwicklungsaufwand: Wissensakquisition muß zur Dekontextualisierung von Wissen führen, da Inferenzen nur aufgrund des formalisierten Wissens gezogen werden können
Benutzerschnittstelle	Kommunikation mit Benutzer über multimediale Schnittstelle; Schnittstelle ist ein wichtiger Forschungsgegenstand	Multimediale Benutzerschnittstelle nur als Add-On

Tabelle 1: Vergleich von Hypermedia- und Expertensystemtechnologie

Die Fragen, die sich nun stellen sind: Was können die beiden Ansätze voneinander lernen? Wie kann man die Ansätze miteinander integrieren, so daß die jeweiligen Vorteile übernommen und die entsprechenden Nachteile zurückgedrängt werden? Vorläufige Antworten und ein darauf beruhendes System werden im folgenden dargestellt.

2 "guided tours" verlagern die Initiative stärker auf das System und sind die Ausnahme zu obiger Beschreibung.

Im zweiten Kapitel erläutern wir grob, wie das Wissen einer neuen Anwendung strukturiert wird. Der resultierende Hypertext bildet die Basis des im dritten Kapitel vorgestellten Interpreters, der die verteilte Bearbeitung des Problems ermöglicht. Im vierten Kapitel erläutern wir dann, wie ein "sanfter" Übergang zum Expertensystem geschaffen wird. Im fünften Kapitel vergleichen wir unseren Ansatz mit der KADS-Methodik, die den Ausgangspunkt unserer Entwicklung bildet. Zum Schluß fassen wir unsere Ergebnisse zusammen, beschreiben den Stand der Realisierung und geben einen Überblick über weitere Arbeiten.

2.0 Strukturierung von Wissen

In Abschnitt 2.1 stellen wir das System CoMo-Kit[3] vor. Dieses unterstützt die Entwicklung von Expertensystemen im Sinne eines Computer-Aided Knowledge Engineering Werkzeugs. Abschnitt 2.2 erläutert, wie wir mit CoMo-Kit ausgehend von initialen Daten die Zwischenrepräsentation entwickeln.

2.1 CoMo-Kit: Conceptual Model Construction Kit

CoMo-Kit unterstützt Teams von Experten und Wissensingenieuren bei der Entwicklung von konzeptuellen Modellen. Desweiteren erlaubt CoMo-Kit die Zuweisung einzelner Aufgaben an einen oder mehrere Bearbeiter (Task Distribution, vgl. [13]).

CoMo-Kit basiert auf dem HyperCAKE-System ([18]) und Ideen von [20]. HyperCAKE nutzt eine erweiterte Hypertext Abstract Machine [11] für die Verwaltung multimedialer Informationen. HyperCAKE ermöglicht die Definition von anwendungsspezifischen Sichten auf einen globalen Hypertext. Hypermedianetze sind in einer globalen Datenbank gespeichert und von allen Workstations in einem lokalen Netz zugänglich. CoMo-Kit nutzt das HyperCAKE-System zur Verwaltung *aller* im Verlauf des Knowledge Engineering Prozesses anfallenden Daten. Dazu wurden folgende Knotenklassen definiert[4]:

- **Protokoll (Protocol):** Protokolle sind die Ausgangsdaten des Wissensakquisitionsprozesses. Ein Protokoll enthält unstrukturierte Informationen, die vom Experten oder anderen Wissenquellen erhoben wurden. CoMo-Kit unterstützt im Moment Texte, Bitmaps, Audio und Video.
- **Konzept (Begriff, Concept):** Konzepte beschreiben für die Lösung des Problems notwendige Informationseinheiten in textueller, natürlichsprachlicher Form. Wir unterscheiden, wie beim objektorientierten Design üblich, zwischen Klassenbeschreibungen und Instanzen. Konzeptklassen werden in eine IS-A-Hierarchie eingeordnet[5]. Jede Klassenbeschreibung umfaßt eine Menge von Attributen, denen jeweils ein Typ zugeordnet ist.

---

3 CoMo-Kit wurde in Zusammenarbeit mit Susanne Neubert, Uni Karlsruhe, entwickelt, die eine Beispielapplikation (Zusammenstellen von Versicherungspaketen) zur Verfügung stellte.

4 Wir stellen nur im folgenden relevante Klassen dar.

5 Auf weitere Relationen zwischen Konzepten (PART-Of, CAUSES etc.), die CoMo-Kit unterstützt, gehen wir hier nicht ein.

- **Aufgabe (Task):** Eine Aufgabe beschreibt (in textueller, natürlichsprachlicher Form), was durchgeführt werden muß, um ein gegebenes Problem zu lösen. Für jede Aufgabe werden die Eingabe[6]- und Ausgabedaten[7] spezifiziert, indem Links zwischen Konzepten und ihr definiert werden. Jede Aufgabe kann aus mehreren Unteraufgaben bestehen, die dann in Form eines Datenfluß-Diagramms beschrieben werden. D.h. Tasks sind hierarchisch organisiert. Jeder Aufgabe werden in der Spezifikation ein oder mehrere Bearbeiter zugeordnet, die sie erfüllen können.
- **Bearbeiter (Agent[8]):** Agenten werden über ihren Namen identifiziert und können zu verschiedenen Gruppen gehören. In der Spezifikation wird für jede Aufgabe festgelegt, welcher Agent oder welche Gruppe von Agenten sie potentiell bearbeiten kann. Agenten können sowohl Menschen als auch Rechner sein.

Für Konzepte und Aufgaben können operationale Annotationen in Form von Programmen definiert werden. Auf diesen Punkt kommen wir zurück (vgl. "Operationalisierung der semiformalen Strukturen").

2.2 Benutzung von CoMo-Kit

Ausgangspunkt der konzeptuellen Modellierung ist das Protokoll eines Gesprächs mit einem Experten, das die zu lösende Aufgabe umgangssprachlich beschreibt. Abbildung 1 zeigt auf

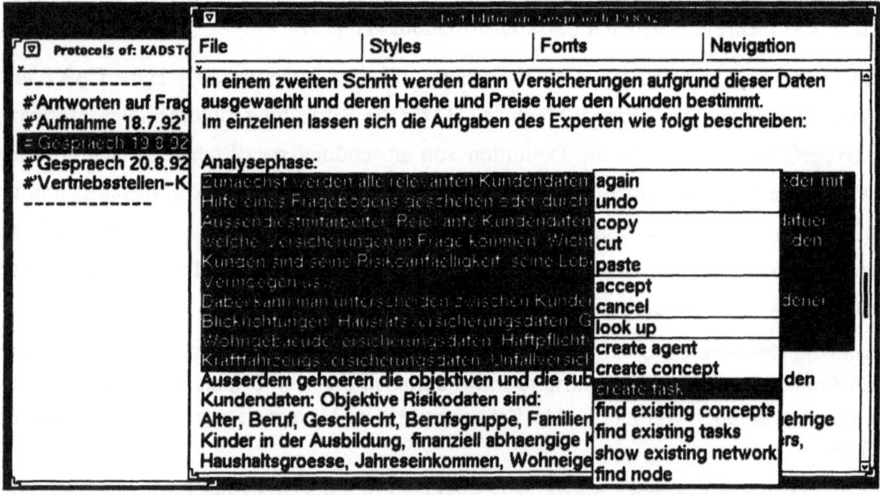

Abbildung 1: Die Liste der Protokolle und ein Protokoll-Editor

der linken Seite eine Liste von Protokollen für eine kleine Beispieldomäne. Rechts ist ein Protokoll-Editor zu sehen. Der Wissensingenieur[9] selektiert einen Teil des Textes, der eine zu

---

6 Der Benutzer kann als Eingabe für eine Aufgabe sowohl Konzeptklassen als auch -instanzen angeben. Instanzen werden zur Laufzeit nicht verändert und repräsentieren z.B. Gesetzestexte oder Richtlinien. Eingabe einer Aufgabe ist also alles, was zur Bearbeitung benötigt wird.

7 Ausgaben sind immer Instanzen von Konzepten, da ihr Inhalt immer erst als Ergebnis der Aufgabe erzeugt wird.

8 Der Begriff des Agenten bezeichnet den Bearbeiter einer Aufgabe.

bearbeitende Teilaufgabe beschreibt, und wählt anschließend den Menüeintrag "create task", um einen entsprechenden Aufgabenknoten zu erzeugen. Analog können Konzepte und Agenten erzeugt werden. Sowohl Zuordnung eines Bearbeiters zu einer Gruppe und zu Aufgaben als auch die Modellierung der Konzeptklassenstrukturen erfolgen über graphische Schnittstellen, die hier nicht gezeigt werden.

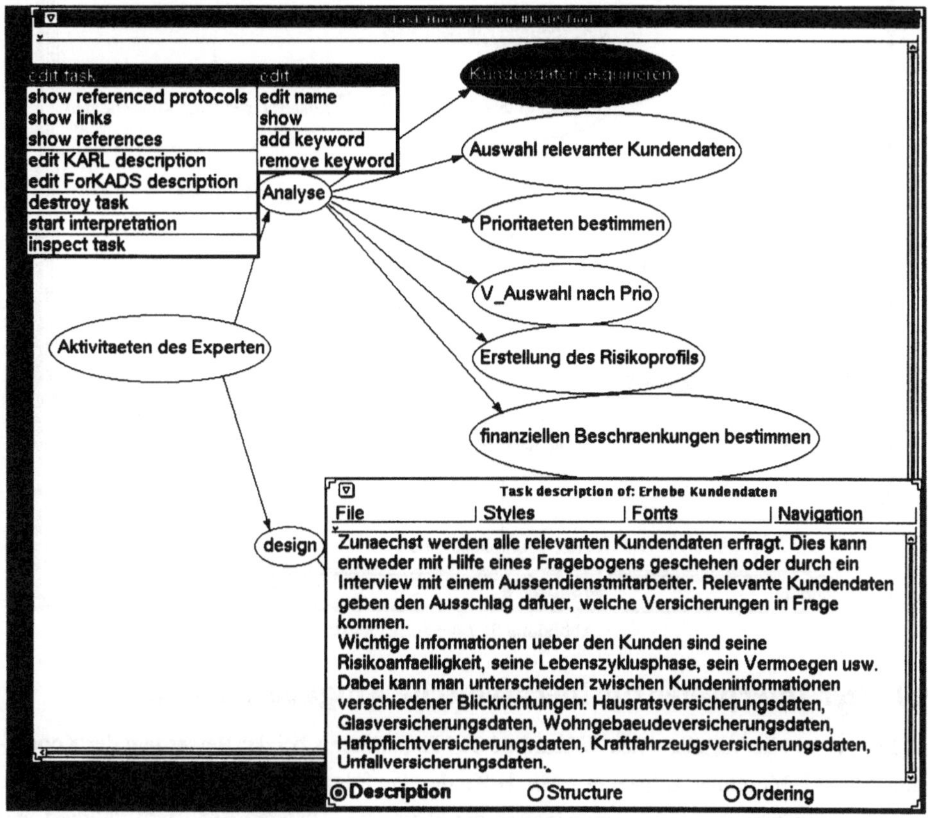

Abbildung 2: Die Aufgaben-Hierarchie und eine Aufgabenbeschreibung

Abbildung 2 zeigt eine Aufgabenstruktur. Desweiteren ist die Beschreibung der in Abbildung 1 neu erzeugten Aufgabe zu sehen. Man erkennt, daß der in dem Protokoll angewählte Text in den neu erzeugten Knoten kopiert wurde. Der Wissensingenieur kann die Beschreibung dann editieren, um die Aufgabe genauer zu spezifizieren. Ein Datenfluß-Diagramm stellt die innere Struktur einer Aufgabe dar (vgl. Abbildung 3). Konzepte werden als Rechteck gezeigt, wohingegen Ellipsen Aufgaben repräsentieren. Die Hierarchie der Datenfluß-Diagramme eines zu lösenden Problems ist die Basis des im folgenden Kapitel beschriebenen Interpreters.

9 In einer Beispielanwendung (Baunutzungsverordnung) von CoMo-Kit wird die Strukturierung der Domäne direkt von Raumplanern, d.h. den Experten, vorgenommen. Wir denken, daß sich das auch auf andere Domänen übertragen läßt, da keine Programmierung im eigentlichen Sinne durchgeführt werden muß.

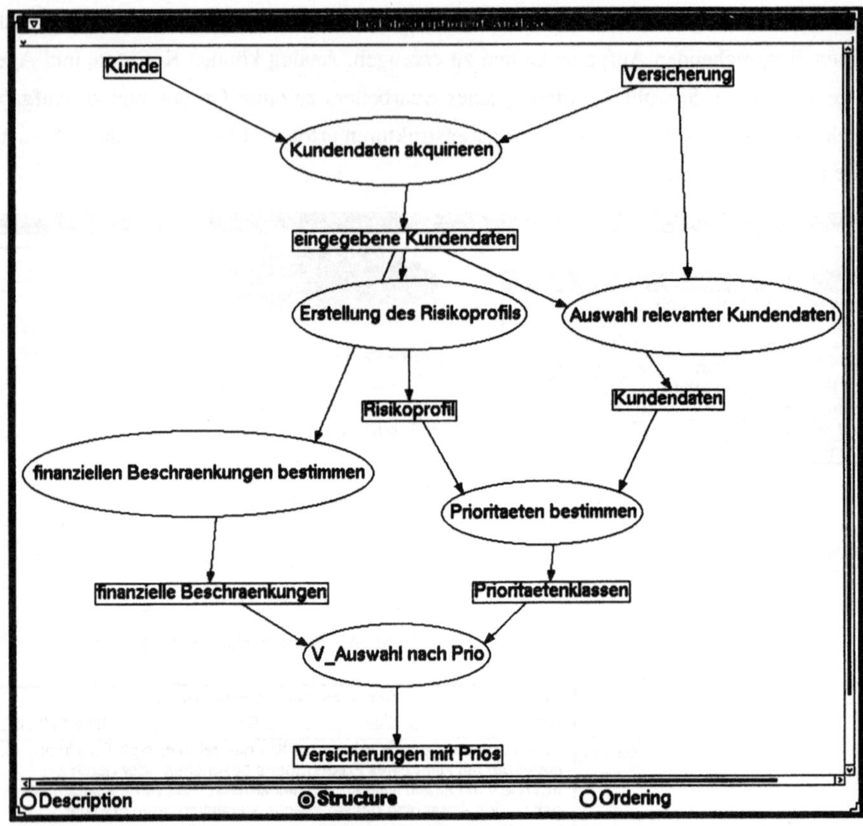

Abbildung 3: Eine Aufgabenstruktur

3.0 Der Interpreter für hierarchische Aufgabenstrukturen

In [13] werden die Vorteile eines "Wizard of Oz"-Experiments bei der Bewertung der Kooperation Mensch-Maschine aufgezeigt. Mit Hilfe des im folgenden beschriebenen Interpreters kann eine neu erzeugte Aufgabenzerlegung direkt von den späteren Benutzern validiert und damit durch ein (leicht abgewandeltes) "Wizard of Oz"-Experiment evaluiert werden. Um zu testen, ob die einzelnen Teilaufgaben für die späteren Benutzer genau genug beschrieben sind, schließen wir Rückfragen an einen Experten aus, indem wir den Benutzern nur den Zugriff auf die Beschreibung der Aufgabe und die Eingabedaten ermöglichen.

Schon die semi-formale[10] Strukturierung der Domäne in Form eines Hypertextes führt zu einem verwertbaren Ergebnis: Komplexe Aufgaben werden in kleinere Teile zerlegt, die dann mit Hilfe des Interpreters von (weniger qualifizierten) Sachbearbeitern bearbeitet werden kön-

10 Semi-formal heißt hier, daß die Topologie des Netzes formal ist (jeder Knotentyp und jeder Kantentyp hat eine durch den Interpreter festgelegte Bedeutung für die Lösung der Aufgabe). Die Inhalte der Knoten können allerdings nur durch den menschlichen Benutzer interpretiert werden (vgl. auch [19])

nen. Diese haben nur Zugriff auf für die Aufgabe relevante Information; andere werden vom System weggefiltert.

Abbildung 4 gibt einen Überblick über die verteilte Bearbeitung einer Aufgabe. Ein Benutzer initiiert eine Aufgabe (Task), indem er sie an einen oder mehrere andere Benutzer delegiert und zur Ausführung freigibt. Er startet dadurch einen Scheduler-Prozeß. Der Scheduler erzeugt

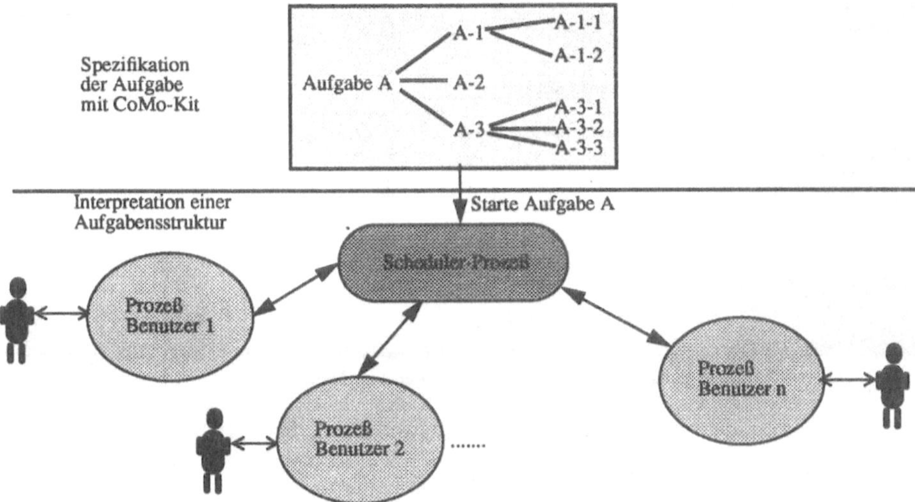

Abbildung 4: Die Prozeß-Struktur des Interpreters

Instanzen aller Ausgabedaten[11]. Er sorgt dafür, daß nur Aufgaben bearbeitet werden, für die zum jeweiligen Zeitpunkt auch alle benötigten Eingaben vorhanden sind. Ein Benutzer kann dann aus allen von ihm bearbeitbaren Tasks diejenige auswählen, die er als nächstes bearbeiten möchte. Die Tasks lassen sich in zwei Gruppen einteilen: komplexe und atomare.

Komplexe Aufgaben bestehen aus mehreren Unteraufgaben. Sie sind die inneren Knoten des in Abbildung 2 gezeigten Baumes. Wenn ein Benutzer eine komplexe Aufgabe bearbeiten will, übernimmt er die Rolle eines Managers. Ein Manager muß

- Aufgaben auf Sachbearbeiter verteilen und
- die Durchführung der Aufgaben überwachen.

Dabei wird er vom Rechner unterstützt. Dieser leitet Aufgaben, die nur einen möglichen Bearbeiter haben, direkt an diesen weiter. Desweiteren kann der Manager interaktiv Aufgaben delegieren und den Stand der Bearbeitung überprüfen. Abbildung 5 zeigt ein Verwaltungsfenster. Das Fenster enthält vier Listen mit:

- Aufgaben, die noch unbearbeitet sind (links oben)
- Aufgaben, die schon an einen oder mehrere Benutzer delegiert sind, von diesen aber noch nicht bearbeitet wurden (links unten)

11 Eine Aufgabe kann mehrmals mit verschiedenen Eingabedaten in Bearbeitung sein (z. B. Zusammenstellen der Versicherungspakete für verschiedene Personen).

- Aufgaben, die gerade bearbeitet werden (rechts unten)
- Aufgaben, die schon bearbeitet sind (rechts oben).

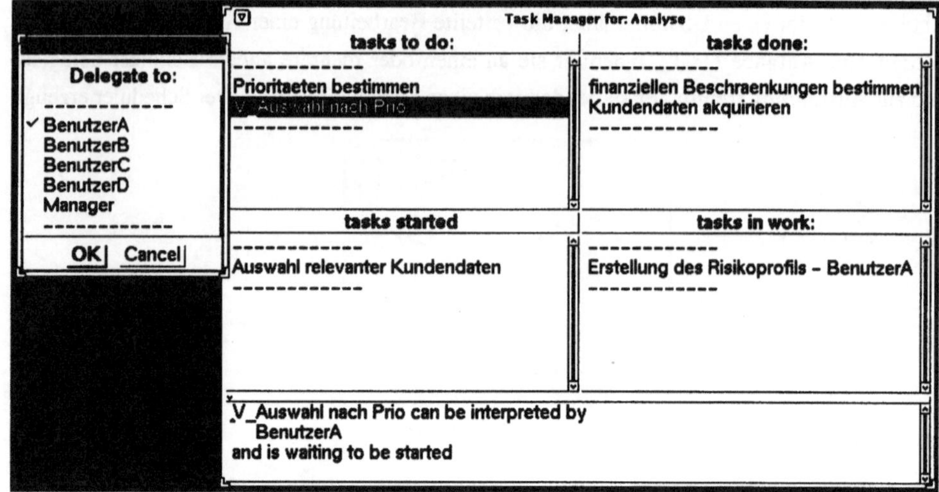

Abbildung 5: Verteilung der Aufgaben auf einzelne Agenten

Unter den Listen befindet sich ein Textfeld, in dem Informationen über den Stand der Bearbeitung jeder Aufgabe dargestellt werden.

In der Überschrift ist die auszuführende Aufgabe zu sehen (hier: Analyse). Links oben werden alle noch zu verteilenden Aufgaben gezeigt. Diese können mit Hilfe eines Menüs an einen der möglichen Sachbearbeiter delegiert werden (hier: Benutzer A - Benutzer D). Sobald dies geschehen ist, erscheint die Aufgabe in der Liste links unten. Das Fenster rechts unten wiederum enthält eine Liste der Tasks, die gerade von dem Sachbearbeiter ausgeführt werden, dessen Namen hinter der Aufgabe gezeigt wird (hier: Benutzer A). Die Liste rechts oben umfaßt alle Aufgaben, die bereits abgeschlossen sind. D.h. im Verlauf der Zeit wandern die einzelnen Aufgaben (entgegen dem Uhrzeigersinn) von links oben nach rechts oben. Der Manager kann den Bearbeitungsvorgang verfolgen, bei Stockungen nach der Ursache forschen und evtl. eingreifen.

Atomare Aufgaben werden mit Hilfe des in Abbildung 6 gezeigten Fensters bearbeitet. Dieses enthält auf der linken Seite dynamisch erzeugte Buttons, die den Zugriff auf für die Aufgabe relevante[12] Informationen ermöglichen. In der Mitte findet der Benutzer eine Beschreibung der Aufgabe. Rechts befindet sich der Editor für die Eingabe des Resultats[13]. Sobald der Propagate-Button gedrückt wird, werden die Ergebnisse an die Scheduler propagiert. Anschlie-

12 Was für eine Aufgabe relevant ist, wird bei der Strukturierung der Domäne festgelegt: Die Inputs einer Aufgabe sind relevant für deren Lösung.

13 Falls die Aufgabe mehrere Resultate erzeugen soll, sind mehrere Editoren zu sehen.

ßend können in dem Datenfluß-Diagramm nachfolgende Aufgaben von den dafür zuständigen Benutzern durchgeführt werden.

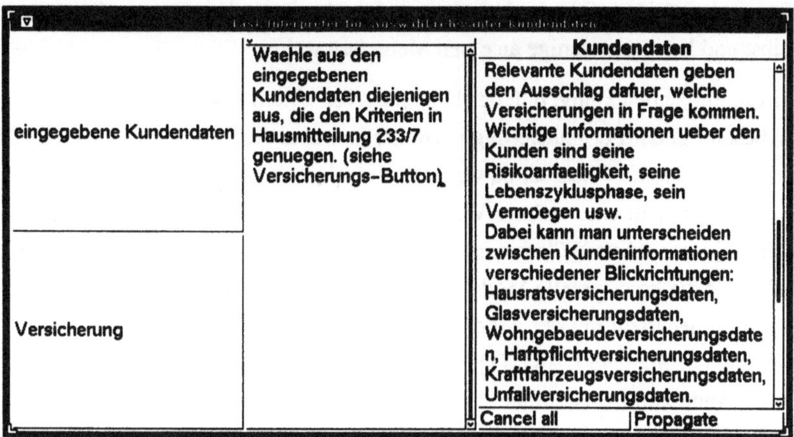

Abbildung 6: Editor für die Bearbeitung einer atomaren Aufgabe durch den Benutzer

Der beschriebene Interpreter hat im wesentlichen zwei interessante Eigenschaften:

1. Das Wissen muß nicht vollständig formalisiert werden, sondern liegt in Form eines Hypermedia-Netzwerks vor. Der Interpreter argumentiert nur über die Struktur des Netzes (d.h. Knoten- und Kantentypen haben eine operationale Semantik), nicht aber über die Knoteninhalte, deren Interpretation dem Benutzer überlassen bleibt. Dies ist aber nur ein gradueller Unterschied zu interaktiven Expertensystemen, da jede Frage an den Benutzer von diesem auch interpretiert wird. *Aus dieser Überlegung folgt auch, daß die Grenze zwischen Hypertexten und Expertensystemen fließend ist und man einen "sanften" Übergang zwischen beiden Formen der Wissensrepräsentation erreichen kann.*
2. Die Lösung des Problems wird auf mehrere Agenten, d.h. Sachbearbeiter oder Rechner, verteilt. Von daher unterstützt der Interpreter die Validierung des Model of Cooperation.

4.0 Operationalisierung der semi-formalen Strukturen

Der Interpreter für Taskstrukturen leitet die Benutzer bei der gemeinschaftlichen Problemlösung an. Er steuert den Gesamtprozeß. Atomare Aufgaben hingegen werden von den einzelnen Benutzern unter Rückgriff auf die im Hypertext gespeicherte Information gelöst.

Wenn man nun Searl's Chinese Room Experiment in unseren Kontext überträgt, erkennt man, daß der beschriebene Interpreter "Chinesisch" nur partiell übersetzen kann und für die Sätze, die er in seinem Lexikon nicht findet, auf einen externen Agenten (einen Mensch) zurückgreift[14]. Einen Verarbeitungsmechanismus, der einen Teil seiner Aufgaben an externe Agenten weiterleitet, da er sie nicht "versteht", bezeichnen wir als semi-formal. Verschiedene semi-for-

14 Für den Hinweis auf diese Analogie möchte ich mich bei Prof. Richter bedanken.

male Mechanismen lassen sich, über die Anzahl der weitergeleiteten Aufgaben, leicht in eine Halbordnung einordnen. Ziel einer Expertensystementwicklung ist, möglichst tief in diese Halbordnung abzusteigen. D.h. der Verarbeitungsmechanismus bearbeitet möglichst viele Aufgaben selbst und leitet nur wenige an einen Menschen weiter.

Ein Schritt in der Entwicklung, d.h. der Übergang von einem Knoten der Halbordnung in den nächsten, besteht in der Formalisierung einzelner atomarer Aufgaben. Diese werden dann von dem Benutzer "Computer" bearbeitet, was sich einfach in das oben beschriebene Verarbeitungsschema integriert. Um eine spätere Wartung zu unterstützen, sollte die Formalisierung die Struktur des Wissens erhalten ("structure preserving design"). Aus diesem Grund liegt es nahe, eine speziell auf die konzeptuelle Modellierung nach KADS zugeschnittene Sprache zu benutzen. Die Zusammenarbeit mit der Arbeitsgruppe Prof. Studer, Universität Karlsruhe, führte zu der Anbindung der Sprache KARL [1]. CoMo-Kit erlaubt, jedem Konzept und jeder Aufgabe eine formale Annotation zuzuordnen. Die Gesamtheit aller KARL-Beschreibungen eines Projektes kann dann an den KARL-Interpreter übergeben und von diesem ausgeführt werden. Im Moment arbeiten wir an der Integration alternativer Sprachen.

Insgesamt ergibt sich ein "sanfter" Übergang von initialen Daten zum Expertensystem, da der Hypertext als Zwischenrepräsentation hilft, die Aufgabe zu lösen und durch strukturerhaltende Formalisierungen *partiell* zum Expertensystem ausgebaut werden kann. Partiell heißt, daß im Verlauf des Entwicklungsprozesses entschieden werden kann, ob und welche Aufgaben formalisiert werden. Diese Entscheidung wird bestimmt durch den Aufwand der Formalisierung[15] und den erwarteten Nutzen. Mit CoMo-Kit besteht also die Möglichkeit einen beliebigen Teil der Aufgaben zu formalisieren. Das finanzielle Risiko einer Fehlentscheidung zu Beginn wird deutlich verringert, da die Entwicklung spiralförmig in mehreren Phasen durchgeführt werden kann. Dabei können nach jeder Phase das Risiko und die Kosten der folgenden relativ genau eingeschätzt werden (vgl. [8]).

5.0 Vergleich mit der KADS-Methodik

Die KADS-Methodik ist eine Basis unseres Ansatzes und drängt insbesondere in Europa immer mehr in den Vordergrund. Für ausführliche Beschreibungen sei auf z.B. [23], [29], [30] oder [9] verwiesen.

Die Beschreibung von wissensbasierten Systemen wird in der KADS-Methodik in mehrere Modelle aufgespalten: Organizational Model, Application Model, Task Model, Conceptual Model und Design Model.

Das Ergebnis der Analyse einer Domäne wird *konzeptuelles Modell* genannt. Das konzeptuelle Modell besteht aus der Beschreibung der Benutzerschnittstelle (Model of Cooperation) und dem Wissensmodell (Model of Expertise). Das Model of Expertise unterscheidet verschiedene

15 Der nach der Strukturierung der Domäne natürlich besser abgeschätzt werden kann, als bei Projektbeginn.

Wissensarten, die vier verschiedenen Ebenen zugerechnet werden: Domänen-, Inferenz-, Aufgaben- und Strategieebene.

Unser Ansatz baut auf KADS auf, unterscheidet sich aber durch die folgenden Punkte davon:

- **hierarchische Inferenzstrukturen**: Im Gegensatz zu KADS besteht eine Inferenzstruktur bei uns nicht nur aus primitiven Inferenzen (Knowledge Sources), sondern kann auf verschiedenen Abstraktionsebenen beschrieben werden. Wir setzen dafür hierarchische Datenfluß-Diagramme ein. Diese Art der Modellierung integriert bewußt Aspekte des Task Models mit denen des Inferenzlayers. Die strikte Trennung von Kontroll- von Inferenzaspekten erschien uns unnatürlich, da a priori nicht klar sein kann, was eine primitive und was eine komplexe Aufgabe ist[16]. Hierarchische Inferenzstrukturen sind außerdem notwendig, um eine Modularisierung der Spezifikation und damit einer späteren Implementierung zu unterstützen.
- **Toolentwicklung**: Wir gehen davon aus, daß die Unterstützung der Entwickler durch ein Wissensakquisitionstool ein inhärenter Bestandteil unseres Ansatzes ist. Werkzeuge bestimmen oft, was überhaupt produziert werden kann, und Methodiken sind ohne entsprechende Werkzeuge in der Praxis nicht anwendbar[17]. Dies läßt sich durch eine Analogie zum Maschinenbau begründen: Es ist ein fundamentaler Unterschied, ob in der Produktion eine CNC-Maschine eingesetzt wird oder ein Steinkeil. Entwickler einer Methodik berücksichtigen unserer Ansicht nach automatisch, welche Werkzeuge benutzt werden sollen. Geht man nun davon aus, daß die Methodik mit Papier und Bleistift durchgeführt werden soll, so wird eine "optimale" Methode anders aussehen, als wenn man auf den Rechner als Werkzeug setzt. Die Werkzeugentwicklung ist für KADS zweitrangig (trotz der Entwicklung von Shelley [2]).
- **Inkrementelle Entwicklung**: Unser Ansatz versucht Hypermedia-Netze als Zwischenrepräsentation einzusetzen und diese direkt für die Lösung von Problemen verwertbar zu machen. Wir unterstützen dadurch die inkrementelle Entwicklung von wissensbasierten Systemen nach dem Spiralmodell von Boehm.
- **User Interface**: Da wir als Basis der Entwicklungsumgebung ein objektorientiertes Hypermediasystem benutzen, können wir relativ problemlos multimediale Benutzerschnittstellen erzeugen. Unser Tool unterstützt die schnelle Entwicklung von Benutzerschnittstellen, die dann vom Anwender evaluiert werden können.
- **Knowledge Repository**: Unser Tool verwaltet alle im Rahmen des Knowledge Engineering Prozesses anfallenden Informationen in einer globalen Datenbasis (Knowledge Repository). Analoges wird auch für konventionelle Software Engineering Werkzeuge gefordert.
- **Strategieebene:** Die Strategie-Ebene soll Meta-Wissen über die Auswahl und Kombination von verschiedenen Tasks enthalten. Sie ist bis jetzt noch nicht klar spezifiziert und wird deshalb in unserem Tool nicht unterstützt.

---

16 Wenn man Case-Based Reasoning als KADS-Modell beschreibt (vgl. [3]) stellt man fest, daß die Knowledge Source "select best case" in eine komplexe Unterstruktur zerfällt, sofern die Spezifikation hinreichend genau für eine Implementierung sein soll. Dieser Effekt läßt sich bei vielen der in [4] vorgestellten Modelle feststellen

17 Umgekehrt gilt natürlich auch, daß die Basis eines Werkzeugs eine Methode sein muß.

- **Interaktive Simulation:** Der beschriebene Interpreter verarbeitet in Kooperation mit den Benutzern die semi-formale Spezifikation des wissensbasierten Systems. D. h. die Validierung des wissensbasierten Systems durch die Anwender kann ohne vorherige Formalisierung der Domäne erfolgen, wodurch Probleme frühzeitig erkannt und Kosten gesenkt werden.
- **Validierung des *konzeptuellen* Modells:** Im Gegensatz zu formalen Spezifikationssprachen (KARL, ML^2, ForKADS, MoMo) unterstützt unser Ansatz die Validierung von konzeptuellen Modellen und nicht nur von dem Model of Expertise. D. h. mit Hilfe des beschriebenen Interpreters kann auch die Zuweisung von Aufgaben zu Agenten überprüft werden.

6.0 Zusammenfassung und Ausblick

In diesem Papier haben wir gezeigt, wie man durch die Integration von Hypermedia- und Expertensystemtechniken die Wissensakquisition und -strukturierung unterstützt. Wir haben einen Interpreter beschrieben, der die Validierung einer semi-formalen Spezifikation eines wissensbasierten Systems in Interaktion mit den Anwendern ermöglicht. Dadurch erkennt man frühzeitig, ob das System das Problem der Anwender löst. Durch das (inkrementelle) Ersetzen von einzelnen Teilaufgaben wird ein sanfter Entwicklungsprozeß ermöglicht, der das finanzielle Risiko für den Auftraggeber reduziert.

HyperCAKE und CoMo-Kit sind vollständig implementiert und an die objektorientierte Datenbank GemStone von Servio Cooperation angekoppelt. Der Interpreter für Aufgabenstrukturen ist derzeit als Single-User-System implementiert, die Erweiterung auf den Multi-User-Betrieb wird 1992 abgeschlossen werden. Die Implementierungssprache ist Smalltalk-80 Rel. 4.1 von ParcPlace Systems. Von daher sind die Single-User-Versionen, mit Ausnahme der plattformabhängigen Audio- und Videoschnittstellen, auf verschiedenen Unix-Workstations (Sun, HP/Apollo, IBM, Dec), 386er PC und Apple Macintosh ablauffähig.

HyperCAKE/CoMo-Kit bilden die Basis der Entwicklung mehrerer Expertensystem-Shells: SAFRaN koppelt ein geographisches Informationssystem (GIS) mit einem Expertensystem, um eine wissensbasierte Auswertung von Karten zu ermöglichen. SAFRaN und eine Anwendung sind beschrieben in [10], [14] und [16]. HyDi ([24]) unterstützt die Entwicklung von hypermediabasierten Diagnosesystemen und wird Ende 1992 fertiggestellt.

Danksagung

Prof. Richter hat durch wichtige Anregungen zum Entstehen dieser Arbeit beigetragen. Für viele intensive Diskussionen über den Einsatz von Hypermedia in der Wissensakquisition möchten wir uns bei Susanne Neubert bedanken. Unsere Kollegen in der Arbeitgruppe Expertensysteme von Prof. Richter haben uns durch ein angenehmes Arbeitsklima und wiederholtes Korrekturlesen bei diesem Papier unterstützt.

Literatur

[1] Angele, J.; Fensel, D.; Landes, D.; and Studer, R: KARL: An Executable Language for the Conceptual Model. In: Proceedings of the Knowledge Acquisition for Knowledge-Based Systems Workshop KAW'91, October 6-11, Banff, 1991

[2] Anjewierden, A., Wielemaker, J., Toussant, C.: Shelley - computer aided knowledge engineering, 1992, in [23]

[3] Bartsch-Spörl, B.: A Simple Interpretation Model for Case-Based Reasoning, 1992, in [4]

[4] Bauer, Ch., Karbach, W.: Proc. 2nd KADS User Meeting, Siemens AG, 17-18. Feb. 1992

[5] Bielawski, L., Lewand, R.: Intelligent Systems Design, Wiley 1991

[6] Biethahn, J.; Bogaschewsky, R.; Hoppe, U. (Hrsg.): Expertensysteme in der Wirtschaft 1992 - Anwendungen und Integration mit Hypermedia, Gabler Verlag, 1992

[7] Boehm, B. W.: Software Engineering Economics, Englewood Cliffs NJ: Prentice-Hall, 1981

[8] Boehm, B. W.: A Spiral Model of Software Development and Enhancemant, Computer, 21, 5 (May 1988), p. 61-72

[9] Breuker, J.; Wielinga, B.; Someren, M.v.; de Hoog, R.; Schreiber, G.; de Greef, P.; Bredeweg, B.; Wielemaker, J.; and Billault, J.-P.: Model-Driven Knowledge Acquisition: Interpretation Models. Esprit Project P1098, University of Amsterdam (The Netherlands), 1987

[10] Burde, M.: Die langfristige Sicherung von Grundwasservorkommen - durch die Ausweisung von Grundwasservorranggebieten - als gemeinsame Aufgabe von Raumplanung und Fachplanung, Unveröffentliches Manuskript; Dissertation im Fachbereich ARUBI, Universität Kaiserslautern, 1992

[11] Campbell, B., Goodman, J. M.: HAM: A General Purpose Hypertext Abstract Machine, Communications of the ACM, July 1988, Vol. 31, No. 7

[12] Conklin, J.: Hypertext: An introduction and survey. Survey and tutorial series. IEEE Computer, September 1987, S. 17-41

[13] de Greef, H. P., Breuker, J. A.: Analysing system-user cooperation in KADS, In [23]

[14] Hemker, H..: Entwurf und Implementierung eines Expertensystems mit GIS-Kopplung, Diplomarbeit Uni Kaiserslautern, 1992

[15] Hoppe, U.: Einsatz von Hypertext/Hypermedia zur Verbesserung der Erklärungsfähigkeit wissensbasierter Systeme, 1992, in [6]

[16] Jäckel, Th.: Entwurf und Implementierung einer Benutzeroberfläche für ein Expertensystem unter Berücksichtigung planerischer Vorgehensweisen, Diplomarbeit Uni Kaiserslautern, 1992

[17] Maurer, F. (Hrsg.): Proc.Workshop "Expertensysteme und Hypermedia", Seki-Working-Paper , 7.11.1991, Kaiserslautern

[18] Maurer, F.: HyperCAKE: Ein Wissensakquisitionssystem für hypermediabasierte Expertensysteme, 1992, in [6]

[19] Maurer, F., Pews, G.: Hypermedia als Zwischenrepräsentation bei der Expertensystementwicklung, Proc. Hypermedia 93, Springer Verlag, 1993

[20] Neubert, S.: Einsatz von Hypermedia im Bereich der modellbasierten Wissensakquisition, 1992, in [6]

[21] Nielsen, J.: Hypertext & Hypermedia. Academic Press, San Diego, London, 1990

[22] Sommerville, I.: Software Engineering, Addison-Wesley, 1992 (Fourth edition)

[23] Schreiber, G. (Ed.): Special Issue: The KADS approach to knowledge engineering, Knowledge Acquisition, Vol. 4 No. 1, March 1992, Academic Press

[24] Traphöner, R., Maurer, F.: Integrating Hypermedia and Expert System Technology for Technical Diagnosis, Proc. Expersys 92, Paris, 21.-22. Okt. 1992

[25] van Harmelen, F., Balder, J.: $(ML)^2$: A formal language for KADS models of expertise, 1992, in [23]

[26] Walther, J., Voß, A., Linster, M., Hemmann, Th., Voß, H., Karbach, W.: MoMo, Arbeitpapiere der GMD 658, Juni 1992

[27] Wetter, Th.: First-order logic foundation of the KADS conceptual model, 1990, in [28]

[28] Wielenga, B., Boose, J., Gaines, B., Schreiber, G., van Someren, M. (ed.): Current Trends in Knowledge Acquisition, IOS Press, Amsterdam, Mai 1990

[29] Wielinga, B.J.; Schreiber, A.Th.; Breuker, J.A.: KADS: A Modelling Approach to Knowledge Engineering. ESPRIT Project P5248 KADS-II, An Advanced and Comprehensive Methodolgy for Integrated KBS Development, Amsterdam, 1991

[30] Wielinga, B.J.; Schreiber, A.Th.; Breuker, J.A.: KADS a modelling approach to knowledge engineering, 1992, in [23]

Entwicklung wissensbasierter Systeme auf der Grundlage einer ausführbaren Spezifikation

Dieter Landes

Institut für Angewandte Informatik und Formale Beschreibungsverfahren
Universität Karlsruhe
Postfach 6980
7500 Karlsruhe

email: landes@aifb.uni-karlsruhe.de

In dieser Arbeit wird dargestellt, wie der Entwurf wissensbasierter Systeme, der sich an der KADS-Methodik orientiert und der von einer Beschreibung der Expertise mit der ausführbaren Spezifikationssprache KARL ausgeht, aussehen soll. Dazu werden Unterschiede zu einem existierenden Vorschlag zur Designphase in KADS aufgezeigt und statt eines linearen Lebenszyklusmodells wird ein evolutionärer Ansatz vorgeschlagen. Daraus werden Anforderungen an eine Entwurfssprache abgeleitet, mit der sowohl der Entwurfsprozeß als auch der Systementwurf selbst beschrieben werden kann und die die Möglichkeit schafft, den Entwurf anhand eines lauffähigen Prototypen zu evaluieren.

1 Einführung

Innerhalb der letzten Jahre hat sich KADS [BrW89, WSB92] - zumindest in Europa - als der einflußreichste Ansatz zur methodischen Entwicklung von Expertensystemen herauskristallisiert. KADS propagiert u.a. ein lebenszyklus-orientiertes Vorgehensmodell, d.h. trennt z.B. zwischen der Analyse- und Design- sowie Implementierungsphase. Schwerpunkt der Forschungstätigkeit war bislang die Analysephase und ihr Resultat, das konzeptuelle Modell, und dabei vor allem die Beschreibung der Expertise im sog. *Model of Expertise*.

Der MIKE-Ansatz (*M*odellbasiertes *I*nkrementelles *K*nowledge *E*ngineering, siehe [AFL93]) verwendet Ideen, die im Rahmen von KADS entwickelt wurden, und befaßt sich u.a. damit, Prototyping in das modellbasierte Knowledge Engineering zu integrieren. Zur Unterstützung der Wissensakquisition wurde in MIKE die Spezifikationssprache KARL [AFL91, FAL91] zur Beschreibung des *Model of Expertise* entwickelt, die sowohl eine deklarative als auch eine operationale Semantik besitzt. Der vorliegende Beitrag macht einen Vorschlag für die Designphase innerhalb von MIKE. Ausgangspunkt für den Systementwurf ist eine Beschreibung des *Model of Expertise* mit Hilfe von KARL. Darin besteht ein gravierender Unterschied zu der von KADS vertretenen Sichtweise, in der das konzeptuelle Modell eine weitgehend informelle, (semi-)natürlich-sprachliche Beschreibung von Inferenzaktionen, Tasks usw. darstellt [SWH90].

Der folgende Abschnitt zeigt, wie sich diese unterschiedliche Ausgangsposition auf die Entwurfsphase auswirkt. Danach wird beschrieben, aus welchen Aktivitäten die Designphase besteht. Weiter wird dargelegt, daß für die Designphase ein evolutionärer Ansatz besonders geeignet ist. Sodann wird der Bezug zu vergleichbaren Ansätzen im traditionellen Software Engineering hergestellt und Anforderungen an eine Entwurfssprache abgeleitet. Zuletzt folgt ein Ausblick auf weitere Aktivitäten bezüglich des Designmodells in MIKE.

2 Designmodell

2.1 Designmodell von KADS

Die bisherigen Arbeiten zum Designmodell in KADS gehen davon aus, daß das konzeptuelle Modell, das die Grundlage für den anschließenden Systementwurf bildet, lediglich informell beschrieben ist[1]. Auf dieser Grundlage lassen sich drei Teilphasen des Designprozesses unterscheiden, nämlich **functional design, behavioural design** und **structural design** [SBD87, Sch89, SWH90]. Jede dieser Phasen konzentriert sich auf einen speziellen Aspekt:

- Im *functional design* wird der funktionale Aspekt hervorgehoben. Dabei wird die Funktionalität, die mit dem System erreicht werden soll, in kleinere Einheiten, sog. funktionale Blöcke, zerlegt und deren gegenseitige Abhängigkeiten beschrieben. Als Typen von funktionalen Blöcken werden *problem solving, data input/output, storage, explanation* und *control* unterschieden, zwischen denen *consist-of-*, *input-output-* und *control-*Beziehungen vorliegen können. Wie das System die erforderliche Funktionalität erreicht, wird zunächst nur auf globaler Ebene festgelegt, d.h. in welcher Beziehung die einzelnen Teilfunktionen zueinander stehen.
- Im *behavioural design* liegt das Augenmerk auf dem Verhaltensaspekt, d.h. einer detaillierten Beschreibung, *wie* die einzelnen Teilfunktionalitäten erreicht werden sollen. Diese Beschreibung erfolgt mit Hilfe sog. Methoden, die sich aus einer geeigneten Menge von Designelementen zusammensetzen [Sch89].
- Im *structural design* steht der strukturelle Aspekt im Vordergrund, d.h. die Zusammenfassung von Designelementen der im vorigen Schritt gefundenen Methoden in Module. Daneben wird die Abbildung von Methoden und Designelementen auf entsprechende Elemente der Zielumgebung betrachtet, die für die Realisierung des Systems verwendet werden soll.

2.2 Unterschiede beim Design in KADS und MIKE

[Par86] charakterisiert den Unterschied zwischen konventionell lösbaren Problemen und solchen, die eine wissensbasierte Lösung erfordern, so, daß bei konventionell lösbaren Problemen die Hauptschwierigkeit darin liegt, zu ermitteln, *was* das System eigentlich leisten soll, sich das *wie* dann aber vergleichweise einfach daraus ergibt. Bei wissensbasierten Problemstellungen ist die Problematik insofern anders, als neben dem Wissen, *was* zur Problemlösung notwendig ist, auch das *wie* entscheidender Teil der Expertise ist und damit die Frage danach nicht als zweitrangig angesehen werden kann. Die Berücksichtigung des Verhaltensaspekts muß daher bereits in der Analysephase erfolgen.

Infolgedessen besteht die Spezifikation eines *Model of Expertise* mit KARL aus einer detaillierten Beschreibung der zu verwendenden Problemlösungsmethode und aus dem domänenspezifischen statischen Wissen, das durch die Problemlösungsmethode bearbeitet wird. Die Beschreibung der Problemlösungsmethode setzt sich aus der deklarativen Spezifikation der einzelnen Inferenzaktionen und der Beschreibung des Kontrollflusses zwischen ihnen zusammen. Eine KARL-Spezifikation deckt drei der vier KADS-Wissensebenen ab, nämlich die Domänen- (domain layer), Inferenz- (inference layer) und Kontrollebene (task layer). Die vierte Ebene (Strategieebene, strategy layer) wird bisher nicht behandelt.

1. Im KADS-II-Projekt (Esprit-Projekt P 5248), das im Oktober 1990 begonnen wurde, wird jedoch mittlerweile auch der Aspekt der Formalisierung des *Model of Expertise* betrachtet [HaB92].

Die KARL-Beschreibung der Expertise ist ausführbar. Dadurch ist es möglich, die Erstellung der Spezifikation durch exploratives Prototyping [Flo84] zu unterstützten und die Nutzer des Systems einzubeziehen, um die gewünschten Anforderungen an das System abzuklären. Um Ausführbarkeit und damit Evaluierbarkeit der Expertise zu einem frühen Zeitpunkt zu ermöglichen, muß die Spezifikation, d.h. das konzeptuelle Modell, zum einen formal und darüberhinaus wesentlich detaillierter beschrieben werden als dies im KADS-Kontext vorgeschlagen wird. So muß beispielsweise im Unterschied zu KADS für jede Inferenzaktion nicht nur angegeben werden, welche Typen von Ein- und Ausgabedaten benötigt bzw. berechnet werden, sondern auch, auf welche Weise die Verknüpfung der Eingabe- mit den Ausgabedaten erfolgt. Auch im traditionellen Software Engineering liegt ein wichtiger Unterschied zwischen dem konventionellen und dem operationalen Ansatz zur Softwareentwicklung darin, daß im operationalen Ansatz die Mechanismen, mit denen ein Verhaltensmuster erreicht werden kann, im Prinzip festgelegt sind, wenn die operationale Spezifikation vorliegt [Zav84]. Beim konventionellen Ansatz erfolgt diese Festlegung dagegen erst in der Entwurfs- oder der Implementierungsphase.

Die Notwendigkeit einer solchen detaillierten Beschreibung bedingt, daß einige Aktivitäten, d.h. vor allem Dekomposition und Verhaltensdefinition, die KADS als Bestandteil der Designphase sieht, in MIKE bereits in der Analysephase[1] stattfinden. Dem Einwand, daß eine ausführbare Spezifikation keine Spezifikation, sondern bereits eine Beschreibung des Systementwurfs ist, läßt sich entgegnen, daß die Entwurfsphase beginnt, wenn Realisierungsaspekte, also z.B. welche Resourcen die Zielumgebung bietet, ins Spiel kommen (vgl. auch [Zav82]). Durch die deklarative Beschreibung der Expertise mit KARL ist das aber weitgehend ausgeschlossen.

Dekomposition. Die funktionale Dekomposition der Problemlösungsmethode erfolgt in MIKE bereits im *Model of Expertise*, indem komplexe Inferenzaktionen in einfachere zerlegt werden. Die Verfeinerung wird solange fortgesetzt, bis elementare Inferenzaktionen entstehen, für deren Beschreibung kein zusätzliches internes Kontrollwissen mehr erforderlich ist. Um das *Model of Expertise* strukturieren zu können, wurde KARL um Sprachkonstrukte zur hierarchischen Verfeinerung der Beschreibung der Problemlösungsmethode einerseits und zur Aufteilung des statischen Domänenwissens in Module andererseits erweitert [Lan93].

Ziel der Dekomposition in MIKE ist zunächst eine Zerlegung nach inhaltlichen Gesichtspunkten ähnlich wie im *Task Model*. Aufgabe des *Task Model* ist es, die Gesamtaufgabe in Teilaufgaben zu zerlegen und zu entscheiden, wie diese Aufgaben auf die beteiligten Agenten, also z.B. wissensbasiertes System und Benutzer, verteilt werden. Innerhalb des *Model of Expertise* wird diese noch grobe Zerlegung für diejenigen Teilaufgaben weiter verfeinert, die Teil der Problemlösungsmethode und damit vom wissensbasierten System zu erledigen sind, während die Aufgaben anderer Agenten nicht weiter betrachtet werden.

In [SBD87] wird vorgeschlagen, sich bei der funktionalen Zerlegung an Paradigmen wie dem des Strukturierten Designs [Mye78, YoC78] zu orientieren, um die Kohärenz innerhalb der zu bildenden Strukturen zu maximieren und die Kopplung zwischen Strukturen zu minimieren. Zusätzlich sehen [SBD87] die Notwendigkeit für KI-spezifische Paradigmen, die die verschiedenen Aspekte des Wissens stärker berücksichtigen. Wie diese Paradigmen aussehen sollen, ist noch unklar; als mögliche Kandidaten werden die Trennung zwischen deklarativem und prozeduralem Wissen oder das Produktionensystemparadigma genannt. Um eine sinnvolle Zerlegung zu erreichen, scheint auch eine Source/Transfer/Sink-Dekomposition [Mye78] geeignet, da dabei Implementierungsaspekte noch kaum eine Rolle spielen. Weitere Untersuchungen sind notwendig, welche Richtlinien sich für die Dekomposition angeben lassen.

1. Zur Analysephase innerhalb von MIKE findet sich Näheres in [AFS92, NeS92].

Neben der Dekomposition der Funktionalität findet in MIKE auch eine Datendekomposition[1] statt, d.h. die Domänenebene wird ebenfalls in kleinere Strukturen zerlegt. Ein solcher Dekompositionsschritt bereits in einer frühen Phase ist insofern sinnvoll, weil dadurch die Verständlichkeit des konzeptuellen Modells verbessert wird. Auch bei dieser Art der Dekomposition sollten Implementierungsaspekte nur eine untergeordnete Rolle spielen und die konzeptuelle Zusammengehörigkeit des Wissens den Vorrang haben.

Verhaltensdefinition. Ein Großteil dessen, was das *behavioural design* im KADS-Vorschlag leistet, ist in MIKE bereits Bestandteil des konzeptuellen Modells, da das Verhalten von elementaren Inferenzaktionen in ihren Rümpfen deklarativ spezifiziert ist und sich das Verhalten kompositer Inferenzaktionen aus der Funktionalität ihrer Bestandteile ergibt.

In MIKE erfolgt die Verhaltensbeschreibung in den Inferenzaktionen deklarativ und ist damit ggf. noch wenig effizient, während sie in KADS aus einer Beschreibung oder einem Verweis auf einen konkreten Algorithmus besteht, d.h. die Beschreibung liegt damit bereits näher an der konkreten Implementierung bzw. dem *Symbol Level* [New82]. Die Betrachtung des Effizienzaspekts erfolgt in MIKE nicht in der Analysephase, sondern erst in der Designphase.

Legt man die von KADS vorgeschlagenen Typen von funktionalen Blöcken zugrunde, so erstreckt sich die Verhaltensdefinition bei einer KARL-Beschreibung vor allem auf den Typ *problem solving*, der sich unmittelbar mit der Problemlösung selbst beschäftigt. Die übrigen Typen funktionaler Blöcke stellen für den Problemlöser externe Komponenten dar, die ggf. mit Hilfe konventioneller Methoden spezifiziert werden. In [FAS93] wird beschrieben, wie sich Konzepte der Strukturierten Analyse [You89] wie Data Dictionaries, Datenflußdiagramme und Prozeß- und Kontrollflußspezifikationen mit Hilfe von KARL ausdrücken lassen. Damit können mit Hilfe dieser Techniken spezifizierte konventionelle Komponenten in eine KARL-Spezifikation eingebunden werden. Wie die Kooperation des Problemlösers mit externen Komponenten aussehen soll, wird gemäß der KADS-Methodik in einem weiteren Modell festgelegt, dem *Model of Cooperation* [GBJ88, GrB92].

3 Designaktivitäten auf der Grundlage einer KARL-Spezifikation

Die funktionalen Aspekte der Anforderungen an die Problemlösung werden in MIKE bereits in der Analysephase betrachtet. Durch die Ausführbarkeit der Spezifikation ist gewährleistet, daß evaluiert werden kann, ob die funktionalen Anforderungen an das System von diesem tatsächlich erfüllt werden. In der Designphase müssen statt der funktionalen Anforderungen daher vorrangig die nicht-funktionalen Anforderungen betrachtet werden. Nicht-funktionale Anforderungen entstehen z.B. durch die Hard- und Software-Zielumgebung oder umfassen Aspekte wie die Effizienz der Lösung, Wartbarkeit des Systems, Erklärungsfähigkeit, Flexibilität, Portabilität usw. [MCN92]. Im folgenden sollen Designentscheidungen diskutiert werden, die in erster Linie infolge solcher nicht-funktionaler Anforderungen getroffen werden müssen.

Architekturparadigma. Sofern nicht von vornherein eine Zielumgebung vorgegeben ist, beeinflußt die Entscheidung, welches Architekturparadigma, also z.B. eine Produktionensystem- oder Blackboard-Architektur oder eine Realisierung in einer imperativen Programmiersprache, für die gegebene Anwendung besonders geeignet erscheint, die weiteren Designentscheidungen ganz maßgeblich. Die Wahl eines Architekturparadigmas bedeutet nicht, daß damit auch bereits eine konkrete Zielumgebung gewählt wird. Lediglich die Klasse der möglichen Umgebungen wird dadurch eingeschränkt. Falls als externe Anforderung eine bestimmte Zielumgebung vor-

1. D.h. eine Strukturierung der Daten, nicht eine Strukturierung des Systems ausgehend von den Daten wie in der Jackson-Methode.

gegeben ist, fließt das Wissen, welche Möglichkeiten die Umgebung (ver)bietet, bereits ins konzeptuelle Modell ein, da es beispielsweise wenig Sinn hat, Problemlösungsmethoden zu modellieren, die in der vorhandenen Umgebung nicht oder nur sehr schwer zu realisieren sind.

Schnittstellendefinition. Das *Model of Cooperation* beschreibt, welche Form der Kooperation zwischen verschiedenen Agenten erforderlich ist, also z.B. zwischen wissensbasiertem System und Benutzer, aber auch zwischen Problemlöser und externen Komponenten. Externe Komponenten sind z.B. ein Truth Maintenance System [Doy79] oder eine Datenbank, wenn die Datenverwaltung damit erfolgen soll. Die Verbindung von *Model of Expertise* und *Model of Cooperation* erfolgt über sog. Transfer-Tasks. Damit ist im konzeptuellen Modell jedoch nicht festgelegt, wie die Schnittstellen zwischen den verschiedenen Agenten exakt aussehen sollen, sondern lediglich spezifiziert, welche Form von Information in welchem Zusammenhang transferiert werden soll. Im Designmodell müssen die Schnittstellen daher noch genau festgelegt werden.

Optimierung von Datenstrukturen. Die deklarative Beschreibung des *Model of Expertise* bedingt vielfach eine wenig effiziente Darstellung von Teilen der Problemlösungsmethode. So ist es z.B. in KARL zwar möglich, die Struktur von Objekten, die als Elemente einer Rolle möglich sind, generisch zu beschreiben. Jedoch stellt eine Rolle nur einen unstrukturierten Behälter für diese Objekte dar, d.h. es ist nicht möglich, im *Model of Expertise* anzugeben, daß die Elemente einer Rolle (und in gleicher Weise die Objekte einer Klasse auf der Domänenebene) als Liste oder Feld geordnet sein sollen. Hierzu ein Beispiel: in [Köp92] findet sich folgende Metarelation:

mr_selectT2(Wurzel) ← Eigenschaft(Wurzel) ∧ Eigenschaft(Vor) ∧ Eigenschaft(Nach) ∧
nachfolger(vor: Wurzel, nach: Nach) ∧ ¬ nachfolger(vor: Vor, nach: Wurzel).

Dabei sollen Objekte, die Eigenschaften beschreiben, durch eine Nachfolger-Beziehung geordnet sein. mr_selectT2 sucht die Wurzeln der dadurch implizit gebildeten Bäume (d.h. alle Eigenschaften, die keinen Vorgänger, aber mindestens einen Nachfolger besitzen). Diese Suche erfolgt jedesmal von neuem, wenn die zugehörige Inferenzaktion ausgeführt wird. Wenn stattdessen die durch die Ordnung der Elemente implizierte Struktur auf der Domänenebene explizit, also z.B. als Liste oder Baum, dargestellt wird, kann auf die gesuchten Elemente unmittelbar ohne wiederholte Neuberechnung zugegriffen werden.

Ein zweiter Aspekt ist der, daß Inferenzaktionen in KARL i.a. Datenelemente in ihren Ausgaberollen anlegen, ohne die Eingaberollen zu modifizieren, d.h. Kopien der Elemente erzeugen. Vielfach ist es jedoch effizienter, Datenelemente nicht von einer Rolle in eine andere zu kopieren, sondern lediglich Verweise auf die Elemente zu verwalten.

Optimierung von Algorithmen. Ähnlich wie manche Datenstrukturen lassen sich auch manche Algorithmen deklarativ nur mit Hilfe umständlicher Hilfskonstrukte beschreiben, während in der Zielumgebung eine wesentlich einfachere oder effizientere Realisierung möglich ist. Beispiel hierfür ist vollständige Suche, die in KARL nur iterativ realisiert werden kann. Um die Vollständigkeit zu garantieren, muß explizit verwaltet werden, welche Knoten des Suchraumes bereits exploriert wurden. In einer konkreten Umgebung läßt sich vollständige Suche häufig durch Rekursion wesentlich eleganter lösen.

Ein weiteres Beispiel ist, daß Daten mehrfach berechnet werden, obwohl einmalige Berechnung ausreichen würde, sofern die Möglichkeit der Zwischenspeicherung besteht. Durch entsprechende Modifikation der Kontrollstruktur und Einführung zusätzlicher Datenstrukturen für die Zwischenspeicherung läßt sich in einem solchen Fall oft ein Effizienzgewinn erzielen.

Der KARL-Interpreter wertet eine Inferenzaktion dadurch aus, daß er das gesamte Modell der Klauseln berechnet, die die Inferenzaktion deklarativ beschreiben. Häufig wird in der Folge jedoch nicht das ganze Modell benötigt, sondern ein beliebiges Element des Modells würde ausreichen. Auch in diesem Fall bietet sich demnach ein Ansatzpunkt im Hinblick auf eine effiziente Realisierung.

Ein weiterer wichtiger Aspekt ist, daß vielfach zur Realisierung eines deklarativ beschriebenen Sachverhalts Algorithmen unterschiedlicher Komplexität möglich sind. Bei der Optimierung von Algorithmen muß demnach neben der Optimierung des Laufzeitverhaltens auch darauf geachtet werden, einen komplexitätstheoretisch besonders geeigneten Algorithmus zur Lösung des gegebenen Problems einzusetzen.

Algorithmenauswahl. Einer der grundlegenden Ideen von KADS besteht darin, eine Bibliothek wiederverwendbarer Problemlösungsbausteine vorzusehen, mit deren Hilfe neue Applikationen leichter erstellt werden können. Diese Bibliothek findet in der Analysephase Verwendung, wenn Bibliotheksbausteine Anhaltspunkte geben, welche Problemlösungsmethode zu dem vom Experten erhobenen, noch informellen Wissen paßt. Die entsprechenden Bausteine können dann die weitere Wissenserhebung steuern, indem die Wissenstypen, die sie für ihre Anwendbarkeit benötigen, gezielt erhoben werden. In der Analysephase dienen die Bibliotheksbausteine also in erster Linie zur Klärung, wie die gestellte Aufgabe prinzipiell gelöst werden kann, ohne daß zunächst beispielsweise Effizienzgesichtspunkte betrachtet werden.

Vielfach sind diese Bibliotheksbausteine auf unterschiedliche Weise realisierbar, je nach dem welche zusätzlichen speziellen Voraussetzungen angenommen werden dürfen. In Abhängigkeit davon, ob in einer Anwendung detailliertes Vorschlags- oder detailliertes Revisionswissen vorliegt, lassen sich beispielweise bei der Vorschlagen-und-Verbessern-Methode (propose-and-revise, siehe z.B. [Pup90]) unterschiedliche Schwerpunkte setzen. Neben der Verwendung in der Analysephase ist die Bausteinbibliothek also auch in späteren Phasen nutzbar. Dazu ist notwendig, daß die Bibliothek nicht nur eine deklarative Beschreibung der Problemlösungsmethode enthält, die in das konzeptuelle Modell integriert werden kann, sondern daß der deklarativen Beschreibung (ein oder mehrere) Algorithmen (und ggf. Implementierungen dieser Algorithmen) zugeordnet sind, mit denen die Problemlösungsmethode effizient realisiert (bzw. implementiert) werden kann. Weiterhin muß diese Zuordnung von deklarativen Spezifikationen und Algorithmen bzw. Implementierungen nicht auf vollständige Problemlösungsmethoden beschränkt sein, sondern kann auf elementarere Bestandteile bis hinab zu elementaren Inferenzaktionen ausgedehnt werden, um Eingriffsmöglichkeiten auf verschiedenen Abstraktionsstufen zuzulassen.

Wenn deklarative Bausteine vor der Einbindung ins konzeptuelle Modell noch an die konkreten Gegebenheiten anzupassen sind, müssen ggf. entsprechende Modifikationen der Algorithmen und Implementierungen vorgenommen werden. In diesem Fall ist sicherzustellen, daß ein Algorithmus tatsächlich die Funktionalität zur Verfügung stellt, die durch die deklarative Beschreibung gefordert wird.

Eine derartige Bibliothek eröffnet also die Möglichkeit zur Wiederverwendung auf zwei Ebenen: zum einen auf der konzeptuellen Ebene durch Auswahl deklarativer Beschreibungen von Problemlösungsmethoden und zum anderen auf der Realisierungsebene durch Auswahl geeigneter Algorithmen zur Realisierung der deklarativen Beschreibung. Allerdings ist in beiden Fällen noch weitgehend ungeklärt, welche Kriterien zur Identifizierung passender Elemente herangezogen werden können.

Umgebungswahl. [Sch89] sieht es als sinnvoll an, nicht zu versuchen, die Elemente des konzeptuellen Modells in die zu wählende Realisierungsumgebung zu pressen. Vielmehr ist als Forderung an die Primitive der Implementierungsumgebung zu stellen, daß sich die Elemente des konzeptuellen Modells einfach auf sie abbilden lassen. Der Idealfall ist also, daß für jeden Elementtyp im konzeptuellen Modell eine direkte Entsprechung in der Umgebung existiert. Ist das nicht von vornherein gegeben, ist es ratsam, über der eigentlichen Zielumgebung eine zusätzliche Schicht von geeigneten Sprachelementen zu realisieren, die die Abbildung des konzeptuellen Modells in diese Umgebung erleichtern. Dieser Fall ist vor allem dann wichtig, wenn die Implementierungsumgebung bereits bei Projektbeginn festgelegt werden muß.

Abbildung der Elemente des konzeptuellen Modells. Wenn die Zielumgebung zur Realisierung des Systems festgelegt ist, kann angegeben werden, wie die Elemente des konzeptuellen Modells, d.h. die epistemologischen Primitive von KARL und ggf. weitere Konstrukte aus dem *Model of Cooperation*, auf Elemente der Zielumgebung abzubilden sind. Letztlich ist also festzulegen, wie extensionale und intensionale Beschreibungen von Objektklassen, Rollen, Inferenzaktionen, Kontrollfluß usw. in der Implementierungsumgebung dargestellt werden.

Modulbildung. Bei der funktionalen Dekomposition lag das Augenmerk auf der inhaltlichen Zusammengehörigkeit von Teilen der Expertise. Kriterien für die Güte der Modularisierung lassen sich aus Paradigmen aus dem traditionellen Software Engineering ableiten. So kann z.B. der Grad der Modulkopplung bzw. -kohäsion ein sinnvolles Maß sein. Allerdings können bestimmte Anforderungen wie z.B. nach Transparenz oder Erklärungsfähigkeit des Systems eine Aufteilung nahelegen, die nach den Kriterien aus dem konventionellen Software Engineering nicht optimal wäre. U.U. kann es sinnvoll sein, die Trennung zwischen den einzelnen Wissensebenen aus dem konzeptuellen Modell zumindest teilweise in der endgültigen Realisierung aufzuheben. Eine Designaktivität ist es demnach, die Dekomposition des konzeptuellen Modells anhand der gegebenen Anforderungen nochmals zu überprüfen und Module im engeren Sinn zu bilden, d.h. Programmelemente, die Datenkapselung u.ä. erlauben.

4 Vorgehensweise

In den 60er Jahren wuchs die Erkenntnis, daß sich die Art und Weise, mit der bis dahin Software erstellt wurde, nicht auf die Realisierung großer und komplexer Softwaresysteme übertragen ließ, ohne eine Vielzahl von Problemen nach sich zu ziehen, die unter dem Schlagwort "Softwarekrise" zusammengefaßt wurden. Als Ausweg aus der Softwarekrise wurde vorgeschlagen, bei der Softwareentwicklung eine ingenieurmäßigere Vorgehensweise auf der Basis von Lebenszyklusmodellen zu verfolgen, um so sowohl einen strukturierten Entwicklungsprozeß als auch ein strukturiertes Ergebnis zu erreichen.

Frühe Lebenszyklusmodelle, wie z.B. das Wasserfallmodell [Roy70], propagieren einen einmaligen, im großen und ganzen linearen Durchlauf durch die einzelnen Phasen des Lebenszyklus. Dieser Ansatz bringt einige Nachteile mit sich, nämlich u.a.

- eine lineare Vorgehensweise erlaubt nur einen gleichmäßigen Fortgang innerhalb des Projekts, d.h. es besteht nicht die Möglichkeit, entscheidende oder mit hohem Risiko behaftete Teile vorrangig zu behandeln
- spätere Phasen des Lebenzyklus beruhen darauf, daß frühere Phasen bereits abgeschlossen sind und deren Ergebnisse komplett vorliegen.

Diese und weitere Kritikpunkte führten im konventionellen Software Engineering zu Modellen, die wie z.B. das Spiralenmodell [Boe86, Boe88] einen iterativen bzw. evolutionären Entwicklungsprozeß zulassen.

Ein evolutionärer Ansatz ist auch für das Knowledge Engineering besonders geeignet[1] [AFS92,

1. Im KADS-II-Projekt (Esprit-Projekt P 5248) wird im Gegensatz zum KADS-I-Projekt (Projekt P 1098) anstelle eines am Wasserfall-Modell orientierten Lebenszyklus ein evolutionärer Ansatz vorgeschlagen.

SHW91]. Knowledge Engineering stellt einen Modellierungsprozeß dar, der u.a. darauf beruht, wie ein Beobachter des zu modellierenden Sachverhaltes seine Beobachtungen interpretiert [Mor91]. Damit ist der Modellierungsprozeß zwangsläufig fehleranfällig und es besteht die Notwendigkeit, frühere Entscheidungen aufgrund eines in der Zwischenzeit gewachsenen Verständnisses rückgängig machen zu können [Mor87, Mor91]. Allerdings darf die Möglichkeit zur Korrektur früherer Entscheidungen nicht so weit gehen, daß von jeder (Teil-) Phase in jede beliebige andere gesprungen werden kann, da das gerade der "Code-and-fix"-Vorgehensweise entspricht, die in die Softwarekrise geführt hatte [Boe88].

Für die im letzten Abschnitt genannten Designaktivitäten bedeutet das, daß sie nicht jeweils nur einmal in linearer Folge durchlaufen werden und dann ein vollständiger Entwurf vorliegt, der implementiert werden kann. Vielmehr werden auf der Basis der an das System gestellten Anforderungen eine oder mehrere Designentscheidungen getroffen, d.h. entsprechende Designaktivitäten durchgeführt, worauf sich ein Evaluierungsschritt anschließt, in dem überprüft wird, ob die getroffenen Entscheidungen im Hinblick auf die gegebenen Anforderungen ihr Ziel erreicht haben.

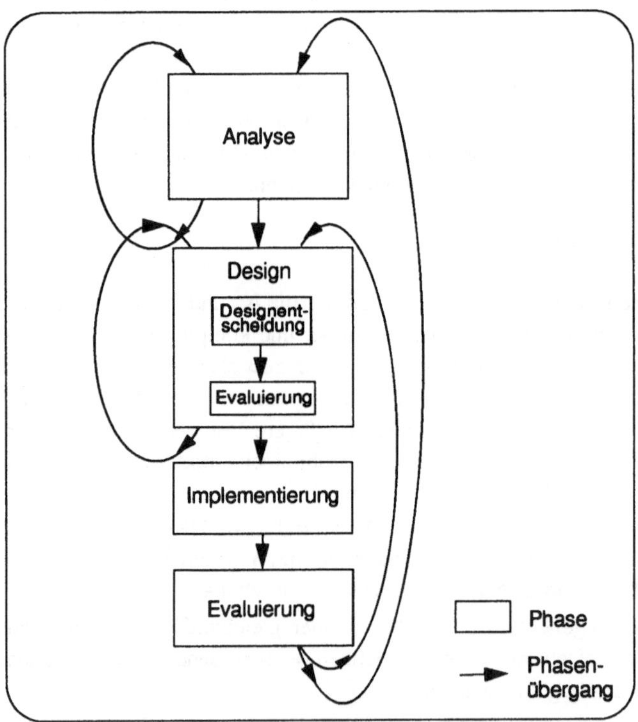

Abbildung 1. Einbettung der Designphase in den Lebenszyklus

Die Situation in der Designphase ist also mit der in der Analysephase vergleichbar: auch dort ist das Ziel, die Auswirkungen getroffener Modellierungsentscheidungen möglichst frühzeitig zu überprüfen. Im MIKE-Ansatz wird das durch einen lauffähigen Prototypen erreicht, mit dem das *Model of Expertise* evaluiert werden kann. Damit liegt der Gedanke nahe - zumal als Ausgangspunkt der Designphase bereits eine lauffähige Beschreibung vorliegt - auch für die Entwurfsphase anzustreben, jederzeit einen Prototypen verfügbar zu haben, der es ermöglicht, die getroffenen Entscheidungen zu überprüfen.

Das läßt sich dadurch erreichen, daß nicht wie in den linearen Lebenszyklusmodellen die Designphase vollständig abgeschlossen sein muß, bevor mit der Implementierung begonnen werden darf, sondern daß Inferenzaktionen des konzeptuellen Modells implementiert und anstelle der deklarativen Beschreibung ins "konzeptuelle" Modell eingebunden werden können[1]. Im Design-Prototypen wird dann für die noch nicht implementierten, deklarativ beschriebenen Teile der KARL-Interpreter aufgerufen, während für die übrigen Teile bereits der Interpreter der Zielumgebung verwendet wird[2]. Im konzeptuellen Modell ist eine Interaktion zwischen Inferenzaktionen nur möglich, wenn sie über gemeinsame Rollen miteinander in Verbindung stehen. Entsprechend erfolgt die Datenkommunikaton zwischen deklarativen und implementierten Teilen des Designmodells über die Rollen, die die entsprechenden Inferenzaktionen im konzeptuellen Modell verbinden. Für diese Rollen sind in der implementierten Inferenzaktion i.a. bereits Datenstrukturen definiert. Die Definition dieser Datenstrukturen beruht auf einer Designentscheidung, die vom Interpreter des Design-Prototypen zusammen mit der Kenntnis, wie KARL-Primitive auf Primitive der Zielumgebung abzubilden sind (vgl. Abschnitt 3), dazu genutzt werden kann, die in der Rolle enthaltenen Datenelemente in die jeweils nötige Repräsentation umzusetzen.

Das Einbinden implementierter Komponenten bedeutet allerdings nicht, daß die entsprechende deklarative Beschreibung "weggeworfen" wird. Vielmehr kann dann das Verhalten der beiden Beschreibungen miteinander verglichen werden, indem zum einen die deklarative Beschreibung mit Hilfe des KARL-Interpreters und andererseits der Design-Prototyp ausgeführt wird, bei dem einige Teile bereits implementiert sind. Dadurch eröffnet sich die Möglichkeit zu überprüfen, ob ein Algorithmus bzw. eine Implementierung tatsächlich das in der Spezifikation geforderte Verhalten zeigt. Diese Validierung wird zudem dadurch erleichtert, daß der KARL-Prototyp bereits in der Analysephase evaluiert wurde und dort i.a. bereits ein Satz von Testfällen identifiziert wurde, mit denen nun auch der Design-Prototyp getestet werden kann.

Nachdem ein Implementierungsschritt und eine anschließende Evaluierung vorgenommen wurde, schließt sich der nächste Zyklus an, in dem dann gegebenenfalls vorher getroffene Designentscheidungen modifiziert und weitere Designentscheidungen für andere Teile des konzeptuellen Modells getroffen werden können, die dann als nächstes implementiert werden. Daneben ist auch möglich, daß Implementierungsentscheidungen nicht nur Rückwirkungen auf Designaktivitäten, sondern auch auf die Spezifikation haben, d.h. es muß auch möglich sein, zunächst die Spezifikation geeignet zu revidieren oder zu ergänzen [SwB82].

Insgesamt rückt das System näher an die endgültige Implementierung, je mehr Teile tatsächlich implementiert sind. Die vorgeschlagene Vorgehensweise für das Design stellt demnach eine Mischform aus experimentellem und evolutionärem Prototyping [Flo84] im Rahmen eines Lebenszyklusmodells dar.

---

1. In MODEL-K [KVS91, KaV92], einer weiteren Sprache, die mit dem Ziel der ausführbaren Beschreibung von *Models of Expertise* entwickelt wurde, findet eine solche implementierungsnähere Beschreibung bereits innerhalb des *Model of Expertise* statt, da dort die Rümpfe von Inferenzaktionen beliebige LISP-Funktionen enthalten dürfen.

2. Voraussetzung hierfür ist selbstverständlich, daß der Interpreter der Zielumgebung (und ebenso der KARL-Interpreter) gezielt aufgerufen werden kann und die Möglichkeit besteht, Daten mit externen Prozessen auszutauschen, z.B. mit Hilfe spezieller Zugriffsfunktionen auf gemeinsame Datenstrukturen.

5 Ausführbare Spezifikationssprachen und Design im konventionellen Software Engineering

Im traditionellen Software Engineering werden ausführbare Spezifikationssprachen seit ungefähr Mitte der siebziger Jahre diskutiert. Mittlerweile existiert eine beachtliche Anzahl solcher Sprachen, deren bekannteste Vertreter SREM/RSL [Alf85], PAISLey [ZaS86, Zav91] und Gist [BGW82, Fea87] sein dürften. Jedoch finden sich nur spärliche Hinweise, wie die Entwicklung eines Systems ausgehend von einer ausführbaren Spezifikation weiter verläuft.

[Alf85] schlägt für SREM/RSL eine konventionelle Entwurfs- und Implementierungsphase vor. SREM/RSL ist vor allem für die Entwicklung verteilter Systeme konzipiert; im ersten Schritt der Designphase wird daher zunächst eine geeignete Konfiguration von Prozessoren festgelegt und den einzelnen Prozessoren werden Teilaufgaben zugeordnet. Im folgenden Schritt werden die einzelnen Teilaufgaben in Module zerlegt und deren Interaktion beschrieben, bevor für die einzelnen Module geeignete Algorithmen und Datenstrukturen entwickelt werden, die abschließend auf entsprechende Strukturen innerhalb der Zielprogrammiersprache abgebildet werden.

Die PAISLey-Umgebung bietet keine gezielte Unterstützung der weiteren Entwicklungsphasen [Zav91]. Zum einen besteht die Möglichkeit, ebenfalls einen konventionellen Entwurfs- und Implementierungsansatz zu verfolgen. Zum anderen[1] kann das weitere Vorgehen darin bestehen, die Spezifikation zunächst geeigneten Transformationen zu unterwerfen, die die Struktur, nicht aber das Verhalten der Spezifikation modifizieren, bevor eine Abbildung in die Implementierungssprache erfolgt [ZaS86]. Die erforderlichen Transformationen betreffen primär Effizienzgesichtspunkte, Resourcenverwaltung und die Abbildung in die Zielsprache [Zav84].

Der Transformationsansatz ist im Zusammenhang mit Gist näher untersucht worden [Bal81, Bal85]. Dabei wird eine Spezifikation interaktiv durch Anwendung von Transformationen in einen implementierungsnahen Entwurf umgesetzt, der dann automatisch im ein Programm in der Zielumgebung übersetzt werden kann. Die notwendigen Transformationen betreffen vor allem die Wahl von Datenstrukturen und Algorithmen, die Organisation von Algorithmen, Laufzeitoptimierung (Caching, Speichern von Prozeßzuständen etc.) und Dekomposition von Algorithmen. Allerdings sind die einzelnen Transformationen selbst noch nicht erschöpfend untersucht, weil der Schwerpunkt im Gist-Projekt eher auf dem Umfeld (Sprachen, Werkzeuge, Kontrollstrukturen usw.) lag, das die Nutzung solcher Transformationen erst möglich macht.

Am Vorschlag, eine konventionelle Designmethodik zu verfolgen, ist zu kritisieren, daß die Ausführbarkeit der Spezifikation in den späteren Entwicklungsphasen nicht mehr weiter ausgenutzt wird. Beim Transformationsansatz ist diese Möglichkeit eher gegeben [Bal85]. Insgesamt stimmen sowohl die Designschritte bei den konventionellen Designansätzen als auch die im Gist-Umfeld untersuchten Transformationen weitgehend mit den in Abschnitt 3 charakterisierten Designaktivitäten überein, so daß diese einen brauchbaren Ausgangspunkt für weitere Untersuchungen darstellen dürften.

6 Anforderungen an eine Design-Beschreibungssprache

Um den Systementwurf und die Implementierung entsprechend dem im Abschnitt 4 gemachten Vorschlag durchführen zu können, wird ein Beschreibungsformalismus benötigt, der an die speziellen Erfordernisse dieses Ansatzes angepaßt ist.

1. [ZaS86] erwähnen auch die Möglichkeit, die Spezifikation als ausführbares Design anzusehen und direkt auf eine Implementierungssprache abzubilden, wenn die Struktur des Entwurfs eine effiziente Realisierung ohne strukturelle Modifikationen zuläßt. Dieser Fall dürfte jedoch eher die Ausnahme sein.

Zunächst muß die Designsprache in der Lage sein, das Designmodell des zu entwickelnden Systems angemessen zu beschreiben. Da dieses Modell schrittweise ausgehend von der Spezifikation näher an die endgültige Implementierung rückt, muß die Entwurfssprache dieses Spektrum abdecken können. Die Designsprache muß also die Konstrukte der Spezifikationssprache enthalten, da das damit beschriebene Modell, die Spezifikation, den Ausgangspunkt für die weitere Entwicklung bildet. Andererseits muß die Entwurfssprache aber auch implementierungsorientierte Konstrukte umfassen, die sich dann leicht auf die Implementierungssprache abbilden lassen. Aus Gründen der Flexibilität sollte die Entwurfssprache so weit wie möglich von einer konkreten Implementierungssprache unabhängig sein, um die Systemimplementierung in verschiedenen Zielumgebungen zu ermöglichen.

Im konventionellen Software Engineering wurden einige Sprachen entwickelt, die diese Charakteristika besitzen. Da diese Sprachen sowohl abstrakte Spezifikationskonstrukte als auch implementierungsorientierte Details beschreiben können, werden sie als Wide-spectrum-Sprachen bezeichnet. Die bekanntesten Vertreter dieser Sprachkategorie sind CIP-L [CIP85], V [SKW85] und REFINE [Abr87, Smi90], die wie GIST (siehe Abschnitt 5) für die Systementwicklung gemäß des Transformationsparadigmas konzipiert sind.

Im Transformationsparadigma besteht die Systementwicklung aus der Anwendung einer Folge formaler Transformationsregeln [PaS83], die einen Programmzustand auf einen anderen abbilden. Ausgangspunkt ist eine formale Spezifikation. Infolge ihrer formalen Natur können diese Transformationen vom Rechner ausgeführt werden und so zu einer Entlastung des Entwicklers von lästigen Details führen.

Die Transformationssichtweise läßt sich gut mit evolutionärer Systementwicklung in Einklang bringen, wenn eine Designaktivität oder ein Implementierungsschritt als (Folge von) Transformation(en) interpretiert wird. Wenn Entwicklungsschritte tatsächlich als Transformationsschritte formuliert werden können, eröffnet sich zudem die Möglichkeit, notwendige Modifikationen besser zu unterstützen. Infolge ihrer vielfach tentativen Natur besteht häufig der Bedarf nach Korrektur von Designentscheidungen. In der Zwischenzeit kann aber wiederum eine Vielzahl weiterer Entscheidungen getroffen worden sein, die mittelbar ebenfalls von einer Korrektur betroffen sein können. Die Erfahrung zeigt aber, daß ein beträchtlicher Anteil der Entscheidungen von einer Revision unberührt bleibt [Bal85], so daß ihre erneute Anwendung nach Rücksetzen auf den früheren Entwurfszustand und Korrektur der fehlerhaften Entscheidung leicht möglich ist (design replay, siehe auch [Bax92]). Die MIKE-Designsprache sollte daher die Möglichkeit bieten, solche Transformationsregeln zu formulieren und zu nutzen.

Als weiterer Vorteil des Transformationsansatzes wird angeführt, daß die Folge der angewandten Transformationen den Entwurfsprozeß dokumentiert, da daraus die Beziehung zwischen Teilen der Spezifikation und den daraus abgeleiteten Teilen der Implementierung leicht ablesbar ist. Allerdings ist aus der Folge der Transformationen nicht erkennbar, *warum* die einzelnen Transformationen angewandt wurden. Das Verständnis der Gründe für ein bestimmtes Aussehen eines Programms ist aber Grundvoraussetzung für dessen Weiterentwicklung bzw. Wartbarkeit [Par86]. Daher muß die MIKE-Designsprache auch in der Lage sein, die Motivation für Entwicklungsschritte zu beschreiben, also z.B. die Beziehung zwischen Transformationen (Konsequenz, Ausschluß, Rechtfertigung, Alternative usw.) klarzumachen, aber auch den Bezug zu den Anforderungen herzustellen, die den Entwickler veranlaßten, eine Transformation zu wählen oder anderen vorzuziehen [PoB88, Lee91]. Da es sich bei diesen Anforderungen primär um nicht-funktionale Anforderungen handelt, die in der KARL-Spezifikation nicht beschrieben sind[1], muß die Entwurfssprache diese Art von Anforderungen formulieren können [MCN92]. Außer für Dokumentationszwecke ist das Wissen über Zusammenhänge von Transformationen und Anforderungen die Voraussetzung dafür, längerfristig intelligente Werkzeugunterstützung im Hinblick auf die Auswahl neuer Transformationen oder Identifizierung von einer Revision betroffener Transformationen während des Entwurfsprozesses zu ermöglichen.

7 Zusammenfassung und Ausblick

Durch die ausführbare Beschreibung des *Model of Expertise* mit KARL im MIKE-Ansatz verschiebt sich der Übergang zwischen Analyse- und Designphase im Vergleich zu der im KADS-I-Projekt vertretenen Sichtweise. Der Grund hierfür ist darin zu sehen, daß Aktivitäten, die KADS dem *functional* bzw. *behavioural design* zuordnet, in MIKE bereits in der Analysephase durchgeführt werden müssen, um die Ausführbarkeit der Spezifikation gewährleisten zu können. Für die Designphase in MIKE verbleiben dann noch Aktivitäten, die sich in erster Linie damit beschäftigen, nicht-funktionale Anforderungen zu erfüllen, wie z.B. die Effizienz der Lösung zu steigern, und die Beschreibung auf Elemente der Zielumgebung abzubilden. Der Systementwurf ist ein fehleranfälliger Prozeß, bei der vielfach Entscheidungen später nochmals korrigiert werden müssen. Aus diesem Grund wird für die Designphase ein evolutionärer Ansatz vorgeschlagen, bei dem das Systems schrittweise implementiert und evaluiert wird und nach einem Implementierungschritt ein Rücksprung sowohl in die Analyse- als auch die Designphase möglich ist. Die einzelnen Phasen werden also zyklisch durchlaufen.

Der evolutionäre Ansatz kann dadurch unterstützt werden, daß nicht nur in der Analysephase mit der lauffähigen KARL-Spezifikation, sondern auch in der Designphase ein lauffähiger Prototyp verfügbar ist, mit dem der Entwurf evaluiert werden kann. Als Grundlage dafür ist eine Designsprache erforderlich, mit der sowohl der Systementwurf in seinen verschiedenen Stadien als auch der Entwurfsprozeß beschrieben werden kann. Da der Entwurfsprozeß in erster Linie durch die Notwendigkeit vorangetrieben wird, nicht-funktionale Anforderungen zu erfüllen, muß die Formulierung dieser Anforderungen und ihres Bezugs zu getroffenen Designentscheidungen in der Entwurfssprache möglich sein.

Die Designsprache ist auch Grundlage für ein wissensbasiertes Werkzeug, das den Entwurfsprozeß unterstützt, indem z.B. Vorschläge für weitere Designaktivitäten gemacht und z.T. selbständig durchgeführt werden können. Darüberhinaus ist es möglich, mit diesem Werkzug den Entwurfsprozeß und die Begründungen für die einzelnen Designentscheidungen zu dokumentieren, wodurch eine Basis für verbesserte Wartungsfähigkeit und Verständlichkeit des Zielsystems gelegt wird [SWK85, Bal85, Bax92].

An erster Stelle der gegenwärtigen Aktivitäten in Bezug auf die Designphase in MIKE steht die Entwicklung einer Designsprache, die die in Abschnitt 6 skizzierten Anforderungen erfüllt, wobei zunächst nur die Abbildung in eine konkrete Zielumgebung betrachtet werden soll. Als geeignete Kandidaten sind Umgebungen denkbar, die einem gewissen Grad an Objektorientierung zulassen, also z.B. C, C++ oder Smalltalk. Die Designsprache muß allerdings so konzipiert werden, daß der für die Zielumgebung spezifische Teil ggf. leicht austauschbar ist. Die Sprache wird dann anhand konkreter Anwendungen evaluiert werden. Bei dieser Evaluierung werden zudem die für die gewählte Zielumgebung spezifischen Designtransformationen sowie Transformationen, die generelles Systementwurfswissen darstellen, untersucht und beschrieben. Langfristiges Ziel ist dann die Realisierung eines Systems, das dieses Wissen zur Unterstützung des Entwurfsprozesses nutzt.

1. Nicht-funktionale Anforderungen können aber möglicherweise in einer der KARL-Spezifikation vorgeschalteten, semi-formalen Darstellung der Expertise enthalten sein [NeO92, HoN92, AFL93].

Danksagung

Ich danke Jürgen Angele, Dieter Fensel und Rudi Studer für die intensiven und hilfreichen Diskussionen und den anonymen Gutachtern für ihre Anregungen.

Literatur

[Abr87] L.M. Abraído-Fandiño: An overview of REFINE™. In *Proceedings of the 2nd International Symposium on Knowledge Engineering and Software Engineering* (Madrid, Spain, April), 1987, 77-95.

[AFL91] J. Angele, D. Fensel, D. Landes und R. Studer: KARL: An executable language for the conceptual model. In *Proceedings of the 6th Knowledge Acquisition for Knowledge-Based Systems Workshop KAW'91* (Banff, Canada, October 6-11), 1991, 1/1-1/20.

[AFL93] J. Angele, D. Fensel, D. Landes, S. Neubert und R. Studer: Model-based Incremental Knowledge Engineering (MIKE). Forschungsbericht, Institut für Angewandte Informatik und Formale Beschreibungsverfahren, Universität Karlsruhe, 1993 (in Erscheinung).

[AFS92] J. Angele, D. Fensel und R. Studer: Formalizing and operationalizing models of expertise: a basis for validation. In *Proceedings of Artificial Intelligence from the Information Processing Perspective AI-FIPP'92* (Madrid, Spain, September 14-15), 1992.

[Alf85] M. Alford: SREM at the age of eight; the distributed computing design system. In *Computer 18(4)*, 1985, 36-46.

[Bal81] R. Balzer: Transformational implementation: an example. In *IEEE Transactions on Software Engineering SE-7(1)*, 1981, 3-14.

[Bal85] R. Balzer: A 15 year perspective on automatic programming. In *IEEE Transactions on Software Engineering SE-11(11)*, 1985, 1257-1268.

[Bax92] I.D. Baxter: Design maintenance systems. In *Communications of the ACM 35(4)*, 1992, 73-89.

[BGW82] R. Balzer, N. Goldman und D. Wile: Operational specification as the basis for rapid prototyping. In *ACM SIGSOFT Software Engineering Notes 7(5)*, 1982, 3-16.

[Boe86] B.W. Boehm: A spiral model of software development and enhancement. In *ACM SIGSOFT Software Engineering Notes 11(4)*, 1986, 14-24.

[Boe88] B.W. Boehm: A spiral model of software development and enhancement. In *IEEE Computer 21*, May 1988, 61-72.

[BrW89] J. Breuker und B. Wielinga: Models of expertise in knowledge acquisition. In *Topics in Expert Systems Design*, G. Guida und C. Tasso, eds. Elsevier Science Publisher, Amsterdam, 1989.

[CIP85] CIP Language Group: *The Munich Project CIP - Vol. I: The Wide Spectrum Language CIP-L*. Lecture Notes in Computer Science 183, Springer, Berlin, 1985.

[Doy79] J. Doyle: A truth maintenance system. In *Artificial Intelligence 12(3)*, 1979, 231-272.

[FAL91] D. Fensel, J. Angele und D. Landes: KARL: a knowledge acquisition and representation language. In *Proceedings of the 11th International Conference on Expert Systems and their Applications, Conference "Tools, Techniques & Methods"* (Avignon, France, May 27-31), 1991, 513-525.

[FAS93] D. Fensel, J. Angele und R. Studer: Giving Structured Analysis techniques a formal and operational semantics with KARL. In *Proceedings of Requirements Engineering RE'93* (Bonn, Germany, April 25-27), 1993 (in Erscheinung).

[Fea87] M.S. Feather: Language support for the specification and development of composite systems. In *ACM Transactions on Programming Languages and Systems 9(2)*, 1987, 198-234.

[Flo84] C. Floyd: A systematic look at prototyping. In *Approaches to Prototyping*, R. Budde et al., eds. Springer, Berlin, 1984.

[GBJ88] P. de Greef, J. Breuker und T. de Jong: Modality - an analysis of functions, user control and communication in knowledge based systems. Forschungsbericht UvA-A4-PR-004, ESPRIT Project P1098, Universität Amsterdam, 1988.

[GrB92] P. de Greef und J. Breuker: Analysing system-user cooperation in KADS. In *Knowledge Acquisition 4(1)*, 1992, 89-108.

[HaB92] F. van Harmelen und J. Balder: $(ML)^2$: a formal language for KADS conceptual models. In *Knowledge Acquisition 4(1)*, 1992, 127-161.

[HoN92] U. Hoppe und S. Neubert: Using hypermedia for integrating mediating representations in the model-based knowledge engineering. In *Proceedings of the Workshop on Knowledge Representation Aspects of Knowledge Acquisition, AAAI'92* (San Jose, California, USA, July 12-16), 1992.

[KaV92] W. Karbach und A. Voß: MODEL-K for prototyping and strategic reasoning at the knowledge level. In *Second Generation Expert Systems*, J.M. David, J.S. Krivine und R. Simmons, eds. (in Erscheinung).

[KVS91] W. Karbach, A. Voß, R. Schuckey und U. Drouven: MODEL-K: Prototyping at the knowledge level. In *Proceedings of the 11th International Conference on Expert Systems and their Applications, Conference "Tools, Techniques & Methods"* (Avignon, France, May 27-31), 1991, 501-511.

[Köp92] R. Köppen: Wissensbasierte Auswahl von Optimierungsverfahren. Diplomarbeit, Institut für Angewandte Informatik und Formale Beschreibungsverfahren, Universität Karlsruhe, 1992.

[Lan93] D. Landes: Structuring the description of models of expertise. Forschungsbericht, Institut für Angewandte Informatik und Formale Beschreibungsverfahren, Universität Karlsruhe (in Erscheinung).

[Lee91] J. Lee: Extending the Potts and Bruns model for recording design rationale. In *Proceedings of the 13th International Conference on Software Engineering* (Austin, Texas, May 13-17), 1991, 114-125.

[MCN92] J. Mylopoulos, L. Chung und B. Nixon: Representing and using non-functional requirements: a process-oriented approach. In *IEEE Transactions on Software Engineering 18(6)*, 1992, 483-497.

[Mor87] K. Morik: Sloppy modeling. In *Knowledge Representation and Organisation in Machine Learning*, K. Morik, ed. Springer, Berlin, 1987.

[Mor91] K. Morik: Underlying assumptions of knowledge acquisition and machine learning. In *Knowledge Acquisition 3(2)*, 1991, 137-156.

[Mye78] G.J. Myers: *Composite / Structured Design*. Van Nostrand Reinhold, New York, 1978.

[NeO92] S. Neubert und A. Oberweis: Einsatzmöglichkeiten von Hypertext beim Software Engineering und Knowledge Engineering. In *Proceedings Hypertext & Hypermedia* (Munich, Germany, September 15-17), 1992.

[NeS92] S. Neubert und R. Studer: The KEEP model - a knowledge engineering process model. In *Proceedings of the 6th European Knowledge Acquisition Workshop EKAW'92* (Heidelberg/Kaiserslautern, Germany, May 18-22), Springer, Berlin, 1992, 230-249.

[New82] A. Newell: The knowledge level. In *Artificial Intelligence 18*, 1982, 87-127.

[Par86] D. Partridge: *Artificial Intelligence: Applications in the Future of Software Engineering*. Ellis Horwood, Chichester, 1986.

[PaS83] H. Partsch und R. Steinbrüggen: Program transformation systems. In *Computing Surveys 15(3)*, 1983, 199-236.

[PoB88] C. Potts und G. Bruns: Recording the reasons for design decisions. In *Proceedings of the 10th International Conference on Software Engineering* (Singapore, April 11-15), 1988, 418-427

[Pup90] F. Puppe: *Problemlösungsmethoden in Expertensystemen*. Springer, Berlin, 1990.

[Roy70] W.W. Royce: Managing the development of large software systems: concepts and techniques. In *Proceedings WESCON*, August 1970.

[SBD87] G. Schreiber, B. Bredeweg, M. Davoodi und B. Wielinga: Towards a design methodology for kbs. Forschungsbericht UvA/STC-B2-PR-001, ESPRIT Project P1098, Universität Amsterdam, 1987.

[Sch89] G. Schreiber, ed.: A KADS approach to kbs design. Forschungsbericht UvA-B6-PR-010, ESPRIT Project P1098, Universität Amsterdam, 1989.

[SHW91] G. Schreiber, R. de Hoog, B. Wielinga, C. Bright, R. Martil und R. Taylor: Product and process view on KBS development. Forschungsbericht KADS-II/T5.3/PP/UvA/015/1.0, ESPRIT Project P5248, Universität Amsterdam, 1991.

[SKW85] D.R. Smith, G.B. Kotik und S.J. Westfold: Research on knowledge-based software environments at Kestrel Institute. In *IEEE Transactions on Software Engineering SE-11(11)*, 1985, 1278-1295.

[Smi90] D.R. Smith: KIDS: a semiautomatic program development system. In *IEEE Transactions on Software Engineering 16(9)*, 1990, 1024-1043.

[SwB82] W. Swartout und R. Balzer: On the inevitable intertwining of specification and implementation. In *Communications of the ACM 25(7)*, 1982, 438-440.

[SWH90] G. Schreiber, B. Wielinga, P. Hesketh und A. Lewis: A KADS design description language. Forschungsbericht UvA-B7-PR-006, ESPRIT Project P1098, Universität Amsterdam, 1990.

[WSB92] B.J. Wielinga, A.Th. Schreiber und J.A. Breuker: KADS: a modelling approach to knowledge engineering. In *Knowledge Acquisition, 4(1)*, 1992, 5-53.

[YoC78] E. Yourdon und L. Constantine: *Structured Design*. Yourdon Press, New York, 1978.

[You89] E. Yourdon: *Modern Structured Analysis*. Prentice Hall, Englewood Cliffs, 1989.

[ZaS86] P. Zave und W. Schell: Salient features of an executable specification language and its environment. In *IEEE Transactions on Software Engineering SE-12(2)*, 1986, 312-325.

[Zav82] P. Zave: An operational approach to requirements specification for embedded systems. In *IEEE Transactions on Software Engineering SE-8(3)*, 1982, 250-269.

[Zav84] P. Zave: The operational versus the conventional approach to software development. In *Communications of the ACM 27(2)*, 1984, 104-118.

[Zav91] P. Zave: An insider's evaluation of PAISLey. In *IEEE Transactions on Software Engineering 17(3)*, 1991, 212-225.

Teilautomatische Wissenstransformationen zur Unterstützung der Wissensakquisition

Stefan Bamberger[1], Ute Gappa[2], Klaus Goos[1], Karsten Poeck[1]

[1]Lehrstuhl für Informatik VI
Universität Würzburg
Allesgrundweg 12
W-8708 Gerbrunn
e-mail:{bambi|goos|poeck}
@informatik.uni-wuerzburg.de

[2]Institut für Logik, Komplexität
und Deduktionssysteme,
Universität Karlsruhe
Postfach 6980
W-7500 Karlsruhe 1
e-mail:gappa@ira.uka.de

Kurzfassung

Im Bereich der Klassifikation sind mittlerweile Expertensysteme erfolgreich im Einsatz, die nötige Wissensakquisition ist jedoch sehr aufwendig. Dem Experten fällt es dabei i.a. wesentlich schwerer, sein Erfahrungswissen in Form heuristischer Regeln, insbesondere deren Sicherheitsfaktoren, zu formalisieren, als z.B. überdeckende Schlußketten (kausales Wissen) oder gar frühere Probleme und deren Lösungen (fallbasiertes Wissen). Diese Schlußketten bzw. Fälle sind für eine Problemlösung alleine oft nicht ausreichend, sondern müssen um Mechanismen wie Sicherheitsfaktoren oder ein detailliertes Ähnlichkeitsmaß erweitert werden. Der Experte wird durch Angabe dieser Erweiterungen jedoch vor ähnliche Probleme wie bei der heuristischen Klassifikation gestellt. Um dennoch ausschließlich mit vom Experten leicht anzugebenden Wissen auszukommen, schlagen wir eine teilautomatische Transformationen vor, durch die sich das überdeckende und das fallbasierte Wissen ideal ergänzt. Dabei wird heuristisches Wissen generiert, wobei die Struktur der Regeln aus dem überdeckenden Modell und die Bewertungen aus den Fällen berechnet werden. An zwei Anwendungen demonstrieren wir die Leistungsfähigkeit der Transformationen.

1 Einleitung

Die langjährige Erfahrung mit Expertensystemprojekten hat gezeigt, daß Expertensysteme mit großer Kompetenzleistung prinzipiell machbar sind, aber auch, daß ihre Entwicklung mit einem enormen Aufwand an Zeit und Kosten verbunden ist. Die Ursache dafür liegt weniger in Unzulänglichkeiten der Basiswissensrepräsentationen und zugehörigen Inferenzmechanismen als vielmehr in der Problematik der Wissensakquisition, zu der man auch die langfristige Wartung der entwickelten Systeme rechnen muß. Die auch heute noch gängige Praxis, daß Wissensingenieure Bereichsexperten befragen und das Wissen für das Expertensystem formalisieren, ist fehleranfällig und bedeutet zusätzlichen Kommunikationsaufwand.

Um das Problem der Wissensakquisition besser in den Griff zu bekommen, versucht die derzeitige Forschung sowohl, adäquatere Wissensmodelle der sogenannten Wissensebene zu identifizieren, wie z.B. *starke Problemlösungsmethoden* [Puppe 90] oder *role-limiting methods* [McDermott 88], als auch mit Hilfe dieser Wissensmodelle eine systematischere Vorgehensweise zum Knowledge Engineering zu begründen (KADS [Breuker et al. 87], [Wielinga et al. 92]; Diskussion in [Gappa & Poeck 92]).

Durch die Verfügbarkeit von starken Problemlösungsmethoden ergibt sich gerade in Kombination mit grafischen Benutzungsoberflächen eine aussichtsreiche Lösung des Wissensakquisitionsproblems, nämlich den direkten Wissenserwerb durch die Bereichsexperten selbst. Gut gewählte grafische und direkt manipulierbare Wissensrepräsentationen helfen das zugrundeliegende Wissensmodell zu vermitteln und erlauben die Bedienung gerade auch für Computerlaien. Beispiele solcher grafischer Wissensakquisitionssysteme, mit denen Bereichsexperten selbst in der Lage sind, ihr Wissen zu formalisieren, sind OPAL [Musen 87],

TESTBENCH [ESS 88] und CLASSIKA [Gappa 89, Gappa et al. 93]. Abgesehen vom Wegfall vieler Nachteile des traditionellen Wissensakquisitionsverfahrens hat diese Methode zudem den Vorteil, daß Experten ein hohes Verantwortungsbewußtsein für die Qualität und den Einsatz der von ihnen erstellten Expertensysteme entwickeln.

Eine ganz andere Lösung des Wissensakquisitionsproblems besteht im automatischen Erlernen des Wissens aus deutlich einfacher zu akquirierenden Daten, wie z.B. Fällen sowie eventuellem Hintergrundwissen. Diese Methode ist sehr attraktiv, da sie die Interaktion mit menschlichen Wissensträgern weitgehend minimiert. Das Problem ist allerdings, daß das erlernte Wissen, z.B. in Form von Regeln, oft kaum nachvollziehbar ist und nur schwer von Wissensingenieuren oder Experten gewartet werden kann.

Der in dieser Arbeit für den Bereich der Klassifikation verfolgte Ansatz ist es deshalb, aus vom Experten einfach angebbaren überdeckenden Schlußketten bzw. Fällen, die alleine für eine Problemlösung nicht ausreichend sind, ausdruckstärkeres heuristisches Wissen zu erzeugen. Dieses kann mit Hilfe eines gut ausgearbeiteten konzeptuellen Modells so strukturiert und formuliert werden, daß es vom Experten angenommen und erweitert werden kann. Das erzeugte heuristische Wissen vereinigt die Vorteile der beiden Ausgangswissensarten, indem das Beziehungswissen aus dem überdeckenden Modell übernommen wird und die Sicherheitsfaktoren aus den Fällen berechnet werden. Das heuristische Modell hat als Zielrepräsentation gegenüber Erweiterungen des überdeckenden und fallbasierten Modells um Zusatzwissen den Vorteil, daß es effizienter verarbeitet werden kann, (siehe Abschnitt 2) und daß damit bisher die meisten Erfahrungen vorliegen bzw. erfolgreichen Wissensbasen existieren.

Wir stellen zunächst im Abschnitt 2 die beteiligten Wissensarten vor und geben ihre Eigenschaften in Bezug auf ihre Akquisition an. In Abschnitt 3 folgt eine detaillierte Beschreibung der realisierten Wissenstransformationen und Abschnitt 4 zeigt bisherige Anwendungen und Evaluationsergebnisse. Der Beitrag schließt mit einer Diskussion und einem Vergleich zu anderen Arbeiten.

2 Ausgangsbasis für die Wissenstransformationen

Den Hintergrund für Entwicklung und Einsatz unserer Wissenstransformationen [Bamberger 92] bilden die verschiedenen Methoden zur Lösung von Klassifikationsproblemen, die jeweils unterschiedliche Leistungsfähigkeit in Bezug auf Qualität und Effizienz der Problemlösung haben und jeweils unterschiedliche Arten von Wissen erfordern (vgl. Abb. 1), dessen Erhebung einfacher oder schwieriger ist:

- *Statistische Klassifikation*: Die Klassifikation geschieht mit Hilfe des Theorems von Bayes. Die dazu notwendigen Apriori-Wahrscheinlichkeiten P(D(iagnose)) und bedingten Merkmal[1]/Diagnose-Wahrscheinlichkeiten P(M(erkmal)|D(iagnose)) werden aus einer Falldatenbank berechnet. Die statistische Klassifikation ist nur begrenzt leistungsfähig, weil ihre Voraussetzungen, z.B. Unabhängigkeit der Diagnosen, Unabhängigkeit der Merkmale, bei den meisten Anwendungsbereichen nicht erfüllt sind.
- *Fallvergleichende Klassifikation*: Dabei werden aus der Falldatenbank ähnliche Fälle herausgesucht und das Ergebnis des ähnlichsten Falles übernommen. Das dazu notwendige Ähnlichkeitsmaß verwendet Wissen über partielle Ähnlichkeiten, Abnormitäten und Gewichtungen der Merkmale, die sowohl statisch als auch abhängig von der Lösung des Vergleichs-

[1] Unter dem Begriff Merkmal fassen wir einheitlich Symptome (Rohdaten), Symptominterpretationen (Datenabstraktionen) und Grobdiagnosen in einer bestimmten Ausprägung zusammen.

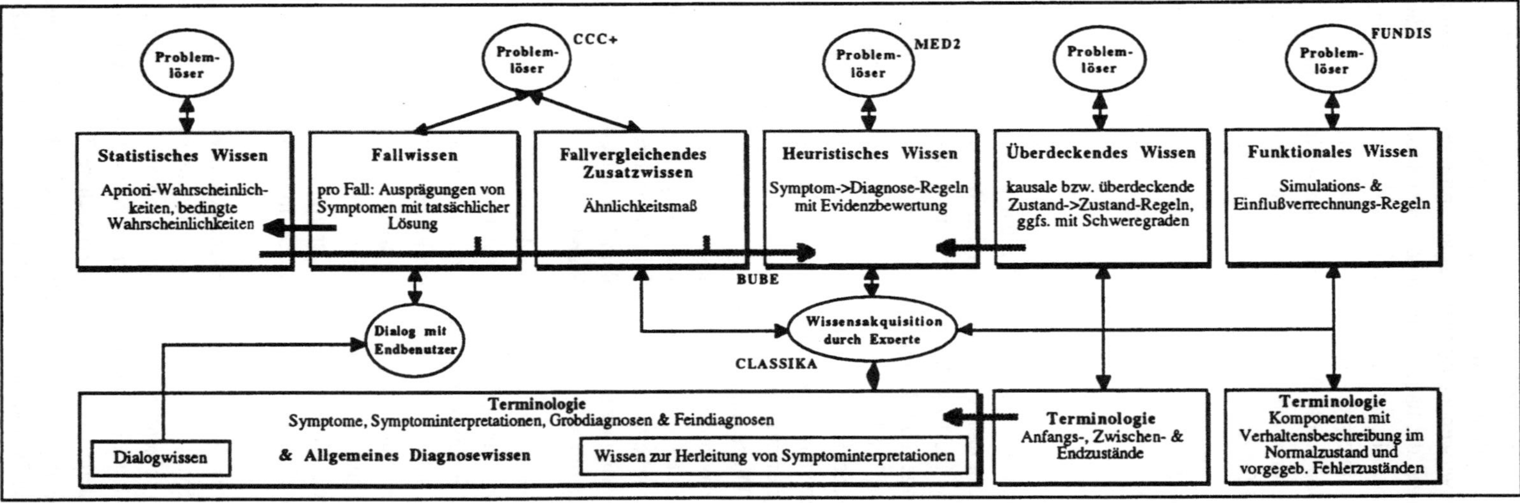

Abb. 1 **In D3 realisierte Wissensarten mit zugehöriger Problemlösung und zumeist grafischer Wissensakquisition**
Das Wissen der einzelnen Wissensarten ist noch einmal in terminologisches, allgemeindiagnostisches Wissen (untere Ebene der Abb.) und für die Problemlösungsmethode spezifisches Wissen (obere Ebene) aufgeteilt. Insbesondere benutzen die Wissensarten statistisches Wissen, Fallwissen, fallvergleichendes Zusatzwissen und heuristisches Wissen die gleiche Terminologie.
Die Doppelpfeile (↔) repräsentieren die Kommunikation zwischen Wissensarten, a) mit dem Problemlöser, der auf das Wissen zugreift, b) mit dem Wissensakquitisionssystem, das das Wissen von Experten akquiriert und c) mit dem Endbenutzer des Expertensystems, der Fälle für die Falldatenbasis aufnehmen kann. Sofern vorhanden, stehen die Namen der Systeme daneben. Der dicke Pfeil (→) vom Fallwissen zum statistischen Wissen bedeutet, daß das statistische Wissen aus dem Fallwissen automatisch berechnet wird. Die eigentlichen Wissenstransformationen (BUBE) zur Herleitung des heuristischen Wissens werden durch die grau-melierten Pfeile angedeutet. Dabei muß für die Transformation „überdeckendes Wissen -> heuristisches Wissen" zunächst die Terminologie auf die den anderen Wissensarten gemeinsame Referenzterminologie abgebildet werden.

falles sein können. Das Attraktive an dieser Methode ist, daß sie hauptsächlich auf Fällen beruht, die meist verfügbar sind und deren Formalisierung wenig Abstraktion erfordert.

- *Heuristische Klassifikation*: Sie verwendet sogenanntes kompiliertes Wissen in Form von Merkmal/Diagnose-Assoziationen, die häufig mit Sicherheitsfaktoren gewichtet werden. Dabei ist statt direkten Symptom/Feindiagnose-Assoziationen auch ein ausgeprägter Mittelbau über einfache Symptominterpretationen und Grobdiagnosen charakteristisch. Die heuristische Problemlösung ist von den in Abb. 1 aufgezählten Verfahren die effizienteste, setzt aber voraus, daß Erfahrungswissen im Anwendungsbereich vorhanden ist. Heuristische Assoziationen sind für den Experten im Vergleich zu Fällen oder kausalem Wissen schwieriger anzugeben.
- *Überdeckende Klassifikation*: Diese benutzt Beziehungen zwischen Ursachen und Wirkungen, die über Zwischenzustände verkettet sein können und einheitlich als Zustände repräsentiert werden. Diese Beziehungen können kausal sein, dann spricht man auch von kausaler Klassifikation, sie können aber auch Eigenschaftsrelationen darstellen. Eine detaillierte Definition findet sich z.B. in [Peng & Reggia 1990]. Die Problemlösung läßt sich sehr gut in die Phasen Verdachtsgenerierung und Verdachtüberprüfung (Simulation) trennen. Die Verdachtsgenerierung muß umgekehrt von den Wirkungen auf die Ursachen schließen und ist potentiell sehr ineffizient, da sie dem np-vollständigen Problem des Findens einer minimalen Mengenüberdeckung entspricht. Bei schwach zusammenhängenden Ursache-Wirkung-Graphen kann die Verdachtsgenerierung im Einzelfall jedoch trotzdem effizient sein. Das überdeckende Wissen ist allerdings relativ leicht zu erheben, sofern keine Wahrscheinlichkeiten anzugeben sind. Wie weit dies in der Praxis erforderlich ist, darüber liegen noch zu wenig Erfahrungen vor.
- *Funktionale Klassifikation*: Diese benutzt ein realitätsnahes Strukturmodell aus Komponenten, zu denen sowohl das korrekte als auch das fehlerhafte Verhalten repräsentiert wird. Die Modellierung durch den Experten ist nicht übermäßig schwierig, aber wegen des hohen Detaillierungsgrades sehr arbeitsintensiv. Bei Inbetriebnahme neuer Maschinen ist dieses Wissen das einzige, das verfügbar ist. Die Problemlösung ist detaillierter als bei der überdeckenden Klassifikation, allerdings auch sehr aufwendig.

Für alle genannten Problemlösungsmethoden haben wir jeweils eine Wissensrepräsentation mit zugehörigem Problemlöser und eine grafische Wissensakquisition realisiert (die Implementierung der grafischen Wissensakquisition für die überdeckende und funktionale Klassifikation ist noch nicht abgeschlossen). Einen Überblick gibt [Puppe 90]; detaillierte Einzelbeschreibungen finden sich in [Puppe 87] für das heuristische, [Puppe & Goos 91] für die fallvergleichende, [Diederich 92] für die statistische, [Matzke 91, 93] für die überdeckende und [Papapostolou 92] für die funktionale Klassifikation. Der grafische Wissenserwerb durch Experten wird am Beispiel der heuristischen Klassifikation z.B. in [Gappa 89, Puppe & Gappa 92, Gappa et al. 93] beschrieben.

Zur einfacheren Akquirierung des Wissens in den verschiedenen Wissensarten legen wir eine gemeinsame Terminologie aus Symptomen, Symptominterpretationen, Grobdiagnosen und Feindiagnosen zugrunde, die wir im folgenden als Referenzterminologie bezeichnen. Während das heuristische und fallbasierte Wissen mit der Referenzterminologie auskommen, wird für überdeckende und funktionale Modelle zusätzlich eine spezifischere Terminologie benötigt. Beim Aufbau von Wissensbasen spezifiziert der Experte zunächst die für die Wissensart benötigte Terminologie. Dabei werden die Symptome direkt zu Fragebögen mit antwortabhängigen

Folgefragen gruppiert, sowie Wissen zur Herleitung von Symptominterpretationen angegeben. Diese können einfach aus den eingegebenen Symptomen berechnet werden. Wir rechnen sie ebenfalls mit zum Grundvokabular.

Das Fallwissen wird sowohl auf Basis dieser vordefinierten Referenzterminologie akquiriert, um dem Benutzer die Formulierung des Falls zu erleichtern, als auch auf Basis des Dialogwissens, um die Merkmale in einer „natürlicheren" Reihenfolge sowie nur die für den Fall wesentlichen Merkmale zu erfragen.

Ziel der Wissenstransformationen ist es, aus den leichter zu erhebenden Wissensarten, nämlich Fällen, überdeckendem Wissen und fallvergleichendem Zusatzwissen, effizientes Problemlösungswissen in Form heuristischer Merkmal/Diagnose-Regeln abzuleiten. Das heuristische Wissen kann auch von den anderen Klassifikationsmethoden als effiziente Verdachtsgenerierung bzw. zur Vorauswahl ähnlicher Fälle vorteilhaft eingesetzt werden. Durch das Angebot verschiedener Problemlösungsmodelle kann der Experte beim Aufbau eines Expertensystems mit der Formalisierung der Wissensart anfangen, die seiner Vorgehensweise am besten entspricht und später andere Wissensarten ergänzen. Die automatische Erzeugung einer ersten heuristischen Wissensbasis kann ihm bei der Formalisierung seines Erfahrungswissens viel Arbeit ersparen.

Eine alternative Lösung wäre, das überdeckende Modell um Sicherheitsfaktoren zu erweitern und diese zu lernen. Die Sicherheitsfaktoren sind für einen realen Einsatz oft erforderlich, da die Überdeckungsrelation im allgemeinen eine mögliche und keine sichere Beziehung darstellt. Bei dem Verzicht auf Sicherheitsfaktoren müßten auch unsichere Beziehungen als sicher interpretiert werden, wodurch eine Ursache potentiell zu viele Wirkungen überdeckt, so daß auf Grund des Minimalitätskriteriums zu wenig Diagnosen gefunden werden.

Die Erweiterungen des überdeckenden Modells um Sicherheitsfaktoren führt aber zu einer ineffizienten Problemlösung, da bei der Verdachtsgenerierung durch die zu diesem Zeitpunkt nicht bekannten Sicherheitsfaktoren nicht eine, sondern schlimmstenfalls exponentiell viele Hypothesen generiert werden. Dies führt dazu, daß im Gegensatz zur heuristischen Problemlösung nicht nur eine, sondern sehr viele Simulationen notwendig werden. Aus diesen Gründen haben wir zwar das überdeckende Modell um Sicherheitsfaktoren erweitert, so daß zumindestens eine ineffiziente Nutzung des überdeckenden Problemlösers möglich ist. Zur effizienten Problemlösung oder zumindestens zur effizienten Verdachtsgenerierung bleibt aber heuristisches Wissen notwendig und wird daher aus den überdeckenden bzw. fallbasierten Wissen generiert.

3 Realisierung der Wissenstransformationen

In diesem Abschnitt werden die Wissenstransformationen aus mengenüberdeckendem (kausalem) und fallbasiertem Wissen zu heuristischen Wissen beschrieben. Die Transformationen sind vollständig implementiert und in die Wissenserwerbskomponente von D3 [D3 Handbuch 91] integriert. Dazu erläutern wir zunächst die beiden Transformationen gemeinsame Vorgehensweise.

3.1 Vorgehensweise der Wissenstransformationen

Die Wissenstransformationen laufen jeweils nach folgendem Schema ab:

① *Abbildung des zusätzlichen Vokabulars der zu transformierenden Wissensart.* Gegebenenfalls müssen zunächst Objekte, die nicht in der Referenzterminologie vorhanden sind, auf sie abgebildet werden. Zum Beispiel entsprechen Endzustände des überdeckenden Modells Symptomen oder Symptominterpretationen der gemeinsamen Terminologie.

② *Bestimmung der Diagnoseprofile.* Unter dem Profil einer Diagnose verstehen wir die Menge von Merkmalen, die unmittelbar zur Herleitung der Diagnose benutzt werden kann. Diese Profile können als abstrakte Regeln verstanden werden, bei denen nur angegeben wird, welche Objekte in Beziehung zueinander stehen, aber bei denen nicht angegeben ist, wie diese Beziehung im einzelnen aussieht.

③ *Generierung der Regelschemata.* In diesem Schritt werden die Diagnoseprofile zu Regeln aufgelöst, denen allerdings die heuristische Bewertung noch fehlt, die erst in Schritt 4 ermittelt wird. Es werden zu jedem Merkmal aus dem Profil einer Diagnose eine positive und eine negative Regel generiert, nämlich "Merkmal vorhanden ⇒ Diagnose" und "Merkmal nicht vorhanden ⇒ Diagnose". Falls also N Merkmale im Profil einer Diagnose stehen, werden insgesamt 2*N Regeln erzeugt.

Der Vorteil dieses einfachen Modells ist, daß nur Regeln generiert werden, die Beziehungen zwischen einem Merkmal und einer Diagnose darstellen, was die Bestimmung der Bewertungen erheblich vereinfacht. Diese Darstellungsart ist auch vorteilhaft für den Problemlöser, der dann robuster gegenüber Symptomen ist, für die noch kein Wert erfaßt ist oder deren Wert nicht bekannt ist. Es ist allerdings möglich, daß durch diese einfachen Regeln bestimmte Zusammenhänge nicht dargestellt werden können.

④ *Regelbewertungen bestimmen.* In einem weiteren Schritt müssen für die Regelschemata Bewertungen bestimmt werden. Diese Berechnungen sind für jede Wissensart spezifisch.

⑤ *Adaption der Regeln und ihrer Bewertungen.* Es ist wahrscheinlich, daß die automatisch generierten Regeln nicht schon in der ersten Iteration das gewünschte Ergebnis liefern. Deshalb sind eventuell Adaptionsschritte notwendig, in denen Testfälle durchgespielt und gegebenenfalls die Regeln angepaßt werden. Natürlich kann das Erreichen einer perfekten Wissensbasis nicht garantiert werden.

Mit Ausnahme der Zuordnung des Vokabulars, die vom Benutzer vorgenommen werden muß, können alle übrigen Schritte automatisch erfolgen. Zusätzlich hat der Benutzer die Möglichkeit, die generierten Einträge nach seinen Wünschen zu verändern. Dazu steht ihm eine grafische Oberfläche mit direkten Manipulationsmöglichkeiten zur Verfügung. Diese Oberfläche ist in die Beratungs- und Wissenserwerbsoberfläche von D3 integriert, so daß sehr kurze Adaptions- und Testzyklen möglich sind.

Wie bereits erwähnt, ist unser eigentlicher Ansatz eine hybride Transformation (Abschnitt 3.4). Um auch eventuell vorhandenes Zusatzwissen im überdeckenden bzw. fallbasierten Modell verwenden zu können, haben wir auch die einzelnen Transformationen (Abschnitt 3.2, 3.3) realisiert.

3.2 Transformation aus überdeckendem Wissen

Abbildung des zusätzlichen Vokabulars

In Abb. 3 werden im linken Teil die Grobstruktur des überdeckenden Wissens und im rechten Teil die möglichen Abbildungen der Zustände auf die Referenzterminologie angezeigt. Die Schwierigkeit bei der Abbildung des Vokabulars liegt darin, daß die Zustände auf ein Merkmal der gemeinsamen Terminologie, z.B. ein Symptomobjekt mit einem bestimmten Wert oder eine gesicherte oder ausgeschlossene Diagnose, abgebildet werden müssen. Im allgemeinen werden nicht alle Merkmale abgebildet, da die überdeckende Wissensbasis detailliertere Zusammenhänge modelliert. Diese Abbildung kann, wie bereits erwähnt, nicht automatisch erfolgen, da dazu Allgemeinwissen notwendig ist, sondern sie muß durch den Experten erfolgen. Dieser benutzt dazu ein Fenster, das im wesentlichen aus einer zweispaltigen Tabelle besteht. Eine Zeile der Tabelle entspricht dabei einer Abbildung eines Zustands auf ein Merkmal. Die Merkmale braucht der Experte nicht einzutippen, was viel zu aufwendig und fehleranfällig wäre, sondern er kann sie aus den entsprechenden Hierarchien auswählen und übertragen.

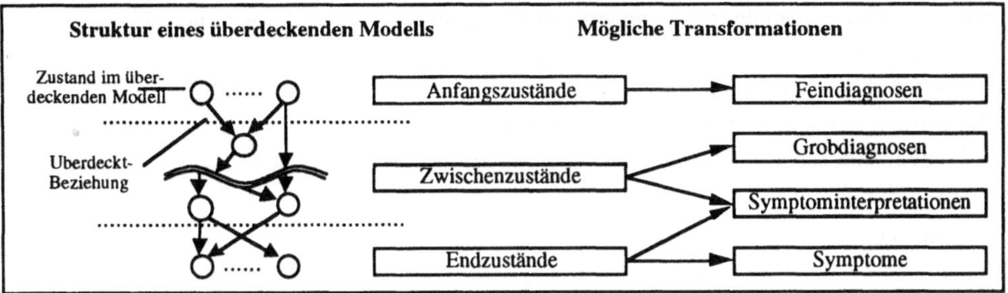

Abb. 3 Struktur des überdeckenden Wissens und mögliche Abbildungen des Vokabulars
In der linken Hälfte der Abbildung wird die Struktur des überdeckenden Wissens dargestellt. Es besteht, vereinfacht gesehen, aus einem gerichteten Graphen, in dem die einzelnen Knoten den Zuständen entsprechen. Die Nachfolgerelation repräsentiert eine Überdeckt-Beziehung. Diese Beziehung kann im allgemeinen viel komplizierter sein, als das durch einen einfachen Pfeil dargestellt wird: z.B. kann es eine Gewichtung (Schweregrad) oder zusätzliche Bedingungen für die Beziehung geben. Der Graph läßt sich in drei Schichten einteilen: zunächst kommen die Anfangszustände, die keinen Vorgänger haben, dann eine Kette von Zwischenzuständen und schließlich die Endzustände. In der rechten Hälfte der Abbildung werden die möglichen Entsprechungen der Anfangs-, Zwischen- und Endzustände in der gemeinsamen Wissensbasis angedeutet. Anfangszustände entsprechen den Wirkungen und werden daher nur auf Feindiagnosen, Zwischenzustände auf Grobdiagnosen oder Symptominterpretationen und Endzustände schließlich auf Symptominterpretationen oder Symptome abgebildet.

Bestimmung der Diagnoseprofile

Die automatische Errechnung eines Profils ist nicht besonders kompliziert. Man bestimmt dazu zunächst den Zustand, welcher der als gesichert bewerteten Diagnose entspricht, berechnet seine Nachfolger im Zustandsgraphen und bildet diese wieder auf Merkmale in der gemeinsamen Wissensbasis ab. Sollten die Nachfolgerzustände keine direkte Entsprechung in der gemeinsamen Wissensbasis haben, werden transitiv wieder die Nachfolger gebildet, bis ein oder mehrere Zustände mit einer Entsprechung erreicht sind. Die berechneten Profile sind als Vorschlag an den Experten zu sehen, der sie mit einer weiteren grafischen Tabelle übernehmen und/oder verändern kann.

Generierung der Regelbewertungen

Die Ermittlung der Regelbewertungen aus dem überdeckenden Modell ist am besten für die "Merkmal nicht vorhanden ⇒ Diagnose"-Regeln möglich. Dies erklärt sich dadurch, daß die Ursache-Wirkung-Regeln des überdeckenden Modells sich im heuristischen Modell durch "Wenn Wirkung nicht vorhanden, spricht dies gegen die Ursache" approximieren lassen. Für die Bewertungen wird der Sicherheitsfaktor der Beziehung im überdeckenden Modell, gegebenenfalls über mehrere Zwischenstufen, als Bewertung übernommen. Für die Ermittlung der Bewertungen der "Merkmal vorhanden ⇒ Diagnose"-Regeln gehen wir vereinfachend von einer Gleichverteilung aus, da wir dazu kein explizites Wissen aus dem überdeckenden Modell haben. D.h., falls ein Merkmal M_i im Profil von N verschiedenen Diagnosen vorkommt, ist die Bewertung der Regeln $M_i \Rightarrow D_j$ jeweils 1/N. Dies ist im allgemeinen nicht korrekt, wie auch die Evaluierung in Abschnitt 4 zeigt. Daher ist es wichtig, daß auch die Regelgewichtungen durch den Experten in der normalen Wissensakquisitionsoberfläche von D3 adaptiert werden können. Dies wird genauer im Abschnitt 3.5 beschrieben.

3.3 Transformation von fallbasiertem Wissen

Eine Abbildung von zusätzlichen Merkmalen ist bei dieser Transformation nicht notwendig, da wir davon ausgehen, daß die Fälle mit der Dialogkomponente von D3 auf der Basis des Referenzvokabulars akquiriert werden. Auch für das fallvergleichende Wissen werden keine neuen Merkmalstypen definiert, sondern nur die bestehenden um Informationen, z.B. über das Ähnlichkeitsmaß, erweitert.

Im Gegensatz zu der Transformation aus überdeckendem Wissen ist die Bestimmung der Diagnoseprofile sehr kompliziert. Die Berechnung der Bewertungen unter Verwendung der bedingten Wahrscheinlichkeiten ist zwar rechnerisch aufwendig, aber konzeptionell einfach durchzuführen.

Bestimmung der Diagnoseprofile

Wie in jedem induktiven Verfahren ergibt sich bei der Bestimmung der Profile das Problem von statistischen Korrelationen, denen kein direkter kausaler Zusammenhang entspricht, z.B. der Rückgang der Geburten und die Verminderung der Storchenpopulation in Südschweden, wenn beide von einer dritten Größe abhängen. In unserem Fall können wir aber neben einer großen Falldatenbank auch noch explizites fallvergleichendes Wissen benutzen. Besonders die folgenden zwei Einträge können dabei helfen, Scheinkausalitäten zu erkennen:

- Im fallvergleichenden Wissen wird zu den möglichen Ausprägungen eines Symptomobjekts jeweils die Abnormität angegeben.
- Zusätzlich kann man an den lösungsspezifischen Gewichtsmodifikationen erkennen, ob ein Merkmal für eine bestimmte Diagnose überhaupt relevant ist.

Insbesondere der letzte Punkt kann dazu benutzt werden, um die erwähnten Scheinzusammenhänge auszuschließen, z.B. indem einfach das Symptom "Storchenpopulation" als irrelevant für die Diagnose "Geburtenrückgang" markiert wird.

```
Für alle Diagnosen D
    Bestimme alle Merkmale M, die in einem Fall vorkommen, der D als Lösung hat
    Lösche aus diesen Merkmalen alle Feindiagnosen
    {aus diesen kann per Definition nichts mehr gefolgert werden, dagegen ist es möglich, daß aus Grobdiagosen
    weitere Grobdiagnosen hergeleitet werden}
    {jetzt kann das fallvergleichende Wissen als Filter angegeben werden}
    Lösche alle Merkmale, für die das lösungsspezifische Gewicht sehr gering ist
    Lösche alle Merkmale, die in normalen Ausprägungen vorhanden sind
    {nun wird versucht, die wirklich für die Lösung signifikanten Merkmale zu ermitteln}
    Übernehme nur die Merkmale, deren Häufigkeit viel kleiner als die bedingte Wahrscheinlichkeit bezüglich der
    Diagnose ist, also P(M) << P(M|D) gilt:
    {Bei den noch übrigbleibenden Merkmalen müssen jetzt diejenigen Merkmale gestrichen werden, die voneinander
    abhängig sind.}
    Für alle Merkmaltupel Mi, Mj mit i <> j
        Falls P(M_i|D) * P (M_j|D) <> P(M_i ^ M_j| D)
        {Falls die obige Ungleichung erfüllt ist, sind die beiden Merkmale abhängig und es wird eines der beiden aus dem
        Profil gelöscht werden. Dabei wird zunächst der Merkmalstyp verglichen und der größere gemäß der Ordnung
            Symptome < Symptominterpretationen < Grobdiagnosen < Feindiagnosen gewählt. Falls der Merkmalstyp
        gleich ist, wird das Merkmal mit der größeren relativen Häufigkeit genommen. Zumindest die erste Festlegung
        ist nicht zwingend, es ist aber auch nur wichtig, daß konsequent so vorgegangen wird. Die Festlegung, die
        größeren Merkmale vorzuziehen, dient außerdem zum Aufbau eines diagnostischen Mittelbaus}
            Falls Merkmalstyp (M_i) < Merkmalstyp (M_j) dann lösche M_i
                Sonst Falls Merkmalstyp (M_j) < Merkmalstyp (M_i) dann lösche M_j
                        Sonst Falls P(M_i|D) <= P (M_j|D) lösche M_i
                                Sonst lösche M_j
```

Abb. 4 Algorithmus zur Erzeugung der Diagnoseprofile aus fallbasiertem Wissen

Die Bestimmung der Profile läuft nach dem in Abb. 4 gezeigten Algorithmus ab. Genau wie beim kausalen Fall können die automatisch errechneten Profile vom Experten geändert werden.

Errechnung der Bewertungen

Die Regelgenerierung findet nun wieder wie in Abschnitt 3.1 beschrieben statt. Für die Berechnung der Bewertungen eignet sich im Gegensatz zum überdeckendem Modell das fallbasierte Wissen sehr gut. Dazu wird für die "Merkmal vorhanden ⇒ Diagnose"-Regeln die bedingte Wahrscheinlichkeit P(D|M) errechnet. Für die "Merkmal nicht vorhanden ⇒ Diagnose"-Regeln müßte die Wahrscheinlichkeit P(¬ D|¬ M) gebildet werden. Da dies sehr aufwendig ist, wird dies durch - P(M|D) approximiert.

Auch in diesem Fall können die Bewertungen und die Struktur der Regeln vom Experten über Tabellen geändert werden.

3.4 Hybride Transformationen

In den vorherigen Abschnitten wurde bereits deutlich, daß sowohl die Transformation aus dem überdeckendem als auch aus dem fallbasiertem Wissen ihre Stärken und Schwächen hat. Es liegt auf der Hand, daß eine kombinierte Transformation erheblich bessere Resultate liefert. Dies setzt voraus, daß sowohl eine überdeckende Wissensbasis als auch eine Falldatenbank vorhanden sind. Eine kombinierte Transformation sieht wie folgt aus:

- Zunächst werden die Zustände der überdeckenden Wissensbasis manuell auf Merkmale der gemeinsamen Wissensbasis abgebildet.
- Dann werden automatisch mit Hilfe der überdeckenden Wissensbasis die Diagnoseprofile bestimmt, wie in Abschnitt 3.2 beschrieben. Dies liefert nicht nur erheblich bessere Resultate als die Diagnoseprofile, die aus dem fallbasierten Wissen generiert werden, sondern es ist auch erheblich effizienter.
- Die Bewertungen dagegen werden nicht aus der überdeckenden Wissensbasis, sondern aus den Fällen bestimmt, da die Gleichverteilung, die für die Ermittlung der "Merkmal vorhanden ⇒ Diagnose" Sicherheitsfaktoren vorausgesetzt wurde, im allgemeinen nicht gegeben ist.

3.5 Manuelle Adaptionen der Wissensbasis

Zur Adaption der Regeln kann die normale Wissenserwerbskomponente [Gappa et al. 93] von D3 benutzt werden. Typische Editoren sind Tabellen, die das Inspizieren oder Bearbeiten von Regeln einer oder mehrer Diagnosen erlauben. Neu entwickelt wurde ein Wisseneditor, der die komplette Herleitungskette für eine Feindiagnose in einem Graphen darstellen und manipulieren läßt.

3.6 Automatische Adaptionen der heuristischen Wissensbasis

Es ist wahrscheinlich, daß die in der ersten Iteration erzeugte heuristische Wissenbasis nicht die Qualität einer von einem Experten erstellten besitzt. Da die Transformation den Experten nicht ersetzen, sondern unterstützen soll, ist dies tolerierbar, allerdings ist eine automatische Adaption trotzdem sehr nützlich, um offensichtliche Fehler auszumerzen.

Die im folgenden skizzierte Adaption ist zwar noch nicht implementiert, jedoch wurden bei manueller Durchführung in den Testfällen sehr gute Ergebnisse erzielt. Die Adaption geht dabei von einer Menge von Testfällen aus, bei denen die korrekte Lösung bekannt ist, und funktioniert wie folgt:

```
Globale_Adaption ()
Solange nicht korrekt gelöste Fälle vorhanden
    Wähle einen falsch gelösten Fall Fehlerfall
    Adaption (Fehlerfall)
```

Abb. 5 Algorithmus zur automatischen Adaption der Regelbewertungen (a)

```
Adaption (Fehlerfall)
  Solange nicht die korrekten Grobdiagnosen hergeleitet werden
    Adaptiere_Diagnose (Überzählige-Grobdiagnosen, Abwertung)
    Adaptiere_Diagnose (Fehlende-Grobdiagnosen, Aufwertung)
  Solange nicht die korrekten Feindiagnosen hergeleitet werden
    Adaptiere_Diagnose (Überzählige-Feindiagnosen, Abwertung)
    Adaptiere_Diagnose (Fehlende-Feindiagnosen, Aufwertung)
  Über alle bisher korrekt gelösten Fälle, die eine der veränderten Diagnosen enthalten
    Falls nicht korrekt hergeleitet
      Falls Adaptionszyklus erkannt lösche einen Fall
      sonst Adaption(Fehlerhaft-Hergeleiteter-Fall)
Adaptiere_Diagnose (Diagnose, Richtung)
  Ermittle die Bewertung der Diagnose, wobei die Regeln, die sich auf Grobdiagnosen beziehen, so gewertet werden,
  wie sie laut der korrekten Lösung des Falles sein sollten, nicht wie sie konkret hergeleitet wurden.
  Bestimme die Differenz zwischen der erwarteten und tatsächlichen Bewertung.
  Falls Differenz vorhanden
    Teile Differenzbewertung zwischen den positiven und negativen Regeln im Verhältnis 2:1 bei Aufwertung bzw.
    1:2 bei Abwertung auf. Dabei sind die Regeln mit einem hohen Gewicht stärker zu berücksichtigen als die
    schwachen.
```

Abb. 5 Algorithmus zur automatischen Adaption der Regelbewertungen (b)

4 Anwendung und Evaluation

Zur Validierung des vorgestellten Verfahrens haben wir es auf zwei Beispiele angewendet. Zum Vergleich der Ergebnisse wurde jeweils eine bestehende heuristische Wissensbasis als fiktiver Experte (Musterwissensbasis) genommen. Das Ziel war dann, eine heuristische Wissensbasis mittels Transformation zu generieren, die möglichst nahe an die Leistung der Musterwissensbasis herankommt.

Zum Testen der Transformationsarten (überdeckend, fallbasiert und hybrid) wurde für die Transformation aus überdeckendem Wissen unabhängig von der heuristischen Musterwissensbasis eine überdeckende Wissensbasis aufgebaut, die den entsprechenden Wissensbereich abdeckt. Aus der Musterwissensbasis wurden automatisch Fälle generiert, wobei das Verhältnis zwischen Lern- und Testfällen 4:1 beträgt.

Zum Vergleich der Ergebnisse haben wir vier Kategorien eingeführt.

① *Volltreffer* - Mit der generierten Wissensbasis wurden genau dieselben Grob- und Feindiagnosen hergeleitet wie mit der Musterwissensbasis.

② *Fasttreffer* - Es wurden zwar die richtigen Feindiagnosen, jedoch zuviel oder zuwenig Grobdiagnosen hergeleitet.

③ *Schwacher Treffer* - Es wurde eine Teilmenge der Feindiagnosen oder weitere, falsche Feindiagnosen hergeleitet. Die Grobdiagnosen spielen keine Rolle.

④ *Kein Treffer* - Sonstige Ergebnisse.

Bei der ersten Anwendung wurde als Musterwissensbasis eine Wissensbasis zur Buchauswahl mit 15 Diagnosen und 58 Symptomen benutzt. Zum Lernen wurden 1567 Fälle verwendet, für den Test standen 377 zur Verfügung. Das Ergebnis ist in Abb. 6 dargestellt. Die Abbildung zeigt, daß weder Volltreffer noch Fasttreffer mit der Transformation der überdeckenden Wissensbasis erzielt wurden. Dieses Ergebnis läßt sich leicht durch die eigentlich falsche Annahme der Gleichverteilung erklären, die zur Berechnung der Sicherheitsfaktoren zwischen Symptomen und Diagnosen gemacht wurde. Daher werden sehr häufig zuviele Feindiagnosen hergeleitet, was zu vielen (80%) schwachen Treffern führt. Beim Test der aus Fällen generierten Wissensbasis wurde immerhin schon ein Ergebnis von knapp 75 % Fasttreffern erzielt. Bei der Bewertung der Grobdiagnosen tritt das Problem auf, daß eine Grobdiagnose mit mehreren Feindiagnosen in Zusammenhang steht, wodurch die direkte Korrelation zwischen einer Grobdiagnose und ihren Feindiagnosen statistisch gesehen umso unwahrscheinlicher wird, je mehr Feindiagnosen vorhanden sind. Dies hat zur Folge, daß die Bewertung der

Grobdiagnose unter den vorgegebenen Schwellwert sinkt und die Grobdiagnose nicht in das Diagnoseprofil aufgenommen wird.

Feindiagnosen	Volltreffer			Fasttreffer			schwacher Treffer			kein Treffer		
	über.	fall.	hyb.	über.	fall.	hyb.	über.	fall.	hyb.	über.	fall.	hyb.
Lovecraft							14				14	14
Stephen King			37		56	26	56			11	11	4
Donald Duck			16		8			8		16		
U-Comix			16		16		16					
Clancy			11		6		9			2	5	
Van de Wetering			3		3		3					
Chandler			5		5		5					
Conan Doyle			3		3		3					
Asimov					7	7	7					
Lem					7	7	7					
Bradbury					7	7				7		
Krimis			54		51		54		2	2	5	
Science Fiction					27	27	20			7		
Comix			48		34		32	14		16		
Horror			38		56	29	79	9	5	11	25	18
Summe			231		286	103	305	31	7	72	60	36
Prozent			61,2		75,8	27,3	80,9	8,2	1,8	19,1	15,9	9,5

Abb. 6 Ergebnisse der verschiedenen Transformationsarten (über(deckend), fall(basiert), hyb(rid))

Unser eigentlicher Ansatz, die hybride Transformation brachte gegenüber den beiden einzelnen ein sehr gutes Ergebnis (knapp 61% Volltreffer und weitere 27% Fasttreffer).

Feindiagnosen	Volltreffer		Fasttreffer		schwache Treffer		kein Treffer	
	hyb.	adap.	hyb.	adap.	hyb.	adap.	hyb.	adap.
Drosselklappe klemmt/Stellung falsch	20	20						
Leerlaufabschaltventil verstopft	17	22					5	0
Beschleunigungspumpe verstopft.	5	58	2	0			51	0
Übergangsbohrungen verschmutzt	5	45	4	0			36	0
Leerlaufdüse verstopft	50	99					49	0
Grundeinstellung falsch	1	1					13	13
Drosselklappenspalt/-ansteller nicht korrekt	23	23	12	12	3	3	43	43
Starterklappe öffnet nicht vollständig	35	93					58	0
Starterklappe schließt nicht	10	146	1	0			135	0
Schwimmer klemmt/Niveau falsch	7	7					7	7
Schwimmernadelventil verschmutzt	4	4					10	10
Schwimmerkammerbelüftung verstopft	19	19					8	8
Undichtes Ansaugsystem	11	11					3	3
Luftfiltereinsatz verschmutzt	3	3	6	6			5	5
Ansauglufttemp./Regelung hängt in Kaltstell.	7	7	3	3			4	4
Ansauglufttemp./Regelung hängt in Warmstell.	13	13					1	1
Hauptdüsen verstopft	59	59	19	19			10	10
Defekt im Vollastanreicherungssystem	10	10					18	18
Defekt im Beschl./-übergangssystem	11	11	1	1	28	28		
Defekt in Startvorrichtung	27	27	7	7	53	53		
Defekt im Schwimmerkammersystem			6	6	14	14		
Summe	337	678	61	54	98	98	456	122
Prozent	35,4%	71,2%	6,4%	5,7%	10,3%	10,3%	47,9%	12,8%

Abb. 7 Ergebnisse der hybriden Transformation und anschließender Adaption bei der Vergaserdiagnostik (hyb. = hybrid, adap. = adaptiert)

Die zweite Anwendung war eine Wissensbasis zur Diagnostizierung von Defekten an der Vergaseranlage eines Autos. Sie besteht aus 21 Diagnosen mit 87 Symptomen. Zu dieser Wissensbasis wurden 3808 Lernfälle erzeugt. Die besondere Schwierigkeit bei diesem Diagnoseproblem ist, daß sich viele Diagnosen in ihrem Fehlerbild überschneiden und daher eine scharfe Trennung fast nicht möglich ist. Außerdem wird in dieser Wissensbasis die Möglichkeit der Differentialdiagnostik bei der heuristischen Klassifikation benutzt. Das bedeutet, daß neben dem herkömmlichen Bewertungsschema noch eine zusätzliche

Differenzbewertung vorgenommen wird, die eine Diagnose nur etabliert, wenn sie einen bestimmten Vorsprung vor ihren Differentialdiagnosen hat. Dieser Umstand wird durch die statistische Bewertung nicht erfaßt und führt daher zu nicht korrekten Werten. Auch durch die manuelle Anwendung des Adaptionsschritt aus Abschnitt 3.6 war es nur begrenzt möglich, das Ergebnis noch zu verbessern. Dies schlägt sich auch in den Ergebnissen nieder. Wie in Abb. 7 zu sehen ist, hat der Testlauf mit der hybriden Transformation bei 952 Fällen eine Volltrefferquote von 35% und 70% Volltrefferquote nach dem Adaptionsschritt gebracht. Das Gros der Nichttreffer ist auf Fälle zurückzuführen, deren Lösung aus mehreren Diagnosen bestehen, von denen aber nicht alle hergeleitet wurden.

5 Diskussion

Das Neue an der vorgestellten Arbeit ist die Kombination von Verfahren, bei der sowohl Fälle als auch überdeckendes (kausales) Wissen zum Erzeugen einer heuristischen Regelbasis herangezogen werden. Die beiden Wissensformen kompensieren dabei die jeweiligen Schwächen der anderen, was dazu führt, daß die in Abschnitt 4 empirisch ermittelte Leistungsfähigkeit erreicht werden kann.

Durch Vorgabe der Terminologie und damit der „gewollten" Zwischenschritte des heuristischen Problemlösewissens und durch Zwischenüberprüfung der hergeleiteten Diagnoseprofile durch den Experten wird sichergestellt, daß das Ergebnis des Lernverfahrens innerhalb der Denkweise des Experten liegt und durch das Lernverfahren keine unnatürlichen, dem Experten fremden Denkeinheiten und Strukturen entstehen, wie dies etwa bei vielen automatischen Lernverfahren, die vollständig autonom Abstraktionen über Fällen herleiten, der Fall ist. Diese Tatsache zusammen mit dem starken Problemlösungsmodell der Zielrepräsentation und der grafischen Wissensakquisition führt dazu, daß der Experte in der Lage ist, das erzeugte Wissen nachzuvollziehen und Verbesserungen anzubringen.

Gerade diese beiden Punkte unterscheiden unseren Ansatz von den bekannten Verfahren aus dem Maschinellen Lernen, die ebenfalls mit Hilfe induktiver Verfahren aus großen Fallsammlungen (z.B. ID3 [Quinlan 90] oder UNIMEM [Lebowitz 90]) und/oder deduktiven Verfahren (z.B. [Mitchell et al. 86]) mit einer starken Domänentheorie Erklärungen zu neuen Fällen generieren und diese dann verallgemeinern.

Unter den interaktiven Wissensakquisitionssystemen für Klassifikationsprobleme werden sowohl in den auf dem Konstruktgitter basierenden Systemen wie KSS0 [Shaw & Gaines 89] und AQUINAS [Boose 87] als auch in MORE [Kahn 88], das kausales Diagnosewissen ausnutzt, Wissenstransformationen zur Generierung von heuristischen Regelbasen eingesetzt, um den Experten von den schwierigeren Modellierungsaufgaben zu entlasten. Bei diesen Systemen standen aber daneben immer auch aktive Fragestrategien zur Wissenserhebung im Vordergrund.

Das Konstruktgitter in KSS0 und AQUINAS entspricht genau der Eingabe von Diagnoseprofilen. Aus diesen werden Regeln für allgemeine (schwache) Expertensystemwerkzeuge generiert. Doch hier zeigt sich, daß der Experte kaum in der Lage ist, das erzeugte Expertensystem zu warten. Das Problem liegt wiederum darin, daß für die Problemlösung ein anderes und zudem schwaches Wissensmodell benutzt wird, als für die Wissensakquisition (siehe auch sogenannte implizite Modelle bei [Musen 89]), da man den Benutzer nur mit einem möglichst einfachen Wissensmodell, den Diagnoseprofilen, konfrontieren will. Die Entwickler des Verfahrens sagen selbst, daß ihre Systeme nur die allererste Phase der Wissensakquisition sinnvoll unterstützen können und eher dafür geeignet sind, um durch Analysen des akquirierten Wissens und aktive Fragestrategien neue Diagnosen und Symptome zu erfragen.

Um die Wissensakquisition für den Experten zu vereinfachen, hatte man auch in MORE bereits die Idee, zunächst ein kausales Modell aufbauen zu lassen, das dann für den problematischeren Teil des Aufbaus einer Regelbasis sowie zur Analyse der Wissensbasen und für Konsistenztests ausgenutzt wurde. Allerdings wurden lediglich die Regelstrukturen generiert, zu denen der Experte die Sicherheitsfaktoren hinzufügen mußte. Wegen der Schwierigkeiten mit der Regelbewertung seitens der Experten wurde dies von den Entwicklern als Hauptschwäche des Systems angesehen [Eshelman & McDermott 86]. In dem Nachfolgesystem MOLE [Eshelman 88] hat man die Problemlösung überwiegend vom heuristischen Wissen auf das kausale Modell selbst verlagert und die starke Problemlösungsmethode „cover-and-differentiate" eingeführt.

Weiterhin liegt ein Vergleich mit MOLTKE [Althoff et al. 92] nahe, da in diesem System ebenfalls verschiedene starke Problemlösungsverfahren im Diagnosebereich realisiert sind. Insbesondere erzeugt IMAKE [Rehbold 91, Schuch 92] durch Simulation von bekanntem Fehlverhalten direkt aus einem funktionalen Modell Symptom/Diagnose-Regeln. Diese Regeln entsprechen allerdings direkt der Umkehrung funktionaler Beziehungen; das Erfahrungswissen muß vom Experten zusätzlich eingegeben werden. Wir gehen dagegen momentan den Weg, das funktionale Wissen durch Abbildung auf das überdeckende Wissen in unsere Transformation mit einzubeziehen.

Ferner planen wir, den in Abschnitt 3.6 skizzierten Adaptionsalgorithmus mit dem interaktiven Optimieren der Wissensbasis durch den Experten zu kombinieren, indem durch Analyse falsch klassifizierter Fälle Schwachstellen in der Wissensbasis aufgedeckt, die Fälle gemeinsam mit dem Experten durchgespielt werden und das System aktiv Regeladaptionen vorschlägt.

Danksagung

Wir bedanken uns bei Dieter Fenzel und Frank Puppe für die wertvollen Anmerkungen zu früheren Versionen dieses Papiers. Ebenfalls danken wir Christian Hestermann und Ulrike Rhein, die durch ihre konstruktiven Vorschläge zu der endgültigen Fassung beigetragen haben.

Literatur

Althoff, K.-D., Maurer, F., Weß, S. & Traphöhner, R. (1992). MOLTKE - An integrated workbench for fault diagnosis in engineering systems. In: Hashemi et al. (Eds.). Proc. 4th international conference Artificial Intelligence & Expert Systems Applications (EXPERSYS-92), Paris.

Bamberger, S. (1992). Teilautomatischer Wissenserwerb für die heuristische Klassifikation auf Basis von Fällen und Fehlermodellen. Diplomarbeit am Institut für Logik, Komplexität und Deduktionssysteme der Universität Karlsruhe.

Boose, J.H., & Bradshaw, J.M. (1987). Expertise transfer and complex domains: Using AQUINAS as a knowledge acquisition workbench for knowledge-based systems. International Journal of Man-Machine Studies, 26.

Breuker, J.A. et al. (1987). Model-Driven Knowledge Acquisition: Interpretation Models. MEMO 87 Esprit Project 1098, University of Amsterdam.

[D3 Handbuch] (1991). Bamberger, S., Gappa, U., Goos, K., Meinl., A., Poeck, K., & Puppe, F.: Die Diagnostik-Expertensystem-Shell D3. Handbuch. Institut für Logik, Komplexität und Deduktionssysteme der Universität Karlsruhe.

Diederich, T. (1992). Optimierung einer Falldatenbank und Implementierung einer zugehörigen Statistikkomponente. Studienarbeit am Institut für Logik, Komplexität und Deduktionssysteme der Universität Karlsruhe.

Eshelman, J. & McDermott, J. (1986). MOLE: A knowledge acquisition tool that uses its head. AAAI-1986.

Eshelman, L. (1988). MOLE: A knowledge acquisition tool for cover-and-differentiate systems. [Marcus 88], 37-80.

[ESS]. (1988). Two Problem-specific Tools for Diagnosis, Expert System Strategies 4, No. 12, pp 7-12.

Gappa, U. (1989). CLASSIKA: A knowledge acquisition tool for use by experts. 4th Knowledge Acquisition for Knowledge-Based Systems Workshop. Banff, Kanada. SRDG Publications, Departmemt of Computer Science, University of Calgary, Calgary, Alberta, Kanada.

Gappa, U. (1991). Graphische Wissensrepräsentationen. 15. Fachtagung für Künstliche Intelligenz, GWAI-91, Christaller, Th. (Ed.), 221–230, Informatik-Fachberichte 285, Springer.

Gappa, U., & Poeck, K. (1992). Common ground and differences of the KADS and the strong-problem-solving-shell approach. Current Developments in Knowledge Acquisition: EKAW-92, 6th European Knowledge Acquisition Workshop, Wetter, Th. et al. (Eds.), Lecture Notes in Artificial Intelligence 599, Springer.

Gappa, U., Puppe, F., & Schewe, S. (1993). Graphical knowledge acquisition for medical diagnostic expert systems. Special Issue "Knowledge Acquisition" der Zeitschrift Artificial Intelligence in Medicine, Juni 1993.

Kahn, G. (1988). MORE: From observing knowledge engineers to automating knowledge acquisition. [Marcus 88]. 7-35

Lebowitz, M. (1990). The utility of similarity-based learning in a world needing explanation. Machine Learning: An Artificial Intelligence Approach III, Morgan Kaufmann.

McDermott, J. (1988). Preliminary steps toward a taxonomy of problem-solving methods. [Marcus 88], 225–256.

Marcus, S. (1988). (Eds.) Automating Knowledge Acquisition for Expert Systems. Kluwer Academic, Boston.

Matzke, R. (1991). Integration abgestufter Strategien zur überdeckenden Klassifikation in dem Expertensystemrahmen D3. Diplomarbeit am Institut für Logik, Komplexität und Deduktionssysteme der Universität Karlsruhe.

Matzke, R. (1993). Integration und Vergleich von heuristischer und überdeckender Klassifikation, erscheint in: Proceedings der 2.deutschen Tagung Expertensysteme, Hamburg.

Miller, R., Pople, H., & Myers, J. (1982). INTERNIST1: An experimental computer-based diagnostic consultant for general internal medicine. New England Journal of Medicine 307, No. 8, 468-476.

Michell, T. M., Keller, R.M, & Kedar-Cabelli, S.T. (1986). Explanation-based generalization: A unifying view. Machine Learning, Vol. 1, No. 1.

Musen, M. et al. (1987). OPAL: Use of a domain model to drive an interactive knowledge editing tool. International Journal of Man-Machine Studies, 26, 105-121.

Musen, M. A.(1989). Conceptual models of interactive knowledge acquisition tools. Knowledge Acquisition, 1(1), 73-88.

Papapostolou, A. (1992). Entwurf, Implementierung und Integration eines Expertensystemrahmens zur Diagnostik mit funktionalen Modellen. Diplomarbeit am Institut für Logik, Komplexität und Deduktionssysteme der Universität Karlsruhe.

Peng, Y., Reggia, J. (1990). Abductive inference models for diagnostic Problem-Solving, Springer.

Puppe, F. (1987). Diagnostisches Problemlösen mit Expertensystemen. Informatik-Fachberichte 148, Springer.

Puppe, F. (1990). Problemlösungsmethoden in Expertensystemen. Studienreihe Informatik, Springer.

Puppe, F., & Gappa, U. (1992). Towards knowledge acquisition by experts. Industrial and Engineering Applications of Artificial Intelligence and Expert Systems, 5th International Conference IEA/AIE-92, Paderborn, Belli, F., & Radermacher, F. J. (Eds.), 546-555, Lecture Notes in Artificial Intelligence 604, Springer.

Puppe, F., & Goos, K. (1991). Improving case based classification with expert knowledge. 15. Fachtagung für Künstliche Intelligenz, GWAI-91, Christaller, Th. (Ed.), 196-205, Informatik-Fachberichte 285, Springer.

Quinlan, J.R. (1990). Probabilistic decision trees. Machine Learning: An Artificial Intelligence Approach III, Morgan Kaufmann.

Rehbold, R. (1991). Integration modellbasierten Wissens in technische Diagnostik-Expertensysteme. Dissertation am Fachbereich Informatik der Universität Kaiserslautern.

Schuch, A. (1992). ıMAKE – Inkrementelle Modellierung und Simulation technischer Geräte zur Generierung einer Wissensbasis für Moltke 3.0. SEKI Working Paper SWP-92-05, Fachbereich Informatik, Univerisität Kaiserslautern.

Shaw, M., & Gaines, B. (1989). Comparing conceptual structures: consensus, conflict, correspondence and contrast. Knowledge Acquisition, 1(4), 341-363.

Walser, P. (1991). Formulierung von heuristischem, kausalem, fallvergleichenden und allgemeinem Wissen für ein tutorielles Diagnoseexpertensystem am Beispiel des Automotors. Diplomarbeit am Institut für Logik, Komplexität und Deduktionssysteme der Universität Karlsruhe.

Wielinga, B., Schreiber, G., & Breuker, J. (1992). KADS: A modelling approach to knowledge engineering. Knowledge Acquisition, 4(1), Special Issue on KADS, 5-54.

Maschinelle Lernverfahren als Unterstützung beim Wissenserwerb von Diagnose-Expertensystemen

K.-P. Huber[1]
Institut für Rechnerentwurf und Fehlertoleranz
Postfach 6980, 7500 Karlsruhe 1
e-mail: kphuber@ira.uka.de

G. Nakhaeizadeh
Daimler-Benz AG
Forschung und Technik
Eberhard-Finckh Straße 11, 7900 Ulm
e-mail: reza@fuzi.uucp

Abstract

In der vorliegenden Arbeit wird die Praktikabilität induktiver maschineller Lernverfahren als ein Unterstützungstool beim automatischen Wissenserwerb am Beispiel eines produktiven Diagnose-Expertensystems demonstriert. Neben der linearen Diskriminanzanalyse werden drei auf dem Konzept des induktiven maschinellen Lernens basierende Verfahren eingesetzt; die empirischen Ergebnisse werden präsentiert und evaluiert.

1. Einleitung

Die klassischen Expertensysteme werden besonders im Bereich der Fehlerdiagnose immer öfter auch produktiv eingesetzt. Trotz dieser Erfolge leidet die Entwicklung solcher Systeme immer noch unter einem grundsätzlichen Problem: Der Prozeß des Wissenserwerbs ist sehr zeitaufwendig und mit hohen Kosten verbunden. In der Praxis zeigt sich oft, daß die Experten für einen intensiven Wissenserwerb nicht ausreichend zur Verfügung stehen. Das führt oft zu längeren Projektlaufzeiten und damit zu ungünstigen Kosten-Nutzen-Verhältnissen.

Um dieses Problem in den Griff zu bekommen, sind in der Literatur verschiedene Alternativen vorgeschlagen worden. Eine Alternative befaßt sich mit der modellbasierten Fehlerdiagnose. Hierbei wird versucht, ein Modell des technischen Systems zu entwickeln und durch Simulation des Modells die auftretenden Fehlern zu diagnostizieren. Bei dieser Alternative führt jedoch die Komplexität der Zusammenhänge innerhalb des Systems zu einer sehr aufwendigen Modellbildung. Ferner ist in vielen Fällen der Aufbau eines theoretischen Modells überhaupt nicht möglich.

Da sich Fehlerdiagnose in der Regel als ein Klassifikationsproblem formulieren läßt, können hierzu alle Klassifikationsansätze angewendet werden. Zu solchen Ansätzen zählen auch die statistischen Klassifikationsverfahren wie die Diskriminanzanlyse und die logistische

[1]Die Forschung wurde während der Tätigkeit des Autors bei der Mercedes-Benz AG durchgeführt. Die erforderlichen Programme für diese Untersuchung wurden von Herrn Holger Keller geschrieben, wofür die Autoren sich bei ihm bedanken möchten

Regressionsanalyse. Auch die neuronalen Netze und die auf genetischen Algorithmen aufbauenden Verfahren können hier eingesetzt werden. Eine andere Alternative, die bereits in der Industrie interessante Anwendungen gefunden hat, (vgl. Mowforth (1986)) besteht darin, aus statistischen Daten Regeln bzw. Entscheidungsbäume zu generieren. Dieses Konzept, das in der Literatur oft auch als "Lernen aus Beispielen" oder "Induktive Expertensysteme" bezeichnet wird, ist ein Teilgebiet des maschinellen Lernens und wurde ursprünglich zum automatischen Wissenserwerb bei der Entwicklung von Expertensystemen entwickelt. Es hat sich aber später gezeigt, daß dieses Konzept auch zur Lösung von Klassifikationsproblemen eingesetzt werden kann. In der vorliegenden Arbeit wird die Praktikabilität dieses Ansatzes am Beispiel eines bereits produktiv eingesetzten Diagnose-Expertensystems demonstriert.

Die Arbeit ist wie folgt aufgegliedert: Im Abschnitt zwei wird das zu untersuchende Fehlerdiagnoseproblem beschrieben. Abschnitt drei befaßt sich mit einer zusammenfassenden Darstellung des Konzeptes "Automatische Regelgenerierung aus Meßdaten". Die verwendeten Lernalgorithmen werden im Abschnitt vier beschrieben. Im fünften Abschnitt werden die empirischen Ergebnisse präsentiert und interpretiert. Der letzte Abschnitt befaßt sich mit der Zusammenfassung und den abschließenden Bemerkungen.

2. Problemstellung

Viele Expertensysteme werden zur Fehlerdiagnose von Aggregaten oder Anlagen eingesetzt. Dieses Gebiet ist meist abgrenzbar und eine entsprechende Expertise ist vorhanden. Als Beispiel kann man hier zwei Diagnose-Expertensysteme erwähnen, die sich bei Mercedes-Benz im Produktionseinsatz befinden. Das System IXMO diagnostiziert PKW-Motoren und das System DAX erkennt Fehler an Schaltschiebergehäusen, wobei als Eingabe jeweils die Meßdaten eines Prüflaufes dienen. Bei den meisten heutigen Diagnose-Expertensystemen wird ein heuristisches Modell zu Grunde gelegt. Es basiert auf einer Verknüpfung von Fehlersymptomen und Fehlerdiagnosen durch Erfahrungsregeln eines Experten. Hierbei wird das funktionale Modell nicht explizit berücksichtigt. Dieser Ansatz wird in der industriellen Praxis trotz einiger Probleme oft verwendet, da u.a. rein statistische Verfahren vom Lösungsweg nicht transparent genug und modellbasierte Ansätze -wie bereits erwähnt- wegen der Komplexität des technischen Systems in der Regel nicht anwendbar sind.

Gerade bei heuristischen Wissensbasen ist die Verfügbarkeit des Experten besonders wichtig. In mehreren Expertensystem-Projekten bei Mercedes-Benz hat sich jedoch gezeigt, daß der Wissenserwerb bei heuristischen Diagnosesystemen durch das Sammeln und Auswerten von Falldaten unterstützt werden könnte. Zu solchen Expertensystemen gehört das bereits erwähnte Expertensystem zur Schaltplattendiagnose DAX, das bei der Prüfung von Schaltschiebergehäusen (auch Schaltplatten genannt) eingesetzt wird und sich bereits im produktiven Einsatz bei Mercedes-Benz befindet (vgl. Huber(1992) und Puppe et al. (1992)). Dieses System erhält vom Prozeßrechner Meßwerte der Prüfung und generiert mit Hilfe einer heuristischen Wissensbasis Fehlerdiagnosen. Dies geschieht ohne Zeitverzug bei der Prüfung. Die Fehlerdiagnosen des Expertensystems unterstützen den Nacharbeiter durch gezielte Hinweise auf mögliche Fehler in der Schaltplatte.

Die Wissensbasis wird von Prüffeld-Experten autark gepflegt. Neben dem Einsatz von klassischen Interviews wurde die DAX-Wissensbasis auch durch manuelle Auswertung von ca. 30000 Fehlerprotokollen aufgebaut. Daraus resultierte zwar bereits ein geringerer Aufwand beim Experten in der Anfangsphase, aber auch ein deutlich höherer Aufwand bei den Systementwicklern. Diese Entwicklung hat gezeigt, daß durch eine manuelle und evtl. statistische Auswertung vorhandener Falldaten eine erste Wissensbasis erstellt werden kann. Nach dieser Erstellung durch die Systementwickler wurde diese vom Experten durchgesehen und soweit möglich optimiert. Maschinelle Lernverfahren können hier einsetzen und ermöglichen es, den Aufwand für die Erstellung einer Grundwissensbasis zu reduzieren. Der Experte muß diese Grundwissensbasis dann optimieren und ergänzen.

3. Das Konzept der Regelgenerierung aus Meßdaten

Wie bereits erwähnt, ist man bei der Entwicklung von Expertensystemen oft mit der Problematik des "Wissenserwerb-Flaschenhals" konfrontriert. Aus diesem Grund werden in der KI-Forschung Verfahren entwickelt, die den Prozeß der Wissensakquisition unterstützen sollen. Das Konzept der Regelgenerierung aus Meßdaten steht in diesem Zusammenhang und kann als ein Beitrag zur Automatisierung der Wissensakquisition betrachtet werden. Es hat sich jedoch gezeigt, daß dieses Konzept auch als ein eigenständiges Klassifikationsverfahren und damit als eine leistungsfähige Alternative zu den klassischen Ansätzen angesehen werden kann.

Dieses Konzept ist den Statistikern nicht unbekannt. Die Popularität dieses Konzeptes, dessen weitere Entwicklung in verschiedene Richtungen und vor allem dessen Implementierung als ein Klassifikationstool ist jedoch der KI-Forschung zu verdanken. Insbesondere haben die Arbeiten von Michalski(1973) und Quinlan(1979) zu dieser Debatte maßgebend beigetragen. Aufbauend auf der Arbeit von Hunt et al. (1966) hat Quinlan in seiner Arbeit den ID3-Algorithmus entwickelt. ID3 wurde später von Quinlan selbst und von anderen Wissenschaftlern weiter entwickelt (vgl. Quinlan(1986), (1987a) und (1987b)). Dies hat später zur Implementierung einer Reihe von Klassifikationstools wie C4.5, NEWID und AC2 geführt (vgl. den vierten Abschnitt für Informationen über diese Klassifikationstools).

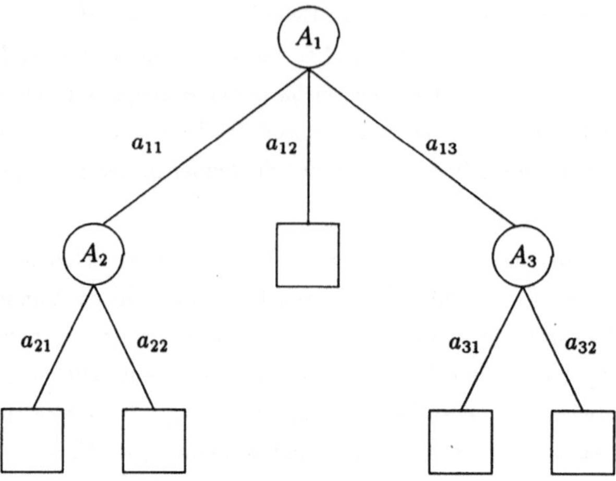

Abbildung 1: Entscheidungsbaum

Die Lernalgorithmen wie ID3 gehören zu dem Teilgebiet "Lernen aus Beispielen" im Bereich des maschinellen Lernens. Beim Lernen aus Beispielen besteht die Lernaufgabe darin, unter Verwendung von Beispielen, deren Klassifikation bekannt ist, ein allgemeines Prognosekonzept zu entwickeln. Dieses Prognosekonzept kann dann zur Klassifikation von Beispielen mit unbekannter Klassenzugehörigkeit eingesetzt werden. Auch statistische Verfahren, wie die Diskriminanzanalyse, die Regressionsanalyse und neuronale Netze lernen ebenfalls aus Beispielen. Bei den symbolischen Lernverfahren wie ID3 ist das Prognosekonzept ein Entscheidungsbaum, von dem sich die logischen "Wenn-Dann-Regeln" ableiten lassen. Der Entscheidungsbaum, der vom ID3-Algorithmus generiert wird, besteht in der Regel aus einer Wurzel, mehreren Zwischenknoten und Blättern (Endknoten) (Abb. 1).

Zur Generierung dieses Entscheidungsbaums geht das ID3-Verfahren wie folgt vor:

1. Beginnend an der Wurzel des Baumes wird ein Attribut ausgewählt, das unter allen Attributen als am meisten informativ gilt. Zur Auswahl dieses Attributs verwendet das ID3-Verfahren ein Auswahlkriteruim, das auf dem Entropie-Konzept basiert. Betrachtet man eine Zufallsvariable X, die die Werte $x_1, x_2, \ldots, x_n$ jeweils mit den Wahrscheinlichkeiten $p_1, p_2, \ldots, p_n$ annimt, so wird die Entropie von X wie folgt definiert

$$ent(X) = -\sum_{i=1}^{n} p_i log(p_i)$$

In der Praxis werden die Wahrscheinlichkeiten durch die relativen Häufigkeiten ersetzt. Nach der obigen Definition gilt:

$$0 \leq ent(X) \leq log n$$

Der minimale Wert von ent(X) ist null. Dies wird dann erreicht, wenn

$$p_j = 1 \quad und \quad p_i = 0 \quad für \quad \forall\, i \neq j$$

Dies besagt, daß die Zufallsvariable X mit Wahrscheinlichkeit 1 den Wert x_j annimmt. Der Informationsgehalt von ent(X) ist in diesem Fall am höchsten. Andererseits, wenn die p_i's alle gleich sind und den Wert $\frac{1}{n}$ haben, ist $ent(X) = logn$. In diesem Fall ist der Informationsgehalt von ent(X) am geringsten.

Der ID3-Algorithmus verwendet eine gewichtete Version der oben definierten Entropie. Nehmen wir an, daß das Attribut A die Ausprägungen $a_1,a_2,....,a_m$ hat. Bezeichnen wir die relative Häufigkeit des Auftrettens von a_i mit $R(a_i)$ dann wird die Entropie des Attributs A wie folgt definiert:

$$ent(A) = -\sum_{i=1}^{m} R(a_i) \sum_{j=1}^{k} r(c_j|a_i) log r(c_j|a_i)$$

Dabei ist k die Anzahl der Klassen; $r(c_j|a_i)$ bezeichnet die relative Häufigkeit aller Beispiele, für die die Klassenzugehörigkeit c_j ist und gleichzeitig das Attribut A den Wert a_i hat.

Das Attribut, dessen Entropie am kleinsten ist, wird vom ID3-Algorithmus als das informativste Attribut gewählt.

2. Nach der Auswahl des informativsten Attributs verwendet der ID3-Algorithmus die Ausprägungen dieses Attributes und ordnet alle Beispiele entsprechenden Zwischenknoten des Entscheidungsbaums zu. Wie die Abbildung 1 zeigt, erhält man für den Fall, daß das Attribut $A1$ mit den Ausprägungen a_{11}, a_{12} und a_{13} das informativste Attribut ist, drei Zwischenknoten. Wenn nun alle Beispiele eines Zwischenknotens zur selben Klasse gehören, wird dieser Knoten als ein Endknoten betrachtet und nicht weiter zerlegt. Im anderen Fall wird ein neues informatives Attribut ausgewählt und unter Verwendung von dessen Ausprägungen weiter zerlegt. Dieses Verfahren wird solange fortgesetzt, bis alle Endknoten nur Beispiele beinhalten, die zur selben Klasse gehören. Eine ausführliche Beschreibung dieses Verfahren findet man in Nakhaeizadeh(1992).

Der hier beschriebene Kern des ID3-Verfahrens ist in vieler Hinsicht weiterentwickelt worden. Diese Entwicklungen haben dazu geführt, daß auch real vorhandene kommerzielle und industrielle Datensätze mit den auf ID3-basierenden Tools zu verarbeiten sind.

4. Die verwendeten Lernalgorithmen

In diesem Abschnitt werden die in der vorliegenden Arbeit verwendeten Algorithmen zusammenfassend beschrieben. Weitere Informationen sind in der angegebenen Literatur nachzulesen.

4.1 Lineare Diskriminanzanalyse (LDA)

Die theoretische Grundlage der linearen Diskriminanzanalyse ist praktisch in jedem Buch über Multivariate Statistik angegeben (vgl. z.B. Fahrmeir und Hamerle (1984)). Eine umfassende Darstellung findet man ebenfalls in Shaghaghi (1992). Die lineare Diskriminanzanalyse gehört mit Sicherheit zu den etabliertesten Klassifikationsverfahren und ist auf die Arbeiten von Fisher, Hotelling und Mahalanobis in den dreißiger Jahren zurückzuführen. Wie viele andere multivariate Methoden, basiert die LDA auf parametrischen Verfahren. Dabei wird in der Regel angenommen, daß die statistischen Grundgesamtheiten (Klassen) normalverteilt sind. Unter dieser Annahme wird nun eine Regel - eine Diskriminanzfunktion - gesucht, die zur Diskriminierung zwischen den Grundgesamtheiten verwendet wird. Die abgeleitete Diskriminanzfunktion kann dann später zur Klassifikation von Objekten verwendet werden, deren Klassenzugehörigkeit unbekannt ist. Im folgenden wird kurz dargestellt, wie die Diskriminanzfunktion abgeleitet wird.

Wir beschränken uns mit dem Fall, in dem nur zwei Grundgesamtheiten (Klassen) vorhanden sind, und betrachten eine bestimmte Anzahl von Objekten, die mit Sicherheit entweder der Klasse 1 oder 2 gehören. Ferner wird angenommen, daß jedes Objekt durch p Attribute charakterisiert wird. Dies bedeutet, daß wir die Objeke durch einen p-dimensionalen Raum W darstellen können. Wir suchen nun eine Schranke, welche den Raum W in zwei Unterräumen R und $W-R$ aufteilt, sodaß möglichst viele Objekte in die Klasse 1 und viele in die Klasse 2 fallen. Es ist deutlich, daß so eine Schranke in der Regel nicht alle Objekte fehlerfrei zuordnen kann und die Zuordnung mit einer Fehlerrisiko verbunden ist. Man kann hierbei zwischen zwei Fehlerarten unterscheiden. Wenn ein Objekt tatsächlich zur Klasse 1 gehört aber durch die Schranke der Klasse 2 zugeordnet wird, sprechen wir vom Fehler erster Art. Umgekehrt, gehört ein Objekt tatsächlich zur Klasse 2 und wird durch die Schranke der Klasse 1 zugeordnet, dann sprechen wir vom Fehler zweiter Art. Bezeichnen wir nun die Häufigkeitsverteilungen von zwei Grundgesamtheiten mit f_1 und f_2 und nehmen wir an, daß die Wahrscheinlichkeiten für das Auftreten des Fehlers erster und zweiter Art gleich sind, so gilt

$$\int_R f_2\,dx = \int_{W-R} f_1\,dx = 1 - \int_R f_1\,dx. \tag{1}$$

Bezeichnet man den Gesamtfehler mit e, so ergibt sich aus der Gleichung (1), daß

$$e = 1 + \int_R (f_2 - f_1)\, dx \qquad (2)$$

Bei der Diskriminanzanalyse wird die Schranke so bestimmt, daß der Gesamtfehler minimiert wird. Sind f_1 und f_2 stetige Funktionen, so ist e am kleinsten, wenn gilt (vgl. Haque et al. (1992)):

$$f_1 = f_2 \quad oder \quad log f_1 = log f_2 \qquad (3)$$

Wie bereits erwähnt, wird in der Regel angenommen, daß die zwei Grundgesamtheiten normalverteilt sind. Bezeichnen wir die Erwartungswerte der Grundgesamtheiten mit μ_1 und μ_2, so erhält man unter der Annahme, daß die Grundgesamtheiten die gleiche Kovarianzmatrix Σ haben

$$(x - \mu_1)^T \Sigma^{-1} (x - \mu_1) = (x - \mu_2)^T \Sigma^{-1} (x - \mu_2) \qquad (4)$$

Nach einigen Änderungen erhält man aus der Gleichung (4)

$$x^T \Sigma^{-1} (\mu_1 - \mu_2) - (1/2)(\mu_1 + \mu_2)^T \Sigma^{-1} (\mu_1 - \mu_2) = 0 \qquad (5)$$

Gleichung (5) stellt die gesuchte lineare Diskriminanzfunktion dar. Zur Klassifikation eines unbekannten Objektes wird nun

$$D = x^T \Sigma^{-1} (\mu_1 - \mu_2) - (1/2)(\mu_1 + \mu_2)^T \Sigma^{-1} (\mu_1 - \mu_2) \qquad (6)$$

berechnet. Im Fall $D > 0$ wird das Objekt der Klasse 1 und sonst der Klasse 2 zu geordnet.

4.2. C4.5

Der Algorithmus C4.5 ist von Ross Quinlan an der Universität Sydney, Australien, entwickelt worden. Die theoretischen Grundlagen von C4.5 sind in einer Reihe von Beiträgen von Quinlan unter anderem in Quinlan(1986), (1987a) und (1987b) beschrieben. Der Output des C4.5 ist ein Entscheidungsbaum, von dem sich auch die Produktionsregeln ableiten lassen. Wie bei allen ID3-basierten Algorithmen verwendet C4.5 die Kriterien, welche eine Entscheidung in folgenden Situationen ermöglichen:

1. Wann soll ein Knoten des Baumes als Endknoten betrachtet werden bzw. die Beispiele, die diesem Knoten zugeordnet sind, nicht weiter aufgeteilt werden. Ein Kriterium hierzu wäre die Zugehörigkeit aller Beispiele zur selben Klasse, was auch beim ID3-Verfahren der Fall ist. In der Praxis und insbesondere, wenn die Daten verrauscht sind, ist dieses Kriterium nicht anwendbar und würde zu größeren Entscheidungsbäumen führen. Aus diesem Grund verwendet C4.5 eine Chi-Quadrat-Statistik als Abbruchkriterium. Dies bedeutet aber, daß nach dem Durchlauf nicht alle Beispiele zur selben Klasse gehören und die Klassenzugehörigkeit der Knoten

nicht eindeutig ist. Eine Möglichkeit zur Abhilfe ist die, diese Klasse dem Knoten zuzuordnen, die am häufigsten im Knoten vertreten ist.

2. Wie kann das meist informative Attribut bestimmt werden? Hierbei verwendet C4.5 das Entropie-Kriterium, das im dritten Abschnitt beschrieben wurde. Andere Varianten dieses Kriteriums sind ebenfalls in C4.5 implementiert.

3. Wie kann man die Attribute mit stetigen Werten behandeln? Es ist deutlich, daß in diesem Fall das Splitten unter Verwendung aller Ausprägungen nicht möglich ist. C4.5 verwendet hier eine binäre Aufteilung. Sei A ein beliebiges Attribut. Man ordnet die Werte von A aufsteigend nach ihrer Größe und bekommt so die geordnete Reihe $a_1, \ldots, a_n$. Damit kann dann eine Schranke s

$$s = \frac{a_i + a_{i+1}}{2} \quad (i = 1 \ldots n).$$

berechnet und zur Aufteilung der Beispiele verwendet werden. Die Werte von A, die größer als s sind werden z. B. dem linken und die anderen Werte dem rechten Knoten zugeordnet. Für diese Untermengen können dann jeweils die Entropie-Maße, wie im dritten Abschnitt angegeben, berechnet und die beste Aufteilung ausgewählt werden.

4. Wie können verrauschte Daten bearbeitet werden? Wie bereits erwähnt, verursachen die verrauschten Daten sehr große Entscheidungsbäume, die zwar die Trainingsdaten ziemlich gut klassifizieren können. Zur Klassifikation der neuen Beispiele mit unbekannten Klassenzugehörigkeiten sind sie jedoch nicht geeignet. Aus diesem Grund ist es erforderlich, die Klassifikationsfähigkeit von Entscheidungsbäumen durch prunen zu verbessern. In C4.5 sind verschiedene Pruneverfahren implementiert. Zu solchen Verfahren zählen Kostenkomplexitätsprunen, Fehlerreduzierungsprunen und pessimistisches Prunen. Außerdem ist in C4.5 die Variante implementiert, welche zuerst vom generierten Entscheidungsbaum die Produktionsregeln ableitet und dann solche Regeln generalisiert (vgl. Quinlan(1987a) und (1987b)).

Neben den oben dargestellten Möglichkeiten kann C4.5 durch die sogenannte Fenstertechnik (Windowing) sehr große Datensätze bearbeiten. Außerdem bietet C4.5 die Möglichkeit, Attribute mit fehlenden Werten (Missing Values) zu behandeln.

4.3 NEWID

NEWID ist von Robin Boswell am Turing-Institut, Glasgow entwickelt worden. Dieser Algorithmus generiert wie C4.5 als Output einen Entscheidungsbaum, von dem man auch automatisch die Produktionsregeln ableiten kann. Fast alle Möglichkeiten, die C4.5 anbietet, sind auch in NEWID - manchmal jedoch unter Verwendung einer anderen Strategie - implementiert worden. Eine Ausnahme ist die Fenstertechnik. NEWID hat aber die zusätzliche Möglichkeit, stetige Klassen zu behandeln. Diese Eigenschaft, die nur in CART (vgl. Breiman et al. (1984)) und inzwischen auch im statistischen Packet S-Plus implementiert ist, macht die Behandlung von Prognoseproblemen mit NEWID möglich.

Die Behandlung von stetigen Klassen verlangt eine andere Strategie zur Auswahl des informativsten Attributs und der Klassenzugehörigkeit der Endknoten. Anstelle des Entropie-Kriteriums, das aufgrund der stetigen Klassen hier nicht mehr anwendbar ist, wird ein Varianzkriterium verwendet. Man betrachtet ein Attribut als informativstes, wenn durch Splitten mit diesem Attribut die Summe der Varianzen der Beispiele der jeweiligen Endknoten am kleinsten ist. Der Wert, der jedem Endknoten zugeordnet wird, ist einfach der Mittelwert der Klassenwerte aller Beispiele dieses Knotens.

4.4 CN2

Im Gegensatz zu C4.5 und NEWID, bei denen ein Entscheidungsbaum generiert wird, ist der Output des CN2 eine Regelmenge, die zur Klassifikation fremder Beispiele eingesetzt werden kann. CN2 ist von Tim Niblett und Peter Clark entwickelt worden und gehört zur AQ-Familie. Die theoretischen Grundlagen dieses Algorithmus sind in Clark und Niblett (1988) sowie in Clark und Boswell (1991) beschrieben. Die ursprüngliche Version von AQ konnte die verrauschten Daten nicht behandeln. Um diesen Nachteil zu beseitigen und gleichzeitig den Output des Systems als eine Menge von "wenn dann Regeln" zu gestalten, kombiniert CN2 verschiedene Strategien von ID3- und AQ-Familien.

Am Anfang startet der Algorithmus mit einer leeren Regelmenge. Nun wird eine allgemeine Regel gesucht, die viele positive Beispiele richtig und möglichst wenige negative Beispiele falsch klassifiziert. Mit anderen Worten wird ein Komplex gesucht, der von einer großen Anzahl von Beispielen der gleichen Klasse und von wenigen Beispielen aus anderen Klassen erfüllt wird. Mit einem Komplex ist in der AQ-Terminology eine Schnittmenge mehrerer Selektoren gemeint, wobei ein Selektor als eine Funktion definiert wird, welche Attribute zu Attributwerten oder Vereinigungen von Attributwerten in Relation setzt.

In CN2 kann jeder Komplex mit mehreren Methoden spezialisiert werden. Alle Spezialisierungen werden generiert und evaluiert. Zur Evaluierung wird ein heuristisches Verfahren verwendet, das in zwei Stufen durchgezogen wird. In der ersten Stufe wird mit Hilfe einer Evaluierungsfunktion die Qualität der erzeugten Regel festgelegt. Hierzu bietet CN2 verschiedene Evaluierungskriterien an. Zu solchen Kriterien gehören z. B. die Trefferquote, das Entropie-Kriterium (vgl. Abschnitt drei) und die Laplace-Fehlerschätzung L, die wie folgt berechnet wird:

$$L = (n - n_c + k - 1)/(n + k)$$

Hierbei bezeichnet n die Gesamtzahl und n_c die Zahl der positiven Beispiele, die durch die Regel abgedeckt worden sind, und k ist die Anzahl der Klassen. In der zweiten Stufe wird dann versucht mit Hilfe einer Likelihood-Ratio-Statistik festzustellen, ob ein Komplex signifikant ist. Diese Statistik wird berechnet als

$$2\sum_{i=1}^{n} f_i log(f_i/e_i)$$

Dabei sind $f_1, f_2, ..., f_n$ die beobachteten Häufigkeiten der Beispiele innerhalb der Klassen, welche einen bestimmten gegebenne Komplex erfüllen, und $e_1, e_2, ..., e_n$ stellen die erwarteten Häufigkeiten derselben Beispiele unter der Annahme dar, daß der Komplex diese Beispiele zufällig auswählt. Der Benutzer kann selbst eine Signifikanzgrenze angeben. Ist die oben dargestellte Signifikanzgröße kleiner als die Benutzereingabe, so wird die Regel abgelehnt.

Genauso wie NEWID und C4.5 kann CN2 auch Attribute mit fehlenden Werten behandeln.

5. Empirische Ergebnisse

5.1 Datenmaterial

Grundlage zum Lernen und Testen waren die von Prüfautomaten erstellten Prüfprotokolle, welche vom Expertensystem DAX generiert worden sind. Die Richtigkeit der Klassifikationsergebnisse der verwendeten Protokolle ist von Experten bestätigt worden, so daß die Ergebnisse als Expertenurteil betrachtet werden konnten. Für die Evaluierung der Lernverfahren wurden ausschließlich Protokolle ausgewählt, die eindeutig diagnostizierbar waren. Die Meßdaten waren nicht in der erforderlichen Attribut-Klassen-Form vorhanden und mußten entsprechend aufbereitet werden. Ein verwendeter Datensatz enthielt nach der Aufbereitung eine festgelegte Anzahl von Attributen und die zugehörige Klassifikation. Nach einer elementaren Untersuchung wurde die Anzahl der Klassen auf diejenigen beschränkt, die mit einer gewissen Häufigkeit im Datensatz auftraten. Zusätzlich wurden die Attribute und Beispiele weggelassen, bei denen die Attributausprägung vernachlässigbar klein waren. Die Verfahren wurden mit den Datensätzen I und II getestet. Der Datensatz II entstand durch weiteres Reduzieren der selten auftretenden Klassen, um zu untersuchen, wie sich das auf die Trefferquote auswirkt (Tabelle 1).

Datensatz	Anzahl der Beisp.	Anzahl der Attrib.	Anzahl der Klassen
I	7080	56	91
II	2268	49	44

Tabelle 1: Verwendete Datensätze

Zum Bilden der Lern- und Testdatensätze wurde das Cross-Validation-Verfahren eingesetzt. Bei der V-fachen Cross-Validation wird die gesamte Datensample $\mathcal{L}$ in V disjunkte Teilmengen $\mathcal{L}_1, \ldots, \mathcal{L}_V$ aufgeteilt. So entstehen V Lernmengen, die durch $\mathcal{L}^{(v)} = \mathcal{L} - \mathcal{L}_v$

berechnet werden können. Für die Lernmenge $\mathcal{L}^{(v)}$ dient $\mathcal{L}_v$ als Testmenge. Nach einer elementaren Untersuchung wurde V als 5 festgelegt. Dies hat dazu geführt, daß bei jeder Runde der Cross-Validation bzgl. des Datensatzes I 5664 Beispiele zum Lernen und 1416 Beispiele zum Testen zur Verfügung standen. Die Zahlen für den Datensatz II waren jeweils 1816 und 454.

5.2 Evaluierungsergebnisse

Die Datensätze wurden mit vier verschiedenen Verfahren gelernt und getestet, und es wurde anschließend die Trefferquote bestimmt (Tabelle 2 und 3). Im vierten Abschnitt sind die einzelnen Verfahren genauer beschrieben. Zusätzlich zu den Verfahren NEWID und C4.5, die auf dem Algorithmus ID3 basieren, wurden die Algorithmen CN2 und LDA zur Evaluierung herangezogen. CN2 basiert auf dem AQ-Konzept, das von Michalski (1978) entwickelt wurde; LDA ist eine klassische Diskriminanzanlyse, die im SAS-Packet implementiert worden ist.

Es ist zu erwähnen, daß beim Expertensystem DAX die Qualität der Diagnosen der Mitarbeiter vor Ort am Pruefstand nicht ermittelt werden konnte. Die Trefferquote beim DAX ist folgendermaßen zusammengesetzt: Für ca. 85 % aller Fälle (= Prüfprotokolle) im realen Einsatz kann DAX eine Diagnose ausgeben. In den restlichen 15 %, die sich durch eine ständige Optimierung der Wissensbasis verringern, wurde auf dem Protokoll die Meldung "Entscheidung des Prüfers" ausgegeben. Dies hat zu einer guten Systemakzeptanz beigetragen, weil das System auch seine eigenen Grenzen aufzeigte. Bezogen auf die 85 % Fälle, die von DAX diagnostiziert werden, ist das Diagnoseergebnis zu etwa 97% korrekt. Betrachtet man die Evaluierungsergebnisse verschiedener Lernalgorithmen in den Tabellen 2 und 3, so kommt man zu den folgenden Schlußfolgerungen :

- Die Trefferquoten für die KI-basierten Verfahren wie NEWID, CN2 und C4.5 sind deutlich besser als die entsprechenden Werte, die durch Anwendung der klassischen Diskriminanzanalyse erzielt worden sind. Die hohen Trefferquoten der maschinellen Lernverfahren zeigen, das diese nicht allein für die automatische Generierung einer Regelbasis, sondern auch als eigenständige Diagnoseverfahren eingesetzt werden können.

- Die hier verwendeten Lernverfahren sind gegenüber einer Änderung der Trainings- und Testdatensätze relativ unempfindlich, da bei NEWID und C4.5 die Trefferquote nur um 2 Prozent schwankt. Ausnahmen bilden der Algorithmus CN2 und die lineare Diskriminananlyse LDA für den Datensatz II, wo sogar sogar eine Diskripanz in Höhe von 6 Prozent zwischen den erzielten Trefferquoten existiert.

- Die Eliminierung der Klassen, die nicht sehr oft auftreten, hat bei allen Verfahren bis auf NEWID zu besseren Trefferquoten geführt. Insbesondere ist dies bei der LDA sehr signifikant; hier konnte man sogar eine durchschnittliche Verbesserung von etwa

Test	NEWID	CN2	C4.5	LDA
1	93,4	87,4	89,0	61,0
2	93,4	89,5	89,0	60,0
3	92,6	86,7	89,0	62,0
4	93,2	87,5	89,0	61,0
5	93,5	87,6	89,0	62,0
Mittel	93,2	87,7	89,0	61,0

Tabelle 2: Trefferquoten für Testbeispiele mit 91 Klassen aus dem Datensatz I in Prozent

Test	NEWID	CN2	C4.5	LDA
1	91,4	88,1	88,0	64,0
2	91,9	88,3	89,0	67,0
3	92,3	91,0	91,0	67,0
4	90,5	89,4	91,0	70,0
5	91,2	90,3	91,0	68,0
Mittel	91,5	89,4	90,0	67,2

Tabelle 3: Trefferquoten für Testbeispiele mit 44 Klassen aus dem Datensatz II in Prozent

6 Prozent erzielen. Dies bestätigt die Vermutung, daß lineare statistische Verfahren nicht zur Behandlung von Datensätzen mit vielen Ausnahmefällen geeignet sind. Die guten Ergebnisse unter Verwendung von NEWID sind auch auf die Möglichkeit des Prunings zurückzuführen. Vermutlich hat dieses Prunen beim Datensatz I viele Ausnahmenfälle eliminiert und zu einer besseren Trefferquote geführt.

6. Zusammenfassung und abschließende Bemerkungen

Das Ziel der vorliegenden Arbeit bestand darin, die Praktikabilität induktiver maschineller Lernverfahren als ein Unterstützungstool beim automatischen Wissenserwerb am Beispiel eines produktiven Diagnose-Expertensystems zu demonstrieren. Neben der linearen Diskriminanzanalyse wurden drei auf dem Konzept des induktiven maschinellen Lernens basierende Verfahren eingesetzt. Abgesehen von der Diskriminanzanalyse haben die Verfahren zu Trefferquoten bei der Diagnose geführt, die durchaus vergleichbar sind mit denen, die durch ein klassisches regelbasiertes Expertensystem erzielt werden.

Damit hat die Forschung im Bereich des induktiven maschinellen Lernens inzwischen einen Stand erreicht, bei dem man dieses Konzept auf reale industrielle und kommerzielle Probleme anwenden kann. Ursprünglich sind diese Verfahren in erster Linie als Unterstützung des Wissenserwerbs betrachtet worden. Es wurde aber hier gezeigt, daß maschinelle Lernverfahren bereits heute eine sehr leistungsfähige Alternative zu den klassischen regelbasierten (manuell aufgebaut) Ansätzen und zu den statistischen Verfahren darstellen.

Der Einsatz induktiver Lernverfahren bietet sich ganz besonders dann an, wenn viele Meßdaten zusammen mit den dazugehörigen Diagnoseklassen vorhanden sind und in erster Linie eine Diagnose neuer Datensätze erforderlich ist. Dann ist der Aufbau einer Regelbasis durch die induktiven Verfahren wesentlich kostengünstiger als der klassische Wissenserwerb. Andererseits wurde in dieser Studie festgestellt, daß die automatisch erzeugten Regeln nicht immer von den Experten nachvollziehbar sind. Dies erschwert die Optimierung und Pflege der Regeln durch einen Experten. Dieser Nachteil gilt aber auch für andere lernende Diagnoseverfahren wie die Diskriminanzanalyse oder neuronale Netze.

Es wurde in der vorliegenden Arbeit auch festgestellt, daß die Eliminierung der selten aufgetretenen Diagnosen in den meisten Fällen zu einer Verbesserung der Genauigkeit der Diagnose führt. Allerdings sind zur Behandlung selten auftretender Klassen weitere Untersuchungen erforderlich zumal die selten aufgetretenden Klassen eine wichtige Rolle für die Anwendung spielen. Beispielsweise soll versucht werden, die trainierten Systeme, die mit einer geringen Anzahl von Klassen entwickelt worden sind, mit solchen Datensätzen zu testen, die die selten auftretenden Klassen beinhalten. Eine Kombination der hier vorgestellten Lernverfahren mit anderen Lernansätzen wäre zur Lösung dieses Problems denkbar.

Zusammenfassend kann festgestellt werden, daß der Einsatz von induktiven Lernverfahren bei realen Diagnoseproblemstellungen bereits heute möglich ist. Unter der Voraussetzung, daß entsprechend viele Datensätze existieren, ergibt sich hier ein deutlich besseres Kosten/Nutzen-Verhältnis als bei den klassischen heuristischen Expertensystemen. Auch wenn die erzeugten Regeln nicht immer nachvollziehbar sind, so ist die Transparenz bezüglich der Ursache der gestellten Diagnosen wesentlich größer als bei neuronalen oder statistischen Ansätzen. Induktive Lernverfahren bieten damit die Möglichkeit, kostengünstig Diagnose-Expertensysteme zu entwickeln, die in der Praxis eingesetzt werden können.

Literaturverzeichnis

Breiman, L., Friedman, J. H., Olshen, A. and Stone, C. J. (1984). Classification and Regression Trees. Wadsworth, Belmont.

Clark, P. und Boswell, R. (1991). Rule induction with CN2: Some recent improvements. In Y. Kodratoff (Hrsg.), Machine Learning-EWSL-91, Springer-Verlag 151-163.

Clark, P. und Niblett, T. (1988). The CN2 induction algorithm. Machine Learning, 3(4):261-283.

Fahrmeir, L. und Hamerle, A. (Hrsg.) (1984). Multivariate statistische Verfahren. Verlag de Gruyter, Berlin.

Haque, M.S., Henery, R. J. und Mitechell, J.M.O. (1992). Classical statistical algorithms in discrimination. Mimeo, University of Strathclyde, Glasgow.

Huber, K. P. (1992). Diagnose von Automatikgetriebe-Schaltplatten mit Expertensystemen. In Tagungsband "Expertensysteme in Produktion und Engineering"; Springer Verlag Berlin, 97-109.

Hunt, E. B; Martin, J. und Stone, P. I. (1966). Experiments in Induction. Academic Press, New York.

Jafar-Shaghaghi, F. (1992) Diskriminanzanalyse. Mimeo, Universität Karlsruhe.

Michalski, R. S.(1973). Computer implementation of a variable-valued logic system vl1 and examples of its application to pattern recognition. In: Proceedings of the 1st International Joint Conference on Pattern Recognition, 3-17.

Michalski, R. S. und Larson, J. B. (1987). Selection of most representative training examples and incremental generation of VL1 hypotheses: The underlying methodology and description of programs ESEL and AQ11, Report 867, University of Illinois.

Mowforth, P. (1986). Some applications with inductive Expert System Shells. Turing Institute, Glasgow.

Nakhaeizadeh, G. (1992). Inductive Expert Systems and their application in Statistics. In: F. Faulbaum (Hrsg.), Soft 91, Advances in Statistical Software 3. Gustav Fischer Verlag, 31-38

Puppe, F., Legleitner, Th. und Huber K. P. (1992). DAX/MED2 - A Diagnostic Expert System for Quality Assurance of an Automatic Transmission Control Unit. In: Zarri (Hrsg.), "Operational Expert System Applications in Europe", Pergamon Press.

Quinlan, J. R. (1979). Discovery rules from large collections of examples; A case study. In: Michie, D. (Hers.). Expert Systems in the Micro Electronic Age. Edinburgh University Press.

Quinlan, J. R. (1986). Induction of decision trees. Machine Learning, 81-106.

Quinlan, J. R. (1987a). Simplifying decision trees. International Man-Machine Studies 27, 221-234.

Quinlan, J. R. (1987b). Generating production rules from decision trees. In International Joint Conference on Artificial Intelligence, 304-307.

Wissensbasierte Unterstützung bei der Behandlung des akuten Strahlensyndroms

H. Kindler[*,•], D. Densow[*], T. M. Fliedner[*]

[*] Institut für Arbeits- und Sozialmedizin der Universität Ulm, Albert-Einstein-Allee, D-7900 Ulm

[•] Forschungsinstitut für anwendungsorientierte Wissensverarbeitung, Ulm

FAW, Postfach 2060, D-7900 Ulm, kindler@dulfaw1a.bitnet

Die Forschung wurde zu Teilen durch das AIM Programm der Kommission der Europäischen Gemeinschaften im Rahmen des Projektes A2034 (GAMES II) gefördert. Die Projektpartner sind SAGO (Florenz, Italien), FORTH (Heraklion, Griechenland), Kantonsspital Genf (Schweiz), Universität Amsterdam (Niederlande), University College of London (UK), Universität Pavia (Italien) und Universität Ulm (Deutschland).

Zusammenfassung

In Abwägung der Vor- und Nachteile medizinischer Entscheidungsunterstützung in Form von Handbüchern einerseits und einer Gegenüberstellung von Expertensystemen zu wissensbasierten Assistenzsystemen in der Medizin andererseits, wird eine Architektur und ein Demonstrator eines wissensbasierten Assistenzsytems für die Entscheidungsunterstützung bei der Behandlung des akuten Strahlensyndroms vorgestellt.

1. Einleitung

Obschon Strahlenquellen in Industrie und Medizin weit verbreitet Anwendung finden, sind Strahlenunfälle, nicht zuletzt wegen des hohen Sicherheitsstandards, glücklicherweise seltene Ereignisse. Hieraus ergibt sich, daß Ärzte so gut wie keine eigenen Erfahrungen im Umgang mit dem akuten Strahlensyndrom sammeln können. Im Rahmen der Ausbildung werden wenig praktisch verwertbare Kenntnisse über seine Diagnose und Therapie vermittelt. Das Involviertwerden in die Behandlung eines Strahlenverunfallten kann dennoch nicht vollständig ausgeschlossen werden. Im Falle des Auftretens des akuten Strahlensyndroms ist es jedoch erforderlich, verzugslos die nötigen diagnostischen und therapeutischen Maßnahmen einzuleiten. Das bei den Ärzten benötigte und nicht vorhandene Expertenwissen muß in geeigneter Form zur Verfügung gestellt werden. Dies könnte durch Hinzuziehung von Konsiliarien geschehen. Diese sind aber nicht beliebig zeitlich und räumlich verfügbar. Die das notwendige Fachwissen repräsentierenden Personen stehen kurz vor der Emeritierung oder Pensionierung. Die nötige Expertise kann als ein wissensbasiertes Assistenzsystem zur Handhabung des akuten Strahlensyndroms zur Verfügung gestellt werden. Dies hat im Gegensatz zur Nutzung des in Handbüchern ruhenden Wissens folgende Vorteile:

- langes Anlesen des Wissens entfällt,
- gerade das Wissen zum selbstständigen Problemlösen wird bereitgestellt,
- konkrete Handlungsanweisungen werden situationsadäquat gegeben,
- die Verifizierung des Wissens anhand tatsächlicher Fälle ist möglich und
- eine permanente Aktualisierung der Wissensbasis gelingt leichter und schneller.

Diese Vorteile ließen sich im Prinzip durch konventionelle Expertensysteme erreichen, welche, wie die Evaluierung von MYCIN (Yu 79) zeigte, an die Kompetenz von Experten herankommen. Aber solche medizinischen Expertensysteme werden nicht in der Routine eingesetzt. Ihr entscheidender Nachteil ist, daß sie zwar autonom, aber nicht kooperativ mit dem Mediziner Probleme lösen können, weil ihre Vorgehensweise meist undurchschaubar ist. Aus ethischen und juristischen Gründen muß der Mediziner auch beim Einsatz technischer Hilfsmittel die volle Verantwortung übernehmen (§226a StGB, MedGV). Aus diesen Gründen muß bei der Konstruktion wissensbasierter Systeme deren Transparenz, ihre Erklärungsfähigkeit, die Fähigkeit, das verwandte Wissen zu rechtfertigen, und deren Überstimmbarkeit berücksichtigt werden. Wissensbasierte Assistenzsysteme müssen kooperative Problemlöser (Fischer 90) sein. Im Unterschied zu bisher vorgestellten Expertensystemen zeichnen sich wissensbasierte Assistenzsysteme durch folgende Vorteile aus:

- eine einfach zu handhabende Benutzerschnittstelle, die sämtliche Informationen über den Fall schnell und in einer dem Arzt gewohnten Form, z. B. als Patientenakte, zur Verfügung stellt,
- eine explizite Problemlösestrategie, beim akuten Strahlensyndrom die Sequentialdiagnose, die visualisiert werden kann, und so die Kommunikation mit dem Benutzer über die Vorgehensweise ermöglicht,
- bessere Orientierung des Benutzers über den Problemlösezustand durch hierarchische Zerlegung des Problems in Unterprobleme,
- effizienteres, dem Experten nachempfundenes Problemlösen durch die Abbildung der Problemlösestrategie,
- die Schlußfolgerungen, die zu sämtlichen auf der Benutzerschnittstelle dargebotenen Informationen geführt haben, sind erklärbar,
- die epistemiologische Begründung des zur Entscheidungsfindung verwandten Wissens ist möglich durch tiefere Modellierung des Wissens,
- bessere Wartung der Wissensbasis, weil das Wissen problemorientiert stark strukturiert ist und durch tiefe Modellierung des Wissens unter besonderer Berücksichtigung pathophysiologischer Zusammenhänge die explizite Ausformulierung vieler Spezialregeln nicht nötig ist und
- die jederzeit durch den Benutzer abrufbaren zusätzlichen Informationen über die materiellen Objekte, wie die eines Merkmales eines Patienten, und der virtuellen Objekte, die, wie die Aufgaben, zur Gliederung des Schlußfolgerns dienen.

Wissensbasierte Assistenzsysteme sollen mindestens die gleiche Problemlösekapazität wie herkömmliche Expertensysteme haben, durch die explizit repräsentierte Strategie effizienter und dem menschlichen Vorgehen viel ähnlicher sein und dem Benutzer einen transparenteren, schnelleren Zugang zu den Fakten des Falles und den Erklärungen der erfolgten Schlußfolgerungen und die Rechtfertigung allen angewandten Wissens bieten.

2. Medizinisches Anwendungsgebiet - Akutes Strahlensyndrom

Das medizinische Anwendungsgebiet ist das akute Strahlensyndrom. Es handelt sich um eine seltene Erkrankung, die bei unbeabsichtigter, unerwarteter akuter Verstrahlung auftritt. Nur wenige Spezialisten verstehen sich auf das Management des akuten Strahlensyndroms, die sich in den fünfziger Jahren, als Unfälle wegen der fehlenden Erfahrung im Umgang mit ionisierender Strahlung noch häufiger waren, ihre Kenntnisse erworben haben. Diese Experten sind heute zwischen 50 und 70 und werden somit in absehbarer Zeit nicht mehr zur Verfügung stehen.

Man unterscheidet hinsichtlich der Strahlungsart α-, β-, Neutronenstrahlung, γ- und Röntgenstrahlung als Schädigungsursachen. Die verschiedenen Strahlungsarten haben unterschiedliche Schädigungsmuster, die vor allen von der unterschiedlichen Eindringtiefe und dem Energietransfer zwischen Strahlung einerseits und Gewebe andererseits abhängen. Es sind verschiedene Unfallmöglichkeiten und -szenarien vorstellbar, vor allem in den Bereichen Medizin, industrielle Quellen (zerstörungsfreie Werkstoffprüfung, Sterilisierung empfindlichen Materials), Kernkraftwerke und Kernforschung (z. B. Bildung kritischer Massen). An Schädigungsmustern kommen dabei äußere Verstrahlung, Kontamination und Inkorporation vor. Drei Organsysteme sind von der Einwirkung ionisierender Strahlung besonders betroffen: Haut, Blutbildung und Gastrointestinaltrakt.

Besonders sensibel für die mehr oder weniger dosisabhängig eintretenden Strahlenschäden sind das blutbildende System und andere sich schnell teilende Gewebe.

Wie in jedem medizinischen Spezialgebiet, so gibt es auch bei der medizinischen Handhabung des akuten Strahlensyndroms verschiedene Vorgehensweisen, Problemlösestrategien, mit denen eine möglichst effiziente Versorgung der Strahlenverletzten erreicht werden soll (Fliedner 89, Mettler 90). Weltweit hat sich hierbei ein Verfahren durchgesetzt, welches mit dem Begriff der Sequentialdiagnostik bezeichnet werden kann (Fliedner 81). Hierbei handelt es sich um eine, in ihrer Frequenz über die Schwere des Erkrankungsbildes gesteuerte, pathophysiologisch begründete Abfolge diagnostischer Schritte. Die Sequentialdiagnostik ist daher als eine Kette momentandiagnostischer Erhebungen und Bewertungen sowohl hämatologischer (Blutzellkonzentrationen) als auch klinischer Parameter (Erbrechen etc.) aufzufassen. Wenn auch nicht immer expressis verbis so bezeichnet, hat diese Methode doch bei den letzten größeren Unfallereignissen sowohl in Tschernobyl (Guskova 89a), als auch in Goiânia (Mettler 90) Anwendung gefunden. Das in Form dieser Strategie gut aufgearbeitet vorlie-

gende Problemlösewissen kann explizit in einem wissensbasierten Assistenzsystem repräsentiert werden.
Die Prognose wird entscheidend durch das Ausmaß der Schädigung des Stammzellkompartiments des Knochenmarkes bestimmt (Bond 65). Als Gefährdungen stehen hierbei Infektionen (durch darniederliegende Infektabwehr) und Blutungen (durch fehlende Blutplättchen) im Vordergrund. Die wichtigste Frage ist, inwieweit die Schädigung des Blutstammzellspeichers reversibel ist. Sie sollte bis spätestens zum sechsten Tag geklärt werden. Daher gestalten sich die Untersuchungsintervalle in Phasen, wo deutliche Änderungen des Erkrankungsbildes zu erwarten sind, enger (Fliedner 81, Mettler 90). Sie verbreitern sich, wenn wenige oder stetige Änderungen zu erwarten sind. Typischerweise zeigt zum Beispiel die Granulozytenverlaufskurve (eine Untergruppe der weißen Blutkörperchen) zunächst einen markanten Anstieg, dessen Ausmaß und anschließender Abfall mit der Stärke der Schädigung in Beziehung steht. Bei einer mittelgradigen Schädigung zeigt sich dann in der dritten bis vierten Woche nach der Bestrahlung ein Minimum der Granulozytenkurve.
Hieraus ist zu ersehen, daß auch im Rahmen der Diagnose und Therapie des akuten Strahlensyndroms weitere Maßnahmen über eine Vorhersage des Erkrankungsverlaufes, die Prognose, gesteuert werden. Die so gefundenen Gradeinteilungen werden in der Handhabung des akuten Strahlensyndroms angewandt. In der Literatur wird eine fünfgradige (Fliedner 81, Mettler 90) Skalierung vorgeschlagen.
Bei einer reversiblen Schädigung des Blutstammzellspeichers ist die Therapie des akuten Strahlensyndroms symptomatisch (Baranov 89, Guskova 89a, Mettler 90). Sie ist darauf ausgerichtet, die Vitalfunktionen zu sichern, das Überleben des ZNS sicherzustellen, indem die unterstützenden Systeme, d. h. die Haut, das blutbildende System und der Gastrointestinaltrakt in der eigenen Regeneration optimal unterstützt werden. Aus diesem Zusammenhang resultiert die Beschränkung des Demonstrators auf die drei Organsysteme. In Abhängigkeit vom Allgemeinbefinden des Verstrahlten, den Relativwerten der hämatologischen Parameter bezogen auf die individuellen Normwerte vor der Strahlenexposition und des Involviertseins weiterer Organsysteme ist festzulegen, ob eine supportive Therapie mit entsprechender Antibiose hinreicht oder eine Knochenmarkstransplantation erforderlich ist.

3. Architektur

3.1 Blackboard-Kontroll-Architektur - Kognitives Problemlösemodell

Expertensysteme in der Medizin kommen an die kognitive Kapazität von Experten heran. Die Evaluation von MYCIN ergab, daß seine Leistung nur von wenigen Experten übertroffen wird (Yu 79). MYCIN wurde jedoch nie in Routine eingesetzt. Auf der Basis von MYCIN wurde NEOMYCIN (Clancey 84) für den Einsatz in der Lehre konstruiert. Die Gründe waren, wie bei den meisten medizinischen Expertensystemen, die MYCIN ähnlich sind, daß der Benutzer keinen Überblick über die Problemlösestrategie hatte, daß keine für Menschen sinnvollen Erklärungen gegeben werden konnten und keine Rechtfertigung des zum Schlußfolgern verwandten Wissens möglich war. Aufgrund rechtlicher (§ 226a StGB, MedGV) und ethischer Anforderungen sind für wissensbasierte Assistenzsysteme in der Medizin ihre Transparenz, ihre Erklärungs- und Rechtfertigungsfähigkeit unabdingbare Voraussetzungen.

Der Überblick über das Problemlöseverhalten wurde bei NEOMYCIN durch die explizite Abbildung der Problemlösestrategie erreicht. Das Problemlösen erfolgt durch hierarchische Zerlegung von Aufgaben in Unteraufgaben, bis Mittel zur Lösung der Unteraufgaben bekannt sind. Dieses menschliche Prinzip zum Lösen komplexer Probleme ist auch aus der kognitiven Psychologie bekannt (Anderson 85).

Bei der Problemlösestrategie von NEOMYCIN ist die Wiederholbarkeit von Aufgabentypen und ihre Abfolge in der Zeit, die bei der Abbildung der Sequentialdiagnose notwendig ist, nicht berücksichtigt. Die Wiederholbarkeit von Aufgaben bei der Protokollerstellung für die Therapie in der Onkologie ist in dem System OPAL (Musen 89) berücksichtigt, wobei die festen Protokolle vom Bereichsexperten vorgegeben werden und nicht mit Hilfe von strategischem Wissen wie in NEOMYCIN dynamisch erzeugt werden. Bei der Diagnose technischer Apparate (Kleer 87) wird als Strategie die Sequentialdiagnostik mit einer sich wiederholenden Folge von gleichen Aufgabentypen benutzt. Diese Strategie wird jedoch nicht wie in NEOMYCIN explizit dargestellt, sondern ist ein konventionelles Lisp-Programm, wodurch die Ziele Transparenz, Erklärbarkeit und Rechtfertigungsfähigkeit nicht erreicht werden.

Ein explizites kognitives Problemlösemodell mit Berücksichtigung der Wiederholbarkeit von Aufgabentypen und einer Strategie, die in Regelform kodiert ist und damit ein dynamisches Erzeugen des Diagnoseplans nach Lage des Falls ermöglicht, ist für die Sequentialdiagnose in der Elektromyographie verwirklicht worden (Kindler 91). Bei Benutzung dieser Methode mit expliziter Darstellung des strategischen Wissens in Regelform und der dynamischen Erzeugung des Diagnose- und Therapieplanes kann die Erklärungs- und Rechtfertigungsfähigkeit gewährleistet werden. Die Transparenz ist wie in OPAL zusätzlich durch Visualisierung des Problemlöseplanes erhöht.

Die ablauffähige Implementierung des kognitiven Problemlösemodells erfolgt auf einer Kontroll-Blackboard-Architektur wie BB1 (Hayes-Roth 84) oder durch Nachbildung einer BB1-ähnlichen Architektur auf einer kommerziell verfügbaren Entwicklungsumgebung für wissensbasierte Systeme. Eine Kontroll-Blackboard-Architektur, siehe Abb. 1, erlaubt die explizite Repräsentation, die dynamische Erzeugung und Änderung, sowie die Erklärung von Problemlöseplänen (Lanzola 90).

Erreicht wird dies durch scharfe Trennung des strategischen Wissens und des Domänenwissens. Auf dem Kontroll-Blackboard wird der Problemlöseplan als Aufgabenhierarchie, als Menge von Objekten repräsentiert. Die gerade ausgeführten Aufgaben sind grau, die bereits bearbeiteten dunkelgrau und die geplanten hellgrau markiert. Auf dem Domänen-Blackboard wird das Anwendungsgebiet als Objektwelt dargestellt. Das strategische Problemlösewissen ist in der Therapieplanungswissensbasis T organisiert, liest von beiden Blackboards und ändert dynamisch den Problemlöseplan auf dem Kontroll-Blackboard. Das Domänenwissen ist in Wissenspaketen organisiert, die in Abhängigkeit vom Problemlöseplan durch den Focus aktiviert, getriggert werden, um auf dem Domänen-Blackboard zu lesen und Einträge zu machen. Solche Wissenspakete könnten Regelmengen, aber auch numerische Verfahren sein.

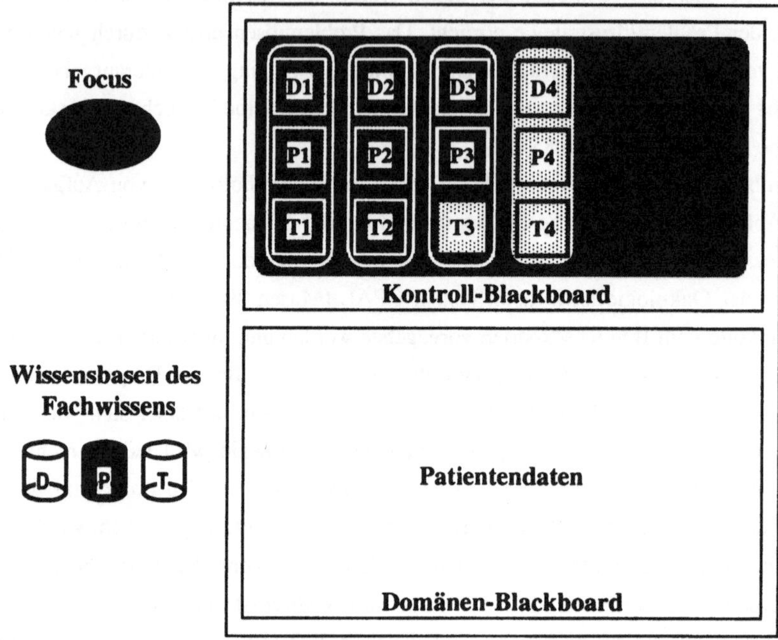

Abb. 1: Kontroll-Blackboard-Architektur

3.2 Patientenaktenmetapher für die Benutzerschnittstelle

Falls das wissensbasierte System und die Benutzerschnittstelle beide objektorientiert sind, ist eine Kopplung zwischen beiden durch das Verschicken von Botschaften möglich. Diese Trennung lehnt sich an die eines "user interface management system" (Buxton 83) an und ermöglicht eine modulare Entwicklung der beiden wichtigsten Komponenten eines wissensbasierten Assistenzsystems. Als Metapher für die Benutzerschnittstelle ist die Patientenakte geeignet.

Ähnlich wie die "Desktop"-Metapher (Caroll 88) ist sie dem computerungeübten Benutzer vertraut. Der Benutzer kann ähnlich wie beim Durchblättern der Patientenakte einen sehr schnellen Überblick über den Zustand des Patienten erlangen, was bei Systemen mit Zeileneingabe nicht möglich ist. Für Displayelemente in der Medizin (Streveler 85), siehe Abb. 2 und Abb. 3, und zur Darstellung zeitlicher Informationen (Cousins 89) liegen Bewertungen für verschiedene Formen vor.

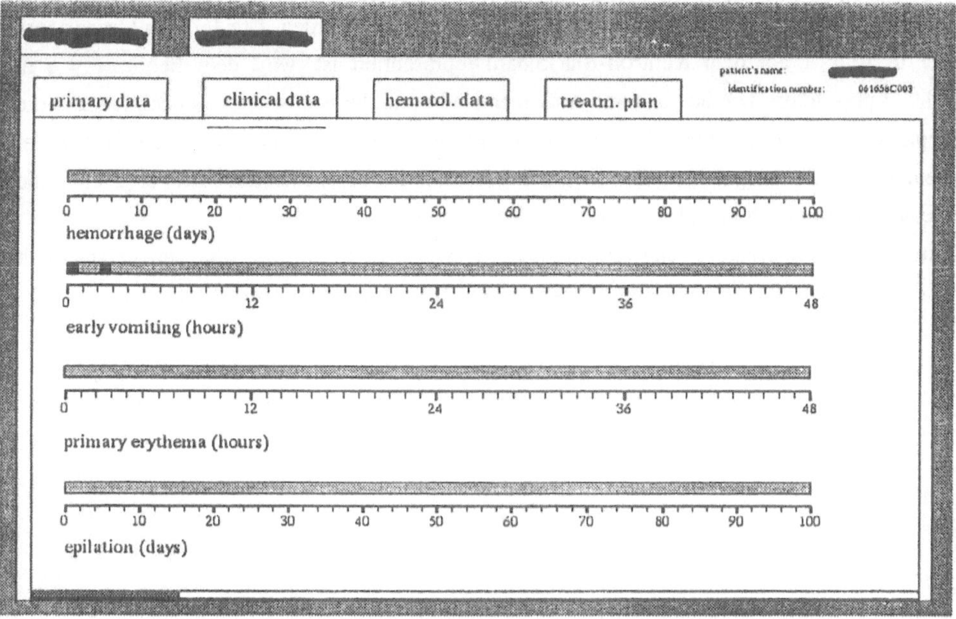

Abb. 2: zeitabhängige Darstellung der klinischen Parameter

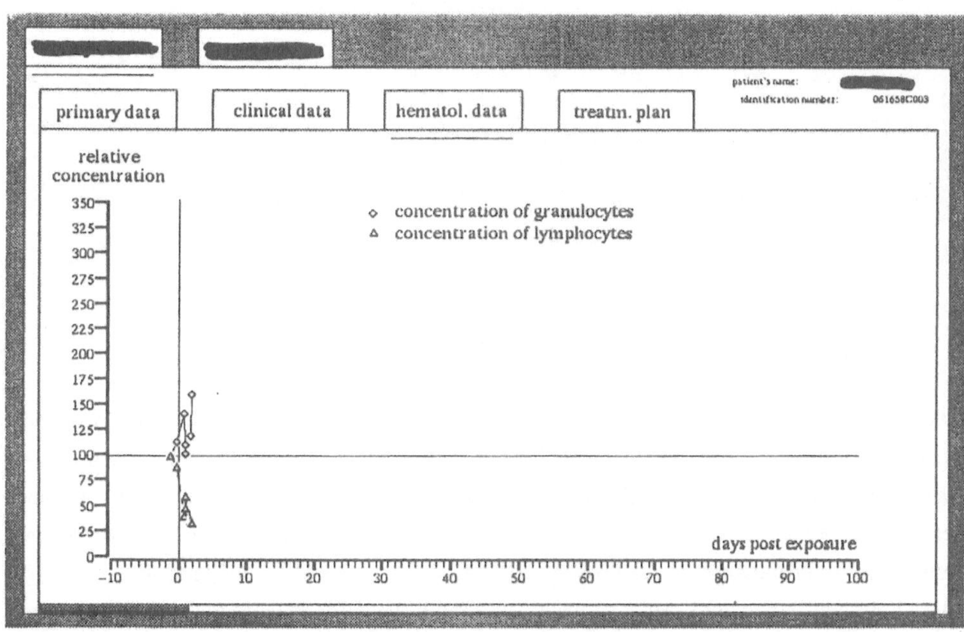

Abb. 3: zeitabhängige Darstellung der hämatologischen Parameter

Wenn der Problemlösezustand als Hierarchie von Aufgabenobjekten dargestellt ist, kann er auf der objektorientierten Benutzerschnittstelle visualisiert werden. Der Problemlösezustand, der in Abb. 1 auf dem Kontroll-Blackboard repräsentiert ist, wird dem Benutzer wie in Abb. 4 präsentiert. Die bearbeiteten Aufgaben sind grau, die bearbeiteten dunkelgrau und die geplanten hellgrau markiert. Für die drei am meisten betroffenen Organsysteme werden bei Bearbeitung der Aufgabe "prognostic grading" Scores aus den Daten des Falles abgeleitet, die die weitere Behandlungs-, Diagnose- und Therapieplanung beeinflussen.

Direkt manipulierbare Benutzerschnittstellen wurden schon für die Intensivmedizin (Klocke 87) im Hinblick auf wissensbasierte Entscheidungsunterstützung entwickelt.

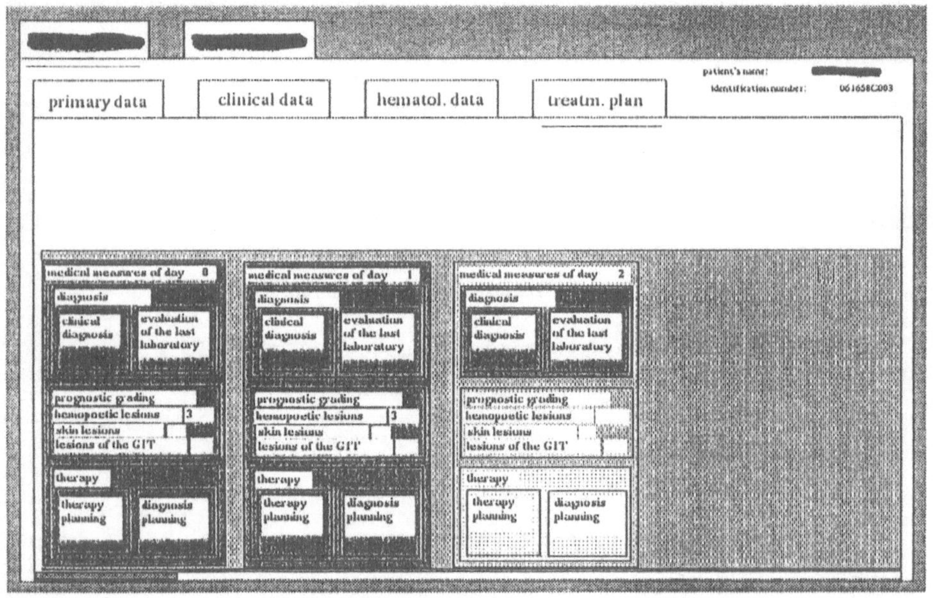

Abb. 4: Blatt zur Visualisierung des Problemlösezustands

Die Kommunikation mit dem Benutzter erfolgt über Formulare zur Ein- und Ausgabe (Lane 1986) wie sie in der Medizin üblich sind (siehe Abb. 5). Die zur Kommunikationsaufgabe gehörende Wissensbasis stellt in Abhängigkeit vom Behandlungsplan und dem bekannten Zustand des Patienten einen Satz Fragen nach Fakten auf einem Formular zusammen, die vom Benutzer beantwortet werden sollen. Ähnlich verfährt auch MED-2 (Puppe 86).

Die klinischen Parameter einen Tag nach dem Unfall werden mit Hilfe eines Formulars erfragt. Die aktivierte Aufgabe (grau markiert) ist "clinical diagnosis", die Erfassung der klinischen Parameter, am ersten Tag.

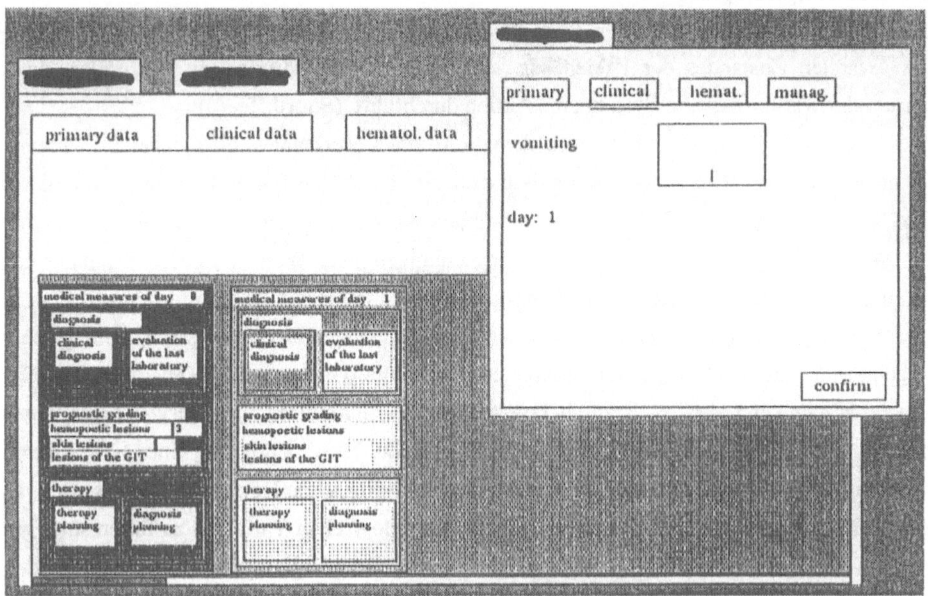

Abb. 5: Eingabeformular für die klinischen Parameter

3.3 Behandlung zeitlicher Aspekte und unsicheren Wissens

In seiner Zeitlogik definiert van Benthem (van Benthem 83) Zeitpunkt und Zeitintervall als zeitliche Entitäten. Schlußfolgern über die Zeit unter Benutzung von Hornklauseln in Prädikatenlogik könnte durch Erweiterung der Prädikate um Zeitargumente erfolgen. In dem vorgestellten System werden die Fakten als Zeit-Wert-Paare repräsentiert und in den Regeln kann die Zeit als prädikatenlogische Variable dargestellt werden. Das zeitliche Wissen in der Medizin, das eine kontinuierliche absolute Zeit erforderlich macht, ist damit hinreichend gut auszudrücken.

Der Zeitintervallkalkül von Allen (Allen 83) ist für medizinische Anwendungen nicht geeignet, weil die absolute Zeit nicht berücksichtigt wird.

Die Berücksichtigung von Nichtmonotonität (Shoham 88) ist in der Medizin nötig, weil Schlüsse mit Fortschreiten der Zeit eventuell zurückgenommen werden müssen und auch, weil Daten falsch sein können. Ermöglicht wird die Rücknahme von Schlußfolgerungen bei Nichtmonotonität mit einem Schlußfolgerungsverwaltungssystem (Doyle 79).

Bei den numerischen Ansätzen zur Handhabung von unsicherem Wissen ist die Affinität zum menschlichen Denken gering (Tonn 90). Bei regelbasiertem nichtmonotonem Schließen kann unsicheres medizinisches Wissen in Form von Scores (Gross 89) so repräsentiert werden, daß Erklärungen und Rechtfertigungen gegeben werden können.

3.4 Erklärungsfähigkeit

Erklärungen bei wissensbasierten Systemen werden unterschieden in die "How"-Erklärung des aktuellen Zustandes der Faktenbasis und die "Why"-Erklärung, mit der erklärt wird, warum das wissensbasierte System eine Aktion durchführt (Shortliffe 76).

Die "How"-Erklärung, die Frage nach dem Wert eines Merkmales, erfolgt bei Inferenzmechanismen, die auf dem Propositionskalkül basieren, durch den Baum der Regeln, die dieses Fakt ableiteten (Shortliffe 76). In dem gewählten Anwendungsgebiet ist die Repräsentation des Wissens in Hornklauseln erster Ordnung unumgänglich. Werden Inferenzmechanismen genutzt, die auf dem Prädikatenkalkül basieren, kann die "How"-Erklärung durch Erzeugen eines Netzes von Abhängigkeiten zwischen konkreten Instanzierungen prädikatenlogischer Regeln und Fakten erfolgen, was zusätzlich programmiert werden muß (Swartout 83). Der gleiche Effekt kann aber auch durch Benutzung eines Schlußfolgerungsverwaltungssystems erfolgen (Doyle 79). Wie in XPLAIN kann die textuelle "How"-Erklärung eines Faktes durch Kombination von "canned-text", der zu jeder prädikatenlogischen Hornklausel zu erstellen ist, und "templates", die durch die instanzierten prädikatenlogischen Variablen zu füllen sind, gegeben werden. So wie es bei Inferenzmechanismen mit Propositionskalkül interessant ist, den gesamten Herleitungsbaum für ein Fakt zu betrachten, muß für vollständige "How"-Erklärungen dem Benutzer die Verweisstruktur des Schlußfolgerungsverwaltungssystems zugänglich gemacht werden. Mit einem Schlußfolgerungsverwaltungssystem wird ein gerichteter Graph aufgebaut, dessen Knoten Informationen enthalten. Von jedem dieser Informationsknoten gibt es Verweise zu weiteren Informationsknoten. Interessant für die "How"-Erklärung ist, in diesem gerichteten Graph zu "browsen". Hypertext (Nielsen 90) böte die Möglichkeit, in einem gerichteten Graph, dessen Knoten Information enthalten, in denen sich Zeiger finden, die zu weiteren Informationen verweisen, zu "browsen".

In den ersten regelbasierten Expertensystemen, wie in MYCIN (Shortliffe 76), wurde für jede vorgesehene Frage des Systems an den Benutzer eine vorgefertigte Antwort auf die möglicherweise vom Benutzer erfolgende "Why"-Frage bereitgestellt. Durch den mechanistischen Inferenzmechanismus war nicht immer sichergestellt, daß eine solche Antwort, auf den Problemlösezustand des Expertensystems bezogen, sinnvoll war. Dies führte dazu, daß in medizinischen Expertensystemen wie NEOMYCIN (Clancey 84) und XPLAIN (Swartout 83), bei denen eine aufgabenorientierte Modellierung des Problemlösens implementiert war, die "Why"-Erklärung aus der gerade bearbeiteten Aktion und ihrer Stellung in der Aufgabenhierarchie in Form von Text generiert wurde. Dadurch konnten sinnvolle, den Benutzer orientierende "Why"-Antworten gegeben werden. Bei Verwendung eines kognitiven Problemlösemodells mit expliziter Modellierung des Problemlösens durch eine Aufgabenhierarchie sind Erklärungen wie in NEOMYCIN und XPLAIN möglich. Mit Visualisierung der Aufgabenhierarchie auf einer objektorientierten Benutzeroberfläche mit Markierung der Aufgaben je nach Bearbeitungszuständen wird eine Teilantwort auf die "Why"-Frage visuell gegeben.

Weiter kann mit einem TMS erklärt werden, warum die Aufgaben in einer bestimmten Ordnung abgearbeitet werden. Dies ist der "How"-Erklärung ähnlich, weil das Kontrollwissen in gleicher Weise wie das Domänenwissen explizit repräsentiert ist.

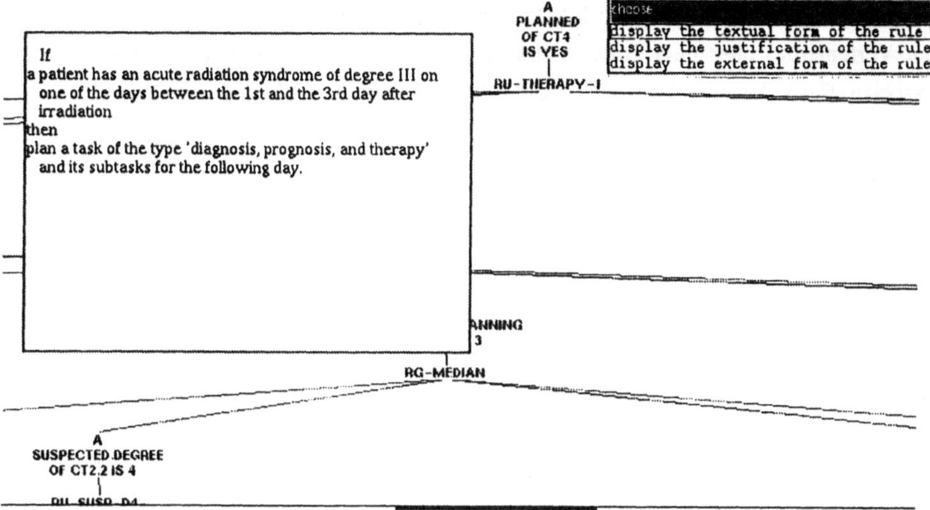

Abb. 6: Erklärung, warum eine Aufgabe durchgeführt wird

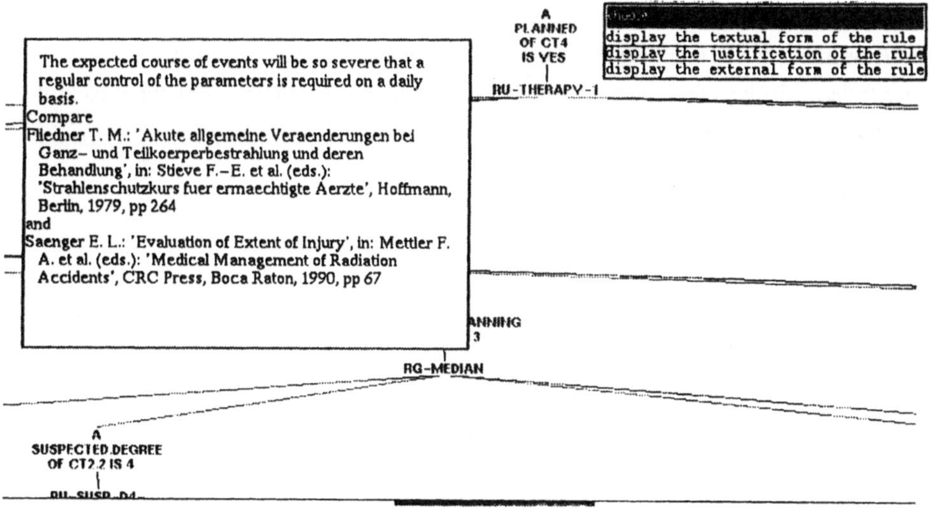

Abb. 7: Rechtfertigung des Wissens, das zur Behandlungsplanung verwendet wurde

4. Wissensakquisition

Bei der Wissensakquisition sollen alle Objekte der Domäne, die Objekte des Domänenwissens, das deduktive strategische Wissen zum Problemlösen und die virtuellen Objekte, die zum Gliedern des Problemlösens dienen, erfaßt und dokumentiert werden. Das Vorbild war ein systematischer Ansatz, der mit KADS (Schreiber 91) beschritten wurde. Bei KADS wird eine Verfeinerung über die Schritte Orientierung, Problemidentifizierung und Problemanalyse erarbeitet. Besonders viel Wert ist auf das Problemlösemodell des Experten zu legen.

5. Zusammenfassung

Der Demonstrator wurde auf der Basis von KEE 4.0 auf einer Sparc 2 implementiert. Durch die Verwendung der Kontroll-Blackboard-Architektur wird die kombinatorische Explosion bei wissensbasierten Systemen, die auf Prädikatenlogik basieren, eingeschränkt. Dies führt zu guter Laufzeit. Die Benutzerschnittstelle konnten von Testbenutzern, auch älteren, gut bedient werden. Nicht an der Entwicklung beteiligte Fachgebietsexperten, denen das System demonstriert wurde, hatten an der Funktion und an den Ratschlägen des Systems nichts auszusetzen.

6. Ausblick

Bei der Evaluierung des wissensbasierten Assistenzsystems ist die Korrektheit der Problemlösung, die Verständlichkeit des Lösungsweges und die Ergonomie des Systems zu beurteilen. Eine Datenbank mit ungefähr 300 Kasuistiken von Strahlenunfällen und die Kooperation mit den führenden internationalen Experten der WHO-Strahlenschutz-Zentren bieten hierfür gute Voraussetzungen. Die Software-Ergonomie kann mit Hilfe der entsprechenden DIN-Normen geprüft werden. Zur Beurteilung der Qualität der Benutzerschnittstelle durch potentielle Benutzer sollen exisitierende Kriterienkataloge (Shneiderman 87, Streveler 85) zur subjektiven Beurteilung eingesetzt werden.

7. Literatur

[1] Allen J. F.: "Maintaining Knowledge about Temporal Intervals", Communications of the ACM, Bd. 26, Nr. 11, 1983

[2] Anderson J. R.: "Cognitive Psychology and its Implications", W. H. Freeman and Company, New York, 1985

[3] Baranov A. E.: "Bone Marrow Transplantation after Chernobyl Nuclear Accident",N Engl J Med, Nr. 321, 1989;

[4] Benthem F. F. A. K. van: "The Logic of Time", Reidel, Dordrecht, 1983

[5] Bond V. P., Fliedner T. M., Archambeau J. O.: "Mammalian Radiation Lethality - A Disturbance in Cellular Kinetics", Academic Press, New York, 1965

[6] Buxton W., Lamb M., Sherman D., Smith K. C.: "Towards a Comprehensive User Interface Management System", Computer Graphics, Bd. 17, Nr. 3, 1983

[7] Caroll J. M., Mack R. L., Kellogg W. A.: "Interface Metaphors and User Interface Design", in: Helander M.: "Handbook of Human-Computer Interaction", North-Holland, Amsterdam, 1988

[8] Clancey W. J., Letsinger R.: "NEOMYCIN: Reconfiguring a Rulebased Expert System for Application to Teaching", in: Clancey W. J., Shortliffe E. H. (Hrsg.): "Readings in Medical Artificial Intelligence: The First Decade", Addison-Wesley, Reading, 1984

[9] Cousins S. B., Kahn M. G., Frisse M. E.: "The Display and Manipulation of Temporal Information", Proceedings of the Symposium on Computer Applications in Medical Care, Washington, IEEE Computer Society Press, 1989

[10] Doyle : "A Truth Maintenance System", Artificial Intelligence Journal, Bd. 12, North Holland, Amsterdam, 1979

[11] Fischer G.: "Communication Requirements for Cooperative Problem-Solving Systems", Information Systems, 15, 1990

[12] Fliedner T. M.: "Strategien zur strahlenschutzmedizinischen, ambulanten Versorgung von "Betroffenen" bei kerntechnischen Unfällen", in Messerschmidt O., Betz B., Fliedner T. M.: "Medizinische Erstmaßnahmen bei kerntechnischen Unfällen", Thieme, Stuttgart, 1981

[13] Fliedner T. M.: "Hematological Indicators to Predict Patient Recovery after Whole-Body Irradiation as a Basis for Clinical Management", REAC/TS International Conference on the Medical Basis for Radiation Accident Preparedness II: Clinical Experience and Follow-Up since 1979, Oak Ridge/Ts., 1989.

[14] Gross R.: "Indices und Scores", Deutsches Ärzteblatt, Jhrg. 86, Nr. 31/32,1989

[15] Guskova A. K., et al. : "Acute Radiation Effects in Victims of the Accident at the Chernobyl Nuclear Power Station I. Conditions of Irradiation, Dose Levels, Bone Marrow Syndrome and its Therapy",

[16] Ter Arkh, Bd. 61, Nr. 1, 1989

[17] Guskova A. K., et al. : "Acute Radiation Effects in Victims of the Accident at the Chernobyl Nuclear Power Station II. Non-Bone Marrow Syndrome", Ter Arkh, Bd. 61, Nr. 8, 1989

[18] Hayes-Roth B.: "A Blackboard Architecture for Control", Artifical Intelligence, Bd. 26, 1985

[19] Kindler H.: "Steering Qualitative Reasoning by a Cognitive Problem-Solving Model for Decision Support in Electromyography", Proceedings of the Workshop of Qualitative Reasoning and Decision Support Systems 1991, Toulouse, North Holland, Amsterdam, erscheint 1991

[20] Kleer, J. de, Williams B. C.: "Diagnosing Multiple Faults", Artificial Intelligence, Bd. 32, North Holland, 1987

[21] Klocke H., Rau G.: "Mensch-Computer-Kommunikation in der Intensivmedizin", in: Fähnrich K.-P.: "Software-Ergonomie", Oldenbourg, 1987

[22] Lane C. D., Walton J. D., Shortliffe E. H.: "Graphical Access to Medical Expert Systems: II. Design of an Interface for Physicians", Methods of Information in Medicine. 25, 1986

[23] Lanzola G., Stefanelli M.: "Neoanemia: A Knowledge-based System Emulating Diagnostic Reasoning", Computers and Biomedical Research, New York, Bd. 23, 1990

[24] McCarthy J. M., Hayes P. J.: "Some Philosophical Problems from the Standpoint of Artificial Intelligence", Readings in Artificial Intelligence, Tioga, Palo Alto, 1981

[25] Mettler jr. F. A., Kelsey C. A., Ricks R. C.: "Medical Management of Radiation Accidents", CRC Press, Fort Lauterdale, 1990

[26] Musen M. A.: "Automated Generation of Model-Based Knowledge-Acquisition Tools", Pitman, London, 1989

[27] Nielsen J.: "Through Hypertext", Communications of the ACM, Bd. 33, Nr. 3, 1990

[28] Puppe F.: "Diagnostik-Expertensysteme", Informatik-Spektrum, 10, 1987

[29] Schreiber G., Akkermans H., Wielinga B.: "On Problems with the Knowledge Level Perspective", Proceedings of the AISB, London, Springer, Heidelberg, 1991

[30] Shneiderman B.: "Designing the User Interface: Strategies for Effective Human-Computer Interaction", Addison-Wesley, Reading, 1987

[31] Shoham Y.: "Reasoning about Change", MIT Press, Cambridge, 1988

[32] Shortliffe E. H.: "Computer Based Medical Consultations: MYCIN", North Holland, 1976

[33] Streveler D. J., Harrison P. B.: "Judging Visual Displays of Medical Information", Computing, Bd. 2, Nr. 2, 1985

[34] Swartout W. R.: "Explaining and Justifying Expert Consulting Programs", in: Reggia J. A., Tuhrim S. (Hrsg.): "Computer-Assisted Medical Decision Making", Springer, New York, 1985

[35] Tonn B. E., Goeltz R. T.: "Psychological Validity of Uncertainty Combining Rules in Expert Systems", Expert Systems, Bd. 7, Nr. 2, 1990

[36] Yu. V., Buchanan B., Shortliffe E., Wraith E., Davis S., Scott R., Dohen A.: "Evaluating the Performance of a Computer-Based Consultant", Computer Programs in Biomedicine, Bd. 9, 1979

Modellierung des Konfigurierungssystems XTSS

Axel Schwanke
Abt. OG
Philips Kommunikations Industrie AG
Thurn-und-Taxis-Str. 14
8500 Nürnberg 10
Tel: 49 911 526 2691
E-Mail: as@pki-nbg.philips.de

Kurzfassung

Der Beitrag beschreibt die Modellierung des wissensbasierten Softwaresystems XTSS zur Konfigurierung von tss -Vermittlungsanlagen. Im Vordergrund der Entwicklung stand der Entwurf eines implementationsneutralen Fachgebietsmodells mit Teilmodellen für das Fakten-, Struktur- und Abhängigkeitswissen sowie für das (Funktionale-) Wissen über die Vorgehensweise der Fachexperten bei der Konfigurierung. Wesentlich war das Zusammenspiel der einzelnen Teilmodelle und der ihnen zugrundeliegenden Methoden. Daher wurden zur Modellierung die aus dem Software-Engineering bewährten Strukturierten Methoden auf der Basis eines kommerziellen CASE-Tools eingesetzt. Dabei wurden bekannte KI-Ansätze für Konfigurierungssysteme mit konventiellen Verfahren integriert. XTSS wird derzeit für die Projektierung von Anlagen der tss-Produktfamilie professionell eingesetzt. Die Erweiterung des Produktspektrums ist in Arbeit.

1 Vermittlungssystem tss

1.1 Systemarchitektur

tss ist ein digitales Vermittlungssystem der PKI. Um unterschiedlichen Anforderungen gerecht zu werden, wird ein tss-System aus anwendungsunahbhängigen Basiseinheiten und kundenspezifisch konfigurierbaren Hard- und Software-Modulen zusammengesetzt. Die Architektur basiert auf einem verteilten Mehrprozessorsystem, dessen zentrale Steuerung ein leistungsfähiger Netzwerkprozessor übernimmt. Das optimale Zusammenspiel von Hard- und Software ermöglicht eine große Flexibilität bei höchster Leistungsfähigkeit.

1.2 Hardware

Die Hardware des tss Systems ist nach modernsten Gesichtspunkten der Bauelemente- und Schaltungstechnologie entworfen.
Der Netzwerkprozessor-Bereich besteht aus dem Prozessor als zentralem Rechner und den angeschlossenen Ein-/Ausgabegeräten. In Abhängigkeit vom Einsatzfall und den Anforderungen an die Leistungsfähigkeit ist der Netzwerkprozessor in verschiedenen Ausbaustufen verfügbar. Um uneingeschränkten Betrieb zu garantieren, besteht er aus zwei identisch aufgebauten Rechnerebenen.

Der Koppelfeld-Bereich besteht aus dem Zeitstufen-Koppelfeld und der System-Taktversorgung. Das Zeitstufen-Koppelfeld fungiert als Schaltzentrale zwischen Netzwerkprozessor und Peripheriegruppen und ist aus Gründen der Ausfallsicherheit dreifach ausgelegt. Die Peripheriegruppen realisieren die Schnittstellen für die Integration des tss-Systems in Telekommunikationsnetze und für den Anschluß von Endgeräten. Darüber hinaus stellen intelligente Peripheriegruppenkaren dem System Servicefunktionen zur Verfügung, mit denen die vielfältigen Teilnehmer- und Netzleistungsmerkmale unterstützt werden.

Alle Komponenten setzen sich aus verschiedenen Funktionsmoduln zusammen. Baugruppen mit gemeinsamer logischer Funktion werden in einen Modulrahmen gesteckt und bilden ein abgeschlossenes Modul. Durch den Einsatz modernster Technik können alle Module auf engstem Raum zusammen in wenigen Schränken untergebracht werden.

1.3 Konfigurierung

Zum besseren Verständnis des Problembereichs werden im folgenden (vereinfachend) die wesentlichen Teilaufgaben bei der Konfigurierung von **tss** erläutert:

1. Die Konfigurierung beginnt bei den Anforderungen des Kunden an Schnittstellen, Services, Mechanik etc. der zu erstellenden Anlage. Diese Anforderung sind im Laufe der Konfigurierung durch das entsprechende Angebot auszuwählender Baugruppen zu befriedigen. Dabei ist auf eine möglichst optimale Zuordnung der Baugruppen zu Modulen zu achten, um mit einem Minimum von Modulrahmen auszukommen.

2. Anschließend müssen alle Peripherie-Baugruppen funktional den Multiplex-Baugruppen des Koppelfelds zugeordnet werden. Wichtig ist eine gleichmäßige und möglichst ausfallsichere Zuordnung.

3. Die Anordnung der Module in den Gestellschränken erfolgt unter Minimierung der Kommunikationswege zwischen Netzwerkprozessor und Peripherie-Baugruppen. Im Anschluß erfolgt die Dimensionierung und Positionierung der Sicherungs- und Hauptsicherungs-Einheiten.

4. Die Verkabelung erfolgt zunächst lokal innerhalb der einzelnen Systembereiche (Netzwerkprozessor, Koppelfeld, Peripheriebereich) und danach zwischen den Systembereichen. Zu beachten ist dabei der ausfallsichere Anschluß aller Baugruppen an Stromversorgungs- und Sicherungs-Einheiten.

2 Xtss Projekt

Bedingt durch die Komplexität der tss-Anlage hinsichtlich der Zahl der Komponenten, Möglichkeiten ihrer Kombinierbarkeit, einzuhaltender Randbedingungen und Abhängigkeiten etc. ist die manuelle Konfigurierung sehr aufwendig und erfordert tiefe Systemkenntnis, über die nur wenige Experten verfügen. Gefordert war daher die Entwicklung eines Softwaresystems zur Unterstützung der Konfigurierung. Dieses System sollte die Konfigurierung von Anlagen der **tss** Produktfamilie ermöglichen, bestmöglich in die vorhandene Umgebung integriert werden, d.h. auf vorgegebener Hardware (VAX-VMS) und Software (INGRES-DBMS) laufen sowie Schnittstellen zu anderen DV-Systemen besitzen.

Es wurde frühzeitig entschieden, aus Gründen des Zugriffs und Verfügbarkeit die notwendigen Konfigurationsdaten in Datenbanken zu speichern. Eine Produktdatenbank sollte die für die Konfigurierung relevanten Daten aller Komponenten des tss-Warenkorbs enthalten. Eine Bestandsdatenbank sollte Angaben über alle an Kunden ausgelieferte Anlagen umfassen - eine unerläßliche Voraussetzung für spätere Erweiterungen [1]. Eine Wissensbasis sollte das zur Konfigurierung notwendige Fachwissen über die Vorgehensweise bei der Konfigurierung beinhalten. Ziel war dabei von Anfang an ein modellbasierter Ansatz, bei dem auch das Fachwissens möglichst deklarativ in der Produktdatenbank abgelegt wird. Zur Pflege der Datenbanken sollten geeignete Wartungskomponenten entwickelt werden, die Konsistenz- und Vollständigkeitsprüfungen unterstützen und den Zugriffsschutz sicherstellen.

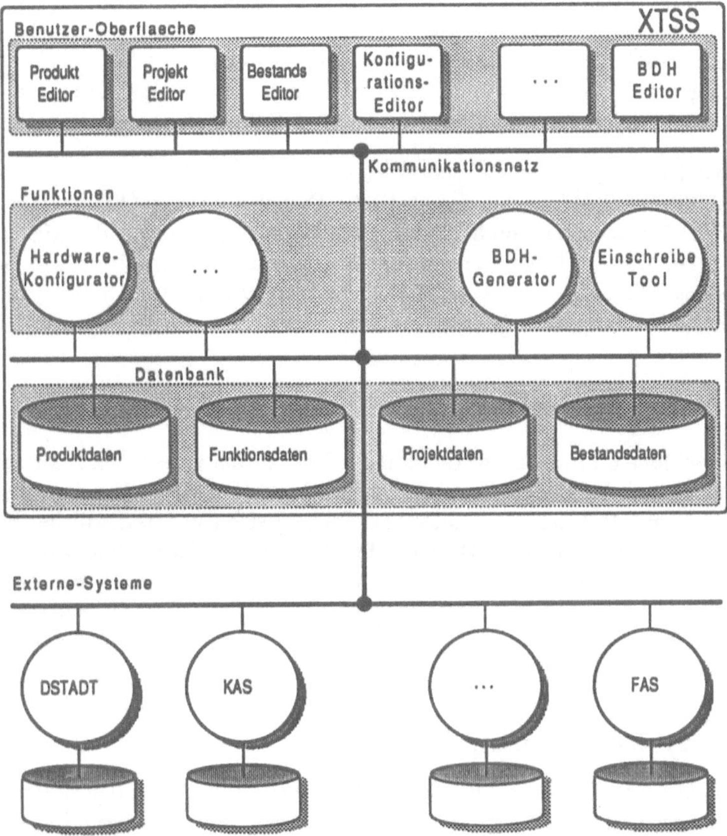

Auf eine Erklärungskomponente wurde von Anfang an verzichtet. Die Erfahrungen mit früheren Systemen haben gezeigt, daß deren Entwicklung sehr aufwendig ist und daß sie nicht genutzt werden. Der Anwender ist der Auffassung, daß das Ergebnis der Konfigurierung korrekt sein muß: dann benötigt er keine Erklärung. Und wenn das Ergebnis nicht korrekt sein sollte, interessiert ihn der Grund dafür meist nicht [2].

[1] eine Konfiguration umfaßt etwa 1000 bis 5000 Objekte, je nach Größe der zu konfigurierenden Anlage

[2] im Gegensatz zu Diagnose-Systemen, bei denen die Erklärung von Symptomen/Fehlern eine Kernaufgabe ist

3 Modellierung

Die Modellierung wissensbasierter Systeme bedeutet: methodisches Erwerben, Konzeptionalisieren und Repräsentieren von Fachwissen. Neben dem reinen Faktenwissen ist das (Funktionale-) Wissen über das Vorgehen der Experten bei der Problemlösung von besonderer Bedeutung. Dabei verlagert sich das Ziel von der Simulation des 'Vorzeigeexperten' auf die möglichst wirklichkeitsnahe Modellierung des zur Problemlösung notwendigen Wissens. Ein solches Modell hat im Knowledge-Engineering einen ähnlichen Stellenwert wie das Fachkonzept beim herkömmlichen Software-Engineering. Das sogenannte Wissensmodell besteht - entsprechend den unterschiedlichen Wissensarten - aus zwei Teilmodellen:

- Wissens- oder Funktions-Modell:
  Das Wissens- oder Funktions-Modell beschreibt die Vorgehensweise der Fachexperten im Problemgebiet - also die zur Konfigurierung eines Vermittlungssystems notwendigen Funktionen sowie deren Bearbeitungs-Reihenfolge. Dieses Modell entspricht damit weitgehend dem Funktionen-Modell des Software-Engineering.

- Daten-Modell:
  Das Daten-Modell beinhaltet das statische Fachwissen über Objekte des Fachgebiets, ihre Eigenschaften und Struktur sowie Beziehungen und Abhängigkeiten zwischen ihnen. Dieses Modell gleicht dem Datenmodell des traditionellen Software-Engineering; allerdings wird wesentlich mehr Wert auf die Beschreibung von Strukturen und Abhängigkeiten gelegt.

3.1 Daten-Modellierung

Das Datenmodell ist ein zentraler Bestandteil der Konzeption eines jeden Informationssystems. Dies sollte auch für Expertensysteme gelten - entgegen vielen Gepflogenheiten, oft LISP-Code als (meist für viele Anwender und Fachexperten unverständliche) Spezifikation anzugeben. Als sehr tragfähige Methode der Daten-Modellierung hat sich der Entity-Relationship-Ansatz erwiesen. Er eignet sich auch zur Strukturierung der meist recht komplexen Daten technischer Informationssysteme. Vor allem die Ausdrucksmöglichkeiten erweiterter ER-Notationen werden oft unterschätzt - soweit überhaupt bekannt. Daher im folgenden ein kurzer Überblick.

3.1.1 Entity-Relationship-Methode

In der klassischen Entity-Relationship-Methode werden die zwei Grundbegriffe Entity und Relationship verwendet: Eine Entity ist ein strukturiertes und mit Attributen versehenes Datenobjekt. Zwischen Entities können Beziehungen (Relationships) bestehen. Aufgabe des Datenmodells ist die übersichtliche Darstellung der in einem Informationssystem auftretenden Entities und Relationships. Dazu werden Entities bzw. Relationships gleicher Struktur zu Entity-Typen (E-Typ) bzw. Relationship-Typen (R-Typ) zusammengefaßt.

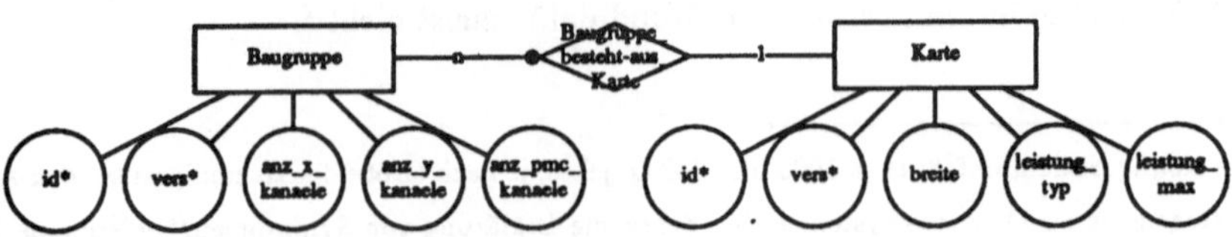

Entity-Typen werden durch Rechtecke dargestellt, Relationship-Typen durch Rauten, die mit denjenigen Entity-Typ-Symbolen verbunden wird, die in Beziehung stehen sollen. An den Verbindungslinien werden der Grad (auch Kardinalität genannt) und die Art der Verbindung durch eine Beschriftung spezifiziert, die angibt, wieviele Instanzen des einen Entity-Typs mit einer Instanz des anderen Entity-Typs in Verbindung stehen. Die Anzahl der Linien wird auch als Stelligkeit des Relationship-Typs bezeichnet [1]. Attribute eines Entity-Typs werden im Diagramm durch Kreise dargestellt werden, die mit dem Entity-Typ durch eine Linie verbunden sind.

3.1.2 Erweiterte ER-Methode

Die im folgenden beschriebenen (2 von mehreren) Erweiterungen der klassischen ER-Modellierung sind einem kommerziellen CASE-Tool [2] [WES90] entnommen und stehen beispielhaft für die Möglichkeiten moderner CASE-Werkzeuge und sind im Software-Engineering-Bereich allgemein verwendete Terminologie.

Weak-Relationship Eine Weak-Relationship beschreibt die Beziehung zwischen einer 'unabhängigen' und einer 'abhängigen' Entity. Eine Entity heißt abhängig, wenn ihre Existenz von der Existenz einer anderen Entity abhängig ist. Dies ist typisch für Bestandteil-Beziehungen (has-parts) Eine Weak-Relationship wird im Diagramm durch eine umrandete Raute dargestellt.

Supertype-Subtype-Relationships Eine Supertype-Subtype-Relationship beschreibt die Hierarchie von Entities. Sie wird im Diagramm durch eine spezielle Supertype-Verbindung dargestellt.

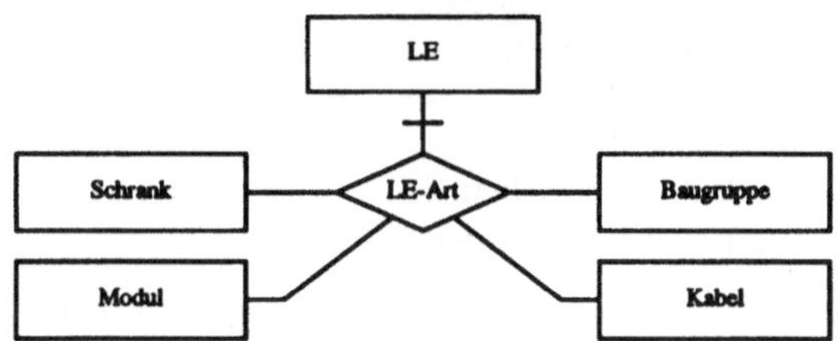

Der Vorteil der erweiterten Notation besteht dabei nicht nur in der mächtigeren zeichnerischen Beschreibungsmöglichkeiten, sondern z.B. auch in der Möglichkeit, daraus automatisch Integritäts-erhaltende Regeln für die Datenbank abzuleiten (z.B. INGRES-Knowledge-Manager [ING92]). Hier zeigt sich die zunehmende Integration von KI-Techniken in klassische CASE-Tools und Datenbank-Management-Systeme.

[1] hier: jede Baugruppe besteht aus einer Karte, eine Karte kann Bestandteil mehrerer Baugruppen sein

[2] ISEE von WESTMOUNT

3.1.3 Namensgebung

Um die Verständlichkeit und Konsistenz umfangreicher Datenmodelle sicherzustellen, sollte auch die Namensgebung von Datenobjekten gewissen Richtlinien folgen: Entity-Typen erhalten ein Substantiv im Singular als Namen (z.B. Liefereinheit, Modul, Funktionseinheit, Angebot etc.). Relationship-Typen werden immer einem Entity-Typ zugeordnet. Der Namen einer Relationship ergibt sich aus den Namen der in Beziehung gesetzten Entities und der Art der Beziehung, getrennt jeweils durch '_'
(z.B. Baugruppe_steckt-an_Steckplatz_im_Modulrahmen).

3.2 Wissens- oder Funktionen-Modellierung

Das Wissens- oder Funktionen-Modell beschreibt die Vorgehensweise der Fachexperten im Problemgebiet - also die zur Konfigurierung eines Systems notwendigen Funktionen sowie deren Bearbeitungsreihenfolge. Im Software-Engineering ist die Strukturierte Analyse (SA) eine bewährte Methode zur Entwicklung von Modellen, die einen Überblick über die Funktionalität des betrachteten Systems und die Darstellung aller relevanten Details ermöglichen. Ein besonderer Vorteil der SA ist die einfache Modellnotation, die sich intensiv grafischer Mittel bedient [Raa91]. Ein System wird dabei beschrieben durch eine hierarchisch gegliederte Ansammlung von Prozessen, die Datenflüsse verarbeiten oder in Speichern ablegen.

3.2.1 Datenflußdiagramme DFD

Ein Datenflußdiagramm stellt einen Ausschnitt eines zu modellierenden Systems graphisch dar, bestehend aus einem Netz von Prozessen, die Daten erzeugen bzw. transformieren. In den Datenflußdiagrammen gibt es für die Bestandteile des Systems folgende grafische Symbole:

Prozeß: Normale Prozesse transformieren Eingabedaten in Ausgabedaten. Kontroll-Prozesse definieren die Bearbeitungs-Reihenfolge der normalen Prozesse. Prozesse werden durch einen Kreis mit einem Namen und einer hierarchisch gebildeten Nummer dargestellt. Sie unterliegen einem Konzept zur schrittweisen Verfeinerung: ist der Inhalt eines Prozesses einfach beschreibbar, so wird er durch eine textuelle Prozeßspezifikation (PSPEC) beschrieben. Sonst wird er in der nächsten Ebene durch ein Datenflußdiagramm (DFD) verfeinert.

Datenspeicher: Datenspeicher stellen einen temporären Aufenthaltsort für Daten dar. Datenspeicher werden durch zwei parallele Striche dargestellt. Daten werden nur gespeichert oder entnommen, wenn ein Prozeß dies explizit veranlaßt.

Datenfluß: Datenzugriffe werden durch gerichtete Datenflüsse zwischen Prozessen und Speichern modelliert. Die Richtung wird durch den 'logischen' Datenzugriff bestimmt.

Terminator: Im Kontextdiagramm verzeichnet man die externen Systeme, gegen die sich das gerade betrachtete System abgrenzt, durch Terminatoren. Diese werden nicht näher beschrieben und treten im betrachteten Modell nur als Sender und Empfänger von Daten auf.

3.2.2 Namensgebung

Prozesse, Datenspeicher und Datenflüsse werden stets mit Namen bezeichnet, die das jeweilige Objekt möglichst kurz und verständlich, aber dennoch eindeutig bezeichnen. Namen sollten aussagekräftig sein und die Bedeutung des bezeichneten Objektes exakt wiedergeben [3]. Die Namensgebung sollte den Regeln moderner SE-Methoden folgen [Raa91]: ein Prozeßname wird dabei aus einem starken Verb, das eine Aktion exakt beschreibt, und einem Substantiv (Objekt im Singular) gebildet. Der Name eines Datenflusses enthält nur ein Substantiv,der durch einen zusätzlichen Modifier ergänzt werden kann, der den Verarbeitungszustand beschreibt. Datenflüsse zwischen Prozessen und Datenspeichern erhalten jedoch nur dann einen Namen, wenn vom Prozeß nicht alle Attribute des Datenspeichers benutzt werden. Der Name eines Speichers besteht aus einem Substantiv, das auf den Inhalt hinweist.

3.3 Modellierung von Konfigurierungs-Problemen

Konfigurieren ist das Entwerfen technischer Systeme nach vorgegebenen Anforderungen durch Auswahl, Dimensionierung und Anordnung von parametrisierten Instanzen eines Produkt-Warenkorbs. Einige bekannte Modellierungs-Ansätze sind im folgenden ausschnittsweise dargestellt.

3.3.1 Funktionsorientierter Ansatz

Beim funktionsorientierten Ansatz wird ein technisches System als aus einzelnen Komponenten aufgebaut betrachtet. Diese besitzen Gates, an denen sie mit der Außenwelt in Verbindung treten können. Setzt man die Komponenten an den Gates zusammen, erhält man Aggregate. Die Funktionalität einer Komponente wird durch einen Satz von Beziehungen (Constraints) zwischen ihren an den Gates lokalisierten Input- und Output-Variablen modelliert. Wenn Objekte gemeinsame Gates besitzen, verfügen sie auch über die zugehörigen Variablen. Dies ermöglicht die Propagierung von Variablen-Werten durch das modellierte System. Constraints lassen sich zu einem Constraintnetz verknüpfen, aus dem sich die Funktion eines Systems ermitteln läßt [Fa88].

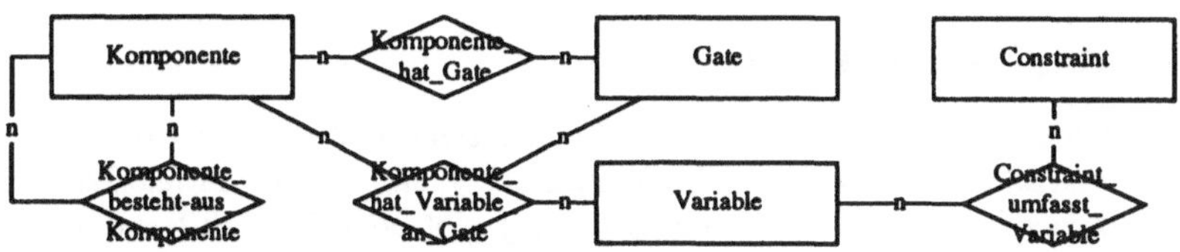

Beispiele für derartige Systeme sind COMODEL [Kip88] und der Assumption-Based Reasoning Ansatz [Str88].

3.3.2 Begriffshierarchieorientierter Ansatz

Beim begriffshierarchieorientierten Ansatz wird das Fachwissen über die Konstruktionsobjekte in einer Begriffshierarchie dargestellt. Sie enthält eine kompositionelle Hierarchie (Zerlegung und Aggregation) und eine taxonomische Hierarchie (Merkmalbeschreibung

[3] die üblichen Bezeichnungen der Knowledge-Sources in KADS-Modellen (z.B. select, compose, classify etc.) sagen zumeist nur dem Entwickler etwas und sollten möglichst vermieden werden

und Spezialisierung). Konfigurieren basiert auf einer schrittweisen Weiterentwicklung von Teillösungen. Ausgehend von einer Aufgabenstellung wird eine Teillösung mit Hilfe von Konstruktionsschritten in eine vollständige Lösung überführt. Abhängigkeiten zwischen den einzelnen Komponenten werden durch ein Constraint-Netz verwaltet.

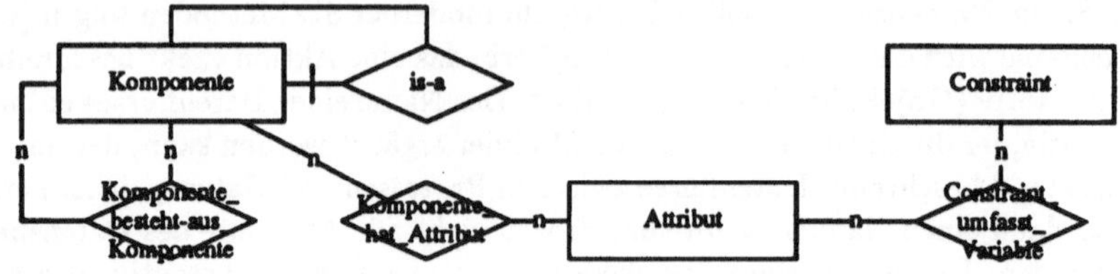

Beispiele für ein derartiges System sind PLAKON [Gü92, Sys92, KG92] und MoKon [Som92].

3.3.3 Ressourcenorientierter Ansatz

Grundlage ressourcenorientierter Verfahren sind Beziehungen zwischen Komponenten und Ressourcen. Eigenschaften einer Komponente und Abhängigkeiten zwischen ihnen werden durch Beziehungen zu Ressourcen beschrieben. Die Entkopplung der Komponenten erleichtert erheblich die Entwicklung und Wartung der Wissensbasis. Auf diesem Modell basiert ein iteratives Schlußfolgerungsverfahren, in dem - ausgehend von der Aufgabenstellung - stets solche Komponenten gesucht werden, die die jeweils geforderten Ressourcen bereitstellen. Eine Konfiguration gilt als erstellt, wenn alle Ressourcen-Forderungen abgedeckt sind.

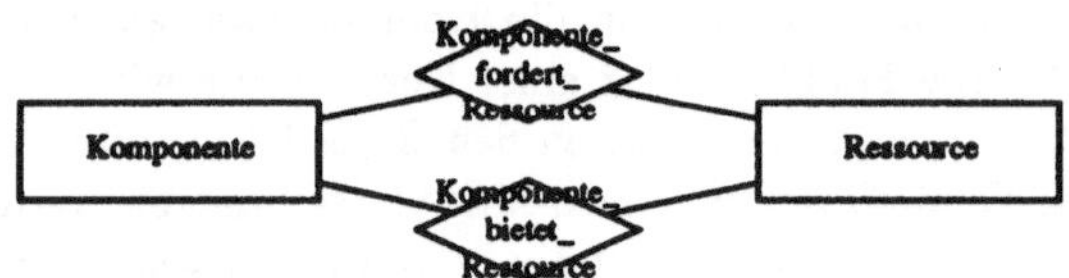

Beispiele für ressourcenorientierte Systeme sind das Bilanzkonzept [SW91] und das Generische Modell [Hei91, LS92].

3.3.4 Integrierter Ansatz

Bei der Modellierung von **XTSS** hat sich schnell gezeigt, daß keiner der oben genannten Ansätze für sich alleine eingesetzt werden konnte: sei es, daß es keine initiale Teilkonfiguration und keinen zyklischen Konfigurierungsvorgang gibt oder daß sich Randbedingungen und Abhängigkeiten nicht in die üblichen Schemata fassen lassen. Daher wurden in **XTSS** Teile der verschiedenen Methoden zu einem integrierten Ansatz zusammengeführt.

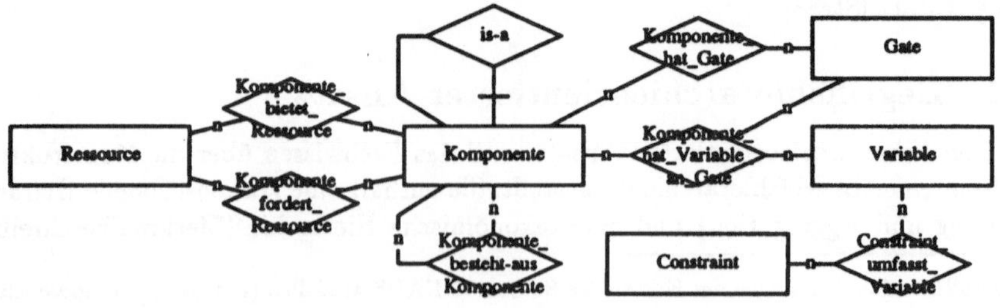

Allerdings sagt dieses abstrakte Modell dem Fachexperten und Anwender relativ wenig. Mit der Aussage 'Eine Komponente besteht aus Subkomponenten' ist ihm wenig geholfen. Er möchte ein Modell mit allen relevanten Details und Randbedingungen, daß nähmlich z.B. ein Modul Baugruppen an bestimmten Steckplätzen umfaßt und jede Baugruppe eine Leiterplatte und eventuell einen Firmwaresatz besitzt. Und genau die Modellierung dieser Fakten ist Teil des im folgenden ausschnittsweise beschriebenen **XTSS** -Daten-Modells, das zusammen mit den Fachexperten und Anwendern entwickelt wurde.

4 XTSS Daten-Modell

Wichtiger Gesichtspunkt bei der Daten-Modellierung von **XTSS** war die adäquate Repräsentation aller für die Konfigurierung relevanten Objekte und Abhängigkeiten. Deshalb wurden nicht nur einzelne Komponenten (Baugruppen, Karten, Firmware oder Kabel etc.) spezifiziert, sondern auch Leistungsmerkmale, Funktionseinheiten, Schnittstellen, Services, Stecker, Funktionen etc. sowie die Struktur einer Vermittlungsanlage. Das XTSS-Datenmodell gliedert sich in zwei Bereiche:

Wegen des beschränkten Platzes werden im folgenden nur einige der circa 15 ER-Diagramme des Produktdaten-Bereichs vorgestellt.

4.1 Leistungsmerkmal

Leistungsmerkmale bestimmen die Eigenschaften einer Anlage aus Kundensicht. Sie sind der Ausgangspunkt der Konfigurierung.

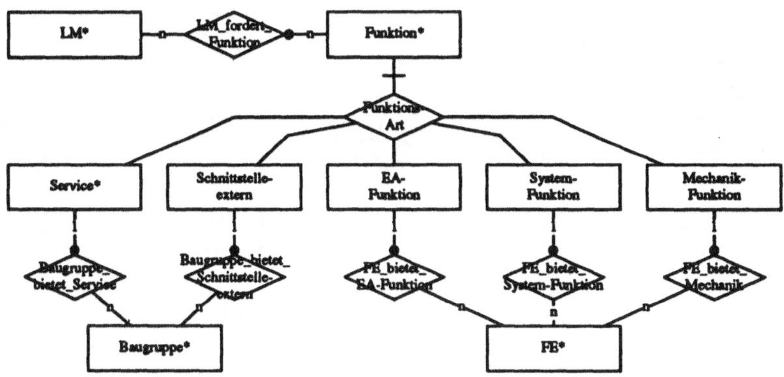

Ein Leistungsmerkmal fordert ein oder mehrere Funktionen: externe Schnittstellen und/oder Services, EA-, System- und/oder Mechanik-Funktionen. Geboten werden diese Funktionen von Peripherie-Baugruppen bzw. Funktionseinheiten wie Netzwerkprozessor und Koppelfeld.

4.2 Modul

Ein Modul besteht aus einem Modulrahmen und ein oder mehreren Baugruppen, die festen Steckplätzen zugeordnet sein, aber auch frei positioniert werden können.

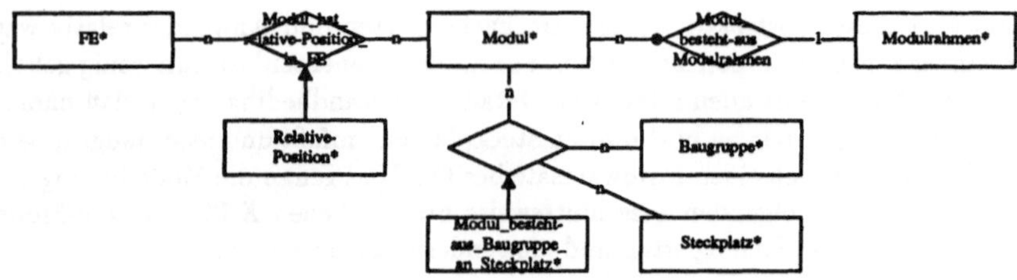

Ein Modul kann einen vordefinierten Platz in einer Funktionseinheit belegen.

4.3 Baugruppe

Eine Baugruppe setzt sich aus einer Karte und eventuell ein oder mehreren Firmwaresätzen zusammen. Die Firmware (EPROMs) eines Firmwaresatzes belegen ganz bestimmte Steckplätze auf der Karte. Eine Baugruppe kann Schnittstellen und/oder Services in Verbindung mit einer bestimmten Jumperstellung (optional) bieten. Schnittstellen und Services können Nutzkanäle fordern.

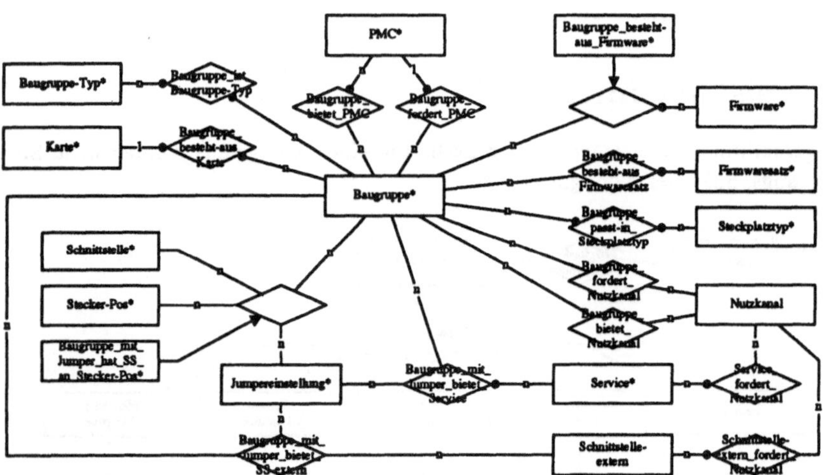

Eine Baugruppe kann weiterhin Meldungskanäle (PMCs) fordern/bieten.

Der Abgleich der jeweiligen Ressourcen-Forderungen durch Auswahl, Dimensionierung und Parametrisierung von Ressourcen-bietenden Komponenten des Produkt-Warenkorbs ist Kern des Konfigurierungs-Vorgangs [Hei91].

5 XTSS Funktionen-Modell

Das Funktionen-Modell beschreibt Funktionen, die während der Konfigurierung durchgeführt werden. Einige dieser Funktionen werden in den folgenden Abschnitten etwas näher beschrieben.

5.1 Bestimmung der Funktionseinheiten und Peripherie-Baugruppen

Aufgabe dieser Funktion ist die Abbildung der vom Kunden gewünschten Leistungsmerkmale auf Funktionseinheiten und Service- und Schnittstellen-Baugruppen. Dazu werden die Leistungsmerkmale klassifiziert und die Forderungen an Service-, Schnittstelle-, EA-Funktionen etc. ermittelt. Anschließend erfolgt der Abgleich dieser Forderungen durch das Angebot auszuwählender und zu dimensionierender Peripherie-Baugruppen oder System-Funktionseinheiten (Ressourcenabgleich ist ausführlich beschrieben in [LS92, Hei91, SW91]). Dabei können neue Funktionen gefordert werden, weil z.B. ausgewählte EA-Geräte Schnittstellen benötigen, damit sie am Vermittlungssystem angeschlossen werden können (siehe Prozeß Nr. 10).

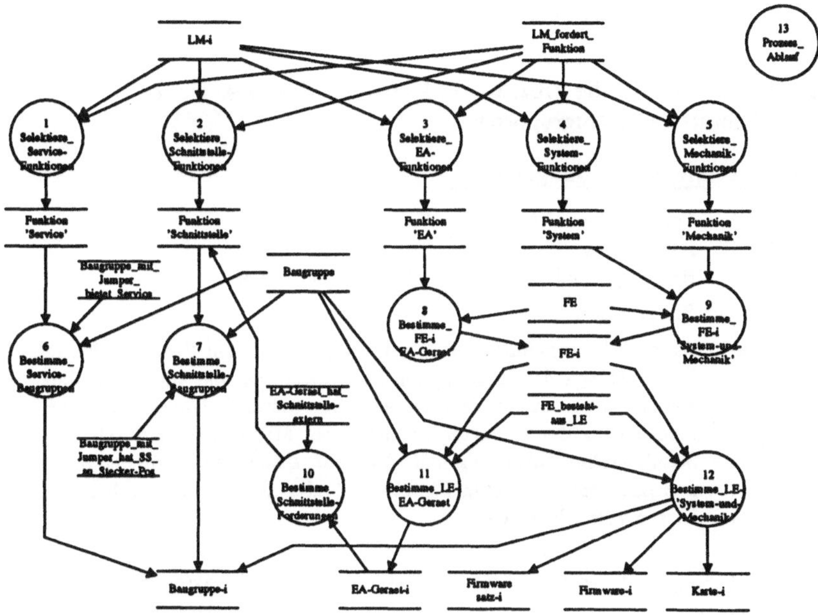

Die Ausführungsreihenfolge der Prozesse wird im zugeordneten Kontroll-Prozeß (Prozeß Nr. 13) des obigen Diagramms beschrieben.

```
Selektiere_Service_Funktionen
Selektiere_Schnittstelle_Funktionen
Selektiere_EA_Funktionen
Selektiere_System_Funktionen
Selektiere_Mechanik_Funktionen

Bestimme_Service_Baugruppe

Bestimme_FE-i'EA-Geraet'
Bestimmte_LE'EA-Geraet'
Bestimme_Schnittstelle_Forderungen

Bestimme_Schnittstelle_Baugruppe

Bestimme_FE-i'System-und-Mechanik'
Bestimme_LE'System-und-Mechanik'
```

Im folgenden als Beispiel die Prozeßspezifikation des Prozesses Nr. 7 (Bestimme_Schnittstelle_Baugruppen):

Bestimme_Schnittstelle-Baugruppe :

Input - Funktion'Schnittstelle', Baugruppe, Baugruppe_mit_Jumper_hat_SS_an_Stecker-Pos

Output - Baugruppe-i

Description - Aufgrund der Schnittstelle-Forderung ist aus dem Produkt-Warenkorb diejenige Menge der Baugruppen zu bestimmen, die verfügbar sind und die geforderten Schnittstellen bieten. Die Auswahl, Dimensionierung und Instantiierung der Baugruppen aus dieser Menge erfolgt durch Abgleich der Schnittstellen-Forderung und -Angebot. Dabei kann zwischen den Baugruppen mit dem geringsten Platzbedarf oder den mit den geringsten Gesamtkosten gewählt werden.

5.2 Konfigurierung des Peripheriebereichs

Aufgabe dieser Funktion ist die optimale Zuordnung der vorher ermittelten Peripherie-Baugruppen zu Modulen, die gleichzeitig noch um Steuer- und Stromversorgungsbaugruppen zu ergänzen sind. Jedes Modul besitzt einen Modulrahmen, über dessen Steckplätze (an der Rückwandplatine) die Kommunikation zwischen den Baugruppen des Moduls und dem Netzwerkprozessor erfolgt. Ob eine Baugruppe auf einen Steckplatz eines bestimmten Modulrahmens paßt, hängt davon ab, ob der Steckplatz den von der Baugruppe geforderten Steckplatztyp entspricht und die richtige Kombination von Nutzkanälen anbietet. Dabei ist zu beachten, daß eine Baugruppe beim Einstecken Kanäle anderer Steckplätze blockieren kann, so daß diese Steckplätze nicht mehr genutzt werden können. Steckplätze verschiedener Modulrahmen können unterschiedliche Kombinationen von Nutzkanälen bieten. Weiterhin ist es notwendig, die Anzahl der von den Modulrahmen gebotenen und von den Baugruppen aufgrund ihrer Breite geforderten Steckplätze zu bestimmen. Aus dem Vergleich von gebotenen und geforderten Nutzkanälen bzw. Steckplätzen ist dann der Bedarf an erforderlichen Modulrahmen ableitbar.

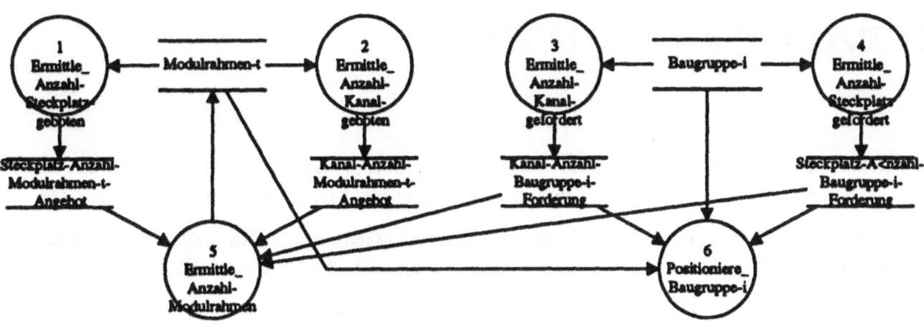

6 Erfahrungen und Ausblick

Die Entwicklung von **XTSS** hat gezeigt, daß der Einsatz von CASE-Tools auch die Entwicklung wissensbasierter Systeme durch standardisierte, toolgestützte Methoden [Sch92] unterstützen kann [1]. Wesentlich dabei ist das Zusammenspiel der einzelnen Teilmodelle und der ihnen zugrundeliegenden ER- und SA-Methode. Die Anforderungen an das zu entwickelnde Softwaresystem werden eindeutig festgelegt und dadurch nicht nur die Diskussionen mit den Fachexperten und Anwendern unterstützt, sondern auch die Gefahr schwerwiegender Abweichungen in Entwurf und Implementierung wesentlich verringert. Gegenüber früheren Erfahrungen (Rapid Protytyping, Regelbasierter Ansatz) hat sich gezeigt, daß die in der Analysephase zusammen mit Fachexperten und Anwendern durchgeführte Modellierung die Einhaltung der vorgegebenen Entwicklungszeit und -kosten ebenso wie die spätere Wartung und Erweiterung wesentlich erleichtern.

Die Entwicklung von **XTSS** begann vor knapp 2 Jahren (April 1990). **XTSS** wird derzeit für die Projektierung von Anwendungen der tss-Produktfamilie professionell in Produktmanagement, Vertrieb und Dokumentation eingesetzt. Die Erweiterung des Produktspektrums ist in Arbeit. Kern ist und bleibt zwar die Konfigurierung der Hardware-Komponenten; zur Akzeptanz bei den Anwendern haben allerdings die Integration des Systems in die vorhandene DV-Umgebung, die Übernahme von Daten anderer Systeme und die automatische Generierung und Ausgabe der Kundendokumentation beigetragen - alles keine Expertensystem-spezifische Aspekte.

Aufgrund der positiven Erfahrungen wird **XTSS** derzeit erweitert. In Entwicklung befindet sich z.B. ein System zur Diagnose von Hardware-Fehlern in Vermittlungsanlagen [SG92]. Dabei ist zwar ein zusätzliches Funktionen-Modell zur Fehlerdiagnose erforderlich; das Datenmodell mußte jedoch nur geringfügig erweitert werden. Eine andere Erweiterung betrifft die zusätzliche Nutzung der Produktdatenbank als multimediales Präsentations- und Schulungs- Unterstützungssystem.

---

[1] es sei denn, man ist der Meinung, daß es sich dann nicht mehr um ein Expertensystem, sondern ein konventionelles Softwaresystem handelt, daß nach neueren Methoden (ER, DFD) entworfen wurde

Literaturverzeichnis

[Fa88] H.W. Früchtenicht und andere. *Technische Expertensysteme: Wissensrepräsentation und Schlußfolgerungsverfahren*. R. Oldenbourg Verlag GmbH, Muenchen, Germany, 1988.

[Gü92] Andreas Günter. *Flexible Kontrolle in Expertensystemen zur Planung und Konfigurierung in technischen Domänen*. INFIX-Verlag, Sankt Augustin, Germany, 1992.

[Hei91] M. Heinrich. Ressourcen-orientierte Modellierung als Basis des Konfigurierens modularer Technischer Systeme. In *Beiträge zum 5. Workshop 'Planen und Konfigurieren'*, Seiten 61–74, 1991.

[ING92] INGRES. *INGRES/SQL Reference Manual*, März 1992.

[KG92] Manfred Kopisch und Andreas Günter. Konfigurierung der Passagierkabine des AIRBUS A340 basierend auf einer Begriffshierarchie, einem Constraint-System und einer flexiblen Kontrolle. In *Beiträge zum 6. Workshop 'Planen und Konfigurieren'*, Seiten 1–10, 1992.

[Kip88] Jörg Kippe. Komponentenorientierte Repräsentation technischer Systeme. In *Technische Expertensysteme: Wissensrepräsentation und Schlußfolgerungsverfahren*, Kapitel 2, Seiten 155–226. R. Oldenbourg Verlag GmbH, Muenchen, Germany, 1988.

[LS92] T. Laußermair und K. Starkmann. Konfigurierung basierend auf einem Bilanzierungsverfahren. In *Beiträge zum 6. Workshop 'Planen und Konfigurieren'*, Seiten 11–20, 1992.

[Raa91] Jörg Raasch. *Systementwicklung mit Strukturierten Methoden*. Carl Hanser Verlag, München, Germany, 1991.

[Sch92] Axel Schwanke. Einsatz von CASE-Methoden und -Tools bei der Entwicklung eines Wissensbasierten Konfigurierungssystems. In *Informationssysteme und Künstliche Intelligenz*, Seiten 157–170, Berlin, Germany, Februar 1992. Springer-Verlag.

[SG92] Axel Schwanke und Gerd Gries. Modellbasierte Diagnose von Hardware-Fehlern eines Vermittlungssystems. In *Proceedings des 6. Workshops der Fachgruppe 1.5.1. Knowledge Engineering*. TU Dresden, June 1992.

[Som92] Claudia Sommer. MoKon - Konzept eines Werkzeugs zur Variantenkonstruktion. In *Beiträge zum 6. Workshop 'Planen und Konfigurieren'*, Seiten 92–101, 1992.

[Str88] Peter Struss. Assumption-Based Reasoning about Device Models. In *Technische Expertensysteme: Wissensrepräsentation und Schlußfolgerungsverfahren*, Kapitel 2, Seiten 23–54. R. Oldenbourg Verlag GmbH, Muenchen, Germany, 1988.

[SW91] Benno Stein und Jürgen Weiner. MOKON - Eine modellbasierte Entwicklungsplattform zur Konfigurierung technischer Anlagen. In *Beiträge zum 5. Workshop 'Planen und Konfigurieren'*, Seiten 100–106, 1991.

[Sys92] Ingo Syska. *Modulare Problemlösungsarchitekturen für Konstruktionssysteme*. INFIX-Verlag, Sankt Augustin, Germany, 1992.

[WES90] WESTMOUNT. *ISEE User Reference Manual*, 1990.

ÜWADIS-P59 - Überwachungs- und Diagnosesystem für Raketentriebwerksprüfstände

Ralf Gapp, Oliver Wilke
Institut für Werkzeugmaschinen
und Betriebstechnik
Universität Karlsruhe (TH)
Kaiserstr. 12
7500 Karlsruhe 1

Peter Luger, Robert Pape
Deutsche Aerospace AG Ottobrunn
Produktbereich Transportsysteme
und Antriebe
Postfach 80 11 69
8000 München 80

0. Abstract

Der Beitrag beschreibt die Konzeptentwicklung und Realisierung eines Überwachungs- und Diagnosesystems, das bei der Deutschen Aerospace AG in Ottobrunn zum Einsatz kommt. Hier werden derzeit im Produktbereich Transportsysteme und Antriebe die Tests zur Entwicklung von Gasgenerator und Sauerstoffturbopumpe für das Haupttriebwerk der neuen ARIANE-5 durchgeführt.

1. Einführung

Kennzeichnend für den Testbetrieb sind die hohen Kosten des Einzelversuchs, das zum Teil nicht unerhebliche Sicherheitsrisiko sowie die große Bandbreite der zu realisierenden Versuchsbedingungen. Nach wie vor wird der Hauptteil des Prozesses von Hand gefahren, um möglichst flexibel auf etwaige Störungen reagieren zu können. Dies wird zum Kostenfaktor, wenn unter starker Anspannung getroffene Fehlentscheidungen zu einem vorzeitigen Versuchsabbruch oder gar zu Zerstörung von Testanlagen oder Prüfling führen. Ziel war es daher, den Versuchsingenieuren ein geeignetes Werkzeug an die Hand zu geben, das solche Fehlentscheidungen mit hoher Wahrscheinlichkeit zu vermeiden hilft.

Zwar gibt es Expertensystemansätze in dieser Richtung (z.B. [1], [2]), konkrete Anwendungen im Prüfstandsbetrieb sind aber noch nicht bekannt geworden. Um die Eignung wissensbasierter Techniken in diesem Umfeld beurteilen zu können, entstand der Prototyp ÜWADIS-P59, ein Über**WA**chungs- und **DI**agnose**S**ystem für den Prüfstand **P59**. Als Sofwareplattform wurde die Expertensystemshell KAPPA-PC verwendet. Um den Entwicklungsaufwand in Grenzen zu halten, unterstützt das System vorerst nur ein ausgewähltes Teilsystem der Gesamtanlage, nämlich die Vorkühlung der Flüssigwasserstoff-Feedline.

2. Aufbau des Einsatzfeldes

Zur Verdeutlichung der Funktionsweise des Prüfstandes stellt Abb. 1 den stark schematisierten Aufbau dieses Triebwerks dar. Die Treibstoffe, flüssiger Wasserstoff (LH2) und flüssiger Sauerstoff (LOX), werden mit Turbopumpen von den Tanks zur Schubkammer gefördert und auf Druck gebracht. In der Schubkammer findet die Verbrenung statt, und durch Expansion der Verbrennungsgase in der Schubdüse entsteht der gewünschte Vortrieb. Der Antrieb der beiden Turbopumpen erfolgt mit Heißgas, das im sogenannten "Gasgenerator" erzeugt wird. Der Gasgenerator wird ebenso wie die Schubkammer mit flüssigem Sauerstoff und Wasserstoff betrieben. Dabei werden die Treibstoffe der Hochdruckseite der Turbopumpen entnommen, um den notwendigen hohen Einspritzdruck bereitstellen zu können. Nach Arbeitsleistung in den beiden Turbinen werden die Abgase dann wieder dem Hauptdüsenstrahl beigemischt.

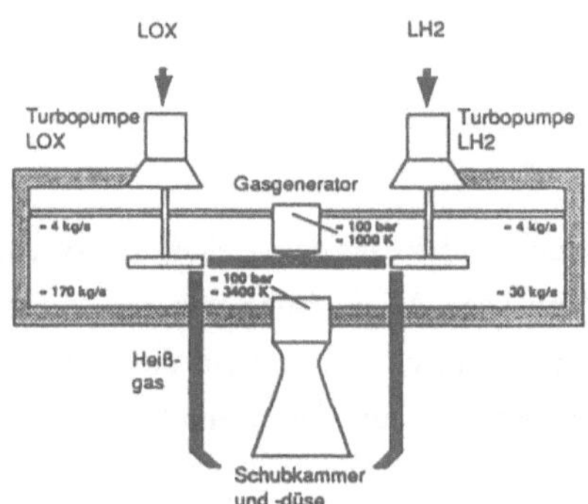

Abb.1:
Schema eines typischen H_2/O_2-Raketentriebwerks mit Hauptkomponenten und Betriebsdaten

Auf dem P59 wird in der derzeitigen Konfiguration der Gasgenerator und die Turbopumpe für Sauerstoff sowohl einzeln als auch in der Kombination miteinander getestet. So einfach diese Prüfaufgabe -genau genommen eigentlich nur das dosierte Zuführen der Treibstoffe- im Schema des Raketenmotors aussehen mag, so komplex und aufwendig stellt sich die gesamte dazu erforderliche Infrastruktur eines solchen Prüfstandes in der Praxis dar. Allein der Rohrleitungsplan der Anlage füllt zwei eng bedruckte DIN-A0-Zeichnungsbögen. Der hohe schaltungstechnische Aufwand erklärt sich aus der Tatsache, daß der Prüfstand nicht nur die Aufgabe der reinen Treibstoffversorgung übernehmen muß, sondern das Verhalten des gesamten Triebwerks zu simulieren hat. Zusätzlich müssen Spül- und Inertisierungsgase wie Helium und Stickstoff bereitgestellt und im richtigen Augenblick zugeführt werden, hohe Einspritzdrücke sind zu beherrschen, und nicht zuletzt muß aufgrund der eingesetzten Medien hohen sicherheitstechnischen Anforderungen Rechnung getragen werden.

Infolge dieser Komplexität wurde für das Prototypsystem daher ein Teilsystem des Prüfstandes ausgewählt, für das eine Realisierung einen überschaubaren Aufwand versprach, ohne die Allgemeingültigkeit der Einsatzerfahrungen besonders einzuschränken. Es handelt sich dabei um die Flüssigwasserstoff-Vorkühlung, deren Leitungsschema in Abb.2 dargestellt ist.Ein Gasgenerator-Versuch gliedert sich in zwei Phasen: die Testvorbereitung und den eigentlichen Heißlauf, in dem die Zündung des Wasserstoff-Sauerstoff-Gemisches stattfindet.

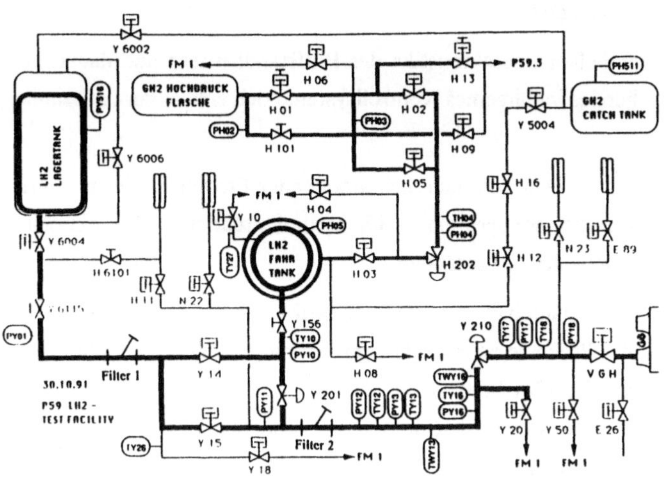

Legende:
GG: Gasgenerator
P...: Drucksensor
T...: Temperatursensor
Y...: Ventil autom.betät.
H...: handbetät. Ventil
N...: Stickstoffventil

Abb.2 : Untersystem des P59 zur Versorgung des Gasgenerators mit flüssigem Wasserstoff

Je nach Versuchsziel dauert der **Heißlauf** nur einige Sekunden bis maximal einer halben Minute, denn spätestens dann sind die 2500 l flüssiger Wasserstoff aus dem Hochdruck-Fahrtank verbraucht. Die erforderlichen Reaktionszeiten für Regelung und Steuerung liegen hier im Millisekundenbereich, so daß ein Echtzeit-Einsatz von wissensbasierten Systemen in dieser Phase - zumindest nach dem heutigen Stand der Technik- noch nicht in Betracht kommt. Bislang wird diese Testphase von einem Rechnerverbund, bestehend aus einer speicherprogrammierbaren Steuerung (SPS) sowie einem speziellen Regelungsrechner, bedient.

Anders ist die Sachlage bei der **Testvorbereitungsphase**, denn hier bewegen sich die erforderlichen Reaktionszeiten im Sekundenbereich. Diese Phase (Dauer ca. 1-2 Stunden) wird weitgehend manuell anhand vorbereiteter Checklisten von den Versuchsingenieuren aus einem Beobachtungsraum durchgeführt. Neben zahlreichen Tätigkeiten (Hilfsstoffe bereitstellen, Leitungen freispülen, etc.) handelt es sich dabei im wesentlichen um das "Kaltfahren" der Treibstoffversorgungsleitungen. Dazu müssen in einer genauen zeitlichen Abfolge die Rohrleitungen so lange mit flüssigem Sauerstoff bzw. Wasserstoff durchspült werden, bis sichergestellt ist, daß die Treibstoffe in der gesamten Zuleitung in flüssiger Form vorliegen. Die Innenwände der Leitungen haben dann im Falle von Wasserstoff eine Temperatur von ca. -250 ^{o}C und im Falle von Sauerstoff von -175 ^{o}C erreicht. Wegen dieser tiefen Temperaturen ist das Vorkühlen ein höchst sensitiver Prozeß, der einer Vielzahl von Regeln und Vorschriften unterworfen ist.

Dies verlangt von den Versuchsingenieuren sehr viel Erfahrungswissen, eine Art "Gefühl für den Prüfstand". Sie müssen Abweichungen vom Sollzustand frühzeitig erkennen und durch geeignete Gegenmaßnahmen schnell wieder korrigieren. Unverzichtbar ist hier ein hohes Maß an Überblick über den momentanen Zustand des Prüfstands. Bei bis zu 400 Meßgrößen im gesamten Prüfstand ist dies schon bei normalem Prozeßverlauf nicht einfach. Kommen dann in kritischen Situationen Hektik und Nervosität dazu, kann der Versuchstand schnell in Gefahr geraten. Erhebliche Kosten und Zeitverzögerungen könnten entstehen.

3. Anforderungsprofil von ÜWADIS

Im Folgenden sind die wesentlichen Charakteristika des Prüfstandbetriebs und damit die Anforderungen an ein entsprechendes intelligentes Kontrollsystem noch einmal kurz zusammengefaßt:

- Der Prüfstandsbetrieb ist kein kontinuierlich arbeitender Prozeß mit im wesentlichen konstanten Prozeßzustand, sondern eine zeitliche und situations- bzw. aktionabhängige Abfolge von verschiedenen Zuständen.
- Das Wissen um den Prüfstand basiert größtenteils auf Erfahrungswerten, eine analytische Beschreibung der Prozesse ist nur sehr begrenzt möglich (z.B. zweiphasige Strömung kryogener (tiefkalter) Medien).
- Die Komplexität der Prozesse erfordert die ständige Überwachung einer großen Anzahl relevanter Prozeßparameter.
- Modifikationen des Testablaufs aus technischen Gründen erfolgen oft und sind nicht vermeidbar.
- Während eines Vesuchs können Störungen ein kurzfristiges Abweichen vom geplanten Testablauf notwendig machen.

4. Die technische Realisierung von ÜWADIS-P59

Bei der Realisierung des gekoppelten wissensbasierten Überwachungs- und Diagnosesystems wurde das Hauptaugenmerk zunächst auf den Überwachungsteil gelegt. Die Dateninterpretation des Überwachungsmoduls soll angehende Alarmzustände des Prozesses im Vorfeld erkennen oder im Fehlerfall möglichst den Primärfehler melden. Folgefehler sollen so vermieden und eine durch das Diagnosemodul unterstützte Fehlerfindung früher begonnen werden.

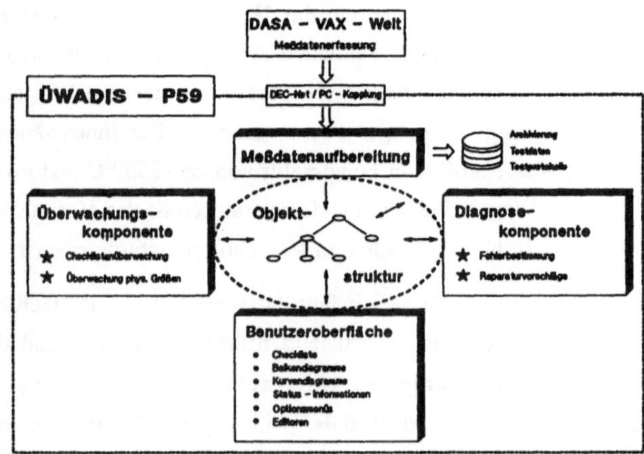

Abb.3
Strukturbild von ÜWADIS-P59

Als Module der Applikation sind im wesentlichen die Datenbereitstellung und -archivierung, die Überwachungs- und die Diagnosekomponente zu nennen. Eine Übersicht über den Systemaufbau zeigt Abb.3, das Erscheinungsbild der Standardoberfläche Abb.4.

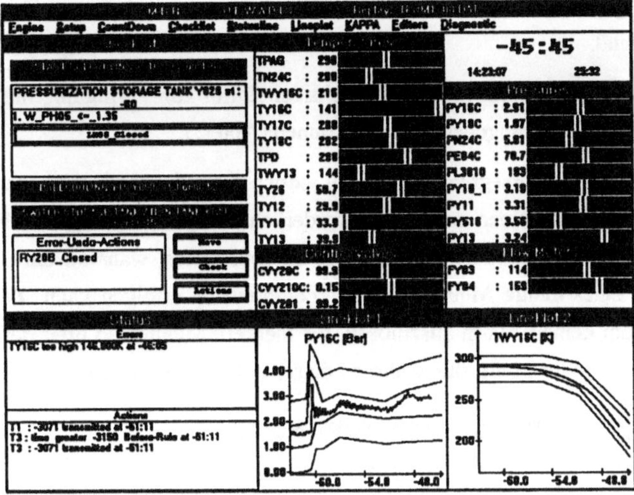

Abb. 4: Standardoberfläche von ÜWADIS-P59

Das System nutzt die objektorientierten und regelbasierten Funktionalitäten und die Oberflächen-Features der Shell, die durch eine Reihe von in der Hochsprache C implementierten Modulen für Sonderfunktionen und laufzeitkritische Aufgaben ergänzt werden mußten. Im weiteren soll nun auf die technische Funktionsweise des Systems und die verwendeten Expertensystemtechniken näher eingegangen werden.

4.1. Überwachungssystem

ÜWADIS besitzt zwei Überwachungsaufgaben:

- die Überwachung der Checkliste zur Vermeidung von Fehlbedienungen
- die Überwachung der physikalischer Meßgrößen zur raschen Detektierung von Störungen

Die korrekte Bedienung des Versuchsstandes sichert der Versuchsingenieur durch Verfahren des Versuchsstandes gemäß den Vorgaben der Checkliste. In ÜWADIS objektorientiert realisiert, unterstützt die Checkliste diese Aufgabe, indem sie durchgeführte Aktionen bewertet und anstehende dem Ingenieur zum richtigen Zeitpunkt visualisiert. Die Checklistenüberwachung arbeitet ähnlich einer speicherprogrammierbaren Steuerung, indem sie vorgegebene Schaltsequenzen überwacht. Im Rahmen dieses Beitrags soll auf die Checklistenüberwachung jedoch nicht näher eingegangen werden.

Die zweite Hauptaufgabe der Überwachung ist die Bewertung physikalischer Meßgrößen wie Temperaturen, Drücke und Massenströme, um Störungen im Versuchsstandbetrieb frühzeitig zu erkennen. Da die angestrebten Meßgrößenverläufe vor Versuchsbeginn festgelegt sind, können sie dem System bekannt gemacht und von diesem während des Versuchs mittels Sollwertkorridoren auf Einhaltung kontrolliert werden. Definierte Vorwarnkorridore sichern das rechtzeitige Erkennen von Abweichungen, bevor es zu kritischen Anlagenzuständen kommt.Die Überwachungskorridore werden durch obere und untere Hüllkurvensegmente für verschiedene Zeitbereiche gebildet, die im einfachen Fall durch einen zeitlich festen Aufpunkt und Gradienten bestimmt sind.

Für die Eingabe der Hüllkurven steht ein grafisch interaktiver Editor zur Verfügung, mit dem die Kurven an z.B. frühere Versuche angepaßt werden können (Abb. 5).

Zeitlich feste Aufpunkte der Korridorsegmente genügen jedoch nicht den Anforderungen des Versuchsablaufs. So ist z.B. nach einer zeitweise erforderlichen Unterbrechung des Fluidstroms ein direkter, starker Temperaturanstieg des Fluids zu beobachten, während die Unterbrechung selbst innerhalb eines einige Minuten breiten Zeitintervalls erfolgen kann. Zeitlich starre Korridore müßten, um keinen Alarm auszulösen, für mehrere Minuten so breit definiert werden, daß eine Überwachung der Meßgröße während dieser Zeit praktisch ausgesetzt wäre.

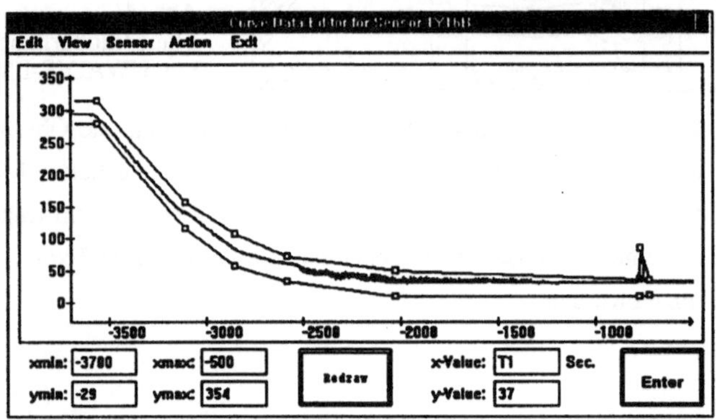

Abb. 5 :
Fenster des Hüllkurveneditors

Um dieser Problemstellung gerecht zu werden, wurden aktionsabhängige Zeitkoordinaten eingeführt. Stellt das System mit Hilfe von Regeln das erwartete Prozeßabbild fest, wird für die bis dahin unbestimmte Zeitkoordinate die aktuelle Countdown-Zeit gesetzt, womit der passende Überwachungskorridor aktiviert werden kann.

4.1.1 Daten- und Funktionsstruktur

Als Datenstruktur wurde eine Taxonomie aufgebaut. Einen Ausschnitt des Klassenbaums mit den zu überwachenden Sensoren zeigt Abb. 6. Der Klasse Sensoren folgen zunächst zwei Unterklassen für analoge und digitale Meßgrößen. Für die analoge Sensorik existiert eine weitere Einteilung in die vier Unterklassen für Temperatur, Druck, Massenströme und Proportionalventile. Die verfügbaren Sensoren werden nun als Instanzen an die entsprechende Unterklasse angegliedert [3]. Die hohe Anzahl an Sensoren, besonders der digitalen Ventilsensorik, die durch durch die Checklistenüberwachung überprüft wird, kann so durch einfaches Generieren von Instanzen der entsprechenden Klasse abgebildet und modifiziert werden. Die Hüllkurvenparameter werden in Listenslots der entsprechenden Sensorinstanzen abgelegt. Die auf der Shellseite benötigten Funktionen zur Interpretation der Sensorwerte sind überwiegend als Methoden (an Objekte gebunden Funktionen) implementiert und werden über das Versenden von Nachrichten an die Sensorinstanz ("Send-Message") oder über die häufiger verwendete, an einen speziellen Objektslot gekoppelte "After Change"- Methode ausgeführt.

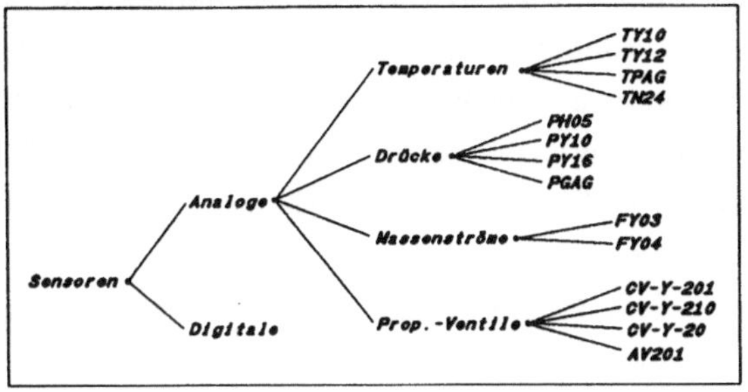

Abb. 6: Klassenbaum strukturiert nach Sensortypen

Die zeitkritische Berechnungen zur Interpretation der aktuellen Meßgrößen findet in C-Modulen statt. Hierzu werden die aktuellen Hüllkurvendaten aus den Instanzen in Laufzeitvariablen (für jeden Sensor dynamisch generiert) des C-Moduls transferiert und auf die aus der Datenbereitstellung (ebenfalls in C programmiert) vorliegenden Istwerten der Sensoren angewendet. Hier muß erwähnt werden, daß das Laufzeitverhalten des Systems nur durch ergänzende C-Module erreicht werden konnte, da Ausführungen von Funktionen durch den Interpreter der Shell recht zeitintensiv sind. Um die Echtzeit des Systems zu verbessern, wird beispielsweise nach dem Transfer von Hüllkurvenparametern auch direkt der Zeitpunkt für den nächsten Transfer berechnet, um nicht im Sekundentakt über die zeitaufwendigen Interpreterfunktionen auf die Objektstruktur zugreifen zu müssen.

4.1.2 Beispiel für die Anwendung objektorientierter Werkzeuge

Die Funktionsweise der eingesetzten objektorientierten Werkzeuge soll anhand des Beispiels eines Zeitbereichswechsels (Zeitpunkt für das Aktivieren eines neuen Hüllkurenkorridorbereichs) verdeutlicht werden.

Die aktuelle Countdown-Zeit wird vom Versuchsstand einmal pro Sekunde an den PC übertragen. Das Datenerfassungsmodul transferiert den Zeitwert in die Objektstruktur, wo er im Slot "*Ist-Countdown-Zeit*" des Objekts "*Zeit*" abgelegt wird. Sobald der Wert in den Slot eingetragen ist, wird die dem Slot angegliederte "After-Change"-Methode A "*globaler Bereichswechsel erreicht?*" ausgeführt. Sie vergleicht die *Ist-Count-Down-Zeit* mit dem nächsten globalen *BereichsWechsel-Zeitpunkt (BW-Zeitpunkt)*, der den kleinsten aller sensorspezifischen nächsten Bereichswechselzeitpunkte darstellt. Der globale BW-Zeitpunkt ist hierbei als Slot des Objekts "*Zeit*" abgebildet, die sensorspezifischen BW-Zeitpunkte als Slots der Sensorinstanzen implementiert. Ist der Zeitpunkt für einen Bereichswechsel erreicht muß dreierlei geschehen:

- Übertragen der nächsten Hüllkurvenparameter aller Sensoren mit gleichem BW-Zeitpunkt aus der Objektstruktur an die C-Bewertungsmodule
- Berechnen des nächsten sensorspezifischen BW-Zeitpunkts

- Ermitteln des nächsten globalen BW-Zeitpunkts aus allen sensorspezifischen BW-Zeitpunkten

Hierzu sendet die als "After-Change" aufgerufene Methode A "*globaler Bereichswechsel erreicht?*" die Methode B "*sensorspezifischer BW erreicht?*" an alle Instanzen der Klasse "Analoge Sensoren" (Abb. 6), d.h. die objektorientierten Mechanismen wenden die Methode B auf die BW-Zeitpunkte aller Sensorinstanzen an. Die Methode B wiederum sendet bei Bedarf die Methode C "übertrage nächste Hüllkurvenparamter an C-Bewertungsmodul" und in jedem Fall die Methode D "ist sensorspezifischer BW-Zeitpunkt neuer globaler BW-Zeitpunkt?" an die gerade in der Prüfung befindliche Sensorinstanz. Sind alle Sensorinstanzen durchlaufen, steht im Objekt "Zeit" die neue globale Bereichswechselzeit und in den dynamischen Laufvariablen der C-Bewertungsmodule die zeitlich korrekten Hüllkurenparameter.

Die Bewertungen analoger Meßgrößen werden dem Benutzer grafisch anhand der Lage und Farbe von Balken, die die Lage der Meßwerte in den vorgegebenen Korridoren zeigen, auf der Oberfläche visualisiert. Zeitliche Meßwertverläufe können zudem in Meßwertdiagrammen dargestellt werden (Abb. 4).

4.2 Diagnoseablauf

Die Diagnosekomponente von ÜWADIS besteht aus einer an das Überwachungssystem gekoppelten Laufzeitkomponente sowie einem eigenständigen Wissenseditor. Das Diagnosemodul stützt sich auf ein heuristisches Diagnosemodell, welches fiktive Fehler und deren Auswirkung auf den Prüfstand beschreibt [5].

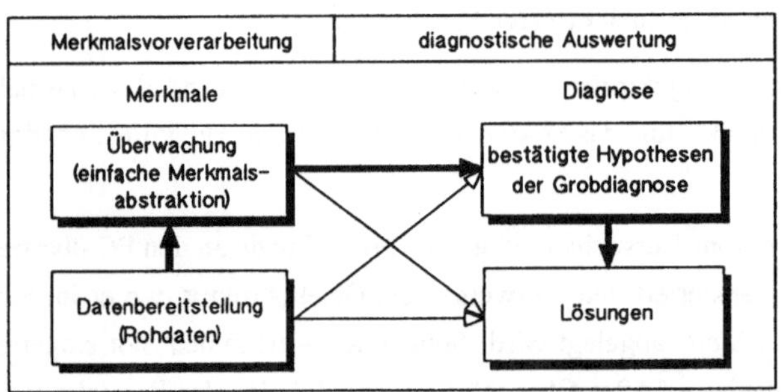

Abb. 7:
Abstraktion des Diagnoseprozeßes von ÜWADIS

Die Fehlerfindung ist als kombinierte Grob-Feindiagnose realisiert, die gemäß [4] dargestellt werden kann (Abb. 7). Die vom Überwachungssystem vorgenommene Merkmalsvorverarbeitung der physikalischen Sensoren wird in den Sensorinstanzen vermerkt, wobei eine Bewertungen nach Abweichung ("zu hoch", "zu niedrig") oder keine Abweichung ("richtig") erfolgt. Befindet sich die Meßgröße im Vorwarnbereich ihres Hüllkurvenkorridors, so gilt dies als Abweichung. Ein Anstoß des Inferenzprozesses erfolgt jedoch erst bei einer Grenzwertkorridorverletzung.

4.2.1 Inferenzstrategie

Im Grobdiagnoseteil findet zunächst eine Vorselektion von möglichen Fehlerbildern (Hypothesen) statt, die in der sich anschließenden Feindiagnose geklärt werden. Dabei können bestätigte Hypothesen weitere den Fehler spezifizierende Hypothesen aufwerfen. Die so als "Establish-Refine" durchgeführte Fehlerfindung hat als Inferenzstrategie die Tiefensuche und wird durch eine anwenderspezifische Heuristik ergänzt, die im Folgenden als "evaluable first" (bewertbare zuerst) bezeichnet werden soll. Es werden hierbei zunächst alle Hypothesen überprüft, deren Symptombilder das Diagnosesystem ohne Benutzerdialog bewerten kann. Dies sind alle Symptombilder, deren Symptomobjekte (Sensorstatus) durch das Überwachungsmodul bereits ausgewertet sind. Das Einführen der Strategie "evaluable first" bietet sich im vorliegenden Anwendungsfall besonders an, da die verfügbare hohe Sensorendichte den Anlagenzustand sehr gut beschreibt. Die gesamte Zeitspanne zur Fehlerfindung ist bei den meisten Applikationen durch den hohen Zeitaufwand zum Erfragen der Symptome im Benutzerdialog und nicht durch die für die rechnerinterne Inferenz benötigte Zeit geprägt. Alle Hypothesen, für deren Verfikation Benutzereingaben erforderlich sind, werden zurückgestellt. Der Inferenzprozeß kommt zur Ruhe, wenn alle automatisch bestimmbaren Hypothesen abgearbeitet sind.

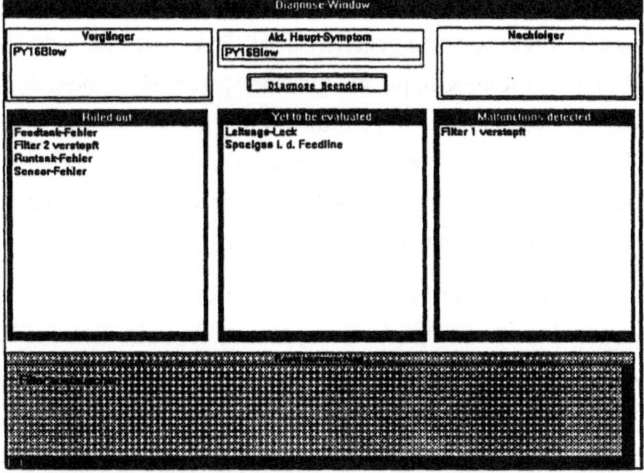

Abb. 8: Diagnosefenster mit Beispiel für Diagnoseaufruf

Der Benutzer entscheidet nun selbst durch Auswahl einer noch nicht überprüften Hypothese, in welcher Richtung die Fehlerfindung, die nun durch den erforderlichen Benutzerdialog zeitintensiver wird, fortgesetzt werden soll. Das System visualisiert die Bewertung der Hypothesen (Abb. 8) nach der Diagnosetiefe (Ebene), innerhalb dieser nach den Kategorien "nicht zutreffend", "noch zu überprüfen" und "zutreffend".

Die zu realisierenden Funktionalitäten seien nochmals zusammengefaßt:

- Visualisierung des Inferenzabbildes in der oben dargestellten Form
- teilmanuelle Steuerung der Inferenz
- anwendungsspezifische Inferenzstrategie "evaluable first"

4.2.2 Funktionstechnischer Aufbau der Diagnosekomponente

Die geforderte Problemlösungskomponente wurde unter Verwendung von Mechanismen der Shell KAPPA-PC sowie einer hybriden Datenstruktur realisiert. Dies bedeutet für das Regelwerk, daß neben dem Bedingungsteil einer Regel, in dem die Symptome für die Bestätigung einer Hypothese definiert werden, im Aktionsteil der Regel die Funktionsaufrufe zur Steuerung der Inferenz und der Dialogoberfläche enthalten sein müssen. Diese zusätzlichen Eingaben können jedoch nicht durch den Experten erfolgen, da sie von ihm eine nicht vorhandene Systemkenntnis erfordern. Diesem Problem wurde durch die Entwicklung eines Wissenseditors entsprochen, in dem der Experte nur noch die Hypothese mit ihrer Bedingung formuliert und festlegt, wann diese überprüft werden soll. Im Anschluß an den Editiervorgang generiert ein Präprozessor die Laufzeitkomponente des Diagnosesystems mit den notwendigen Regeln, Zielobjekten, Regelgruppen, Verknüpfungen und Steuermechanismen.

Der **Editor** bietet dem Experten Bearbeitungsmasken, die in strukturierten Auswahllisten die online zugänglichen Sensorsymptome sowie bereits eingegebene Hypothesen und durch Benutzerdialog klärbare Symptome enthalten. Die erstellten Hypothesen werden in objektorientierter Form als Instanzen der Klasse Hypothesen abgebildet. Die Bedingungsteile der zukünftigen Regeln sowie eine Aufrufliste mit den eine Überprüfung auslösenden Sensoralarmen und Hypothesen werden in Listenslots hinterlegt.

Während der **Erstellung der Laufzeitkomponente** generiert der Präprozessor für jede Hypothese ein Zielobjekt, eine Regel und eine Regelgruppe, die für eine spätere Hypothesenklärung durch Rückwärtsverkettung benötigt werden. Die Regelgruppe enthält als Objekte die Regel zur Hypothesenbestätigung ("True-Rule") und eine für alle Hypothesen gleiche "False-Rule", die im Falle des Verwerfens der Hypothese feuert und Aktionen wie z.B. das Eintragen der Hypothese in die Liste der Dialogoberfläche "nicht zutreffend" bewirkt.

Für die **Inferenz**steuerung existieren drei Steuerregeln, die stets in Vorwärtsverkettung abgearbeitet werden. Ist die Inferenz durch einen Sensoralarm angestoßen, bewirkt die erste Regel das Markieren aller Hypotheseninstanzen, die in ihren Aufruflistenslots den Sensoralarm enthalten. Die Vorwärtsverkettung mit dem Sensoralarm wird also nicht auf die Symptomobjekte der Bedingungsteile aller Regeln angesetzt, sondern auf die Aufruflistenslots der Hypotheseninstanzen. Diese Entkopplung war notwendig, um die zusätzliche Suchstrategie "evaluable first" zu realisieren. Diese wird nun durch die zweite Steuerregel bewirkt, die die ausgewählten Hypothesen daraufhin überprüft, ob ihre Symptombilder automatisch bestimmbar sind. Ist dies der Fall, stößt die Regel eine Rückwärtsverkettung für das zugehörige Zielobjekt mit der entsprechenden Regelgruppe an. Durch die Vorgabe der Regelgruppe müssen nicht alle Regeln auf das Vorkommen des Zielobjekt hin untersucht werden. Die Bearbeitung beider in Frage kommender Regeln kann direkt durchgeführt werden. Im Falle der Hypothesenbestätigung wird gemäß der Vorgabe der Tiefensuchstrategie die Hypothese als neuer Inferenzaufruf eingetragen und der oben beschriebene Vorgang iterativ durch Verzweigung in die nächst tiefere Diagnoseebene wiederholt. Sind die automatisch bestimmbaren Hypothesen einer Ebene bearbeitet, trägt die dritte Steuerregel alle übrigen Hypothesen, für deren Klärung ein Benutzerdialog erforderlich ist, in die Liste "noch zu überprüfen" ein. Der Benutzer kann diese wie beschrieben zur Klärung interaktiv aufrufen.

5. Beispiel des Systemverhaltens bei Prüfstandstörung

Zur Veranschaulichung der Arbeitsweise von ÜWADIS soll ein Störfall als Beispiel ausgeführt werden. Die im Prüfstandsbetrieb bislang aufgetretenen Störfälle sind weniger komplex (z.B. Meßgeber defekt, fehlerhafte Ventilrückmeldung, falsche Statusvorgabe). Daher wird der Ablauf anhand eines hypothetischen Falles erläutert.

Während der Vorkühlphase werden alle Meßstellen überwacht, einige Drücke und Temperaturen über Balken graphisch dargestellt (Abb. 4).

Der Druck an Sensor PY16 (Abb. 3) fällt plötzlich, die Balkenfarbe wechselt auf gelb: der Vorwarnbereich signalisiert eine Störung. Ein weiterer Druckabfall erzeugt den roten Farbumschlag am Balken (gleichzeitig erreichen weitere Feedline-Drücke die Vorwarnphase). Der untere Grenzwert für PY16 wird unterschritten und das System aktiviert die Diagnosekomponente (Abb. 8).

Mit dem Hauptsymptom "PY16 low" wird ein Fehlerbaum angelaufen, den das System überwiegend selbständig ,ohne Dialog mit dem Versuchsingenieur, abarbeitet.

Im vorliegenden Fall kann das System mit Hilfe der verfügbarer Sensorik erkennen, daß

- ♦ Filter 1 sehr wahrscheinlich verstopft ist,
- ♦ kein Fehler im Feed- und Runtank vorliegt,
- ♦ der Sensor PY16 funktionstüchtig ist,
- ♦ Filter 2 in der Feedline nicht verstopft ist (Abb. 2).

Zwei mögliche Fehler müssen nun im Benutzerdialog überprüft werden:

a) ist ein Leitungsleck sichtbar (starke Nebelbildung)?

b) ist Spülgas (gasförmiger Stickstoff) in die Feedline eingedrungen?

Fall a kann nach Sichtung ausgeschlossen werde, Fall b ist nicht eindeutig bestimmbar.

Nach Eingabe des Symptombildes verbleibt als bestätigte Hypothese nur "Filter 1 verstopft". Die Vermutung liegt nahe, daß Filter 1 durch vereisten Stickstoff blockiert ist und damit den Druckabfall in der Feedline bewirkt. Im Gegensatz zum üblichen Testbetrieb kann die Störung frühzeitig erkannt werden. Die eingrenzende Diagnose hilft den Prüfstandsingenieuren bei der Entscheidungsfindung. Die Konsequenz ist der sofortige Testabbruch, um mechanischen Schäden vorzubeugen und ein Sicherheitsrisiko auszuschließen.

6.1 Bewertung der eingesetzten Methoden und Software-Tools

Mit der kombiniert in Kappa-Language und C implementierten Applikation konnte eine Überwachungszykluszeit von 0.5 Sekunden realisiert werden. Geschwindigkeitsbegrenzungen der Applikation ergeben sich, wenn die in KAPPA implementierten Funktionen durch den Interpreter zur Ausführung kommen.

Als sehr effektiv kann die objektorientierte Datenstruktur angesehen werden, die zusammen mit den an die Objekte gebundenen Funktionen (Methoden) eine hohe Flexibilität bei Änderungen und Erweiterungen bietet. Die objektorientierten Methoden waren auch bei der Realisierung von ÜWADIS durch verschiedene Programmierer von Vorteil.

Die Oberflächenfeatures der Shell bewährten sich vor allem bei der ersten Gestaltung der Oberflächenlayouts, so daß in einem Rapid-Prototyping eine gute Abstimmung mit dem Endbenutzer erfolgen konnte.

Da die Shell KAPPA-PC nur schwache Problemlösungsmechanismen besitzt, mußte eine effektiv arbeitende Problemlösungskomponente und ein zugehöriger Wissenseditor eigenständig erstellt werden. Dieser als zunächst negativ anzusehende Aspekt bot jedoch auch die Möglichkeit, die anwenderspezifische Heuristik "evaluable first" sowie eine auf die Anwendung abgestimmte Dialogoberfläche zu realisieren.

Eine Beschleunigung des Diagnoseverlaufs konnte durch die Übertragung des bereits durch das Überwachungsmodul bewerteten Prozeßabbildes an das Diagnosesystem erreicht werden. Die Anzahl der im Benutzerdialog zu erfragenden Symptome konnte hierdurch stark reduziert werden.

6.2 Systembewertung aus Anwendersicht

Die immer wieder im Zusammenhang mit wissensbasierten Systemen zu lesende Erfahrung, daß schon in der Phase der Konzeption und vor allem bei der Wissenserfassung ein nicht zu unterschätzender Lerneffekt auftritt, kann auch hier in vollen Umfang bestätigt werden. Dadurch, daß man gezwungen wird, sich Prozesse sehr genau anzusehen, Fehlermöglichkeiten zu entdecken und Lösungsmöglichkeiten auszuarbeiten, stellt sich ein wesentlich vertieftes Verständnis der Prozeßabläufe ein. Prozeduren, die bisher "immer so" gefahren wurden, erschienen plötzlich in einem ganz neuen Licht. Ein Überdenken und Überarbeiten war die logische Konsequenz.

Das System befindet sich seit einem halben Jahr am Prüfstand im Einsatz und funktioniert nach Behebung von kleineren Anfangsproblemen äußerst zuverlässig. In dieser Zeit wurden sehr unterschiedliche Versuchsserien durchgeführt, so daß ÜWADIS seine Flexibilität unter Beweis stellen konnte. Daß die für neue Versuchsserien notwendigen Parameteranpassungen arbeitsintensiv sind, darüber vermögen bislang auch die komfortable Eingabehilfen nicht hinwegzuhelfen. Für ein zukünftiges, größeres System, das möglicherweise den kompletten Prüfstand abbildet, sollte man daher weitere Methoden erarbeiten, die diesen Arbeitsaufwand reduzieren.

Eine wesentliche Erleichterung für den Versuchsingenieur im Prüfstandsbetrieb ist, daß er nicht mehr ständig mit höchster Konzentration die Anzeigeinstrumente überwachen muß, um eventuelle Abweichungen vom Normalzustand erkennen zu können. Es genügt von Zeit zu Zeit ein Blick auf den Bildschirm, da die Farbänderungen im Fall von Störungen sehr markant sind und die Fehlermeldungen sicher wahrgenommen werden. Es hat sich gezeigt, daß die Störungen auf diese Weise schon in frühen Entstehungsstadien erkannt, und damit auch effektiver behoben werden können. Generell führt dies auch zu einer verbesserten Reproduzierbarkeit des Versuchsablaufs, z.B. für die erreichten Abkühltemperaturen.

Durch den sofortigen und direkten Hinweis auf den Parameter, der gerade aus dem Ruder zu laufen beginnt, war es in vielen Fällen schon ohne den Einsatz der Diagnosekomponente möglich, die Störungen zu beseitigen. Im Falle komplexerer Problemfälle zeigten sich die Vorteile der Diagnosekomponnente aber sehr deutlich. Sogar wenn keine eindeutige Störungsursache angegeben werden kann, verkürzt die enge Eingrenzung auf die wahrscheinlichen Ursachen die sonst entstehenden zeitraubenden Diskussionen im Beobachtungsraum erheblich. Es soll aber in diesem Zusammenhang auch nicht verhehlt werden, daß die Gefahr besteht, daß ÜWADIS die Versuchsingenieure mit der Zeit zu einer verminderten Aufmerksamkeit verleitet. Da aufgrund der Komplexität der Anlagenzustände immer wieder auch völlig neue Situationen auftreten können, wird ÜWADIS nicht in jedem Falle optimale Informationen liefern. Auf die übergeordnete Bewertung der Vorgänge durch erfahrene Versuchsingenieure wird daher auch in Zukunft nicht verzichtet werden können.

7. Literatur

[1] J. Engle et al.,Instrumentation of Expert System/AI Technology for Reducing Ground Test in Present and Future Launch Systems, AIAA 91-0655, 29th Aerospace Sciences Meeting, Reno, Nevada, 1991

[2] E.H. Kolcum, Lockheed Expert System to Allow Real-Time Evaluation of Shuttle Fueling, Aviation Week, May 11, p. 57, 1992

[3] Manuals for KAPPA-PC Version 1.2 IntelliCorp, Inc.; June 1991

[4] F. Puppe, Problemlösungsmethoden in Expertensystemen Springer Verlag, 1990

[5] W. J. Clancey, Heuristic Classification Artificial Intelligence 27 (1985) 289-350

Kommunikation im hybriden Expertensystem ELDAR zur wissensbasierten Stoffdatenversorgung

Heribert Popp [1] und Josef Barthel [2]

Zusammenfassung

Wissensbasierte Stoffdatenversorgung des Ingenieurs oder Chemikers umfaßt Faktenretrieval, Datenanalyse, Interpolation, Extrapolation und Simulation von Daten sowie Aussageverifikation. Dafür sind hybride Expertensysteme notwendig, die, wie das in dieser Arbeit beschriebene ELDAR (Electrolyte DAta Regensburg), aus Datenbank, Methodenbank, Regelbank und Kommunikationsmanager bestehen können. Die Kommunikation zwischen den autarken Banken zur Versorgung eines Anwenders mit Elektrolytlösungswissen und die Funktionen des Thesaurus werden dargestellt.

1. Einleitung

Zunehmend finden Expertensysteme Einsatz in Aufgabenbereichen, die mit großen Faktenmengen und komplexen mathematischen und statistischen Modellen arbeiten. Ein wichtiger Bereich im Ingenieurwesen ist die in dieser Arbeit aufgezeigte automatische Versorgung des Ingenieurs mit Eigenschaftsdaten der Stoffe. Zur Bewältigung der dabei auftretenden verschiedenen Wissenstypen (Fakten, logische Modelle und mathematische Kalküle) entwickeln sich unterschiedliche Architekturen. Geht man davon aus, daß ein Datenbanksystem die Fakten verwaltet, und berücksichtigt man zunächst die Berechnungsprogramme nicht, bieten sich die bekannten Kooperationsformen an: Erweiterung von Datenbanken zu deduktiven Datenbanksystemen (diese kann man als relationale Datenbanksysteme betrachten, die Schlußfolgerungen aus den gespeicherten Tupeln ziehen können, siehe dazu Ref. [GrMi92]), Erweiterung von Datenbanken zu objektorientierten Datenbanken (hier denke man etwa an das wissensbasierte System mit objektorientierter Deduktion, MOOD [Baye91]), Erweiterung von Expertensystemen um Funktionen zum Sekundärspeicher-Management (z.B. Anbindung einer relationalen Datenbank an PROLOG oder LISP, siehe dazu Ref. [FrWe92]), Verwaltung der Wissensbasis eines Expertensystems in der Datenbank (siehe dazu Ref. [Appe85]) sowie eine echte Kopplung zwischen Expertensystem und Datenbank als zwei eigenständige Systeme.

---

[1]Dr. Dr. H. Popp, Bayerisches Forschungszentrum für wissensbasierte Systeme (FORWISS), Am Weichselgarten 7, 8520 Erlangen-Tennenlohe

[2]Prof. Dr. J. Barthel, Institut für Physikalische und Theoretische Chemie, Universität Regensburg, 8400 Regensburg

Eine für den Einsatz zur wissensbasierten Stoffdatenversorgung interessante Enwicklung vollzog das relationale Datenbanksystem INGRES hin zu POSTGRES [StKn91], das mit objektorientierten Leistungsmerkmalen wie Vererbung und der Möglichkeit zur Verwaltung komplexer Attribute ausgestattet ist und dessen Query-Sprache die Definition von Prozeduren und abstrakten Datentypen erlaubt. Weitere Integrationsansätze für mathematische Verfahren wären: die Algorithmen in LISP oder PROLOG zu programmieren, die Programmodule effizient vom Expertensystem heraus aufrufbar zu machen sowie objektorientierte Programmiersysteme mit integrierter Datenverwaltungs-Komponente zu verwenden, wie das System OOPS [SUWZ87]. Benötigt ein Expertensystem viele unterschiedliche numerische Verfahren und deren bibliothekarische Verwaltung, so kann man diese Module, analog den Fakten in der Datenbank, in einer Methodenbank zusammenfassen. Daraus entsteht ein Kooperationsproblem der vorher erwähnten Kopplungsformen mit dieser Methodenbank.

2. Eigenschaften des Anwendungsgebietes

Für Chemiker und Ingenieure stellt die Beschaffung von temperatur-, druck- und konzentrationsabhängigen Stoffdaten (Eigenschaften der Objekte) einen entscheidenden Schritt zur Konstruktion und Auslegung von chemisch-technischen Apparaten/Anlagen und Produkten dar. Da in vielen Fällen die gesuchten Daten nach einer Anfrage an eine Stoffdatenbank erst durch Interpolation oder Extrapolation gewinnbar sind, oder gar aus erreichbaren Meßdaten verwandter Systeme/Eigenschaften simuliert werden müssen, erfordert die automatische Stoffdatenversorgung den Einsatz von Datenbank, Methodenbank und Regelsystem.

Elektrolytlösungen sind chemische Systeme, bestehend aus Lösungsmittel(-mischungen) und den darin gelösten Elektrolyten. Als Beispiele mögen Kochsalz in Wasser oder Meerwasser dienen. Die Eigenschaften der Elektrolytlösungen, z.B. Dichte, Viskosität, elektrische Leitfähigkeit, setzen sich nicht additiv aus den entsprechenden Eigenschaften von Lösungsmittel und Elektrolyt zusammen; auch gibt es noch keine Theorie, die im praxisrelevanten Konzentrationsbereich das Eigenschaftsverhalten genügend genau voraussagen könnte. Daher erfordert die Berechnung von Eigenschaften zu noch nicht vermessenen Zustandswerten sowohl alle erreichbaren Fakten in der Umgebung als auch empirische Regeln über Zusammenhänge der Eigenschaften und geeignete Berechnungsmethoden. Des weiteren geben sich nach der Berechnung nur wenige Anwender mit dem Ergebnis allein zufrieden, andere möchten auch das Wie des Zustandekommens sehen.

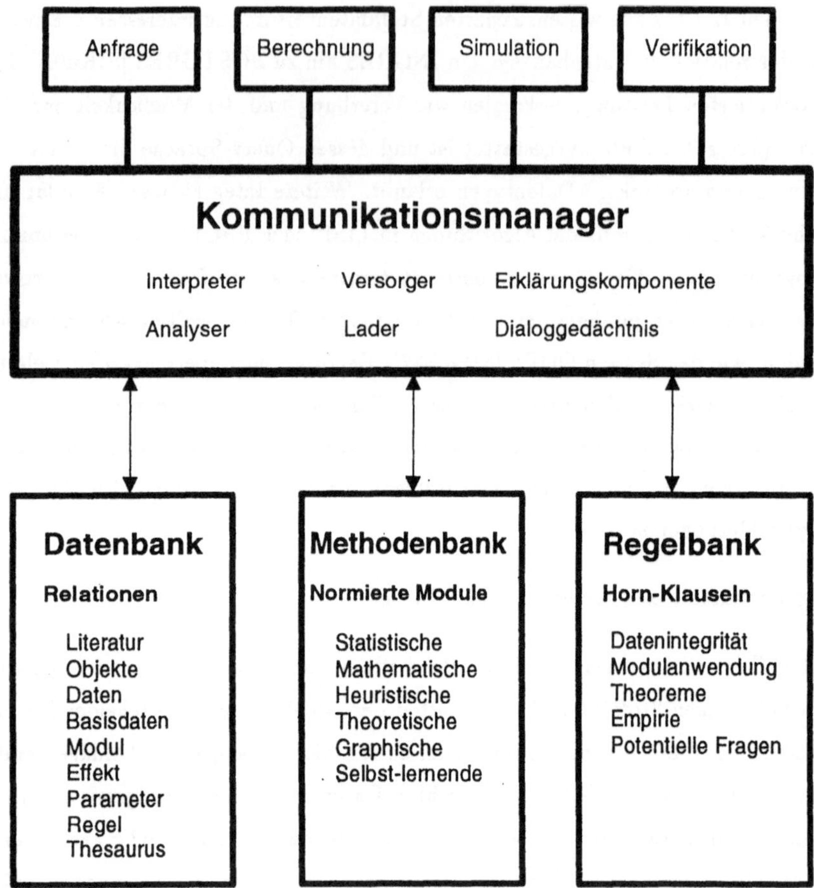

Abbildung 1: ELDAR Architektur

3. Hybrides Expertensystem ELDAR

Da für diese Stoffdatenberechnungen eine umfangreiche Faktendatenbank und eine Modulsammlung in Form einer Methodenbank unumgänglich sind, eignen sich die vorher aufgezeigten Architekturen mehr oder weniger, aber keine ganz, für diese Anwendung. Deshalb entstand ein "hybrides Expertensystem", das die Wissenstypen im jeweils adäquaten Formalismus repräsentiert und aus einer relationalen Datenbank, einer Methodenbank, einer Regelbank und einem Kommunikationsmanager zur Koordinierung der Einzelbanken besteht. Zwar fungiert keine Bank als Sklave einer anderen, aber sie agieren auch nicht kooperativ selbständig wie Agenten in verteilten KI-Systemen, siehe dazu etwa [Mart92], sondern eine übergeordnete Instanz, der Kommunikationsmanager, versucht die Erfüllung der Benutzerwünsche unter Einsatz der Banken nach festen Stereotypen (Anfrage, Basisdatenerstellung, Interpolation, Extrapolation, Simulation und Verifikation). Dazu verwendet er die in der Datenbank gepeicherte Information über die Wissensinhalte der einzelnen Banken.

In der Chemie existieren schon einige Expertensysteme, siehe Ref. [HoPi89], [MeBG90] und [Popp92], aber nur zwei oder drei zur Datenanalyse und -berechnung. Das hybride Expertensystem ELDAR (**E**lectrolyte **DA**ta **R**egensburg), entstanden mit Förderung des BMFT, ist auf Mikrocomputer unter dem Betriebssystem MS/DOS (mit Multitasking-Tool) mit den Programmiersprachen PASCAL, FORTRAN 77 und PROLOG implementiert.

ELDAR, siehe Abb.1, teilt das Wissen für die Datenanalyse und -berechnung in drei Klassen ein: Fakten, Algorithmen und Regeln.

Das **Faktenwissen** ist in ELDAR in ein relationales Datenmodell mit Erweiterungen (z.B. Wiederholungsattribute und vordefinierte Joins) zur Effizienzsteigerung abgebildet, siehe Ref. [BaPo91]. Es umfaßt Literaturangaben, Objektbeschreibungen (Elektrolytlösungen), Daten (ca. 500.000 zustandsabhängige Eigenschaftsdaten), Basisdaten (Koeffizienten verläßlicher Gleichungen der Temperatur-/Konzentration-/Druckabhängigkeit der Eigenschaften der Objekte, berechnet aus den aktuellen Bestmeßdaten), Dokumentationen der Methodenbankmodule und ihrer Input/Output-Parameter (unentbehrlich für die Datenbank-Methodenbank Kommunikation) und Dokumentationen der Regelteilklassen der Regelbank (damit weiß die Datenbank, wann Erfolgsaussichten bei einer Regelbank-Konsultation vorliegen). Der aktuelle Stand des Faktenwissens von ELDAR ist in Ref. [BaPo92a] beschrieben. Ein Thesaurus, der semantische Beziehungen zwischen den Objekten und den verwendeten Begriffen realisiert, wird ebenfalls von der Datenbank verwaltet, siehe dazu Kap.4.

Das **algorithmische Wissen**, unter dem Strategien verstanden werden, die von einem definierten Startpunkt nach definierten Schritten zu einem definierten Endpunkt führen, wird an Hand eines Richtlinienkataloges [BaPS88] zu Modulen normiert und in der Methodenbank verwaltet. Neben Methoden der Numerischen Mathematik, der statistischen Datenanalyse und der graphischen Darstellung muß die Modulsammlung zur wissensbasierten Stoffdatenversorgung heuristische und theoretische Gleichungen der Temperatur-/Konzentration-/Druckabhängigkeit der Eigenschaften und Simulationsmethoden enthalten. Diese Module sind in Ref. [BaPo92] beschrieben.

Welche Berechnungsmethoden in einem konkreten Fall angewendet werden sollen, und welche Daten dazu vonnöten sind, sind Fragen, deren Antwort aus dem Regelwissen kommt. Das **Regelwissen** wird der Normalisierung zu Horn-Klauseln unterzogen, da diese durch ihre Modularität Vorteile aufweisen und leicht zu modifizieren sind. Die wissensbasierte Stoffdatenversorgung benötigt folgende Regelteilklassen [BaPo92]:

- Definition der Relationen der Datenbank mit ihren Attributen (wird für die Kommunikation Regelbank-Datenbank verwendet).
- Empirisches Wissen über Eigenschaften von Objekten (Elektrolytlösungen) und Teilobjekten (Ionen, siehe ein Regelbeispiel unten); z.B. Regeln über die Verläufe der Meßeigenschaften in Abhängigkeit von Temperatur und/oder Konzentration, eingeschränkt auf bestimmte Lösungsmittel- und Salzklassen.
- Anwendungsbereiche des in Modulen abgebildeten algorithmischen Wissens; z.B. die Regel: Anwendung des Polynommoduls mit Untergrad 0 und Obergrad 3 bei der Darstellung der temperaturabhängigen Dichte von Lösungsmitteln.
- Axiome und Theoreme, z.B. Verknüpfung und Transformation thermodynamischer Modellgleichungen.
- Sammlung von Transmissionsregeln, die die Benutzeranfragen auf die Regeln voranstehender Klassen oder auf die gespeicherten Eigenschaften hinführen (z.B. beim osmotischen Koeffizienten hinweisen, daß man mit ihm auch zum Aktivitätskoeffizienten gelangt).

Beispiel einer Regel über die Grenze, bis zu der Ionenassoziation eintritt (8 in Ref. [BaPo92] beschriebene Module benötigen diese Größe).
a.) In amphiprotischen hydroxylischen Lösungsmitteln ergibt sich die Obergrenze der Ionenassoziation R aus $R = a_+ + a_- + m * d(OH) + n * s$; dabei sind a_+ und a_- die Radien von Kation und Anion, $d(OH)$ ist die Länge einer OH-Gruppe und s ist die Größe des Lösungsmittelmoleküls, n und m repräsentieren ganzzahlige Multiplikatoren von 0 bis 5.
b.) In wäßrigen und alkoholischen Lösungen benötigt der Abstandsparameter bei Lithium- und Natriumkationen den Einschluß einer OH-Gruppe ($m = 1$).
c.) In wäßrigen und alkoholischen Lösungen mit Alkalimetallsalzen und Tetraalkylammoniumsalzen benötigt R nur ein Lösungsmittelmolekül ($n = 1$).
d.) In wäßrigen 2-2 Elektrolyten benötigt der Abstandsparameter zwei Lösungsmittelmoleküle ($n = 2$).

4. Unentbehrlicher Thesaurus

Für hybride Expertensysteme unentbehrlich zeigt sich ein Thesaurus, eine alphabetisch geordnete, redundanzfreie Menge von Begriffen mit den zwischen ihnen bestehenden semantischen Beziehungen, z.B. Synonym, Oberbegriff und Verwandtschaft.

Mit den **Synonymbeziehungen** gewinnt die Benutzerschnittstelle ein hohes Maß an Flexibilität und Freundlichkeit, da sie unterschiedliche Umschreibungen ein und desselben Begriffes akzeptiert, so daß jeder Benutzer die ihm gebräuchlichen Begriffe und Abkürzungen verwenden darf. Auch die Kommunikation zwischen den Banken erleichtert die Synonymbeziehung, da z.B. beim Informationsgesuch der Datenbank an die Regelbank erstere nicht weiß, welcher Begriff bei der Regelformulierung verwendet wurde, und deshalb für jeden Begriff der Frage alle synonymen Terme an die Regelbank übergeben werden müssen.
Unter Ausnutzung der **Oberbegriffsbeziehung** läßt sich innerhalb von Hierarchien wandern, z.B. von Teilobjekten zu Objekten, von speziellen Modulen zu Modulklassen oder von einer Regel zu Kategorien der aktuellen Regel. Die Oberbegriffsbeziehung dient auch dazu, um Vererbung von Eigenschaften durchzuführen. Liegt z.B. in der Regelbank eine Aussage, formuliert für einen Oberbegriff, so kann sie der Thesaurus auf alle Unterbegriffe vererben. Des weiteren benutzt der Kommunikationsmanager diese Beziehung, um Vorausberechnungen mittels homologer Reihen durchzuführen, siehe Ref. [BaPo92b].
Der Thesaurus in ELDAR enthält 42.000 Begriffe und folgende in Ref. [Popp92] näher beschriebene Klassifikationen:

- Terme nach dem Prinzip: Unterbegriffe besitzen alle Eigenschaften des Oberbegriffs und zusätzlich mindestens ein einschränkendes Merkmal, z.B. elektrische Leitfähigkeit ist ein Unterbegriff von Leitfähigkeit.
- Lösungsmittel auf der Basis ihrer Säure-Base Eigenschaften (z.B. Methanol ist ein amphiprotisch hydroxylisches Lösungsmittel) bzw. nach funktionellen Gruppen (z.B. Methanol ist ein Alkohol).
- Elektrolyte nach den Valenzen der beteiligten Ionen (z.B. Kaliumbromid ist ein 1-1 Elektrolyt) bzw. nach den Anionen und Kationen (z.B. Kaliumbromid ist ein Alkalimetallhalogenid).

Die **Verwandtschaftsbeziehung** hilft bei fehlgeschlagenen Versuchen, es mit naheliegenden Objekten, Modulen oder Aussagen nochmals zu versuchen. Zwar wird dem Ergebnis nicht die gleiche Genauigkeit zukommen, aber häufig begnügt man sich auch mit groben Näherungen.
Die relationale Datenbank verwaltet diesen Thesaurus. Durch einen vordefinierten Verbund zwischen jeder Relation der Datenbank und dem Attribut *Synonym* der Thesaurus-Relation wird bei jeder Datenbankbenutzung dieser Thesaurus mit ausgewertet. Auch der Kommunikationsmanager holt sich vom Thesaurus das für seine Aufgaben benötigte semantische Wissen.

5. Architektur des Kommunikationsmanagers (KM)

Der KM teilt sich dezentral auf die drei Banken auf und führt die Aktivierung der benötigten Banken einschließlich deren Inputversorgung durch. Die Kommunikation zwischen den Banken erfolgt über Kommunikationsdateien, da alle Banken selbständige Hauptprogramme sind und die Information bisweilen 20 KB umfassen kann. Zur Realisierung seiner Aufgaben besteht der KM aus Interpreter, Analyser, Versorger, Lader, Dialoggedächtnis und einer Erklärungskomponente, siehe Abb.1.

Der **Interpreter** dient zur syntaktischen Interpretation der Formulierungen der Banken und des Benutzers.

Der **Analyser** versucht, das aktuelle chemische Informationsproblem zu analysieren und die Problemparameter (Zustandsvariablen und Eigenschaften) zu determinieren. Das Prozedere ist in Ref. [BaPS90], [Popp92] beschrieben.

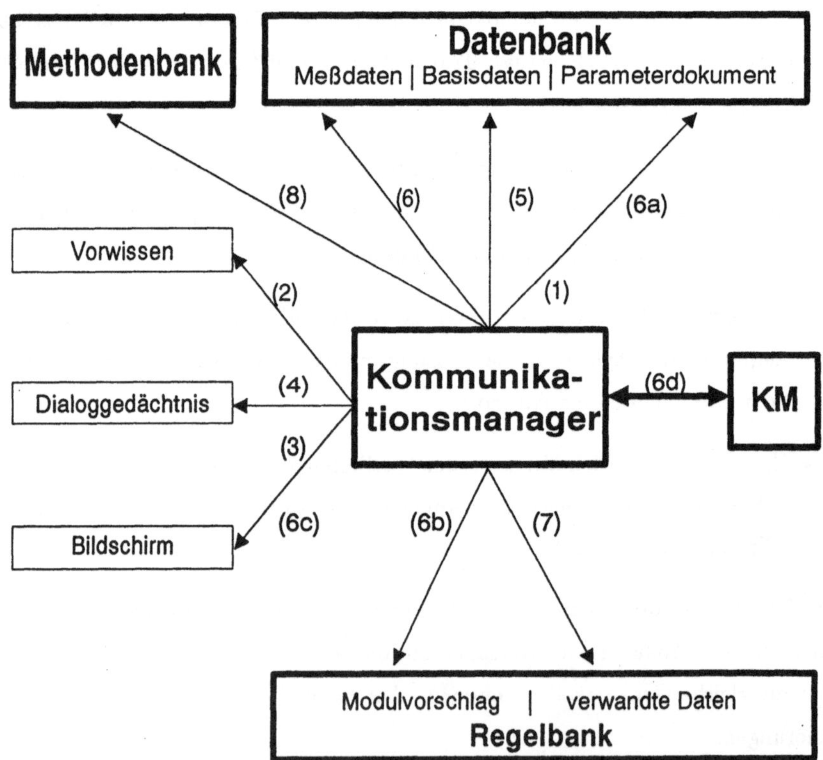

Abbildung 2: Informanden für den KM bei der automatischen (rekursiven) Informationsversorgung eines Moduls

Der **Versorger** versorgt die Module der Methodenbank mit dem benötigten Input, die Prädikate der Datenbankanfragen mit den entsprechenden Attributnamen und Ausprägungen und die Fragen an die Regelbank mit den akzeptierten Prädikatsnamen und Termen. Bei der automatischen Inputversorgung eines Moduls versucht der KM, von all den in Abb.2 gezeigten Informationsquellen den Input in der nachfolgend beschriebenen Reihenfolge zu bekommen (zunächst die leicht zugänglichen Quellen, dann immer aufwendigere). Dabei sagt ihm die Parameterdokumentation des Moduls, welchen Input in welcher Reihenfolge und Einheit das Modul benötigt (1). Zunächst holt er sich die Werte der Steuerparameter aus dem während der Dialogsitzung aufgebauten Vorwissen (2) oder bietet die Alternativen aus der Parameterdokumentation am Bildschirm an (3). Lag kein Steuerparameter oder ein aus der Parameterdokumentation mit einem Wert vorbesetzter Inputparameter vor, versucht der KM ihn aus dem Dialoggedächtnis zu ermitteln (4), siehe unten. Führten die bisherigen Bemühungen nicht zum Erfolg, fragt der KM die Datenbank nach Basisdaten, um damit den Inputwert zu berechnen. Existieren auch keine Basisdaten, versucht er geeignete Meßdaten zu finden (6), die er dann zusammenfaßt und in Standardform transformiert [Popp92]. Daraufhin erkundigt sich der KM mittels der Parameterdokumentation nach einem Modulvorschlag für die Berechnung des Inputparameters aus den gesammelten Meßdaten (6a). Erhält er mehrere Modulvorschläge, konsultiert er die Regelbank, welches Modul er nehmen soll (6b). Bekommt er keine Hilfe zur Auswahl eines Moduls, fragt er den Benutzer (6c). Nach der Determinierung des Hilfsmoduls startet sich der KM rekursiv mit der Parameterdokumentation des ausgewählten Moduls, um dieses Hilfsmodul automatisch mit Input zu versorgen (6d). Im Falle einer erfolglosen automatischen Inputversorgung konsultiert der KM die Regelbank nach verwandten Daten (7), siehe das Vorgehen bei der Verifikation. Nach einem positiven Inferenzprozeß erhält er entweder einen Hinweis auf Meß- bzw. Basisdaten, mit denen er den Inputparameter näherungsweise berechnen kann, oder auf ein entsprechendes Modul, mit dem er ihn simulieren kann (8). War trotz der Bemühungen (1) - (8) die Inputversorgung eines Modulparameters nicht möglich, kann das Modul nicht gestartet werden. Im Falle vollständig erfüllter Inputversorgung eines Moduls übergibt der KM alle Inputwerte und definierten Fakten über die Umgebung der Anwendung des Moduls in einer Kommunikationsdatei der Methodenbank, siehe ein Dateibeispiel in [BaPS90].

Der **Lader** startet die selektierten Module und versorgt sie mit Input aus der Kommunikationsdatei oder er aktiviert die Regelbank bzw. die Datenbank.

Die **Erklärungskomponente** kann den Weg des Zustandekommens einer Lösung anzeigen. Dadurch werden die vom Expertensystem erzeugten Stol3datenfür Chemiker oder Ingenieur akzeptabler. Sie bedient sich einerseits des während des Lösungssuchens mitprotokollierten Wechselspiels der Banken und holt sich andererseits Erklärungen über die verwendeten Regelteilklassen oder Module (Inputdaten, zugrundeliegende Theorie mit

ihren Einschränkungen) aus den Relationen der Datenbank.
Das **Dialoggedächtnis** baut der KM während der Dialogsitzung mit den jeweils berechneten oder anderweitig bestimmten Fakten und Basisdatensätzen auf, um diese bei nochmaligem Gebrauch bereit zu haben, siehe Näheres in Ref. [BaPo92].

6. Kommunikationsmanagement bei wissensbasierter Stoffdatenversorgung

Die Benutzer von ELDAR verlangen automatische Basisdatenerstellung, die Durchführung von Anfragen und die Interpolation, Extrapolation, Simulation und Verifikation von Elektrolytlösungswissen. Zur Erledigung dieser Aufgaben muß der KM das Benutzerproblem analysieren, die entsprechende stereotype Lösungsstrategie auswählen, die dafür benötigten Daten und Module besorgen, die Inputversorgung der Module realisieren und die Berechnungen überwachen. Trotz der Verwendung stereotyper Lösungsstrategien (zu welchem Anlaß in welchen Banken was geholt wird) hängt der konkrete Ablauf von der Verfügbarkeit der benötigten Daten ab.
Die vom Benutzer im Dialogmodus verwendbaren Befehle für die Datenbank (FIND, SHOW), Methodenbank (EXECUTE), Regelbank (VERIFY) und für die Analyse (WORK) versucht der KM, in der richtigen Spezifizierung und Reihenfolge zur Erledigung des gestellten Informationsproblems automatisch zusammenzustellen. Da das Kommunikationsmanagement zur automatischen Basisdatenerstellung in Ref. [BaPS90], [BaPo92b] und die Anfrageformulierung an die relationale Datenbank in Ref. [BaPo91] beschrieben sind, werden beide hier nicht weiter erläutert.

Interpolation

Verlangt der Benutzer Faktenwissen, das sich nicht explizit in der Datenbank befindet, erkundigt sich der KM nach Basisdaten, um damit den gesuchten Fakt zu berechnen. Findet er keine Basisdaten, fragt er die Datenbank, ob in der Umgebung des gesuchten Faktes Meßdaten existieren. Liegen Meßdaten vor, faßt sie der KM zusammen, wählt als Modul die multiple Polynomanpassung mit den optimierten Variablentransformationen (da die multiple Spline-Anpassung zu oft versagte), versorgt auf die vorher beschriebene Art das Modul mit Inputdaten und startet die Methodenbank zur Interpolation.

Extrapolation

Falls der gesuchte Fakt außerhalb des durch die Fakten der Datenbank abgedeckten Intervalls liegt oder eine theoretisch begründete Grenzeigenschaft darstellt, z.B. Wert bei unendlicher Verdünnung, versucht der KM, den Fakt durch Extrapolation zu gewinnen. Zunächst vergewissert er sich, ob der gewünschte Fakt nicht aus Basisdaten (als Koeffizient einer theoretischen Eigenschaftsgleichung oder aus einer zustandsabhängigen Grenzeigenschaftsgleichung) gewonnen werden kann. Findet der KM nichts, erkundigt er sich mittels der Parameterdokumentation, ob Module existieren, die diesen Fakt (Eigenschaft) berechnen können. Erhält der KM kein oder mehr als ein Modul, konsultiert er die Regelbank für Entscheidungshilfen. Reicht das Wissen der Regelbank nicht aus, das Entscheidungsproblem zu determinieren, listet er die Effekte der Module, die diese Eigenschaft berechnen können, auf und bittet den Benutzer um Auswahl des geeignetsten Moduls. Ist ein Modul fixiert, holt sich der KM die Parameterdokumentation dieses Moduls, das Wissen, welche Meßdaten zur Anwendung dieses Moduls nötig sind, und formuliert eine Frage nach diesen Meßdaten an die Datenbank. Daraufhin faßt er die Meßdaten der Treffer zusammen, transformiert sie in SI-Einheiten, startet die weitere Inputversorgung des Moduls und aktiviert das Modul, das die Extrapolation durchführt.

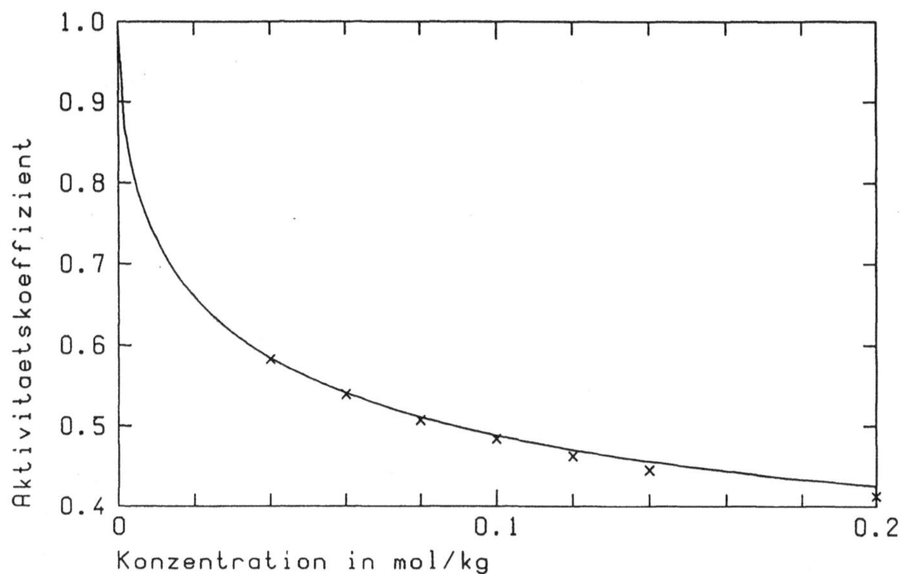

Abbildung 3: Simulation des konzentrationsabhängigen Aktivitätskoeffizienten von Kaliumbromid in Methanol bei 298.15 K aus der homologen Reihe der Alkalimetallhalogenide, aufgetragen gegen die Ionenradien. Zum Vergleich der Güte der Simulation sind Meßdaten aus [Neue82] eingetragen.

Simulation

Ist der gesuchte Fakt eine Meßeigenschaft, und besteht keine Möglichkeit zur Interpolation, oder fehlen für eine Extrapolation die benötigten Meßdaten, versucht der KM, die Daten zu simulieren. Dies erfordert verstärkten Einsatz der Regelbank. Aus ihr soll das heuristische Wissen kommen, nach welchen Daten der KM die Datenbank fragen muß, um geeignete "verwandte" Daten (sei es die gleiche Eigenschaft homologer Reihen oder verschiedene Eigenschaften des gleichen Objekts (Elektrolytlösung)) zu erhalten, und mit

welchen Modulen er aus diesen "verwandten" Daten die gewünschten Fakten berechnen kann. Der Berechnungsprozeß selbst läuft dann wie bei der Extrapolation oder Interpolation ab.
Bei der Vorausberechnung durch homologe Reihen, siehe Ref. [BaPo92b], sucht der KM mittels Thesaurus nach den Oberbegriffen der Komponenten der Elektrolytlösung und versucht, durch multiple Auswertung der Komponenten einer Oberklasse eine geschlossene Darstellung der Oberklasse zu bekommen und dann mittels Interpolation den Wert zu berechnen. Den Hinweis, gegen welche Größe die Vertreter einer Klasse bei der jeweiligen Eigenschaft am günstigsten aufgetragen werden sollen, muß aus der Regelbank kommen. Ein Beispiel einer Simulation findet sich in Abb. 3.

Verifikation

Bei der Verifikation stellt der KM mit den Schlagworten der Benutzerfrage eine Anfrage nach der Regeldokumentation zusammen, da er unter dem dortigen Attribut *Predicate* die von der Regelbank akzeptierte PROLOG-Form findet.

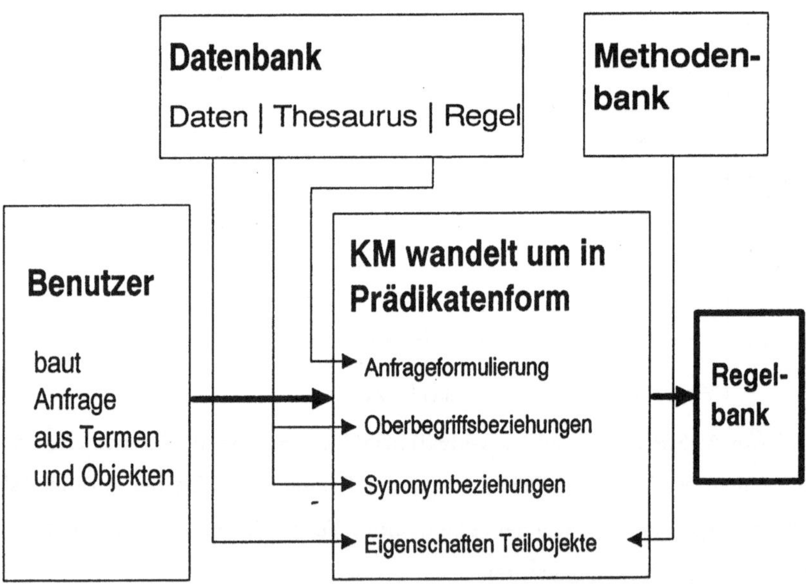

Abbildung 4: Kommunikationsmanager bei der Verifikation

Diese verwendet er dann für die Frageformulierung an die Regelbank. Des weiteren schreibt er von allen Begriffen der Benutzerfrage die Oberbegriffe, die Synonyme und von den Teilobjekten (Elektrolyten, Lösungsmittel) die Eigenschaften in Prädikatenform in die Kommunikationsdatei. Diese Fakten holt er sich aus den entsprechenden Relationen der Datenbank evtl. unter Einsatz der Methodenbank, siehe Abb.4. In Ref. [BaPo92] findet sich ein Beispiel einer Kommunikationsdatei für die Frage nach der Grenze, bis zu der Ionenassoziation auftritt. Die Regelbank schreibt ihre Ergebnisse in die vom KM der fragenden Bank benannte Kommunikationsdatei, aus der liest sie der KM und offeriert sie dem Benutzer oder arbeitet damit weiter.

7. Fazit

Für die Wissensakquisition wurde einerseits in einem arbeitsamen Prozeß das weltweit erreichbare Faktenwissen gesammelt und das vorhandene algorithmische Wissen bewertet und selektiert, andererseits mußte das Regelwissen aus Publikationen extrahiert und von Experten erfragt werden. Dabei taten sich die Experten oft schwer, ihr empirisches Wissen mit exakten Grenzen zu formulieren, da fließende Grenzen dem natürlichem Verhalten näher kommen, so daß Fuzzy-Regeln und eine Fuzzy-Inferenz in diesem Expertensystem eine Bereicherung brächten. Durch den hybriden Wissensrepräsentationsansatz erfolgte eine direkte adäquate Abbildung des gesammelten Wissens. Zwar enthält die in der Datenbank verwaltete Regeldokumentation Wahrscheinlichkeitsangaben von Experten für die jeweiligen Aussagen, aber da bisher nur relativ sichere Aussagen (mehr als 0.75) in PROLOG codiert wurden, fanden diese Angaben noch keine Berücksichtigung in der Regelbank.

Ein Vorteil dieses Systems ist die Möglichkeit, für einfache Anwendungen die einzelnen Banken autark zu benutzen, ohne den Overhead einer komplexen Wissensverwaltung. Bei komplizierteren Wegen der Stoffdatenversorgung eines Chemikers zeigt diese Arbeit die vom Kommunikationsmanager gesteuerte Interaktion von Datenbank, Methodenbank und Regelbank, bei der sich der Thesaurus als unentbehrlich erweist. Etwas schwierig gestaltet sich dabei die Kommunikation Methodenbank-Regelbank oder umgekehrt, da dafür das semantische Wissen des Thesaurus, die Parameterdokumentation und die Regeldokumentation aus der Datenbank vonnöten sind.

ELDAR zeigt sehr gute Erfolge bei der automatischen Datenanalyse, die nun systematisch betrieben wird, um damit bewertete Soffdaten und neues empirisches Wissen zu erhalten. Die Qualität der Simulationsergebnisse und vor allem die Anwendungsbreite der Simulation geht einher mit der Verfügbarkeit des aus der Datenanalyse gewonnenen empirischen Wissens.

Literatur

Appe85 Appelrath,H.J.: Von Datenbanken zu Expertensystemen. *Informatik Fachberichte* **102**, Springer, 1985.

BaPo91 Barthel,J.; Popp,H.: ELDAR, a Knowledge Base System on Microcomputer for Electrolyte Solutions. The Factual Knowledge of ELDAR. *J. Chem. Inf. Comp. Sci.* **31**, 107-115, 1991.

BaPo92 Barthel,J.; Popp,H.: Das Expertensystem ELDAR zur Datenanalyse und Datenberechnung von Elektrolytlösungen. Forschungsbericht BMFT: 08G3222 2, 134 S., 1992.

BaPo92a Barthel,J.; Popp,H.: Methods of the Knowledge Based System ELDAR for the Simulation of Electrolyte Solution Properties. *Analytica Chimica Acta* **265**, 259-266, 1992.

BaPo92b Barthel,J.; Popp,H.: Expertensystem ELDAR - Hybrides Expertensystem zur wissensbasierten Chemieinformation. *Labor 2000*, Dez. 1992 (in Druck).

BaPS88 Barthel,J.; Popp,H.; Schmeer,G.: Die ELDAR-Methodenbank für Elektrolytlösungen. In: Gasteiger,J. (Hrsg.): *Softwareentwicklung in der Chemie 2*. Springer: New York, 127-140, 1988.

BaPS90 Barthel,J.; Popp,H.; Schmeer,G.: The Calculation of Electrolyte Solution Properties with the Help of the ELDAR Data and Method Bank, Exemplified by Electrolyte Conductance. In: Gasteiger,J.,(ed.): *Software-Development in Chemistry 4*. Springer: Berlin, 101-113, 1990.

Baye91 Bayer,R.: MOOD: A Knowlegebase System with Object Oriented Deduction. In Proceedings 2. Int. Symposium on Database Systems for Advanced Applications, Tokyo, 1991.

FrWe92 Fritsch,A.; Weimann,O.: Kooperation von Experten- und Datenbanksystemen: Vorteile und Ansätze. *KI* **6**, No.3, 42-48, 1992.

GrMi92 Grant,J.; Minker,J.: The Impact of Logic Programming on Databases. *Commun. ACM*, **35**, No.3, 66-81, 1992.

HoPi89 Hohne,B.A.; Pierce,T.H.: Expert System Application in Chemistry. ACS: Washington DC, 1989.

MeBG90 Mertens,P.; Borkowski,V.; Geis,W.: Betriebliche Expertensystem- Anwendungen. 2. Aufl., Springer: Berlin, 1990.

Mart92 Martial,F.: Einführung in die verteilte Künstliche Intelligenz. *KI* **6**, No.1, 6-11, 1992.

Neue82 Neueder,R.: Dampfdruckmessungen an methanolischen Messungen schwach assoziierter Elektrolytlösungen. Dissertation, Regensburg 1982.

Popp92 Popp,H.: Hybride wissensbasierte Systeme zur Datenanalyse und Eigenschaftsvorausberechnung physikalisch - chemischer Systeme, dargestellt an Elektrolytlösungen. Dissertation, Regensburg, 1992, 344 S.

StKe91 Stonebraker,M.; Kemnitz,G.: The POSTGRES Next Generation Database Management System. *Commun. ACM*, **34**, No.10, 64-78, 1991.

SUWZ87 Schlageter,G.; Unland,R.; Wilkes,W.; Zieschang,R.; Maul,G.; Nagl,M.; Meyer, R.: Ein objektorientiertes Programmiersystem mit integrierter Datenverwaltungs - Komponente. In: Schek,H.J.; Schlageter,G. (Hrsg.): *Datenbanksysteme in Büro, Technik und Wissenschaft*. Springer, 132-151, 1987.

Klassifikation/Selektion versus Konstruktion/Konfiguration in Wissensbasierten Systemen am Beispiel zweier finanzwirtschaftlicher Anwendungen

von

Christof Weinhardt
Universität Gießen, BWL-Wirtschaftsinformatik
Licher Straße 60, 6300 Gießen

Kurzfassung:

Das verstärkte Auftreten von Non- bzw. Near-Banks im Finanzdienstleistungssektor, die erhöhte Sensibilität der Kunden, die gestiegene Markttransparenz durch Einsatz der Informationstechnologie sowie die Öffnung des Europäischen Binnenmarktes bewirken eine deutliche Verschärfung der Wettbewerbssituation in diesem Bereich. Finanzinstitutionen versuchen, sich mit Hilfe von innovativen und individuellen Produkten einen strategischen Vorteil zu verschaffen. Für die Finanzierung von Mobilien und Immobilien kommt dabei Leasing nicht nur am deutschen, sondern auch am europäischen Markt eine wachsende Rolle zu, denn in der Vielfalt der Variationsmöglichkeiten für Leasingverträge steckt ein großes Wettbewerbspotential. Dieses können Finanzdienstleister wie Banken bzw. Bankkonzerne, vor allem aber auch Leasinggesellschaften, Finanzmakler und Hersteller von Investitionsgütern nutzen.

Ausgehend von Projekterfahrungen werden in dieser Arbeit zwei Wissensbasierte Systeme, FINES und FES, vorgestellt, die die Kauf-Leasing-Entscheidung für Hardware-Mobilien bzw. Mobilien und Immobilien allgemein unterstützen: FINES ist als Klassifikations-/ Selektionssystem entwickelt worden, wogegen FES als ein Konstruktions-/Konfigurationssystem realisiert wird. Der Vergleich der beiden Ansätze ergibt, daß zur Bewertung einer überschaubaren Anzahl von möglichen Verträgen der Selektionsansatz, zur Ermittlung innovativer Verträge - also für wettbewerbsorientierte Systeme - der Konfigurationsansatz erhebliche Vorteile mit sich bringt.

1 Einführung und Kontext der finanzwirtschaftlichen Anwendung

Die gestiegene Markttransparenz durch Einsatz der Informationstechnologie auf dem Finanzdienstleistungsmarkt sowohl für Anbieter als auch für Kunden und die erhöhte Sensibilität der Kunden bzgl. ihrer Konditionen beim Anbieter sorgen für eine Verschärfung der Wettbewerbssituation in diesem Bereich. Die Öffnung des Europäischen Marktes bringt zusätzlich Druck in diesen Wettbewerb, in dem nur bestehen kann, wer sich mit innovativen und individuellen Produkten der Konkurrenz stellt.

Im Einsatz von Entscheidungsunterstützungssystemen in der Finanzierungs- und Anlageberatung sehen viele Finanzinstitute strategische Vorteile. Elektronische Dienste (electronic banking) sind zwar zu einem festen Bestandteil des Kundenservice vor allem im Firmenkundengeschäft der Banken geworden (vgl. Pausenberger/Glaum[1993]), empirische Untersuchungen zeigen jedoch, daß zur eigentlichen Beratung noch sehr wenige Systeme im praktischen Einsatz sind (vgl. Rehkugler/Voigt/Kraus/Otterbach[1992], Schwabe/Dolinsky, Krcmar[1990]).

Nicht nur Banken, sondern auch "Non-" und "Near-Banks", wie z.B. Handelshäuser, Finanzmakler u.a., bemühen sich um die Finanzberatung von Investoren bzw. Anlegern - sowohl im privaten als auch im gewerblichen Sektor. Und häufig sind es die Hersteller von Mobilien und Immobilien selbst, die ihren Kunden ausgefeilte Finanzierungsvarianten anbieten.

Dabei kommt Leasing nicht nur am deutschen, sondern auch am europäischen Markt eine wachsende Rolle zu (vgl. Leaseurope[1992]), denn in der Vielfalt der Variationsmöglichkeiten für Leasingverträge steckt ein großes Wettbewerbspotential. Allein in den Leasingerlassen sind über 300 Varianten geregelt. Gemäß dem Prinzip der Vertragsfreiheit läßt der Gesetzgeber den Vertragspartnern jedoch einen noch viel größeren Gestaltungsspielraum.

Kunde *und* Anbieter suchen mehr und mehr nach *individuellen* Lösungen bei der Finanzierung von Investitionsgütern - sei es aus steuerlichen bzw. liquiditätsorientierten oder aus risiko- bzw. produktstrategischen Gründen (Buhl[1989c]). Neuere Arbeiten in der finanzwirtschaftlichen Literatur wägen Vor- und Nachteile marktüblicher Leasingvarianten gegenüber einer fremd- oder eigenfinanzierten Kaufalternative ab. Einige machen dabei deutlich, daß gerade in kooperativen Verhandlungsergebnissen große Vorteile liegen (vgl. Buhl/Erhard[1992], Schweitzer[1992], Gabele/Kroll/Dannenberg[1991], Krahnen[1991], Gabele/Weber[1985]). Diese Arbeiten verdeutlichen die große Bedeutung, aber auch den hohen Komplexitätsgrad des Entscheidungsproblems:

Welche Verträge sind für eine spezifische Verhandlungssituation vorteilhaft?
Welcher ist am besten?

- einerseits ein Problem der Reduktion der Vielfalt der Verträge, andererseits ein Bewertungsproblem, denn unterschiedliche Verträge können unterschiedliche rechtliche, steuerliche und andere betriebswirtschaftliche Implikationen haben.

Relativ schnell stößt man jedoch beim Versuch der Ermittlung bzw. Erstellung optimaler Angebote für eine konkrete Beratungs- bzw. Entscheidungssituation an die Grenzen des Überschaubaren und analytisch Berechenbaren. Konventionelle Methoden reichen nicht aus, dieses Problem vollständig oder (annähernd) exakt zu lösen. Heuristische Verfahren, Methoden zur

Darstellung und Verarbeitung unsicheren bzw. vagen Wissens und die Modellierung einer komplexen Objektstruktur werden benötigt, um gute bzw. approximativ optimale Lösungen zu erhalten. Wissensbasierte-System-Werkzeuge stellen i.d.R. dazu Verfahren bereit und sind deshalb die angemessene Technologie zur Lösung des geschilderten Problems.

Im folgenden Abschnitt 2 werden zwei Wissensbasierte Systeme (WBS) zur Erstellung bzw. Bewertung von Vertragsvorschlägen zur Kauf/Leasing-Entscheidung erläutert, die auf zwei grundlegend unterschiedlichen Ansätzen beruhen. In Abschnitt 3 werden diese Ansätze anhand der Anwendungen und Erfahrungen miteinander verglichen und ihre Vor- und Nachteile herausgearbeitet. Die Implikationen dieser Überlegungen für die Realisierung des neueren der Systeme, FES, werden schließlich im Abschnitt 4 zusammengefaßt.

2 Ansatzmöglichkeiten zur Lösung des Problems

In der Literatur findet man unterschiedliche Vorgehensweisen zur Klassifikation von Wissensbasierten Systemen. Einerseits wird z.B. von Hayes-Roth/Waterman/Lenat[1983] eine Einteilung vorgenommen, die sich stark an das betriebliche *Anwendungsspektrum* der WBS hält. Kurbel[1989] greift dieses Schema auf und unterteilt 10 Klassen, die auch denen von Mertens/Borkowski/Geis[1993] nahe kommen.

Im Unterschied dazu orientiert sich Puppe[1990] bei seiner Einteilung von WBS an deren *Problemlösungsmethode* und unterteilt in drei Hauptklassen: Klassifikation, Konstruktion und Simulation, die jeweils weitere Unterklassen beinhalten. Für das Anwendungsproblem der Ermittlung und/oder Bewertung von Kauf- bzw. Leasingverträgen kommen zwei grundlegende Arten der Problemlösung nach Puppe[1990, 1991] in Frage

- Klassifikation (Diagnostik) oder Konstruktion.

Gemäß des betrieblichen Aufgabentyps entspricht dies den Ansätzen der

- Selektion oder Konfiguration nach Mertens/Borkowski/Geis[1993]

bzw.

- Selektion und Entwurf nach Kurbel[1989].

In diesem Abschnitt werden diese Ansätze anhand von zwei WBS-Projekten vorgestellt, um sie im nächsten Abschnitt miteinander vergleichen zu können.

2.1 Der Klassifikations-/Selektionansatz in FINES

Die IBM Deutschland entwickelte 1989 zur Vertriebsunterstützung ein **FIN**anzierungs**E**xpertenSystem (FINES), das es ermöglicht, aus ihren neun[1] unterschiedlichen Leasingvertragsarten mit speziellen Ausprägungen für Hardware(re)investitionen oder -aufrüstungen "die geeigneten Varianten für das Leasing-/Finanzierungsangebot auszuwählen und diese zu verwalten [...], um am Markt erfolgreich gegen die Vielzahl anderer Leasing-/Finanzierungsvarianten zu konkurrieren" (Buhl[1989b, S.1]). FINES unterstützt "den (Finanzierungs-) Vertrieb, abhängig von der speziellen Kunden- und Wettbewerbssituation bei der **Auswahl** des chancenreichsten IBM Finanzierungsangebotes" (Buhl[1989b, S.1]).

Die IBM bietet mit Hilfe von FINES ihren Kunden geeignete Finanzierungsformen bei Erwerb oder Nutzung ihrer Produkte an. Es handelt sich dabei um die Auswahl aus wenigen, fest vorgegebenen Vertragstypen. Diese überschaubare Anzahl von Verträgen konnte mit einem vertretbaren Knowledge Engineering-Aufwand anhand der möglichen Entscheidungskriterien der Kunden (wie z.B. die Bereitschaft, ein Restwertrisiko einzugehen, Liquiditätsrestriktionen einzuhalten etc.) klassifiziert und bewertet werden. Aus der vorgegebenen Menge von Verträgen müssen aufgrund der in einem Dialog "entlang des Inferenzprozesses" erhobenen Entscheidungsgrößen des Kunden diejenigen ausgewählt werden, die für ihn vorteilhaft und zulässig sind. Nach den drei oben genannten Autoren handelt es sich hierbei um ein typisches Klassifikations- bzw. Selektionsproblem.[2]

Anhand der Anforderungen bzw. Entscheidungsgrößen des Kunden werden jeweils den Vertragstypen als Ganzes Gewichte zugewiesen. Die Verträge weisen hinsichtlich dieser Anforderungen Merkmale auf, die ihnen mehr oder weniger gut entsprechen. Hauptaufgabe der Wissensakquisition ist es, die gesamte Vertragspalette gemäß ihren Merkmalen in Klassen einzuteilen, die mit den sukzessive im Inferenzprozeß entstehenden Anforderungsprofilen des Kunden möglichst gut zur Deckung kommen. Für eine Konsultation und ihr Ergebnis bedeutet dies, daß der Grad der Deckung zwischen z.B. steuerlichen oder finanzwirtschaftlichen Auswirkungen des jeweiligen Vertrags und den Anforderungen des Kunden Grundlage für die Ermittlung der Rangfolge unter den Vertragsvorschlägen ist.

---

1 neun Leasingvertrags-Grundtypen im Vergleich zu Kreditfinanzierungen; im folgenden wird vereinfacht nur noch von Leasing gesprochen.

2 Der Vertriebsberater selbst gibt bei einer Konsultation keine Präferenzen für gewisse Vertragstypen aus diesem Spektrum an; dies ist indirekt zuvor durch die Festlegung auf die feste Anzahl von Varianten geschehen.

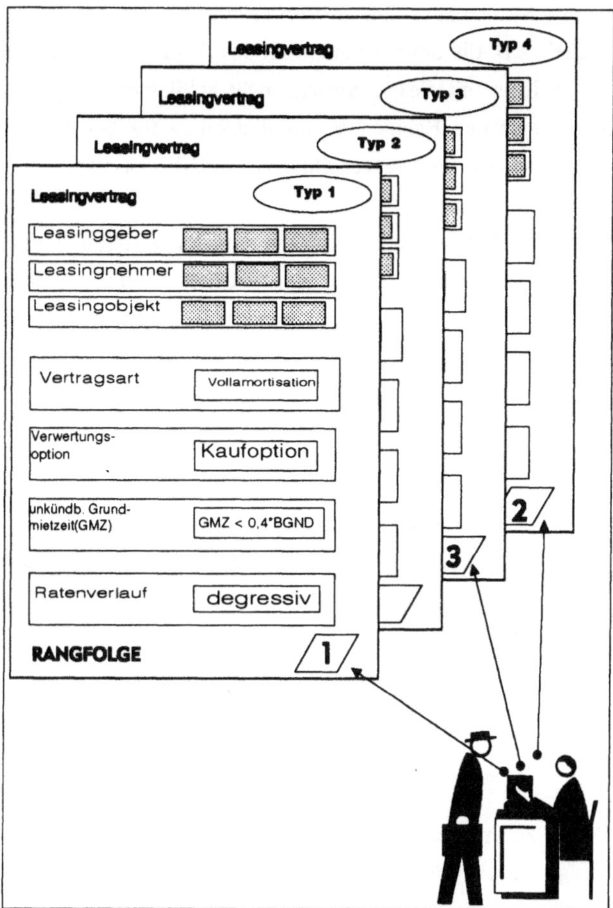

Abbildung 1: Klassifikations-/Selektionsansatz zur Bewertung von Finanzierungsalternativen

Die während des Dialogs erhobenen Entscheidungskriterien triggern also Regeln, die direkt auf alle oder einen Teil der Vertragstypen feuern und ihnen Gewichte zur Ermittlung der Rangfolge zuweisen oder gewisse Typen aus der Auswahlmenge eliminieren. D.h. bei der Selektion müssen vollständige Verträge bzw. Vertragstypen bezüglich ihrer Vorteilhaftigkeit bewertet und verglichen werden (vgl. Abbildung 1). In FINES geschieht dies mit Hilfe des EMYCIN-Ansatzes zur Gewißheitsverarbeitung (siehe dazu z.B. Kemke[1991], Kruse/Schwecke/Heinson[1991]).

Nach erfolgreicher Implementation mit der WBS-Shell ESE und Einführung dieses Wissensbasierten Systems auf 10 VM-Großrechnern kam man jedoch relativ rasch zur Einsicht, daß der Finanzierungsberater mit diesem als Selektionssystem realisierten Beratungsinstrument aufgrund der Beschränkung auf eine überschaubare, feste Anzahl von Vertragstypen in schwierigen Fällen nicht zu hinreichend kundenspezifisch geeigneten Lösungen kommen kann. Spezifische Anforderungen des Kunden können nämlich nur dann Berücksichtigung finden, wenn diese in den im System abgebildeten Vertragstypen vorgesehen sind. Besondere Spezifika "in eigener Sache", z.B. die optimale Auswahl aus Anbietersicht, waren nicht Projektziel in FINES und sind daher mit diesem System nicht abbildbar; die gegebene Menge von Vertragstypen schränkt also den Rahmen an Möglichkeiten für beide Vertragspartner stark ein. Die Ermittlung innovativer Vertragsvorschläge mit FINES ist nicht möglich.

Wenn aber *innovative Angebote* Ziel der Finanzierungsberatung sein sollen, liegt es nahe, ein System zu entwickeln, das die Orientierung an fest vorgegebenen Vertragsvarianten und Produkten des Anbieters aufgibt - zugunsten einer freien Vertragsgestaltung seitens des Anbieters *und* des Kunden. So können individuelle Wünsche *beider* Seiten zufriedengestellt werden.

2.2 Konstruktion/Konfiguration in FES

Im Rahmen eines Kooperationsprojektes mit der IBM Deutschland realisiert der Lehrstuhl BWL/Wirtschaftsinformatik der Universität Gießen zur Zeit ein Wissensbasiertes System (WBS) zur PC-basierten Entscheidungsunterstützung im Bereich der Finanzierung von Mobilien und Immobilien. Das System **FES**, **F**inancial **E**ngineering **S**ystem, generiert - angepaßt an die individuellen Wünsche der/des Vertragspartner/s - innovative Finanzierungsvorschläge[3] und wird basierend auf obigen Erfahrungen nicht als Selektionssystem, sondern als Konfigurationssystem realisiert.

Im Gegensatz zu FINES und zu (meines Wissens allen) anderen existierenden Systemen dieses Problembereichs (vgl. auch Breuker/Büttel-Dietsch/Mertens/Ponader[1990], Neuhaus/Lusti[1990] und für einen Überblick Hausknecht/Zündorf[1989] und Mertens/Borkowski/Geis[1993]), die ausschließlich zur Vertriebsberatung von Investitionsgütern bzw. zur Kundenberatung *eines* Unternehmens dienen, bildet FES also nicht nur die allgemeine Sicht von Anbietern, sondern auch die Sicht des Kunden bzw. der Koalition aus Anbieter *und* Kunde ab. Gerade hier liegen - wie theoretische finanzwirtschaftliche Arbeiten zeigen (vgl. Buhl[1989a], Buhl/Erhard[1991], Will/Buhl/Weinhardt.[1993]) - besondere Chancen für die Vertragsparteien. Dies bedeutet zwar eine Erweiterung der Komplexität der Problemstellung, erhöht aber auch die Vielfalt der potentiellen Vertragstypen für eine Beratungssituation und bringt so Wettbewerbsvorteile.

Um innovative Finanzierungsangebote mit FES ermitteln zu können, ist es erforderlich, die beschriebene Komplexität in den Griff zu bekommen: D.h. einerseits muß es möglich sein, (nahezu) alle möglichen Vertragsvarianten zu modellieren bzw. abzubilden, andererseits darf eine fundierte Bewertung gemäß der Entscheidungsvariablen der Vertragspartner nicht an der

---

3 Vereinfacht wird auch hier im folgenden nur von Leasingverträgen gesprochen, für Kredit oder Teilzahlungsverträge gelten analoge Aussagen.

Mächtigkeit der Vertragspalette scheitern. Der Konfigurationsansatz erweist sich dabei als problemadäquat, während der Selektionsansatz bereits bei der Wissensrepräsentation an Grenzen stößt. Bevor die Methode der Konfiguration für FES näher erläutert wird, soll kurz die Vorgehensweise des Systems **FES**, **F**inancial **E**ngineering **S**ystem beschrieben werden (vgl. Buhl/Weinhardt[1992a], Weinhardt[1992]):

FES ermöglicht mehrere Konsultationsformen: Der Anbieter berät seine Kunden, der Kunde verhandelt mit Anbietern, oder ein neutraler Finanzberater betreut Anbieter und Kunden gleichzeitig (dies entspricht z.B. der Lösung eines Konzern-internen Finanzierungsproblems). Wie ein Finanzierungsberater (eines neutralen Finanzintermediärs, einer Vertriebsgesellschaft oder eines Finanzinstituts) bei einer persönlichen Kundenberatung erhebt dabei auch das System mit möglichst wenigen und zielgerichteten Fragen an den oder die Vertragspartner deren wichtigsten Entscheidungsgrößen und die für die Entscheidung relevanten Daten. Auch Angaben zum betrachteten Objekt, Mobilie oder Immobilie, werden verlangt. Anhand dieser Daten werden dann vom System Verträge bzw. Vertragstypen erzeugt und vorgeschlagen, zu denen eine Rangfolge (Ranking) bezüglich ihrer Vorteilhaftigkeit mitgeliefert wird.

Um den jeweiligen Entscheidungsträgern neben einer eher qualitativen Bewertung (durch das WBS) auch "harte" Zahlen an die Hand zu geben, wird der wissensbasierte Teil durch ein konventionell erstelltes Finanzanalyse-Tool ergänzt. Die vom WBS heuristisch ermittelten vorteilhaften Vertragsvarianten können so einer exakten Finanzanalyse aus Sicht der Anbieter *und* der Kunden - unterzogen werden. Dabei entscheidet der Anwender interaktiv, welche der vom WBS vorgeschlagenen Vertragsvarianten an die Analyse übergeben werden.

Dem Konfigurationsansatz im wissensbasierten Teil von FES liegt folgende Idee zugrunde[4]: Alle möglichen Finanzierungs-/Leasingverträge haben eine einheitliche Grundstruktur, das Vertragsmuster. Sie bestehen aus einer festen Anzahl von Vertragskomponenten (vgl. Abbildung 2), die ihrerseits wieder unterschiedliche Ausprägungen, Instanzen, annehmen können. Die Kombinationsmöglichkeiten jeweils einer der Instanzen für jede Komponente ergibt dann die Menge der möglichen Vertragstypen.

Anhand der im Dialog erhobenen Entscheidungskriterien der Anwender feuern nun Regeln, die nicht - wie bei FINES - ganzen Vertragstypen Gewichte zuweisen, sondern nur den Instanzen der Vertragskomponenten. Nicht jede Regel muß die Gewichtung jeder Instanz verändern. Dies kann auch lediglich für eine Auswahl der Instanzen geschehen. So spricht z.B. eine hohe (Restwert-) Risiko-Aversion seitens des Leasinggebers für die Vertragsvariante mit der Verwertungsoption "Andienungsrecht (ADR) am Ende der Vertragslaufzeit", da er das Investitionsobjekt zu einem heute festgelegten Preis sicher an den Leasingnehmer verkaufen

[4] Für die drei o.g. unterschiedlichen Konsultationsformen gibt es jeweils ein eigenes Regelwerk.

kann. Bezüglich vieler anderer Vertragsvarianten läßt sich jedoch keine allgemeingültige Aussage ableiten. Das Gewicht der Instanz ADR der Vertragskomponente "Verwertungsoption" wird in diesem Fall erhöht, andere Instanzen bleiben unberührt. Die Veränderung der Gewichtungen erfolgt nach dem EAG-Verfahren (vgl. Buhl/Weinhardt[1992b]).

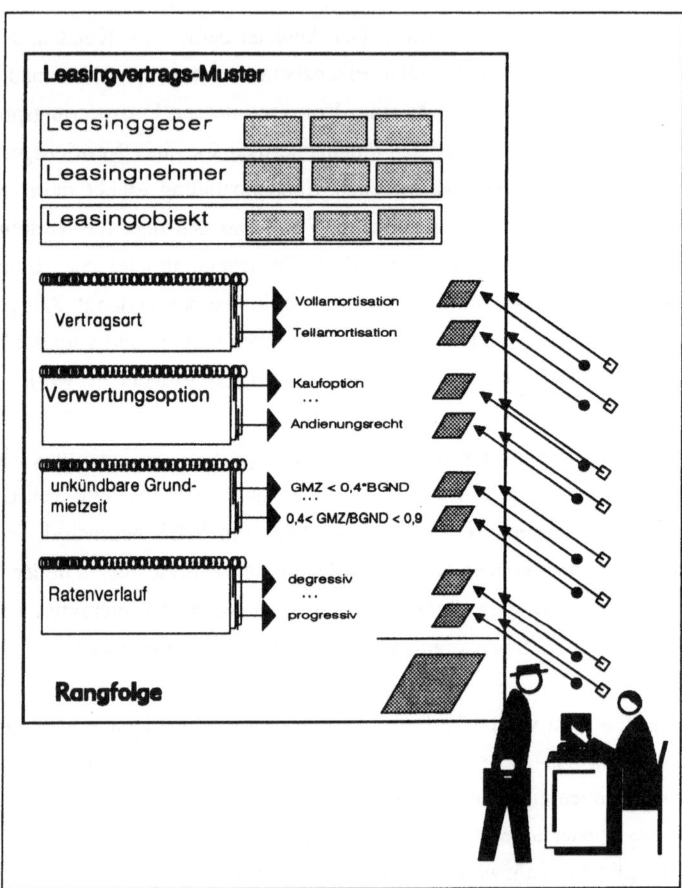

Abbildung 2: Konstruktions-/Konfigurationsansatz zur Bewertung von Finanzierungsalternativen

Bei der Zusammensetzung, Konstruktion bzw. Konfiguration der Verträge am Ende des Inferenzprozesses dienen die Gewichte der Instanzen als Basis für die Ermittlung der zu konfigurierenden Verträge. Dazu ist die Aggregation der Instanzen-Gewichte bei jeder Kombination der Komponenten zu einem neuen Vertrag notwendig. Ergebnis dieser Aggregation ist schließlich die Rangfolge der ermittelten Verträge. Abbildung 2 skizziert den Konfigurationsansatz.

Zum derzeitigen Stand der Projektentwicklung ist FES in der Lage, 7680 unterschiedliche Vertragsvarianten zu generieren. Dies ist durch eine Anzahl von sechs Vertragskomponenten möglich, von denen 3 nur 2 Ausprägungen (Instanzen), eine 3, eine weitere 5 und die größte 64 Ausprägungen annehmen können. Diese über 7000 Varianten in z.B. einer Framestruktur als jeweils vollständige Verträge vorzuhalten, würde die Kapazitäten des im IBM-Kooperationsprojekt ausgewählten WBS-Tools TIRS unter OS/2 1.3 auf 486 PS/2-Geräten (**T**he **I**ntegrated **R**easoning **S**hell) bald ausschöpfen, die allgemeine Übersichtlichkeit jedoch auch für jedes andere WBS-Tool erheblich einschränken.

3 Klassifikation/Selektion versus Konstruktion/Konfiguration

Ohne hier auf inhaltliche Details der finanzwirtschaftlichen Problemstellung näher einzugehen, orientiert sich der Vergleich der zwei Lösungsansätze an den Projekterfahrungen von FINES und FES. Die gewonnenen Erfahrungen lassen sich auch auf andere Anwendungs-Systeme übertragen. Der Anschaulichkeit halber sollen sie jedoch im Rahmen der oben beschriebenen Projekte dargestellt werden.

Um der Vielzahl von Entscheidungskriterien des Vertragspartners bzw. der Vertragspartner gerecht zu werden, können weit mehr als die etwas über 300 in den Leasingerlassen geregelten Vertragsmuster konstruiert und vereinbart werden. Die Vertragsfreiheit läßt der Phantasie der Vertragspartner eine fast unbegrenzte Anzahl an Möglichkeiten offen. Während FINES aus einer fest vorgegebenen Anzahl von Vertragstypen für eine Vielzahl von konkreten Hardware-(re)-investitionen und -aufrüstungen den für den Kunden vorteilhaftesten aussucht, geht es in FES darum, innovative Finanzierungsvorschläge für alle denkbaren Investitionen im Mobilien- und Immobilienbereich zu erstellen. Dazu muß es in der Lage sein, auch solche Verträge vorzuschlagen, die ein Finanzierungsberater standardmäßig *nicht* in seinem "Repertoire" hat.

Aus diesen unterschiedlichen Zielsetzungen ergeben sich die wichtigsten Argumente zur Beurteilung der Lösungsansätze für die jeweilige Problemstellung: Denn, stehen für den allgemeinen Fall einer Konsultation alle denkbaren Vertragsvarianten zunächst zur Disposition, so ist diese Menge als eine statische Datenstruktur zum einen für PC-gestützte Tools speichertechnisch, zum anderen aber auch aus Sicht der Wissensakquisition kaum zu bewältigen. Die explizite Darstellung aller denkbaren Vertragsvarianten und das Ableiten und Implementieren allgemeingültiger Regeln überfordert den Knowledge Engineer und bringt auch marktübliche, PC-gestützte WBS-Werkzeuge, mit Hilfe derer eine entsprechende Datenstruktur und Datenmenge abgebildet werden muß, schnell an ihre Grenzen. In Abbildung 3 sind die Ergebnisse des Vergleichs der beiden Ansätze - angelehnt an den Erfahrungen der Projekte - dargestellt:

Lösungsansatz / *Kriterium*	Klassifikations-/ Selektions-Ansatz	Konstruktions-/ Konfigurations-Ansatz
Datenhaltung/ Objektmenge	Alle Vertragstypen müssen statisch als Objekte vorgehalten werden; aus ihnen wird ausgewählt.	Nach einem generellen Vertragsmuster (Klasse) werden Verträge (Instanzen) mit fester Anzahl von Komponenten dynamisch nach Bedarf generiert.
Daten-/ Objektstruktur	Jeder mögliche Vertragstyp besteht aus dem gesamten Vertragsinhalt und bildet eine Instanz der jeweiligen Klasse.	Jede Komponente bildet ein Objekt (Klasse, Frame), dessen Instanzen die Ausprägungen der Komponenten sind. Ein Vertragsvorschlag wird als Kombination je einer Instanz aller Komponenten durch den Inferenzprozeß erzeugt.
Anzahl modellierbarer Verträge	Anzahl hängt von der Menge der vorgegebenen Vertragstypen ab.	Anzahl hängt von der Anzahl der vorgegebenen Komponenten und ihrer Instanzen ab.
Begrenzung durch Speicherkapazität	Vertragsvielfalt wird bei PC-Tools häufig durch Einschränkung der Anzahl Instanzen begrenzt.	Vertragsvielfalt wächst nahezu beliebig mit der Anzahl der Komponenten und Ausprägungen (=Instanzen) (-> kombinatorische Explosion).
Erweiterbarkeit	Änderungen exogener Einflußgrößen machen die Definition neuer Vertragstypen oder die Integration dieser in bereits vorhandene oder deren Eliminierung notwendig.	Änderungen exogener Einflußgrößen und Innovationen können durch Hinzufügen oder Eliminieren von Komponenten bzw. ihrer Ausprägungen abgebildet werden.
Bewertungsmethode der Vertragsvorschläge	Aufgrund der im Dialog erhobenen Entscheidungskriterien werden vollständige Vertragstypen bewertet, die direkt das Ranking der Vertragsvorschläge liefern.	Aufgrund der im Dialog erhobenen Entscheidungskriterien werden im ersten Schritt die Instanzen der Komponenten gewichtet. Im zweiten Schritt werden diese Gewichte durch Kombination der Komponenten zum endgültigen Ranking der konfigurierten Verträge aggregiert.
Hauptvorteil	Saubere Trennung zwischen Vertragstypen bezüglich ihrer Vorteilhaftigkeit ist möglich.	Ermittlung innovativer Verträge gut unterstützt; "Vertragsfreiheit" wird durch Konstruktionsansatz gut "modelliert".
Hauptnachteil	Durch die Festlegung auf begrenzte Anzahl von Vertragstypen sind keine Innovationen zu erwarten. Der Knowlegde Engineering - Prozeß ist sehr umfangreich.	Abhängigkeiten zwischen den Komponenten bzw. ihren Ausprägungen sind schwierig abzubilden. Dadurch besteht die Gefahr von schlechten Empfehlungen.

Abbildung 3: Klassifikation/Selektion versus Konstruktion/Konfiguration

Wenn für bestimmte Investitionsobjekte - Mobilien oder Immobilien - aus finanzwirtschaftlichen, steuerlichen oder anderen Gründen nur eine sehr beschränkte Menge von Vertragstypen in Frage kommt, ist genau zwischen dem Selektions- und dem Konfigurationsansatz abzuwägen. Dies ist beispielsweise für das Immobilienleasing der Fall, da dort z.T. sehr exakte Regeln hergeleitet werden können, für welche Fälle welche Vertragstypen *stets* vorteilhaft sind (vgl. Will/Buhl/Weinhardt[1992]). Umgekehrt existieren auch Vertragstypen, die völlig (oder fast) irrelevant für die Entscheidungsfindung sind und daher nicht aufgenommen werden müssen, wodurch sich die Vertragspalette wesentlich reduziert.

4 Zusammenfassung

In dieser Arbeit werden am Beispiel einer finanzwirtschaftlichen Anwendung zwei sehr unterschiedliche Lösungsansätze verglichen: Die Klassifikation bzw. Selektion und die Konstruktion bzw. Konfiguration von vorteilhaften Finanzierungsvorschlägen für Mobilien und Immobilien.

Durch den zuvor beschriebenen hohen Komplexitätsgrad der Problemstellung und die Möglichkeit bzw. Notwendigkeit, bei deren Lösung heuristische Methoden zu verwenden, ist der Einsatz der wissensbasierten Technologie angebracht. Unter den Problemlösungsverfahren scheint der Klassifikations- bzw. Selektionsansatz für die Ermittlung und Bewertung von vorteilhaften Finanzierungsangeboten zunächst der näherliegende, jedoch bei genauerer Betrachtung erweist sich gerade hinsichtlich der "Innovationsfähigkeit" des Systems der Konstruktions- bzw. Konfigurationsansatz als der besser geeignete.

Je nach Zielsetzung eines zu entwickelnden Systems ist also eine genaue Analyse der Problemstellung nötig, um das geeignete Problemlösungsverfahren zu ermitteln. Im hier vorgestellten Anwendungsbereich des Mobilien- und Immobilien-Leasings reduziert sich z.B. im Teilbereich von Immobilien die Vielfalt der potentiell vorteilhaften Verträge auf eine überschaubare Anzahl von Vertragsvarianten. Deshalb ist für diesen eingeschränkten Bereich der Selektionsansatz vorzuziehen.

Für das noch in der Entwicklung befindliche Projekt FES heißt das, daß die beiden hier verglichenen Ansätze integriert werden: Der Immobilien-Teil des WBS wird gemäß dem Selektions-, der (umfangreichere) Mobilien-Teil wird derzeit parallel nach dem Selektions- und dem Konfigurationsansatz erstellt. Die Analyse der Ergebnisse des Systems wird dann neben diesem theoretischen auch einen abschließenden empirischen Vergleich der zwei Problemlösungsmethoden zulassen.

Literatur:

Breuker, J.S., Büttel-Dietsch, I., Mertens, P. und M. Ponader [1990]: *"Ein Konzept zur wissensbasierten Angebotsunterstützung mit Finanzierungsberatung"*, in: Erfolgreich im Vertrieb, VDI-Berichte, 839, S.147-171, VDI-Verlag, Düsseldorf, 1990

Buhl, H.U. [1989a]: *"Finanzanalyse des Herstellerleasings"*, in: Zeitschrift für Betriebswirtschaft, 59, 4, S.421-439, 1989

Buhl, H.U. [1989b]: *"Vertriebsunterstützung bei der Finanzierungsberatung durch FINES"*, Dokumentation zum Dritten Symposium "Wissensbasierte Systeme" der IBM in Würzburg, IBM Deutschland GmbH, Stuttgart, 1989

Buhl, H.U. [1989c]: *"Ein Expertensystem für das Herstellerleasing"*, in: Spremann, K. und E. Zur (Hrsg.): *Informationstechnologie und strategische Führung*, Gabler Verlag, Wiesbaden, 1989

Buhl, H.U. und N. Erhard [1991]: *"Steuerlich linearisiertes Leasing - Kalkulation und Steuerparadoxon"*, in: Zeitschrift für Betriebswirtschaft 61, 12, S.1355-1375, 1991

Buhl, H.U. und C. Weinhardt [1992a]: *"Financial Engineering System FES - Ein wissensbasierter Ansatz zur Finanzierungsberatung"*, in: Heilmann W.R. et al. (Hrsg.): *Geld, Banken und Versicherungen 1990/Band II*, Verlag für Versicherungswirtschaft, Karlsruhe , S.1629-1647, 1992

Buhl, H.U. und C. Weinhardt [1992b]: *"EAG: Ein Verfahren zur Gewißheitsverarbeitung in Wissensbasierten Systemen"*, in: Informationstechnik it, 34, 5, S.296-306, 1992

Coenenberg, A.G. [1988]: *Jahresabschluß und Jahresabschlußanalyse*, Verlag Moderne Industrie, München, 1988

Gabele, E., Kroll, M. und J. Dannenberg [1991]: *Immobilienleasing: Vertragsformen, Vertragsgestaltung, Fallbeispiel*, Gabler, Wiesbaden, 1991

Gabele, E. und F. Weber [1985]: *Kauf oder Leasing*, Stollfuß, Bonn, 1985

Hausknecht, J. und H. Zündorf [1989]: *Expertensysteme im Finanz- und Rechnungswesen*, Schäffer Verlag, Stuttgart, 1989

Hayes-Roth, F., Waterman, D.A. und D.B. Lenat [1983] (Hrsg.): *Building Expert Systems*, Addison-Wesley, London et al., 1983

Kemke, C. [1991]: *"Die Darstellung von ungenauem Wissen in taxonomischen Wissensbasen"*, in: KI, 2/1991, S.12-26, 1991

Kruse, R., Schwecke, E. und J. Heinson [1991]: *Uncertainty and Vagueness in Knowledge Based Systems - Numerical Methods*, Springer Verlag, Berlin et al., 1991

Kurbel, K. [1989]: *Entwicklung und Einsatz von Expertensystemen: eine anwendungsorientierte Einführung in wissensbasierte Systeme*, Springer Verlag, Berlin et al., 1989

Leaseurope [1992]: *Jahresbericht 1991*, Leaseurope, Brüssel, 1992

Mertens, P., Borkowski, V. und W. Geis [1993]: *Betriebliche Expertensystem-Anwendungen*, Springer Verlag, Berlin et al., 1993

Neuhaus, D. und M. Lusti [1990]: *"Leasing Advisor. Ein wissensbasiertes System zur Unterstützung von Leasing/Kreditkauf - Entscheidungen"*, WWZ-Discussion Papers Nr. 9018, Wirtschaftswissenschaftliches Zentrum der Universität Basel, 1990

Pausenberger, E. und M. Glaum [1992]: *"Electronic-Banking-Systeme und ihre Einsatzmöglichkeiten in internationalen Unternehmungen"*, in: Schmalenbachs Zeitschrift für betriebswirtschaftliche Forschung, 1993

Puppe, F. [1990]: *Problemlösungsmethoden in Expertensystemen*, Springer Verlag, Berlin et al., 1990

Puppe, F. [1991]: *Einführung in Expertensysteme*, Springer Verlag, Berlin et al., 1991

Rehkugler, H., Voigt, M., Kraus, B. und A. Otterbach [1992]: *"Die Qualität der Anlageberater"*, in: Die Bank, 6, S.316-322, 1992

Schwabe, G., Dolinsky, D. und H. Krcmar [1990]: *"Umfrageergebnisse zum Einsatzstand von Expertensystemen in Banken"*, in: KI, 3/1990, S.59-63, 1990

Schweitzer, R. [1992]: *Leasingentscheidung in Kapitalgesellschaften*, DUV, Wiesbaden, 1992

Weinhardt, C. [1992]: *"Financial Engineering - A Knowledge Based Buy/Leasing Decision Support System"* , erscheint in: A. Karmann et al. (Hrsg.) Proceedings of the 17th Symposium on Operations Research, Physica Verlag, Heidelberg, 1992

Will, A., Buhl, H.U. und C. Weinhardt [1993]: *"Immobilienleasing und Steuern im Allfinanz-Kontext"*, in: Zeitschrift für Betriebswirtschaft, 63, 5, 1993

"Expertensysteme"

Welche Faktoren fördern und hemmen die Implementation und Diffusion der Technologie in der Versicherungswirtschaft ?

Ulrich Knemeyer
J.-Matthias Graf von der Schulenburg
Universität Hannover
Institut für Versicherungsbetriebslehre- und informatik
Wunstorfer Str. 14
D- 3000 Hannover 1

Zusammenfassung:

Chancen und Risiken von Expertensystemen werden in zunehmendem Maße in der Versicherungswirtschaft diskutiert und die Einsatzmöglichkeiten der innovativen Technologie für produktive Anwendungen seit einigen Jahren getestet. Die empirische Studie 'Versicherungsinformatikbefragung 1991/92' geht der Frage nach, ob die sehr optimistischen Erwartungen, die mit dem Begriff "Expertensystem" verbunden sind, den Anforderungen der Praxis gerecht werden.
Es wird festgestellt, daß die Technologie, gemessen am mystifizierten Leistungspotential als Forschungsergebnis aus dem Bereich der Künstlichen Intelligenz, das Anforderungsprofil der Unternehmen zur Zeit nur bedingt erfüllt und Expertensysteme deshalb von ihrem einstigen Glanz verloren haben. Aus dem aktuellen Meinungsbild der Repräsentativumfrage sind Einschätzungen über die derzeitige Diffusion der Technologie in der deutschen Assekuranz ableitbar. Faktoren, die sowohl eine Implementation und Verbreitung der Expertensysteme behindern als auch fördern, stehen im Mittelpunkt der Untersuchung. Ferner wird ein Ausblick auf zukünftige Entwicklungen in der deutschen Versicherungswirtschaft gegeben.

1. Einführung

Zukünftige Marktanforderungen an die Assekuranz, die sich durch Veränderungen der bisherigen Rahmenbedingungen zur Bereitstellung von Versicherungsschutz ergeben, verlangen nach neuen Konzepten der Informationstechnik. Für den Versicherer stellt sich somit die Frage, inwieweit neue, kommerziell verfügbare Software-Technologien das bisherige DV-Leistungsspektrum wirtschaftlich und effizient erweitern können.[1] Insgesamt zeigt die Versicherungsinformatikbefragung 1991/92[2], daß Expertensysteme in der Versicherungsbranche einen interessanten und untypischen Fall eines Innovationsprozesses darstellen. Die industrieökonomische Forschung hat schon früh erkannt, daß Innovationen die Musik im Wettbewerbsprozeß ausmachen.[3] Es besteht deshalb ein enger Zusammenhang zwischen den Charakteristika des Wettbewerbs und den Innovationsprozessen selbst.[4] Bei technologischen Innovationsprozessen ist zum einen zwischen Produkt- und Prozeßinnovation zu unter-

---

1 vgl. Helten,(1992) S. 291ff.
2 Zum Umfang der Untersuchung vgl. Abschnitt 2.1.
3 vgl. Scherer (1985), S. 3-19.
4 Siehe hierzu als beispielhafte empirische Arbeiten: Schulenburg (1988), S. 141-153; Audretsch, Schulenburg (1990), S. 298-313; Schulenburg, Wagner (1991), S. 39-59.

scheiden, zum anderen zwischen Invention, d.h. der Erfindung selbst, Innovation, Diffusion und Imitation. Expertensysteme haben die Inventionsphase vielfach bereits überwunden und können als *echte* Innovationen angesehen werden, da sie bereits Marktfähigkeit erlangt haben. Dennoch trifft diese Aussage bei Expertensystemen in der Assekuranz häufig nicht zu, wenn man Marktfähigkeit im Sinne von produktiven, in der Praxis eingesetzten Systemen interpretiert. Empirische Untersuchungen bestätigen, daß sich die Assekuranz im Gegensatz zur Industrie bisher nur am Rande mit dem Thema *Expertensysteme* auseinandersetzt.[5]

Der vorliegende Beitrag verfolgt das Ziel, ein derzeitiges Meinungsbild bei Versicherungsunternehmen über die Technologie darzustellen und die Faktoren zu untersuchen, die einen Einsatz der Technologie eher fördern oder behindern.

2. Ergebnisse einer empirischen Umfrage

2.1. Die Erhebung

144 in Deutschland tätige Erst- und Rückversicherungsunternehmen bzw. Unternehmensgruppen[6] wurden um eine Stellungnahme zum Themenkomplex "Expertensysteme" gebeten. Die Antworten von 116 Unternehmen gehen in die hier präsentierten Ergebnisse ein, wobei 15 Unternehmen mit einem separaten Antwortschreiben die Gründe der Nichtbeantwortung des umfangreichen Fragebogens darlegen. Die Rücklaufquote beträgt insgesamt 80,5 %.

2.2. Die Daten

Die Qualität der Befragungsergebnisse[7] ist aber nicht allein von der Höhe der Rücklaufquote abhängig, sondern auch davon, wie gut eine möglichst homogene und kompetente Gruppe von Beantwortern erreicht werden kann. Die Befragung richtete sich an den Personenkreis im Unternehmen, der sich mit der Planung und Realisierung innovativer DV-Technologien beschäftigt. Aus den teilweise beigefügten Begleitschreiben oder den Abteilungsbezeichnungen, der für Rückfragen Verantwortlichen, ist erkennbar, daß in der Regel der Fragebogen von Angehörigen aus der Datenverarbeitung oder der Betriebsorganisation beantwortet wurde.

---

5 Mertens bezeichnet den Einsatz von Expertensystemen in der deutschen Versicherungswirtschaft als besonders enttäuschend und nennt eine Zahl von 23 bekannten Systemen überwiegend im Status eines Prototypen. vgl. Mertens u.a. (1990) , S.269ff.

6 DV-Abteilungen sind Serviceabteilungen für sämtliche Unternehmen einer Unternehmensgruppe. (Leben-, Kranken-, Schaden/Unfall-, oder Rechtsschutzversicherer) Einzelunternehmen einer Unternehmensgruppe werden von uns nicht gesondert ausgewiesen. Der Rücklauf zählt übergreifend als eine Unternehmenseinschätzung im vorhandenen Datensatz.

7 Allgemein können Einschätzungen über die Expertensystem-Szene in der Versicherungswirtschaft auf der Basis empirisch erhobener Daten der einzelnen Gesellschaften kein vollständiges Bild über den tatsächlichen Entwicklungsstand geben, da wir wissen, daß *deads speak louder than words*. Des weiteren können immer methodische Einwände gegen Befragungen vorgebracht werden, die sich zum Beispiel auf die Repräsentativität der Stichprobe, den Fragenkatalog oder die verwendeten Auswertungsmethoden beziehen.

2.3. Expertensystem-Erfahrungsstand der Versicherungspraxis

Die Befragungsergebnisse zeigen, daß sich tendenziell Rückversicherer stärker mit der Technologie beschäftigen, wenn auch das Expertensystem-Know-how bei dieser Befragungsgruppe streut. Große Gesellschaften sind aktiver auf diesem Gebiet tätig; eine Aussage, die auf Erstversicherungsunternehmen offenbar nicht zuzutreffen scheint. In der ökonomischen Literatur ist anknüpfend an Schumpeter[8] und später an Stiglitz und Mathewson[9] intensiv die Frage diskutiert worden,

- ob eher große als kleine Firmen Inventionen vornehmen,
- ob die Innovationsfreude mit der Wettbewerbsintensität bzw. dem Konzentrationsgrad zunimmt, und
- ob der Diffusions- und Imitationsprozeß eher von den großen zu den kleinen Unternehmen vonstatten geht.

Alle drei Fragen sind von der Industrieökonomie mit "ja" beantwortet worden. Erst neuere Arbeiten lassen Zweifel an der Antwort zur ersten Frage erkennen.[10]

Interessanterweise liefert auch die Versicherungsinformatikbefragung 1991/92 keine Evidenz dafür, daß die Unternehmensgröße ein nachweisbares Kriterium für die Innovationsfreudigkeit in diesem Bereich ist. Tendenziell ist zwar erwartet worden, daß der Erfahrungsgrad mit der Größe des Unternehmens (Höhe der gebuchten Beiträge 1991) steigt; diese Vermutung kann aber mit Hilfe des Datenmaterials nicht eindeutig belegt werden. Der Erfahrungsgrad wird offenbar auch durch andere Faktoren beeinflußt.

Das Wettbewerbsargument kann aufgrund der Befragungsergebnisse bejaht werden. Allerdings kommt hier der spezielle Charakter des Versicherungsmarktes ins Spiel: Rückversicherer scheinen die Unternehmen zu sein, die sich bisher zum Teil recht intensiv mit Expertensystemen beschäftigt haben. Hieraus kann geschlossen werden, daß derzeit der eigentliche Wettbewerbsvorteil der Entwicklung von Expertensystemen eher bei den Rückversicherern liegt (oder von ihnen so gesehen wird) als bei den Erstversicherern. Wir haben es weder mit einer top down Diffusion (von den großen zu den kleinen Unternehmen) noch mit einer bottom up Diffusion (von den kleinen zu den großen Unternehmen) zu tun, sondern mit einer vom "Zulieferer" Rückversicherer vorangetriebenen Innovation.

---

8 vgl. Schumpeter (1950)
9 vgl. Stiglitz, Mathewson (1986)
10 vgl. Acs, Audretsch (1987), S. 567-575 und dieselben (1988), S. 678-690.

Ferner ist aus dem Datenmaterial erkennbar, daß softwaretechnische Zusammenhänge eher von Anwendern als wichtig eingeschätzt werden, während anwendungsbezogene Kriterien für Nichtanwender bedeutsam erscheinen. Es ist auffällig, daß in der Praxis der Begriff "Expertensystem" gänzlich vermieden wird, um falschen Rationalisierungsvorstellungen bei DV-Laien vorzubeugen. Man wählt Bezeichnungen wie "Wissensbasiertes-" oder "Problemlösungs-" bzw. "Unterstützungs- Programm".

3.2 Funktionen von Expertensystemen in der Versicherungswirtschaft

Versicherungsunternehmen erwarten mit Hilfe der Entwicklung von Expertensystemen zu einer computergestützten, organisatorisch effizienteren Arbeitsaufteilung zu gelangen. Die Organisationsstrukturen der Versicherer lassen sich generell danach unterscheiden, ob ein Unternehmen sich einer Außendienstorganisation bedient oder im Wege des Direktvertriebes den Markt erschließt. Im Rahmen der Diskussion um eine stärkere Kundengruppenorientierung wird ein Direktversicherer sich stärker mit der Frage beschäftigen, welche Formen der Dezentralisation ihm eine stärkere Kundennähe zu noch vertretbaren Kosten ermöglichen. Der Versicherer mit Außendienst sucht nach Chancen einer stärkeren Zusammenfassung und Umverteilung von Aufgaben, ohne daß die Kundennähe und -betreuung darunter leidet.[12] Expertensysteme als moderne Informationstechnik unterstützen in Form einer *dezentralen Intelligenz* neue, organisatorische Gestaltungsmöglichkeiten und gelten als Prozeßinnovationen, wenn sie zur Aufgaben- und Entscheidungsdezentralisation beitragen. Systeme in der Assekuranz werden vielfach als Unterstützungssysteme für allgemeine Verwaltungsaufgaben, für Risikoprüfungsaufgaben oder für Beratungsaufgaben konzipiert. Die Befragungsergebnisse zeigen allerdings, daß das hohe Anforderungsprofil an Prozeßinnovationen von der Technologie bisher nur bedingt erfüllt wird. Produktive Systeme in der Assekuranz findet man vor allem in der medizinischen Risikoprüfung der Kranken- und Lebensversicherung.[13]

3.3. Faktoren, die eine Implementation und Diffusion behindern

In Tabelle 2 ist ein Katalog der wesentlichen Faktoren zusammengestellt, die eine Implementation und Diffusion der Expertensystem-Software in der Versicherungswirtschaft bremsen. Demnach schätzt eine Vielzahl von Unternehmen das Investitionsvolumen bei Expertensystemen im Vergleich zu konventionellen Technologien als zu hoch ein. Ein Motiv hierzu liegt sicherlich in der unsicheren Nutzenerwartung innovativer Software. Es ist noch nicht eindeutig geklärt, welches Leistungsspektrum die Systeme wirklich haben.

12 vgl. Diebold Management Studie (1991), S.33
13 vgl. z.B. Bohn (1989), S.32ff. und Rutishauser (1990), S. 36ff.

Um diesen Sachverhalt klären zu können, besteht ein großes Interesse an praktischen Erfahrungsberichten und vorzeigbaren Software-Lösungen aus der Versicherungsbranche. Die Versicherer sind in erster Linie Investoren und keine Inventoren, wenn es um die Entwicklung von Software geht. Dieser Sachverhalt wird durch die Äußerung "keine nennenswerten Erfolge in der Versicherungswirtschaft durch Technologie erkennbar" bei rund einem Drittel der Befragten besonders deutlich. Die Expertensystem-Software findet in der Versicherungswirtschaft deshalb nur zögernd Anhänger, da die Unternehmen zum Teil jetzt schon über konventionelle, leistungsfähige Entscheidungs- und Beratungssoftware verfügen, die nur schwer zu übertreffen ist.[14] Setzt man voraus, daß sich der Expertensystem-Entwicklungsaufwand im Sinne einer Investition kurzfristig amortisieren soll, so treten Schwierigkeiten auf, da Expertensysteme als langfristige Investitionen gelten, die einen permanenten Pflegeaufwand mit sich bringen. Viele Versicherer nehmen z.Zt. deshalb eine Warteposition ein oder betreiben ihre Entwicklungen in einem kleinen, überschaubaren Rahmen.

Geringe Integrationsmöglichkeiten sind ein weiterer Punkt, der eine schnelle Verbreitung der Technologie verhindert. Es ist jedoch in Zukunft zu erwarten, daß mit zunehmender Verbesserung der Software die mangelnden Integrationsmöglichkeiten immer weniger ins Gewicht fallen. Der hohe Validierungs- und Wartungsaufwand, der bei Expertensystem-Projekten zu erwarten ist, gilt als weitere Barriere für Versicherer, die Software produktiv einzusetzen. Dieser Faktor ist besonders schwerwiegend, denn im Falle einer nachweisbar umständlicheren Validierung und Wartbarkeit der Systeme, wäre dieser Aspekt ein K.O. -Kriterium für den breiteren Einsatz der Technologie. Es bleibt daher mit Spannung abzuwarten, ob beispielsweise

sich Forschungsansätze wie KADS[15] in zunehmendem Maße durchsetzen und sich damit modellbasierte Entwicklungsverfahren gegenüber dem "Rapid Prototyping"[16] in der Praxis bewähren,

in Zukunft Test- bzw. Validierungsverfahren verfügbar sind, die Inkonsistenzen bei veränderten Wissensbasen aufzeigen und

duale Wartungskonzepte in der Praxis tatsächlich Akzeptanz finden.

---

14 vgl. Mertens (1990), S. 35.

15 KADS (Knowledge Acquisition Documentation and Structuring method) Forschungsansätze werden seit 1986 im Rahmen des Esprit-Projektes P 1098 und P 5248 gefördert. Ziel von KADS I (heute als Common KADS bezeichnet) ist es, eine leistungsfähige Entwicklungsmethodologie für Expertensysteme zu entwerfen und damit einen strukturierten Ansatz bei Knowledge Engineering Aufgaben zu verfolgen. vgl. z.B. Wielinga (1992).

16 Die Vorgehensweise wird auch als inkrementelle oder evolutionäre Programmierung bezeichnet. vgl. Heng (1987), S. 103ff.

3. Einschätzung, Verbreitung und Zukunft von Expertensystemen in der Versicherungswirtschaft

3.1. Einschätzung der Innovation Expertensysteme

Der übliche Weg Software-Innovationen einzuschätzen, ist der Versuch einer genauen inhaltlichen und begrifflichen Einordnung gegenüber bestehenden Konzepten. In der Expertensystem-Literatur findet man zahlreiche Erklärungsansätze zum Begriff "Expertensystem", die in Abgrenzung zur konventionellen EDV, innovative Komponenten darstellen. Folgt man einer Definition von Sundermeyer, so sind Expertensysteme wissensbasierte Systeme, die das Wissen eines qualifizierten erfahrenen Experten in einem Teilbereich des Fachgebietes modellieren und das modellierte Wissen zur Lösung von komplexen Aufgaben für diesen Anwendungsbereich benutzen. Diese Eigenschaft wird mit Hilfe einer grundlegenden Architektur, in der das modellierte Wissen über den Teilbereich sowie das Wissen über fachspezifische Problemlösungstechniken in einer sogenannten Wissensbasis implementiert ist, erreicht. Zudem leitet eine getrennte Problemschlußfolgerungskomponente (Inferenz), als effizienter Verknüpfungsalgorithmus quasi mechanisch, aus den Fakten und Regeln der Wissensbasis, Lösungen ab.[11] Die verwendeten Definitionen und Begriffe sind allerdings uneinheitlich. Ursachen hierfür liegen zum einen an der raschen dynamischen Entwicklung des Expertensystem-Sektors und können zum anderen auch in der stark interdisziplinär geprägten Auseinandersetzung mit der Thematik gesehen werden.

Die Vorstellung mit Computern vergleichbare Expertenlösungen generieren zu können, führt in der Versicherungswirtschaft, wie in der Praxis generell, zu mystifizierten und überzogenen Einschätzungen des Leistungspotentials der Technologie. Es überrascht daher nicht, daß nur 14,8% der Befragten den Begriff "Expertensystem" für wirklich aussagekräftig halten.

Tabelle 1: Einstufung des Begriffes "Expertensystem"

Einstufung:	N	aussagekräftig	indifferent	nicht aussagekräftig
Gruppe 1: Anwender Technologie	30	0,9% (3,3%)*	7,9% (26,7%)	20,8% (70,0%)
Gruppe 2: Nichtanwender Technologie	71	13,9% (19,7%)	5,9% (8,4%)	50,5% (71,8%)
Gesamt	101	14,8%	13,8%	71,3%

* Die Prozentangaben in Klammern beziehen sich auf die jeweilige Gruppenverteilung.

11 vgl. Sundermeyer (1991), S. 73.

Tabelle 2: **Gründe für die Nichtbeschäftigung mit der Technologie in der Versicherungswirtschaft (N = 70 Unternehmen)**

Gründe	Anzahl Nennungen	relative Häufigkeit
Investitionsvolumen wird als zu hoch eingeschätzt	44	62,9%
fehlende Integrationsmöglichkeiten der Technologie	28	40,0%
keine nennenswerten Erfolge in der Versicherungswirtschaft	20	28,5%
hoher Validierungs- und Wartungsaufwand zu erwarten	18	25,7%
Mangel an leistungsfähigen Entwicklungsmethodologien	16	22,8%
Akzeptanzschwierigkeiten mit Technologie	11	15,7%
keine fachliche Verwendung derartiger Systeme	9	12,9%
Keine eigene Software-Entwicklung des Unternehmens	8	11,4%
Abbruch eines Expertensystem-Projektes	4	5,7%

Versuche, generische Wissensbasen[17] für die Versicherungswirtschaft zu entwickeln, werden in jüngster Zeit diskutiert. Bisher haben sich Ansätze in diesem Bereich jedoch nicht in der Praxis durchgesetzt, teilweise auch mangels kooperationsbereiter Unternehmen.

Die Aufgabe eines Expertensystem-Projektes geht vielfach mit der Einstellung sämtlicher Expertensystem-Aktivitäten einher. Hier stellt sich deshalb die Frage nach den Ursachen derartiger Abbrüche. Bei einer Reihe von frühen Expertensystem-Projekten der Versicherungswirtschaft sammelte man negative Erfahrungen mit den Integrationsmöglichkeiten der Technologie auf Großrechnerbasis. In diesem Software-Sektor wurde teilweise die Weiterentwicklung und der Vertrieb wissensbasierter Software-Werkzeuge eines großen Hard- und Softwareherstellers aufgegeben mit der Folge von Projektabbrüchen bei den Versicherungskunden. Die erzielten Analyseergebnisse wurden partiell mit konventioneller Software umgesetzt. Ein sicherlich enormer Aufwand, der nicht unbedingt zur Freude an Expertensystemen beigetragen hat. Als weitere Ursache für einen Projektabbruch wird die falsche Auswahl der Problemstellung und ein unzureichendes Projektmanagement gesehen. "Spielanwendungen" der EDV-Bereiche, für die kein

17 Aktivitäten auf dem Gebiet "Generischer Wissensbasen" werden beispielsweise im Rahmen des CESAR-Projektes am Forschungsinstitut für anwendungsorientierte Wissensverarbeitung der Universität Ulm betrieben. vgl. Feller, Klos (1990).

praktischer, fachlicher Nutzen aus Sicht der Fachbereiche erkennbar war, führen nicht zum Erfolg. Positive Durchbrüche scheinen aber auch sehr stark personengebunden zu sein.

Die EDV gilt in der Versicherungswirtschaft als das *trojanische Pferd*, wenn es um die Kosten geht[18]. Daher sei eine Orientierung über Aufwandsschätzungen für Expertensysteme angeführt, die vielfach als bremsende Diffussionsfaktoren gelten. Hinweise dieser Art finden sich in der Literatur selten, da sie einen zeitlich sehr begrenzten Aussagewert aufweisen.[19] Die gesamten Aufwendungen zur Systemerstellung lassen sich in Entwicklungskosten, Integrationskosten, Wartungskosten, Hard-/Software-Kosten und Folgekosten untergliedern. Entwicklungskosten setzen sich überwiegend aus Personalkosten und/oder Beraterhonoraren zusammen. Integrations- und Hard-/Software-Kosten sind in hohem Maße abhängig von der gewählten Systemumgebung, dem gewünschten Integrationsgrad in bestehende DV-Konzepte und von der Auswahlentscheidung des Entwicklungswerkzeuges. Wartungskosten werden in Kostenabschätzungen oftmals vernachlässigt. Sie werden im wesentlichen durch die Häufigkeit von fachlichen Änderungen der gewählten Problemstellung bestimmt. Außerdem gehören technische Aufgaben, die sich z.B. bei einem Releasewechsel der Software ergeben, zu diesem Kostenblock. Für unsere Schätzungen haben wir einen Wartungszeitraum von 1 Jahr zugrundegelegt. Sollen die Expertensystem-Applikationen vermarktet werden, wie z.B. bei Systemen der Rückversicherer, müssen außerdem Folgekosten wie z.B. für Werbematerial, Präsentationsveranstaltungen etc. im Gesamtaufwand mitberücksichtigt werden. Ferner gehören Anwenderschulungen zum Segment der Folgekosten. Eine idealtypische Kostenverteilung bei Expertensystem-Projekten wird in folgenden Bandbreiten geschätzt:

Entwicklungskosten	ca. 40% - 70% des Gesamtaufwandes
Integrationskosten	ca. 15% - 40% des Gesamtaufwandes
Hard-/Software-Kosten	ca. 5% - 20% des Gesamtaufwandes
Wartungskosten	ca. 15% - 30% des Gesamtaufwandes

Für ein *mittelgroßes* PC-gestütztes Expertensystem (System als Insellösung, ohne Großrechner-Verbindung) wird ein Gesamtaufwand in einer Größenordnung von ca. 750.000 DM erwartet; ein *großes*, integriertes Expertensystem mit Großrechner-Anbindung bzw. ein Großrechnersystem wird dagegen Kosten von mindestens 2 Mio DM verursachen.

Der Versuch Watermans[20], den Gesamtaufwand vom Schwierigkeitsgrad der Problemlösung abhängig zu machen und damit den engen Zusammenhang zwischen Entwicklungszeit und Personalzuweisung für ein Projekt aufzugreifen, führt zu folgender Einschätzung: "Mäßig schwierige" Problemstellungen erfordern einen Systementwicklungsaufwand von 6

---

18 vgl. Tröndle (1991), S. 976 ff.

19 Beispiele für derartige Aufwandschätzungen finden sich bei Waterman (1986) und bei Harmon (1989).

20 vgl. Waterman (1986), S. 185

Mannjahren (2-4 Personen); bei "schwierigen" Bereichen wird mit 15 Mannjahre gerechnet (3-5 Personen) und "sehr schwierige" Anforderungen lassen einen Aufwand von 30 Mannjahren (4-6 Personen) erwarten. Die Personalkosten für Integrations- und spätere Wartungsaufgaben bleiben bei Waterman unberücksichtigt, sind aber nach unserer Einschätzung ebenfalls ein maßgeblicher Kostenfaktor.

Ob die genannten Aufwandschätzungen eine wirklich zu hohe Investitionsbarriere für eine einzelne Versicherungsgesellschaft darstellen, kann nur fallbezogen beantwortet werden. Gemessen am Investitionsrahmen, der jährlich für konventionelle EDV-Entwicklungen in der Versicherungswirtschaft aufgebracht wird, sind die Schätzwerte nicht ungewöhnlich. Demnach kann ein zu hohes Investitionsvolumen nicht allein für den langsamen Diffusionstrend in der Assekuranz verantwortlich sein.

3.4. Faktoren, die eine Implementation und Diffusion fördern

Tabelle 3: **Gründe für den Einsatz der Technologie in Versicherungsunternehmen (N = 30 Unternehmen)**

Gründe	Anzahl Nennungen	relative Häufigkeit
Erfahrungen sammeln und Know-how über Technologie aufbauen	30	100,0%
konkrete Problemstellung	23	76,6%
Wettbewerbsdruck	21	70,0%
Angebot von Software-Häusern und Unternehmensberatern	15	50,0%
Zusammenarbeit mit Forschungseinrichtung	4	13,3%
intellektuelle Herausforderung	3	10,0%
Prestigedenken	1	3,3%
sonstiger Anlaß	7	23,3%

Neben der Zielvorstellung Erfahrungen und Know-how über neue Technologien zu sammeln, haben 76,6% der befragten Unternehmen mit Expertensystemen eine konkrete Problemstellung zu lösen versucht. Diese Vorgehensweise scheint erfolgreicher als "Spielprototypen-Entwicklung" zu sein, da sich andernfalls gezeigt hat, daß die Unterstützung des Fachbereiches nicht in dem Maße stattfindet, wie es notwendig wäre, um dem System zur nötigen Reife zu verhelfen.

Überraschend ist, daß 70% der Befragten als Beschäftigungsmotiv "Wettbewerbsdruck" angaben. Es unterstreicht die eingangs genannte Notwendigkeit erfolgreicher Versicherungsunternehmen, sich frühzeitig mit aktuellen Entwicklungen auf dem Software-Markt zu beschäftigen, um Prozeßinnovationen zum richtigen Zeitpunkt strategisch einzusetzen. Wenn der Einsatz von Expertensystemen einen Wettbewerbsdruck auslöst, dann müssen diese Systeme einen konkreten Nutzen für Versicherer stiften. Wesentlicher Nutzen[21] wird in der Wissensmultiplikation, in der Verkürzung der Durchlauf und Reaktionszeit, in der Wissenssicherung und in der Vollständigkeit und Fehlerfreiheit von Versicherungsanträgen, die mit Hilfe von Expertensystemen bearbeitet werden, gesehen. Einen Wettbewerbsvorteil erhofft man sich überdies durch eine verbesserte Risikoselektion und eine Qualitätssteigerung in der Kundenberatung. Die Anwendungsfelder, für die nutzbringende Einsatzgebiete der Technologie erwartet werden, konzentrieren sich in erster Linie auf die Risikoprüfungs- und Beratungsbereiche eines Versicherers. Hier kommen weitere Nutzenfaktoren wie Dezentralisierung von Wissen oder Konsistenz bei Entscheidungen und Beurteilungen besonders gut zum tragen. Gerade bei Risikobewertungsprozessen besteht bei vielen Gesellschaften noch ein sehr großer, individueller Ermessensspielraum, der mit Unterstützung der Systeme eingegrenzt werden soll.

Auffällig ist, daß der Einsatz innovativer Technologien bei Versicherern in strategisch wichtigen Bereichen der Branche getestet wird. In diesen Sektoren herrschen vermutlich Engpässe und somit können Prozeßinnovationen den größten Nutzen stiften. Interessant ist die übergeordnete Diskussion, ob Expertensysteme als Prozeßinnovation auch zu Produktinnovationen führen, da z.B. aufgrund einer genaueren Risikoselektion oder eines erhöhten Wissensstandes in den Fachabteilungen, mittelfristig innovativere Policen angeboten werden können. Wenn dieser Nutzenaspekt klarer gesehen wird und gesicherte Erkenntnisse bei der Verwendung der Software zur Unterstützung von Produktinnovationen bestehen, wird sich der Diffusionstrend von Expertensystemen maßgeblich verändern.

21 Zu den Nutzenfaktoren von Expertensystemen vgl. Mertens, u.a. (1990), S. 269 ff.

4. Ausblick und Schlußfolgerungen

In Abbildung 1 ist der Beschäftigungstrend mit der Technologie in der deutschen Assekuranz dargestellt. Statt exponentieller Diffusionsverläufe, wie sie aus einer Vielzahl von Literaturbeiträgen zu entnehmen sind[22], erkennt man bei dieser Anwendergruppe wohl eher einen S-kurvigen Diffusionstrend (zunächst unbedeutend, dann steiler Anstieg mit späterer Stagnation oder gebremstem Wachstum auf hohem Niveau), der allgemein für die Einführung neuer Produkte typisch ist.

<u>Abbildung 1:</u> Entwicklung der Beschäftigung mit Expertensystemen

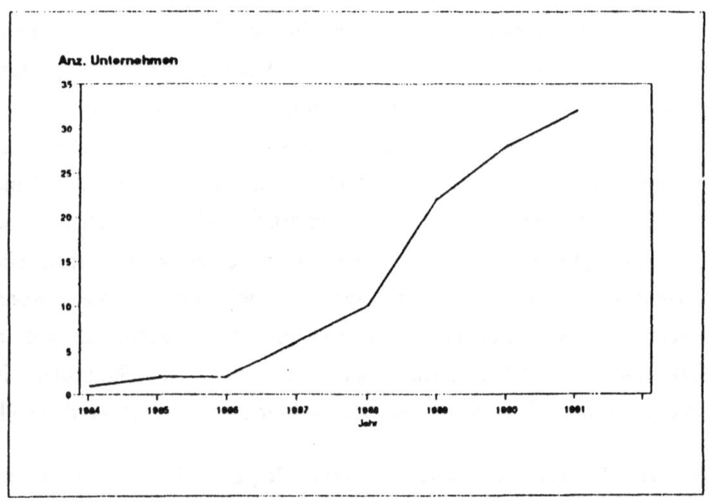

Hinweise aus der Versicherungspraxis, die auf eine stärkere Diffusion der Technologie schließen lassen, seien im folgenden thesenartig als Ausblick zusammengefaßt:

These 1: Die starke Beschäftigung der Rückversicherer mit der Software wird einen "Verbreitungseffekt aus technologischer Sicht" in der Versicherungswirtschaft haben, wenn die entwickelten Systeme von Erstversicherern eingesetzt werden. Kurz- bis mittelfristig ist daher eine stärkere Diffusion der Technologie bei Erstversicherern zu erwarten.

22 vgl. beispielsweise Harmon, King (1986), S. 11

These 2: Expertensystem-Software wird mittel- bis langfristig kein eigenständiges Softwaregebiet darstellen, da einerseits die Akzeptanzprobleme mit dem Begriff "Expertensystem" zu einer Verdrängung der Terminologie führen und Ängste und Vorbehalte bei den Anwendern durch eine systematische Verwendung von synonymen Begriffen wie z.B. "wissensbasierte Systeme" oder "entscheidungsunterstützende Software" vermieden werden. Andererseits werden technologische Konzepte aus Expertensystemen stärker auch in die konventionelle EDV miteinfließen und damit das allgemeine Informatik-Spektrum eines Versicherungsunternehmens erweitern.

These 3: Erfolgreiche Expertensystem-Projekte erfordern ein strukturiertes, modellbasiertes Vorgehen anstelle von bisher in der Praxis praktizierten Verfahren wie beispielsweise "Rapid Prototyping". Außerdem werden Entscheidungshilfen zur Kosten/Nutzen-Abschätzung und ein effizientes Projektmanagement, das die Akzeptanz wissensbasierter Software-Lösungen fördern soll, benötigt. Forschungsergebnisse in diesen Problemfeldern werden die Systementwicklung auf eine solidere Basis stellen und zu einer Verbreitung der Software beitragen.

These 4: Erfolgreiche Expertensystem-Projekte zeigen, daß der Entwicklungsaufwand vergleichbar mit der Erstellung konventioneller Systeme ist. Eine "kritische Masse" von mindestens 4-6 Mitarbeitern ist erforderlich, um die innovative Technologie in die EDV-Infrastruktur eines Versicherers einzubetten. Kurzfrisitg erscheinen für diese Aufgaben eigene organisatorische Einheiten zweckmäßig; mittel- bis langfristig werden Versicherer keine eigenen Entwicklungseinheiten für wissensbasierte Systeme unterhalten.

These 5: Bisherige Forschungsergebnisse auf dem Gebiet der Expertensysteme haben gezeigt, daß Diagnoseaufgaben als ein Anwendungsfeld der Technologie besonders geeignet sind. Daher stellen Risikoprüfungsprozesse und teilweise auch Beratungsteilaufgaben die favorisierten Einsatzgebiete der Software bei Versicherern dar, die aus anwendungsorientierter Sicht zukünftig einen strategischen Nutzen mit sich bringen.

These 6: Verbände, Forschungsinstitutionen oder Software-Häuser können mit Hilfe der Entwicklung generischer Wissensbasen für die Versicherungswirtschaft Innovationsträger werden, indem sie einerseits Know-how zum Aufbau von Expertensystemen zur Verfügung stellen und andererseits bereits realisierte Teillösungen mit versicherungstechnischem "Begriffswissen" anbieten.

These 7:

Die in jüngster Zeit zu beobachtende intensive Auseinandersetzung mit Fuzzy-Logik Konzepten wird weitere Verbesserungen in Richtung Formalisierung von "unscharfen" Informationen mit sich bringen. Erste Ergebnisse zeigen, daß Fuzzy-Logik auch zur Lösung von versicherungsspezifischen Problemstellungen geeignet ist, so daß eine Integration in bestehende Expertensystem-Projekte prüfenswert erscheint.

Literatur

ACS, Z.J., AUDRETSCH, D.B., (1987), Innovation, Market Structure and Firm Size, Review of Economics and Statistics 69, S. 567 - 575.

ACS, Z.J., AUDRETSCH, D.B., (1988), Innovation in Large an Small Firms: An Empirical Analysis, American Economic Review 78, S. 678 - 690.

AUDRETSCH, D., SCHULENBURG, J.-M. GRAF V.D., (1990), Union Participation, Innovation and Concentration: Results from a Simultaneous Model, Journal of Institutional and Theoretical Economics 146, S. 298 - 313.

BOHN, K., (1989), Aufbau eines Expertensystems für Risikoprüfungen, Versicherungsbetriebe, Heft 2, S. 32ff.

DIEBOLD MANAGEMENT REPORT (1991) -Assekuranz- Heute und Morgen, S. 33.

FELLER, H., KLOS, H., (1990), CESAR - Expertensysteme im Finanzdienstleistungsbereich, FAW-B-1004, Forschungsinstitut für anwendungsorientierte Wissensverarbeitung (FAW), Ulm.

FREIGANG, D., (1989), Die Arbeitsanweisung als Bestandteil eines wissensbasierten Systems, Versicherungsbetriebe, Heft 2, S. 42ff.

HARMON, P., KING, D., (1986), Expertensysteme in der Praxis, Oldenbourg Verlag: München, S. 11.

HARMON, P., MAUS, R., MORRISSEY, W., (1989), Expertensysteme: Werkzeuge und Anwendungen, Oldenbourg Verlag: München.

HELTEN, E., (1992), Wettbewerbsvorteile durch wissensbasierte Systeme, Versicherungswirtschaft, Heft 5, S. 291ff.

HENG, M., (1987), Why Evolutionary Developement of Expert Systems Appears to Work, Future Generations Computer Systems 3, S. 103-109.

MERTENS, P., (1990), Betriebliche Expertensysteme in der BRD, in Österreich und in der Schweiz, in: Ehrenberg, D., Krallmann, H., Rieger, B. (Hrsg.), Wissensbasierte Systeme in der Betriebswirtschaftslehre, Bd. 15 Schmidt Verlag: Berlin.

MERTENS, P., BORKOWSKI, V., GEIS, W., (1990), Betriebliche Expertensystem-Anwendungen, 2.Auflage, Springer Verlag: Berlin, Heidelberg, S. 269ff.

RUTISHAUSER, H.C., FRITSCHI, B., KEHL, G., (1990) Expertensystem zur medizinischen Risikoeinschätzung in der Lebensversicherung - benutzerfreundlich und effizient, Versicherungsbetriebe, Heft 5, S.36ff.

SCHERER, F.M., (1985), Stand und Perspektiven der Industrieökonomik, in: Bombach, G., Gahlen,B., Ott, A.E. (Hrsg.), Industrieökonomik: Theorie und Empirie, Mohr/Siebeck: Tübingen, S. 3 - 19.

SCHULENBURG, J.-M. GRAF V.D., (1988), Innovation, Marktstruktur und Werbung, Hamburger Jahrbuch für Wirtschafts- und Gesellschaftspolitik 33, S. 141 -153.

SCHULENBURG, J.-M. GRAF V.D., WAGNER, J., (1991) Advertising, innovation and market structure: A comparison of the United States of America and the Federal Republic of Germany, in: Acs, Z.J., Audretsch, D.B. (Hrsg.), Innovation and Technological Change, Harvester: New York.

SCHULENBURG, J.-M. GRAF V.D., WÄHLING, S., (1991), Die Lebensversicherten: ihre Informationsquellen, ihr Informationsstand und ihr Nachfragerverhalten, Zeitschrift für die gesamte Versicherungswissenschaft, Heft 2, S. 287ff.

SCHUMPETER, J.A., (1950), Capitalism, Socialism and Democracy, 3.Ausgabe, Harper & Row: New York.

STIGLITZ, J.E., MATHEWSON, G.F., (Hrsg.) (1986), New Developements in the Analysis of Market Structure, MIT Press: Cambridge MA.

SUNDERMEYER, K. (1991), Knowledge-Based Systems - Terminology and References-Wissenschaftsverlag:Mannheim, Wien, Zürich, S. 73.

TRÖNDLE, B., (1991) Ist die Informatik im Versicherungsunternehmen ein Trojanisches Pferd?, Versicherungswirtschaft, Heft 16, S. 976ff.

VERBAND DER LEBENSVERSICHERUNGS-UNTERNEHMEN E.V., Ausschuß für Betriebstechnik, Ergebnisbericht Nr. 8 (1990), Der Einsatz von Expertensystemen in der Lebensversicherung, Ergebnisbericht Nr. 24 (1991), Anforderungen und Realisierungsmöglichkieten für Expertensysteme in der Lebensversicherung, Bonn.

WATERMAN, D., (1986), A Guide to Expert Systems, Addison-Wesley: Reading, Massachusetts, S. 185.

WIELINGA, B.J., SCHREIBER, J.A., BREUKER, J.A., (1992), KADS: A Modelling Approach to Knowledge Engineering, Knowledge Acquisition Journal , Vol. 4, No. 1, Special Issue on KADS, Academic Press Ltd.

Wo sind sie, all die Expertensysteme?

Einstieg in ein Monitoring im Bereich der Umweltanwendungen.

K.-H. Simon

Gesamthochschule Kassel / FG Umweltsystemanalyse
Mönchebergstr. 11, W-3500 Kassel
simon@usys.informatik.uni-kassel.de

Abstract

Ausgehend von einer Studie für das Umweltbundesamt, in der der Entwicklungsstand der Expertensysteme (ES) mit Umweltbezug erfaßt werden sollte, werden Perspektiven für eine systematische und kontinuierliche Analyse diskutiert. Dabei wird für eine engere Zusammenführung technischer und gegenstandsbezogener Aspekte plädiert. Einige zusammenfassende Informationen über den Entwicklungsstand der Expertensysteme in diesem Bereich werden gegeben und die Rolle der Systemanalyse in einer zukünftigen Konzeption wird benannt.

Schlüsselwörter: Statusbericht; Expertensystemanwendungen; Perspektiven; Monitoring

1. Einleitung

Die hier vorgestellten Überlegungen beruhen auf Ergebnissen einer Studie für das Umweltbundesamt (Simon et al. 1992), in der es um die Erfassung von Expertensystemprojekten mit Umweltbezug ging. Im Unterschied zu anderen Anwendungsbereichen gehört der "Umweltsektor" nicht zu den früh richtungsweisenden Bereichen (wie z.B. die Medizin), auch wenn einzelne Anwendungsversuche mit der Technik bereits relativ früh durchgeführt wurden. Deshalb ist es verständlich, daß noch nicht der Entwicklungsstand erreicht ist, den man aus anderen Bereichen kennt. Die Erhebung kann deshalb auch als Zwischenbilanz bezeichnet werden.
Bei der Erhebung konnte auf diverse Vorarbeiten zurückgegriffen werden. So sind im Umweltbereich in der Zeitschrift AI Applications mehrere Zusammenstellungen veröffentlicht worden (Moninger/Dyer 1988; Lambert/Wood 1989; Davis/Clark 1989; Carrascal/Pau 1992). Darüberhinaus gibt es gezielte Erhebungen, z.B. von Page (1989) zur Situation in Deutschland und Kanada oder zum Bereich Wasserwirtschaft von Arnold et al. 1991. In anderen Anwendungsbereichen sind umfangreiche Erhebungen durchgeführt worden, so z.B. für die betrieblichen Anwendungen (Mertens et al 1990; vgl. auch Bachmann et al. 1992). Die allgemeinen Erhebungen, so sinnvoll sie für einen ersten Überblick und eine Diskussion des Verbreitungsgrades auch sein mögen, kranken aller-

dings häufig an der "Oberflächlichkeit" der Analyse, d.h. daran, daß lediglich eine Zusammenstellung erfolgt, ohne daß über die Angaben in der Literatur hinaus weitere Informationen hinzugezogen werden. Auf dieser Basis ist es unmöglich, sich ein exaktes Bild in einem Anwendungsbereich zu machen, zumal oftmals eine gewisse Euphorie über das eigene Produkt eine objektive Darstellung des Erreichten in der Literatur verhindert.

In der UBA-Studie wurde eine Kombination verschiedener Erhebungsmöglichkeiten versucht. Erste Stufe ist eine möglichst breite Erfassung von Veröffentlichungen über ES im genannten Anwendungsbereich. Dazu dienen Datenbank-Recherchen, Literaturauswertungen und gezielte Informationsgespräche mit bekannten Entwicklergruppen. Daraus werden Kurzinformationen über vorfindliche ES herausdestilliert. Aus diesem Systempool werden schließlich in einem dritten Schritt einige Systeme ausgewählt, die näher in Augenschein genommen werden sollen. Mit dem skizzierten Vorgehen wird nicht ein ähnlich hoher methodischer Anspruch erhoben, wie er für Arbeiten aus der empirischen Sozial- oder Politikforschung unabdingbar wäre; es ist nicht auszuschließen, daß Zufälligkeiten Ergebnisse im Detail beeinflussen.

2. Einige Ergebnisse eines Versuchs zur Erfassung des state-of-the-art bei den Umweltanwendungen

Bevor einige Ergebnisse der Untersuchung genannt werden, soll noch kurz das Spektrum des Anwendungsbereichs kurz beschrieben werden. Sowohl der Terminus Expertensystem selbst, als auch der Anwendungsbereich "Umweltanwendungen", sind alles andere als klar umrissen.

Bezüglich der einzubeziehenden Systeme wurde eine größtmögliche Toleranz angelegt. Sowohl unterschiedliche Reifegrade oder Stufen in einem anzunehmenden "life-cycle" der Systeme, als auch die Bandbreite zwischen ES im engeren Sinne (z.B. regelbasierten Systemen) bis hin zu Entscheidungsunterstützungssystemen wurden berücksichtigt. Beim Reifegrad wurden, neben Prototypen und "fertigen" Systemen, auch Konzepte und Teilimplementierungen einbezogen. Es wurde lediglich versucht, den tatsächlichen Reifegrad explizite zu benennen, was verläßlich natürlich nur für diejenigen ES erfolgen kann, die direkt in Augenschein genommen werden können oder über die neutrale Einsatzberichte vorliegen.

Der eine "Toleranzbereich" betrifft die Definition dessen, was als ES angesehen werden kann. In der Literatur hat sich diesbezüglich noch keine allgemein akzeptierte Definition durchgesetzt. Bislang sind Definitionsversuche auf der Ebene der Leistungsfähigkeit der Systeme ("anwendungsbezogene Sicht") und dem Aufbau der Systeme ("softwaretechnische Sicht") vorgenommen worden. Die eine Sicht - an anderer Stelle eine funktionalistische Sichtweise genannt (Becker) - beschränkt sich auf die Einschätzung des Systemverhaltens und schließt sich an frühe Definitionen an, die z.B. von einem ES erwarten, daß es die Problemlösungskompetenz eines Fachexperten in einer bestimmten, eng abgegrenzten Wissensdomäne aufweist oder simuliert. Der zweite Definitionsversuch setzt eher bei den (programmiertechnischen) Mitteln an, um ES aus der großen Klasse der Softwareprodukte herauszuheben. Stichwörter hierbei sind: Erklärungskomponente, deklarative Programmierung der Wissensbasis und der Problemspezifikation, Verwendung von KI-Sprachen und Shells. Es liegt auf der Hand, daß die problembezogene Sichtweise Priorität haben muß und die Kriterien aus dem zweiten Komplex eher eine Hilfsfunktion haben werden. Wird aber diese Sicht eingenommen, dann ist einem die Möglichkeit versperrt, am Produkt selbst eine Einschätzung dazu vorzunehmen, ob es sich um ein "reales" ES oder nur um einen gescheiterten Versuch handelt, da im Detail die jeweilige Wissensdomäne bekannt sein muß und zur Einschätzung des Verhaltens die Fachkompetenz quer zu verschiedenen Subsektoren eines Anwendungsbereichs beim Reviewer gegeben sein muß - eine schlechte Ausgangspositon für eine Überblicksstudie. Andererseits gibt es aber auch gewisse Minimalforderungen, anhand derer Produkte ausgeschlossen werden können. Ist z.B. keine Möglichkeit für das System vorgesehen, seine Anfragen und Ableitungen zu kommentieren, dann kann schwerlich von einer abgeschlossenen ES-Entwicklung gesprochen werden.

Damit ergibt sich ein weites Spektrum an Systemen mit unterschiedlichen Ansprüchen und differierenden softwaretechnischen Mitteln bei der Realisierung. Gerade Neuentwicklungen, wie modellbasierte Systeme, lassen sich nicht mehr adäquat mittels der "klassischen" Kriterien (wie z.B. Trennung Wissensbasis / Inferenzsystem) erfassen; die Erhebung sollte aber gerade auch solche Entwicklungen mit aufnehmen.

Ähnlich großzügig wurde mit der Eingrenzung des Anwendungsbereichs "Umwelt" umgegangen. Es wurde versucht, Systeme aus all denjenigen Bereichen einzubeziehen, in denen Umweltprobleme direkt thematisiert werden. Das beginnt mit Komponenten, die auf der Ebene der Umweltschutztechnik eingesetzt werden, z.B. im Gewässerschutz und der Abfallwirtschaft, reicht über bestimmte Aspekte aus den Bereichen Planung und Umweltrecht (z.B. UVP), Geographie (Unterstützung beim Einsatz geographischer Informationssysteme), bis hin zu Teilsektoren aus der Agrar- und Forstwirtschaft. In der Studie wurden folgende Anwendungen-Gruppen gebildet (ohne die offiziellen Klassifikationen, z.B. des Umweltbundesamtes, zu verwenden) und durch Zuordnung weiterer Stichwörter auf einer 2. Stufe konkretisiert:

- Altlasten / Abfallwirtschaft
- Wasserwirtschaft
- Planung und Geographie
- Land- und Forstwirtschaft
- Umwelttechnik
- Sonstige Anwendungen.

Die Ergebnisse der Analyse können in einigen Topics zusammengefaßt werden, wobei die genannten Punkte für die unterschiedlichen Subsektoren mehr oder weniger stark zutreffen:

(a) Vorhandensein reichhaltige Ansätze über das gesamte Anwendungsspektrum;

(b) kaum anwendungsreife Produkte;
(c) Dominanz eher der Grundlagenforschung verpflichteter Entwickler;
(d) enger Bezug zu Entwicklungsperspektiven.

Die Befunde sind sicherlich eng miteinander verknüpft. Da bislang eher auf Ebene der Lösung von Grundlagenproblemen gearbeitet wird, sind noch keine belastbaren Anwendungen zu finden und es besteht eine größere Nähe zu Entwicklungsperspektiven, als dies in anderen Anwendungsbereichen der Fall sein mag (n.b. wäre dies noch zu verifizieren).

Einige Ausführungen zu den skizzierten Punkten:

(a) Insgesamt wurden ca. 400 Systeme in der uns zugänglichen Literatur genannt, wobei die Subsektoren Landwirtschaft und Altlasten die meisten Nachweise erbrachten. Dabei wurden sehr heterogene Ansätze sichtbar. So ist die volle Bandbreite zwischen ES im engeren Sinne, wissensbasierten und hybriden Systemen, bis hin zu Entscheidungsunterstützungssystemen vorhanden, allerdings - sicherlich nicht sehr verschieden vom Zustand anderer Anwendungsbereiche - mit einer deutlichen Dominanz der regelbasierten Systeme.

(b) Die Vielzahl an genannten Systemen täuscht einen Entwicklungsstand vor, der sich bei näherer Betrachtung als noch sehr "niedrig" herausstellt. Möglicherweise wiederholen sich hier Erfahrungen mit anderen Anwendungsbereichen, wo über einige Jahre je nach Interesse und Perspektive entweder geleugnet wurde, daß es überhaupt schon anwendungsreife Produkte gibt, oder aber der Marktdurchbruch als vollzogen dargestellt worden war. Es ist wahrscheinlich nicht zu pessimistisch davon auszugehen, daß im Umweltbereich zumindest im deutschsprachigen Raum noch kein Produkt als in der Anwendung befindlich angesehen werden kann, jedenfalls dann, wenn dazu gehört, daß mehrere Installationen außerhalb der Entwicklergruppe vorhanden sind und eine kontinuierliche Arbeit an den Systemen nach Rückwirkung aus der problembezogenen Anwendung stattfindet (Updates). Von einigen Systemen kann ausgesagt werden, daß sie sich an der Schwelle zur Anwendung befinden (z.B. PRO_PLANT, EXCEPT, XHMA, IMMEX, KLEX), so daß im Laufe des Jahres 1993 sich die Situation durchaus verändern kann.

(c) Es ist eine Dominanz von universitären (Uni. Münster, FH Saarbrücken, TU Hamburg-Harburg) oder zumindest der Forschung verpflichteter Institutionen (FAW) festzustellen, ohne daß eine Korrelation zwischen Praxisrelevanz der Entwicklungen und dem Hersteller festzustellen wäre. Diese Dominanz muß nicht allein mit dem Reifegrad der ES-Anwendungen im Umweltbereich zu tun haben, obwohl die Verteilung der Projekte auf verschiedene Kategorien von Trägerinstitutionen (universitär/kommerziell) durchaus einen Indikator dafür darstellen könnte. Es könnte auch mit dem Gegenstandsbereich "Umweltanwendungen" selbst zu tun haben, der entweder von seiner Komplexität her, oder aber aufgrund eines fehlenden Marktes für "Massenprodukte", nicht in dem Maße das Interesse kommerzieller Entwickler geweckt hat, wie dies in anderen Anwendungsbereichen der Fall zu sein scheint.

(d) Da kaum fertige Produkte vorliegen, wurde notwendigerweise das Augenmerk auf Entwicklungslinien gelenkt, die derzeit in der Diskussion sind. Von den vielfältigen Aspekten, die in diesem Zusammenhang angesprochen werden können, seien erwähnt: Modellbasierte Techniken und qualitatives Schließen (MOOSE, HOPPER), Anbindung von Simulation und Massendatenbanken und Schnittstellen zu DFÜ (PRO_PLANT), Schnittstellen zu Geographischen Informationssystemen (SAFRAN), Einsatz von Fuzzy-Größen und linguistischen Variablen.

Soweit kurzgefaßt einige Ergebnisse der Zwischenbilanz. Die Befunde - dies sei nocheinmal ausdrücklich hervorgehoben - beziehen sich im wesentlichen auf den deutschsprachigen Raum und immer nur auf die Umweltanwendungen. Allerdings lassen Informationen aus den USA und Skandinavien dort eine ähnliche Situation erkennen.

3. Perspektiven für eine notwendige Ergänzung der bisherigen Analysen

Die bisherigen Befunde verweisen auf erhebliche Schwierigkeiten bei der Umsetzung der ES-Technologie im Umweltbereich. Neben der informations- und softwaretechnischen Seite (die angesprochenen Entwicklungslinien weisen vor allem in die Richtung einer Ausweitung der eingesetzten Mittel) sind weitere Fragen zu beantworten, die eher die Eigenschaften des Anwendungsbereichs betreffen. Ohne daß der Anspruch erhoben wird, daß damit generell die Schwierigkeiten der ES in der Praxis behoben werden, soll auf den Aspekt "Strukturierung des Gegenstandsbereichs" noch kurz eingegangen werden. Neben den Restriktionen der bereitgestellten Wissensrepräsentationsmittel scheint ein Hauptproblem in einem unzureichenden Verständnis der Problemzusammenhänge zu liegen.

Die bisher thematisierten drei Problembereiche (Systemdesign, Wissensakquisition und Folgenabschätzung) sollten um einen vierten Bereich (Systemanalyse des Gegenstandsbereichs) ergänzt werden.

(Problembereich 1: Systemdesign) Im Vordergrund standen lange Zeit Fragen nach den (informations- und software-) technischen Mitteln, die zum Aufbau und Betreiben der Systeme herangezogen werden. KI-Sprachen und leistungsfähige Interpreter und Compiler, Shells und zugehörige Laufzeitmodule; verschiedene Arten der Wissensrepräsentation u.a.m.

(Problembereich 2: Wissensakquisition) Der Problembereich 1 wurde durch die Frage nach adäquaten Methoden der Wissensakquisition ("knowledge elicitation") ergänzt. Interviewtechniken, Möglichkeiten, Expertenwissen aufzubereiten, bis hin zu KADS.

(Problembereich 3: Technikfolgenanalyse) In jüngerer Zeit wird auch die Einbettung der ES-Technik in seinem gesellschaftlichen und betrieblichen Umfeld thematisiert, u.a. deshalb, weil die Wurzeln der ES-Technik in der KI-Forschung auf grundlegende Veränderungen in der Praxis verweist, selbst wenn sich bislang diese Folgen noch in Grenzen halten (Beuschel 1992).

(Problembereich 4: Systemanalyse des Gegenstandsbereichs) Erfassung des spezifischen Bedarfs in einem Anwendungsbereich; Struktur des Bereichs; bearbeitete Aufgabenstellungen; Zusammenhänge zwischen wahrgenommenen Problemen und Reaktion in Forschung und Anwendung.

War es bei den ES der ersten Generation noch möglich in einer mehr oder weniger kunstvollen Art und Weise das Wissen von Experten über einen Gegenstandsbereich in Form heuristischer Regeln abzubilden, so versagt diese "direkte Kopplung" dann, wenn eine Fundament benötigt wird, das die kausalen Wirkungsbeziehungen in einem Problembereich als notwendigen Bestandteil enthält.

In der ES-Literatur ist, für einen Subsektor der uns hier interessierenden Anwendungen mit Umweltbezug, eine Arbeit zur Vorbereitung von ES-Projekten für den Gewässerschutz vorhanden (Arnold et al. 1991) die in die richtige Richtung weist. Hauptaufgabe war eine Bedarfs- und Machbarkeitsanalyse für Anwendungen im Gewässerschutz. Neben einer Erhebung der bisher durchgeführten Projekte (über 50 nachgewiesene ES) wird ein "taxonomischer Rahmen" abgesteckt und die Begriffswelt des Anwenders analysiert, da die Vermutung besteht, daß ES nur dann angenommen werden, wenn "dem Anwender Informationen und Wissenselemente in einer *ihm geläufigen Begriffwelt* dargeboten werden." Erst auf der Basis dieser Analysen werden Wissenstrukturen definiert (unter Verwendung von Frames und geeigneten Kopplungskonzepten zu wasserwirtschaftlichen Datenbanken) und geeigente Repräsentationsmittel ausgewählt. Hinzu kommen eine ausführliche Erhebung der realen Einsatzbereiche für ES und Einsatzszenarien, in denen über 30 mögliche ES-Anwendungen skizziert und in ihren besonderen Erfordernissen an die Systeme diskutieren werden.
Eine derartige Systemanalyse eines Anwendungsbereichs geht weit über die bisher in der Wissensakquisition formulierten Anforderungen an die Vorbereitung von ES-Projekten hinaus und schlägt teilweise eine Brücke zu den bereits 1988 von Slagle/Wick in die Diskussion gebrachten - bisher aber wenig berücksichtigten - Anforderungen an Expertensystemprojekte, die ebenfalls eher auf das Umfeld der Projekte abheben und sich nicht auf die technischen Möglichkeiten beschränken.

4. Schluß

In dem Beitrag wurden einige Erfahrungen mit Expertensysteme auf dem Umweltsektor mitgeteilt und eine Erweiterung der bisherigen Analysen vorgeschlagen. Die Erweiterung geht in Richtung einer Ergänzung der bisherigen Forschungsanstrengungen durch eine stärkere Hinwendung zum eigentlichen Gegenstandsbereich der ES-Anwendungen. Ebenfalls sollte ein "Monitoring" stattfinden, das den Entwicklungstand der Systeme systematisch und kontinuierlich erfaßt. Damit kann eine frühere Koordination von Aktivitäten erfolgen und es wäre eine schnellere Verfügbarmachung der Systeme möglich. Denn Erfahrungen mit vorliegenden Prototypen lassen es durchaus vermuten, daß in einzelnen Anwendungsbereichen auch im Umweltsektor Effizienzsteigerungen durch ES-Einsatz erwartet werden können, wobei "Expertensystem" eher in einer pragmatischen Weise als System verstanden wird, das einen Experten bei Planungs- und Analyseaufgaben unterstützt ("expert support system"). Wichtig erscheint aber, daß dieses Monitoring sich nicht auf die instrumentelle Seite beschränkt (und nur Produkte analysiert), sondern daß in einer geeigneten Weise auch der Gegenstandsbereich selbst - in Form einer beide Seiten (Instrument und Anwendungsbereich) umfassenden Systemanalyse - mit in die Betrachtung einbezogen wird.

Literatur

Arnold, U. / Bungers, D. / Hemmann, T. / Honert, R. / Otterpohl, R. (1991) Anforderungen an Expertensysteme für den Gewässerschutz. Bedarfsanalyse, Systemkonzept und Machbarkeitsstudie. DUV, Wiesbaden

Bachmann, R. / Malsch, T. / Ziegler, S. (1992) Success and failure of expert systems in different fields of industrial applications. Beitrag zur GWAI '92

Becker, B. (1992) Künstliche Intelligenz - Konzepte, Systeme, Verheißungen. Campus Verlag: Frankfurt

Beuschel, W. (1991) Expertensysteme im Betrieb. Fallstudien in den USA zu Auswirkungen auf Arbeitsorganisation und Qualifikation. Forschungsbericht WZB FS I 91-5

Carrascal, M.J. / Pau, L.F. (1992) A survey of expert systems in agriculture and food processing. 6(2), S.27-49

Davis, J.R. / Clark, J.L. (1989) A selective bibliography of expert systems in natural resource management. 3(3), S. 1-18

Lambert, D.K. / Wood, T.K. (1989) Partial survey of expert support systems for agriculture and natural resource management. 3(2), S.41-52

Mertens, P. / Borkowski, V. / Geis, W. (1990) Betriebliche Expertensystem-Anwendungen. Springer-Verlag, Berlin

Moninger, W.R. / Dyer, R.M. (1988) Survey of past and current AI work in the environmental sciences. 2(1), S.48-52

Page, B. (1989) An analysis of environmental expert system applications with special emphasis on Canada and the Federal Republic of Germany. Uni. Hamburg FB Informatik Bericht Nr. 144/89

Simon, K.-H. / Manche, A. / Uhrmacher, L. / Page, B. (1992) Abschlußbericht: Studie über Expertensysteme auf dem Umweltsektor (Im Auftrag des Umweltbundesamtes), Kassel

Slagle, J.R. / Wick, M.R. (1989) A method for evaluating candidate expert system applications. In: AI Applications, 3(2), S.21-30

Literaturhinweise zu den erwähnten Systemen können der Studie (Simon et al. 1992) entnommen werden.

Dank an A. Manche, B. Page und A. Uhrmacher für fruchtvolle Diskussionen über die Thematik.

The Design of Transferable and Explainable Expert Systems
- The Intensive-Help Project -

K. Wang & M. B. Wischnewsky*
AI-Lab, University of Bremen

Abstract

Intensive-Help (IH) is a distributed real time expert system for critical care environments (CCE-ES for short) with an open system architecture. In this paper, two design aspects of IH are considered: the transferability of a CCE-ES and its explanation component.

Transferability is the degree to which a system retains its reliability and usefulness when applied to another organizational environment. This paper presents the most important factors influencing the transferability of a CCE-ES. The system structure of IH makes it possible for the system to adapt its behaviour to the local environment. This is illustrated through a user interface specification which allows the automatic adaptation of the user interface of IH.

The explanation component in IH uses hyper-inference networks. It resembles the Abstract Hyper-Text Machine of Campbell&Goodmann [2]. The difference is that in our context, the nodes in the hyper-text network can be proof trees. It is the first step towards a combination of hyper-text system and rule-based system.

Key words: transferability, explanation, hyper-inference network, medical expert system.

1. The Transferability and Explanation of Expert Systems

The term *transferability of a CCE computer system* can be defined as the degree to which the system retains its *credibility* and therefore *reliability* and *usefulness,* when applied to another organizational environment (cf. AIM-projects KAVAS A-1021 and TANIT A-2036 WP Transferability). In the Intensive-Help project, a structured approach is used for increasing the transferability (within the general HEALTH CARE FRAMEWORK of the European Standardisation Committee - CEN / TC 251). We classify the transferability factors under the two broad headings: *Domain-related* and *Information Technology-related* factors [Nolan et. al. 3]. The system structure is designed in a way such that the user or the program itself can adapt the behaviour of the system to the local environment.

There are several Information Technology-related transferability factors such as the mode of knowledge acquisition and representation or the connection of the knowledge base to different components of the system. For knowledge acquisition and representation, the layer structure of the KADS-Project [Wielinga, 5] is used in IH. For the connection of the knowledge base to other components, several languages had to be defined due to a lack of standards (layout definition language, equipment definition language, patient data definition language,...).

---

* Authors' address: AI-Lab, Department of Mathematics and Computer Science, University of Bremen, 2800 Bremen 33, Germany. E.mail: wang@pc-labor.uni-bremen.de. Part of this research has been supported by the TANIT project (AIM Project A2036).

Another critical element of the design of a knowledge-based system is its explanation component, especially when the system is intended for a wide range of users of differing expertise.

Previous work has approached the provision of explanation facilities in an ad-hoc manner by "adding on" an explanation component to the original system (e.g. [Bailey, Duban, 1]). Practice has shown that in many cases certain built-in explanation facilities (e.g. tracing-like explanation) do not catch the essence of explanation.

On the other hand, hyper-text (hyper-media) systems have proven to be successful as educational systems. Many structures are developed in this context for the expert to organize his knowledge and for the user to browse through the knowledge base (e.g. hierarchical links, reference links, replacement links).

The mechanism proposed in this paper is the first step towards a combination of rule-based system and hyper-text system. The hyper-text network is generalized in a way such that the nodes in the network may be proof trees and not just pointers to static text. We call these generalized networks **hyper-inference networks.** They allow us to organize the knowledge and corresponding explanations using the facilities of hyper-text systems and different media forms such as sound and pictures.

This paper is organized in the following way. After a short description of the basic factors influencing the transferability of a CCE-ES, the system structure is given and the transferability of the structure is illustrated through an example of transferable user interface specification (section 2). The hyper-inference mechanism is explained in section 3. Conclusion can be found in section 4.

2. The Transferability of Intensive-Help

There are basically two ways to increase the transferability of a system. The first (and very difficult) way is to establish widely accepted standards. The second (which is used in IH) is to define 'external' languages by which the end user can adapt the system to his needs, or, with the support of the knowledge-based component of IH, can configure the system to adapt itself to the local environment.

One major obstacle to the transferability of a CCE-system is that the information available about a patient depends heavily on the CCE. This has four important implications:

- The on-line data acquisition part of the system should not be coded in the system*,
- The patient's record may change between different CCE. The information depth, for example, depends on the number and choice of medical devices the patient is connected to,

* An automated adaptation and integration of a CCE-system into an intra-room communication net via bedside communication controller and device communication controller connected to the medical information bus has been proposed by IEEE P1073.

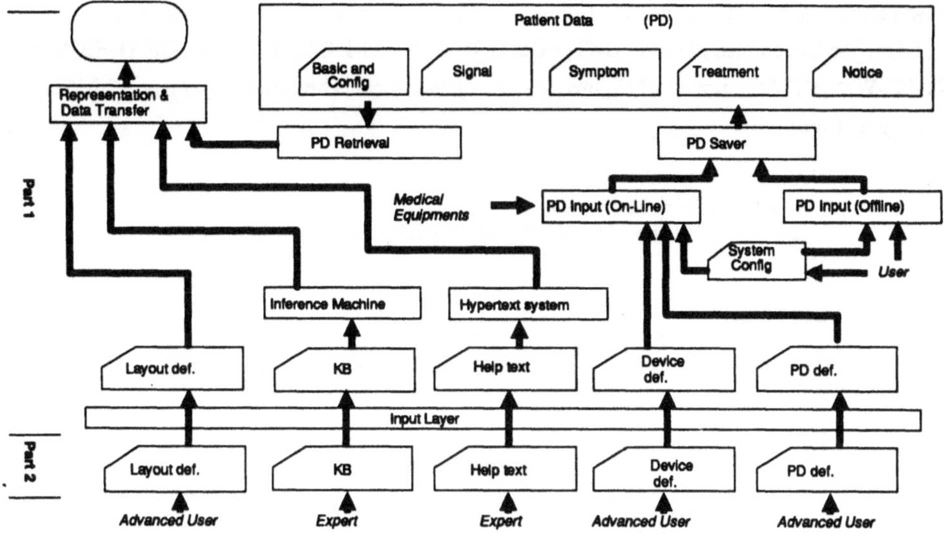

Figure 1: The Dataflow Chart of Intensive-Help

- The decision processes may be different in different CCE since they depend on the patient's record,
- The presentation of the patient's record (user interface) may be different in different CCE.

To handle the first aspect, an object-oriented "device definition language" was developed which can be used to describe the medical devices in use, their names, the signals they provide, the time intervals between values of a certain signal, etc. For each device a driver is needed which (as server) communicates with IH using a communication protocol. To handle the second aspect, a "patient data definition language" was developed which can be used to describe the contents and structure of the medical record in a certain CCE. The third aspect is dealt with through an expanded inference mechanism (section 3) and the last through a "layout definition language" which will be explained below in more detail.

The solutions of these aspects lead to a transferable system for different CCE.

The overall dataflow chart of IH is shown in figure 1.

Part 1 in the figure is an application oriented shell which may be dynamically configured by the information contained in part 2. Part 2 consists of different environment-related informations such as the available (but not necessarily connected) devices, available patient's data, etc..

In the following, the transferability of IH is illustrated by an example of user interface specification.

The user interface of IH is composed of a set of layouts. Each layout is connected with a set of constraints. A layout can only be chosen (either automatically by the system or by the user) if its corresponding constraints are fulfilled.

Structurally, a layout consists of BLOCKs which can be shared by other layouts. A block consists of items which are primitive objects in CCE like signal value, curves etc.. Items are described using the frame concept. Figure 2 is part of the item hierarchy identified for IH.

Using the basic items of type TEXT, FIELD, BAR, TWO-DIMENSIONAL GRAPHICS and RULE-WINDOW the screen of Figure 3 can be constructed. The following is part of the script specifying Figure 3.

```
    LAYOUT "Diagnosis";
        CONDITION r("diagnosis");
        BLOCKXY(name="DiagWin"); BLOCKXY(name="Graphics", x=320);
END

BLOCK "Diagwin"
        TEXT(w=1, value="Diagnose und Therapie",style=7)
        RULEWINDOW(y=40, w=300, h=380, style="normal", rule="r1")
END

BLOCK "Graphics"
        TWODIM(x=10, y=10, w=300, h=200,
                signalX="ci", minX=0, maxX=8,
                markerX=[ 1, 2, 3,value(ci,normal)-0.5,
                value(ci,normal), value(ci,normal)+0.5, 6, 7 ],
                signalY="map", minY=30, maxY=150,
                markerY=[ 50, 70, 90, 110, 130, 140]);
        BAR(    x=80, y=230, w=300, h=30, signal="pcwp",
                min=0, max=30, marker=[9, 15],
                fillColor=if r(pcwp_abnormal) then RED else GREEN);
    END
```

Through the "RuleWindow" the hyper-inference network (r.t. section 3) can be browsed. The interaction of layouts and rule bases through expressions like *'r("diagnosis")'*, *'if r(pcwp_abnormal) then RED else GREEN)'* in the above example provide the possibility for the system to select an appropriate layout according to the local environment (e.g. whether the signals are available) and show the signals in different forms according to their meaning. Especially, the constrains attached to each layout make it possible for the system to adapt its user interface according to the local environment.

3. The Hyper-Inference Mechanism

The rule-based component clearly cannot work without its environment. The relationship of the rule-based component to its environment can be explained in the following way. The rule-based component receives commands from its environment (e.g. "to start an inference process"). For its inference, it may require information from the environment (e.g. the value of a signal). As the result of the inference process, commands (e.g. alarms) are sent back to the environment. To increase the transferability of the rule-based component, only a minimum set of assumptions are made about the environment. Especially, no assumptions are made about how the information is represented in the environment. The relationship between the rule based component and the environment is specified via a communication protocol. The communication

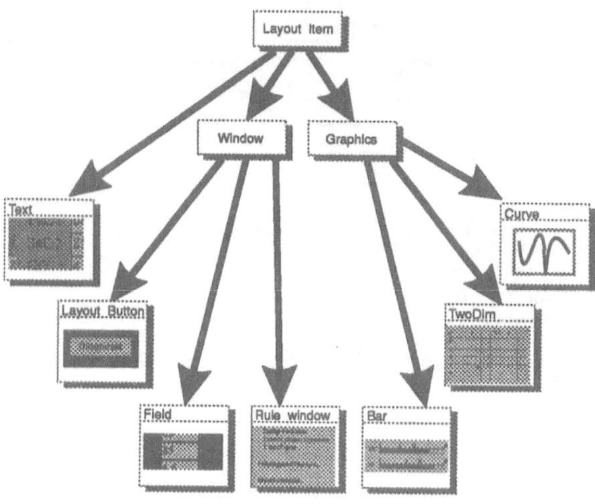

Figure 2: The Hierarchy of Layout Items

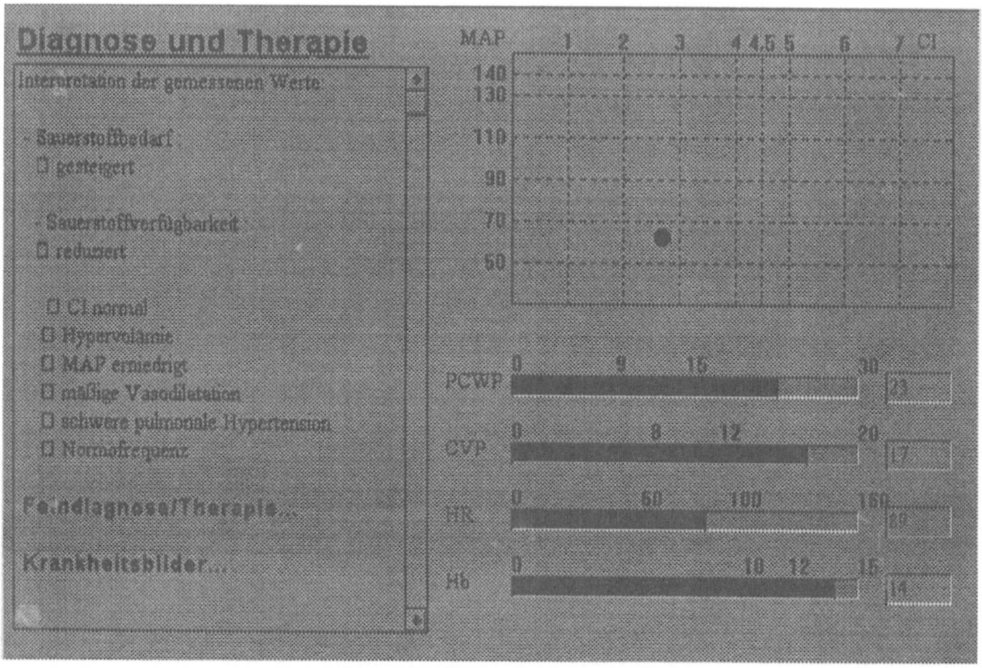

Figure 3: An Example of Screen Layout

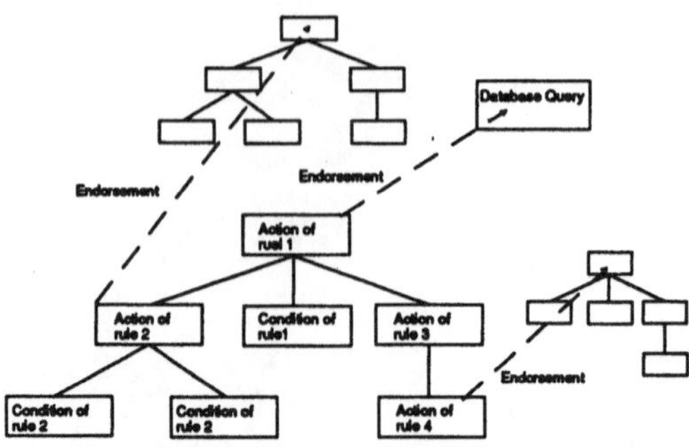

Figure 4: An Example of Hyper-Inference Network

protocols is given by Wang [4].

In order to provide the expert with the maximum flexibility to express his explanation strategy, the inference mechanism and the rules of IH are expanded. An optional fourth part - named **endorsement**- is added to each rule. The endorsements allow the user to specify individually what the system should do if the result should be further processed/explained.

More formally, a rule has the following syntax:

ruleName *IF* Conditions *THEN* Actions *ENDORSEMENT* Endorsements

If a call to a rule returns TRUE, a list of pointers to nodes in the hyper-inference network is generated according to the endorsements of this rule. An endorsement of a rule consists of text from the action part of the rule and a link which contains the actions for further processing of the text. The connections of nodes in a hyper-inference network through endorsement are illustrated in figure 4.

The proper extension is the endorsement part of a rule. An endorsement has three components:

- The type of the endorsement, which is similar to the type of pointers in hyper-text networks (e.g hierarchical).
- The type of the information source (e.g. rule base, database), and
- The operation on the source (e.g. backward-chaining, database query).

It should be noted that the mechanism of hyper-inference network is at the structure level. The user must organize the network so that it reflects the knowledge structure (e.g. the explanation strategy). It seems to be a reasonable alternative if deep models of the domain don't exist and the simple "tracing like" mechanism doesn't work.

A typical rule in IH looks like this:

```
    IDENTIFIER septic-shock
IF
        rule(Hypovolemia) AND rule(Hypotension) AND
        SVRI < 900        AND HR    > 130       AND
        Temperature > 38.5
THEN
        Signs of septic shock with tachycardia and fever.
        Treatment:
        1. Volume(What kind of volume?)
```

2. Inotropic agent, vasoconstriction with *Norepinephrine*.

ENDORSEMENTS

"septic shock":

<Hierarchical, DB, database-query(internistDB,keyword("septic shock"))>

"What kind of volume":

<Hierarchical, KB, backward-chaining("kind of volume")>

"Norepinephrine":

<Hierarchical, DB, database-query(drugDB,keyword("norepinephrine"))>

In this example, the system will start a database query if the user asks for further processing of the clinical picture or will start another inference process to get the right kind of volume.

4. Conclusions

The transferability of medical expert systems has up to now been problematic. The approach described in this paper first isolates factors which affect transferability and then tries to translate them into functional schemes. In the AIM project KAVAS A 1021 we find the following conclusion:

> 'The future generation of international transferable decision support systems will need to be more flexible from the user's point of view. Ideally, the user or expert should be able to specify the various domains and technological constraints he wishes to impose.'

The concept of "layout" defined in this paper allows the user to specify the constraints which may affect the user interface by the inference processes. Although much of the work is still in an experimental stage, current experience suggests that this approach is promising.

The proposed hyper-inference technique generalizes the classical hyper-text mechanism to the level of inference processes instead of static knowledge. This allows the flexible implementation of an explanation component for knowledge based systems.

References

[1] Bailey, J.J. and Duban, S., Explanation and learning in Medicine, Computer Assisted Learning Conference, Surry 1989.

[2] Campbell, B., Goodmann, J.M., HAM: A General Purpose Hypertext Abstract Machine, Communication of ACM, Vol 31, No. 7, July 1988.

[3] Nolan J., McNair P. and Brender J., Factors Influencing the Transferability of Medical Decision Support Systems, Int. J. Biomed Comput., 27(1991), 7-26

[4] Wang K., Intensive-Help: User's guide, Internal report(IH-1), Bremen, 1991.

[5] Wielinga B. J. and Guus Schreiber, KADS: Model Based KBS Development. In: GWAI-90: 14th German Workshop on AI (H. Marburger, ed.), Springer Verlag.

Embedding Temporal Reasoning into the ATMS Framework

Mugur M. Tatar, Ioan Alfred Letia

Department of Computer Science,
Technical University of Cluj-Napoca
Baritiu 26, RO-3400 Cluj-Napoca, Romania

Abstract

The paper presents an extension of the classical ATMS framework aimed to render it the capability to model time and action. This extension emerged from our efforts to deal with time-dependent models and non-intermittent faults in model-based diagnosis. The assumptions are considered to be committed forever, but the ATMS provides a built-in way of representing the world at different time points, allowing the problem-solver to reason about change.

1. Introduction

The assumption based truth maintenance systems [1,7] are instruments used to record the dependencies of inferred data on a set of hypotheses. The ATMS is to be used in conjunction with a *problem-solver* which is responsible for the inferences communicated to the ATMS. The ATMS records the inferences as purely propositional material implications, also called *justifications*, denoted by e.g. $P_1 \wedge P_2 \wedge \ldots P_k \rightarrow Q$. It also assigns a *node* to every proposition the problem-solver is reasoning about. There are distinguished nodes called *assumptions*, specified by the problem-solver, which should logically correspond to the working hypotheses used by the problem-solver. A set of assumptions is an *environment*. The ATMS *labels* all nodes with the complete set of minimal (w.r.t. set inclusion) consistent environments from which they are derivable. There is a distinguished ATMS node $\perp$ denoting contradiction. The environments supporting $\perp$ are called *nogoods* and are removed from all node labels.

The success of assumption-based truth maintenance systems is due, among other motives, to providing a very efficient way of searching in multiple belief spaces. They are able to give a sound solution to the problem: "How much of what was believed in previous contexts can be believed in the new one ?". However, it has been proved hard to apply this feature when reasoning about time and change in the world.

The main objective of our extension is to allow the representation of the world at different time points and to allow reasoning about changes in the world. The basic supposition underlying the ideas is that the world does not change very much from one time-instance to the following one.

2. Using the ATMS in Model-Based Diagnosis across Different Time Points

Several papers about model-based diagnosis [3,11] propose an architecture using an ATMS [3,4,5,10]. The assumptions used are about components' different modes of behaviour. The diagnosis task is to identify an assignment of modes to the components such that the system description plus the mode assignment are consistent with the observations made on the real device. Most of the approaches assume that the defects are non-intermittent [10] and that the components making up the device under diagnosis do not have time dependent behaviour. A first step towards the introduction of time in the diagnosis of dynamic systems could be to introduce time into the diagnosis of a static one. This does not seem to be very difficult and has been already done in [10].

The key idea is to introduce explicit assumptions about each observation instant T, and to justify the observations made at $t=T$ with the corresponding assumption (e.g. "$t=T$" $\rightarrow$ "$In1(OR7)=0$"). The advantage of this approach is that we will automatically have available as much as possible from the inferences made previously, at different time points, when introducing a new set of observations. However, this approach of modelling time has several inconveniences: *(i)* the need to declare many nogoods having the form "$t=T_i$" $\wedge$ "$t=T_j$" $\rightarrow \bot$; *(ii)* the difference in semantics between the assumptions about time instant, viewed as indefeasible, and about modes of behaviour, viewed as defeasible[1]; *(iii)* it does not allow reasoning about change. The last inconvenience is the strongest. To reason about change in this approach at representing time we would have to draw justifications having as antecedents and consequent pairs of propositions and environments, since the environments carry the assumptions about time - and this is not possible in the basic ATMS.

A different approach for dealing with time and time-dependent behaviour in model-based diagnosis is proposed in [6]. The suggestion is to replace *value* by a *time-value-pair (t,x)*, where t stands for a point of time and x for a value. In this way no extension to the basic ATMS [1] is needed, and the inference engine can reason about values at different moments of time. While the first approach [10] suggested to represent time tokens as assumptions, the second proposes to embed them into the propositions supplied to the ATMS, an approach followed in [5] also. Unfortunately, by embedding time tokens into propositions we are no longer able to take advantage of the inferences made about the world at one instant when switching to another, and therefore the

[1] This fact required in [4,10] the introduction of an additional inference rule, especially for removing the assumption about time from a nogood containing also assumptions about modes of behaviour.

problem solver will have to repeat all the inferences from scratch. Also, if there is little change in the world from one instant to the next, there will be an unnecessary waste of space in the representation. Both inconveniences are due to the fact that statements like "$A = (t_1,V_1)$" and "$A = (t_2,V_1)$" are viewed as different, unrelated propositions by the ATMS, and not as the same proposition true at two different moments.

3. Towards a Smooth Transition

Our proposal is closer to the first mentioned approach at representing time [10], with a label of a proposition looking like: { {"$t=t_1$",A,B}, {"$t=t_1$",B,E}, {"$t=t_2$",A,B}, {"$t=t_2$",E,F}, {C,B,E} }. Every environment contains at most one assumption about time (recall that "$t=t_i$"$\wedge$"$t=t_j$"$\rightarrow\perp$) and the environments which do not contain assumptions about time can be viewed to hold at any time. Since every environment contains at most one assumption about time, and they belong to a different sort, with a different semantics, we can remove them from the environments and "collect" the environments from which they were formerly part-of. Consequently the above written label will become the set of time-label pairs: { "$t=t_1$":{ {A,B}, {B,E} }, "$t=t_2$":{ {A,B}, {E,F} }, α:{{C,B,E}} }, where α stands for "always". Notice in what the notion of *label minimality* is turning into in this representation. An environment is no longer minimal across all the environments from all the *time-label pairs* unless it belongs to the *time-label pair* annotated with α. Otherwise an environment is supposed to be minimal (i.e. it has no supersets) only within its own *time-label pair.*

If we wanted to record inferences of the form "If P is true at $t=t_1$ and Q is true at $t=t_2$ then R is true at $t=t_3$" we would have to draw justifications having as antecedents and as consequent pairs *(Proposition, time-label pair)*. This would be sufficient for allowing the inference engine to reason about change. But, if we were simply doing this, the inference engine would have to redo the inference $\forall t$, $P{:}t \wedge Q{:}t \rightarrow R{:}t$ (where $P{:}t$ means "P is true at t") for every time instant. In order to prevent it we will allow the justification supplied by the inference engine to the ATMS to be ungrounded w.r.t. the time tokens, and will transfer the burden of instantiating time tokens to the ATMS.

For instance, if the eATMS has at some moment the nodes (we have shown only the datum and the label): <p, {1:{{A,B}}, 2:{{B,C,D}}}>, <r, { }>, <q, {α:{{B,C,D}}, 1:{{B,D}}}>, after adding the justification $\forall t$, $p{:}t \wedge q{:}t \rightarrow r{:}t$, the node associated to r will be: <r, { 1:{{A,B,D}}, 2:{{B,C,D}} }>. If the justification $\forall t$, $q{:}t \rightarrow p{:}t+1$ is subsequently added, the nodes corresponding to p and r will become: <p, { α:{{B,C,D}}, 1:{{A,B}}, 2:{{B,D}} }>, <r, { α:{{B,C,D}}, 1:{{A,B,D}} }>.

4. The Extended ATMS (eATMS)

We want to be able to record inferences having the general form:

$$\forall t_1, t_2, ..., t_k, \quad P_1{:}t_1 \wedge P_2{:}t_2 \wedge ... P_k{:}t_k \wedge R(t_1,...,t_k) \rightarrow Q{:}f(t_1,...,t_k) \qquad (1)$$

where: $t_1,...,t_k$ represent points of time (for the sake of simplicity we assume that they are integers, the symbol α denoting "always"); R is a predicate stating a condition over time points; f is a function of time points denoting another time point; the propositions $P_1,...,P_k$ and Q are now annotated with time tokens. $P{:}t$ has the meaning: "P is believed true at time t". The pairs $(P{:}t)$ will not be treated as propositional by the eATMS, but as composed from two parts: the proposition without structure P, and the time token t.

The predicate R and the function f must have a procedural interpretation, supplied by the inference engine to the eATMS, to be used in the inferences made at its level. Notice that the justification *(1)* is not grounded with respect to the time tokens, and will be the job of the eATMS to match the time tokens with particular instances. The justifications have the form: $(p_1,p_2,...,p_k \rightarrow q,R,f)$, denoting the material implication (1). When the inference engine requires the eATMS to add a *premise* it must also supply a set of time tokens at which the premise is to be believed, under no assumptions. For instance the premise $x{:}\{t_1, ..., t_k\}$ denoting "x is true at times $t_1,...,t_k$", is represented by an eATMS *node* having the *datum* x and the *e_label* $\{ t_1{:}\{\{\}\}, ..., t_k{:}\{\{\}\} \}$.

The assumptions are not allowed to be justified, and moreover, they are committed forever. For instance the assumption A has the *e_label* $\{ \alpha{:}\{\{A\}\} \}$. But an assumption may justify an *assumed node* to be true at different time points. This restriction allows us to retract all the supersets of a *nogood* from all *time-label pairs*, irrespective of the time token under which the *nogood* was discovered.

Once the inference engine has communicated a justification *(1)* to the ATMS it need not be concerned any more about the several ways of instantiating the time tokens - this will automatically be achieved in all permissible ways by the eATMS's label update algorithm. Therefore the inference engine need not repeat the same inference at another time point.

5. The Label Update Algorithm

An algorithm for maintaining the node labels in the ATMS is presented in [2]. It assumes that node labels are correct before the introduction of the new justification and consequently it only propagates the incremental changes caused by a new justification. When a new justification J is supplied to the eATMS **PROPAGATE+** $(J, \varnothing, \{\})$ is invoked.

PROPAGATE+ takes a particular justification J, an optional antecedent node a (absence indicated by $\emptyset$), and a set of *time-label pairs* I just added to the *e_label* of a. The main job is performed in **WEAVE+**. In the following we denote by **COMP**($L_1,...,L_k$) the minimal label corresponding to the set of antecedent labels $L_1,...,L_k$, computed in the same way as the label for the consequent in the classic ATMS, the labels of the antecedents being provided.

ALGORITHM PROPAGATE+ ($(x_1,...,x_k \rightarrow n,R,f)$, a, I)

1. [Compute the incremental label update] L = **WEAVE+** $(a, I, \{x_1,...,x_k\}, R, f)$.
2. If $L = \{\}$ then return else [Update label and recur] **UPDATE+** (L,n).

ALGORITHM UPDATE+ (L, n)

1. [Detect nogoods] If $n = \perp$ then call **NOGOOD**(E) on each environment E from each *time-label-pair* from L.
2. [Update n's label ensuring minimality] On each *time-label pair* $(t_i{:}L_i) \in L$ do:
   (a) Delete every environment from L_i which is a superset or is equal with some environment from the *time-label pairs* annotated with t_i or with α in n's *e_label.*
   (b) Delete every environment from the *time-label pair* annotated with t_i from n's e_label which is a superset of some environment from L_i.
   (c) If $t_i = \alpha$, remove all environments from n's *e_label* which are supersets or are equal with some environments from L_i.
   (d) Add every remaining environment of L_i to the *time-label pair* annotated with t_i in n's *e_label.* If L_i is empty then remove $(t_i{:}L_i)$ from L.
3. For every justification J in which n was mentioned as antecedent do:
   (a) [Early termination] If $L = \{\}$ then return.
   (b) [Propagate the incremental change of n's e_label to its consequences].
   Call **PROPAGATE+** (J,n,L).
   (c) [Remove subsumed and inconsistent environments from L] Remove from L all environments which have been discovered to be *nogood.*

ALGORITHM WEAVE+ $(a, La, (x_1,...,x_k), R, f)$

1. Let $L = \{\}$.
2. For all distinct k-tuples of *time-label pairs* ($(t_1{:}L_1), ..., (t_k{:}L_k)$) such that: (a) $(t_i{:}L_i)$ is either member in x_i's *e_label* or, if $x_i = a$, is member in La; (b) if $a \neq \emptyset$ then at least one of the members of the tuple for which it is true that the corresponding node satisfies $x_i = a$, is member in La; (c) $R(t_1,...,t_k)$ is true; do:

Add to L the time-label pair $(f(t_1,\ldots,t_k)$: **COMP**$(L_1,\ldots,L_k))$ ensuring minimality w.r.t. the time token $f(t_1,\ldots,t_k)$.

3. [Minimize w.r.t. the time token α(always)]
If $(\alpha{:}L\alpha)$ is member of L then remove any environment from the rest of L's *time-label pairs* which is equal to or is a superset of some environment of $L\alpha$.
4. Return L.

Example: Suppose we have the nodes $<p,\{1{:}\{\{A,B\}\},2{:}\{\{B,C,D\}\}\}>$, $<q,\{1{:}\{\{B,D\}\},\alpha{:}\{\{B,C,D\}\}\}>$ and we are in the state that results after the addition of $J1=(\forall t,\ p{:}t,q{:}t \rightarrow r{:}t)$, that is r's node is $<r,\{1{:}\{\{A,B,D\}\},2{:}\{\{B,C,D\}\}\}>$.The addition of $J2=(\forall t,\ q{:}t \rightarrow p{:}t+1)$ will take two steps of propagation. First **PROPAGATE+** $(J2,\alpha,\{\})$ will call **UPDATE+** $(\{2{:}\{\{B,D\}\},\alpha{:}\{\{B,C,D\}\}\},p)$ which will set p's *e_label* to $\{1{:}\{\{A,B\}\},2{:}\{\{B,D\}\},\alpha{:}\{\{B,C,D\}\}\}$ and will subsequently call **PROPAGATE+** $(J1,p,\{2{:}\{\{B,D\}\},\alpha{:}\{\{B,C,D\}\}\})$. In effect, after **UPDATE+** $(\{\alpha{:}\{\{B,C,D\}\}\},r)$, r's node will be $<r,\{1{:}\{\{A,B,D\}\},\alpha{:}\{\{B,C,D\}\}\}>$.

Unfortunately, because we allowed the eATMS to instantiate the time-tokens in all possible ways, and because there are an infinity of time points, we cannot guarantee termination (see for instance the effects of adding the justification: $\forall t,\ P{:}t \rightarrow P{:}t+1$). In order to guarantee termination we must impose additional restrictions. One proposed restriction is to limit the attention only to a finite number of time points (e.g. a time-window). The dimension of the time-window could be specified by the inference engine and, if necessary, its limits could be changed.

The algorithm for label update in the eATMS introduces greater complexity than its correspondent for the basic ATMS. The version of the algorithm **WEAVE+** does not take advantage of the fact that it is not necessary to recompute all the tuples of *time-label pairs* satisfying R for a certain justification. The tuples which matched previously can be stored, and the computation can search only for the incremental tuples which match R.

6. Conclusions

Advantages of reasoning about time are well known [9]. Elusion of the temporal dimension in certain applications, like diagnosis, may not be always acceptable [12]. By abstraction and simplification the complexity of the temporal dimension may be reduced to manageable proportions [5].

The proposed approach restricts the interface between the ATMS and the problem-solver, since now the justifications must obey a certain syntax. But this restriction allows the separation of temporal reasoning, and this in turn allows the design of special purpose, more efficient representations and inference algorithms to implement it (e.g. constraint propagation). The approach taken for representing time (i.e. point based) can be further generalized. The fact that an environment cannot be nogood at some time points while still being valid at others corresponds to the non-intermittency restriction from model-based diagnosis [10]. The relaxation of this limitation would more drastically increase the complexity of the ATMS. Of course, the eATMS introduces greater complexity. However, we would expect the performance of the ensemble ATMS - problem-solver with temporal reasoning capabilities to be improved, if not that of the ATMS by itself. Not only the eATMS allows more compact representations for the propositions and justifications used by the problem-solver, but also some inferences are "hard-coded", e.g. "$t = T_i$" $\wedge$ "$t = T_j$" $\rightarrow \perp$ and $\forall P,t$, $P{:}\alpha \rightarrow P{:}t$.

Acknowledgements

We would like to thank Gerry Kelleher and Sebastian Iwanowski for their encouragements and useful talks. We are also grateful for the pertinent observations and suggestions of the anonymous referees.

References

[1] de Kleer, J., An Assumption Based Truth Maintenance System, *Artificial Intelligence* 28, (1986), pp. 127-162.

[2] de Kleer, J., A General Labeling Algorithm for Assumption-Based Truth Maintenance, *Proc. AAAI 1988*, pp.188-192.

[3] de Kleer, J., Williams, B., Diagnosing Multiple Faults, *Artificial Intelligence* 32 (1987), pp.97-130.

[4] de Kleer, J., Williams, B., Diagnosis with Behavioral Modes, *Proc.IJCAI 1989*, pp. 1324-1330.

[5] Hamscher, W., Modelling Digital Circuits for Troubleshooting, *Artificial Intelligence* 51 (1991), pp. 223-271.

[6] Iwanowski, S., Model Based Diagnosis for Different Time Points, *Proc. ECAI 1992 Workshop on Model-Based Reasoning.*

[7] Kelleher, G., The Application of RMS in Planning and Scheduling Algorithms, *Proc. ECCAI Int. Summer School on Advanced Topics in AI*, Prague, 1992.

[8] McDermott, D., A General Framework for Reason Maintenance, *Artificial Intelligence* 50 (1991), pp. 289-329.

[9] Perkins, W., Austin, A., Adding Temporal Reasoning to Expert-System-Building Environments, *IEEE Expert*, 1990, pp. 23-30.

[10] Raiman, O., de Kleer, J. ,Saraswat, V., Shirley, M., Characterizing Non Intermittent Faults, *Proc. AAAI 1991*, pp. 849-854.

[11] Reiter, R., A Theory of Diagnosis from First Principles, *Artificial Intelligence* 32 (1987), pp. 57-95.

[12] Struss, P., Knowledge-based Diagnosis - An Important Challenge and Touchstone for AI, *Proc. ECAI 1992*, pp. 863-874.

Springer-Verlag und Umwelt

Als internationaler wissenschaftlicher Verlag sind wir uns unserer besonderen Verpflichtung der Umwelt gegenüber bewußt und beziehen umweltorientierte Grundsätze in Unternehmensentscheidungen mit ein.

Von unseren Geschäftspartnern (Druckereien, Papierfabriken, Verpackungsherstellern usw.) verlangen wir, daß sie sowohl beim Herstellungsprozeß selbst als auch beim Einsatz der zur Verwendung kommenden Materialien ökologische Gesichtspunkte berücksichtigen.

Das für dieses Buch verwendete Papier ist aus chlorfrei bzw. chlorarm hergestelltem Zellstoff gefertigt und im ph-Wert neutral.